U0527184

受浙江大学文科高水平学术著作出版基金资助

经纶文库

主编：赵鼎新　朱天飚　　执行主编：郦菁

大转变

二十世纪的经济理念和制度变迁

Great Transformations

Economic Ideas and Institutional Change in the Twentieth Century

[美] 马克·布莱思 (Mark Blyth)　著

周滆莽　译

浙江大学出版社
ZHEJIANG UNIVERSITY PRESS
·杭州·

图书在版编目(CIP)数据

大转变：二十世纪的经济理念和制度变迁/(美)马克·布莱思(Mark Blyth)著；周沺莽译. —杭州：浙江大学出版社,2024.6
书名原文：Great Transformations:Economic ideas and institutional change in the twentieth century
ISBN 978-7-308-21520-6

Ⅰ.①大… Ⅱ.①马…②周… Ⅲ.①制度经济学—研究 Ⅳ.①F019.8

中国版本图书馆CIP数据核字(2021)第132424号

浙江省版权局著作权合同登记图字：11-2024-269

大转变：二十世纪的经济理念和制度变迁
DA ZHUANBIAN: ERSHI SHIJI DE JINGJI LINIAN HE ZHIDU BIANQIAN
(美)马克·布莱思(Mark Blyth) 著　周沺莽 译

出 品 人	褚超孚
策划编辑	袁亚春　陈佩钰
责任编辑	葛　超
责任校对	金　璐
封面设计	程　晨
版权支持	谢千帆
出版发行	浙江大学出版社 (杭州市天目山路148号　邮政编码310007) (网址：http://www.zjupress.com)
排　　版	浙江大千时代文化传媒有限公司
印　　刷	杭州钱江彩色印务有限公司
开　　本	710mm×1000mm　1/16
印　　张	18.5
字　　数	295千
版 印 次	2024年6月第1版　2024年6月第1次印刷
书　　号	ISBN 978-7-308-21520-6
定　　价	88.00元

版权所有　侵权必究　　印装差错　负责调换
浙江大学出版社市场运营中心联系方式　(0571)88925591；http://zjdxcbs.tmall.com

总 序

"习坎示教,始见经纶。"这是近百年前马一浮先生所作之词,意在申明浙江大学"求是""求真"之宗旨,并期待教育应如流水静深,言传身教方能培养经世济国的"经纶之才"。而在21世纪的第三个十年开始之际,我们必须面对一个截然不同的世界,这也许是信仰教育救国的中国学术前辈难以预料的。

20世纪建构的政治价值和制度正面临着各种困境,文艺复兴后产生的各种近代思潮受到前所未有的冲击,宗教势力特别是宗教极端主义在全球很多地区发生了回归。欧美的主导价值-政治秩序不断受到移民问题、族裔冲突、宗教/价值观撕裂、阶级矛盾、疫病持续等多方面的挑战,世界地缘政治格局正在重组;环境危机、资本金融化和新兴技术的飞速发展对既有政治经济秩序带来多重的冲击,而国际犯罪和全球流行病也在不断挑战民族国家的权力边界与治理框架。概而言之,国际关系、政治治理模式、国家合法性基础乃至国家与社会方方面面的关系都面临着重塑。这种种的不确定性,使得既往社会科学的定见和浮泛经验很难提供新的教谕,遑论培育我们时代的经纶之才。某种程度上,我们的社会科学对于急遽变动的现实是失语的,或者继续坚持着某种一管之见的启蒙思想,或者停留在过去的安稳幻觉之中,或者梦想回归某种时空倒错的"传统",或者把急就章当作新时代的宏大方案。

在此种背景下,"经纶文库"秉承"求是""经纶"之精神,力图打破学科间的僵化藩篱,引介一批国外优秀的社会学作品,涵盖历史社会学、政治社会学等领域,并推介国内若干高质量原创作品,以期对现实有所诊断,对学术发展有所借鉴;同时,涵育一个开放和多元的学术交流平台,促进公共讨论,培育能坚持理性精神、直面新时代的社会科学。"经纶文库"亦获得由浙江大学社会科学研究院与浙江大学联合设立的"浙江大学文科高水平学术著作出版基金"的支持。

"经纶文库"将秉持两种重要的精神。一是所选作品多有内在的历史维度，而无论其是否进行严格意义上的历史研究。对于长时段历史的观照使得这些作品秉持更为宏大的视野，关注宏观的结构和思潮的变迁。这一方面使得作品拥有更长久的学术生命，不随流行议题的流转而消退；另一方面也是重新建立过去、当下和未来之间联系的一种思想实验。在这个意义上，这些作品把历史作为一种对话的方法，期待经由历史来认识当下，并窥探通往未来的道路。二是文库作品往往关注当代主导中西方社会政治经济和思想秩序中的结构性变化，并以切实的实证经验研究来诊断和回应现代性的迫切危机。其中的主要议题将包括但不限于：国家建构的历史与当下挑战、社会运动的结构性变化、精英联盟（或联盟破裂）的机制与政治后果、发展型国家的过去与未来、政治/经济理念的建构与流变、国家-社会关系的变迁等。这些作品将提供难得的比较视角，使读者更深入地理解现代性如何以多元形态展开，以及当下中国问题的普遍性和特殊性。

这就是我们时代的经纶之术。这既是20世纪初精英教育精神的延续，也是对新的时代的回应。我们希望，这一努力能成为更广泛意义上的公共讨论的催化剂，以延引和启发更多的读者，来共同认识和回应当下的困境，创造新的时代。

是为序。

赵鼎新　朱天飚
2021年12月30日

在形式理论中,一个经济体通常由禀赋、偏好、技术来描述……我们认为应该加上另外一个因素:经济体中不同参与者所秉持的信念。"信念"包括……态度,甚或关于经济体如何运作的理论。经济体实际如何运作,可能取决于能动者相信经济体如何运作……经济体如何回应政府的政策动向,可能取决于政府之外的能动者如何诠释政策……如果参与者相信货币供给的任何提升在任何情况下都会完全转化为价格提升,那么他们很可能会采取最终使之成真的行为方式。

——弗兰克·哈恩(Frank Hahn)和罗伯特·索洛(Robert Solow),《宏观经济学理论的批判性论述》(*A Critical Essays on Macroeconomic Theory*)(Oxford:Blackwell Publishers,1995),p. 150

序

或许一个真实的故事最能解释我写作本书的愿望。我父亲是一名屠夫。他没有上过任何经济学的课程。1987年英国大选之前,我坐在他的车里,他说他不会投票给工党。我问他为什么。我父亲说:"工党一旦当选,就要花钱创造更多就业岗位,这本来也不错,但从来不管用。这就等同于物价上涨。他们试了一次又一次,结果物价越来越高。然后他们把钱花光了,学校和医院都拿不到钱,于是他们就去借。但是因为通货膨胀,借钱的成本越来越高,这样留给其他人的钱就越来越少。这就意味着我们要把更多的钱花在还债之类的事情上,人们可以花的钱就大大减少了。人们花钱越少,经济增长就越慢,就业岗位就越少。要是让保守党上台,他们会减税,人们有更多的钱可以消费,工作也就会越多。"

我父亲花了不到1分钟时间,把至少50年间的经济学思想争论复述了一遍。他的论述似乎调用了布坎南、弗里德曼、拉弗、诺德豪斯甚至庇古的理论,比许多研究生还要熟练。我既困惑又着迷,问他说:"为什么减税的钱就能制造更多岗位,而工党花掉的钱就只能制造通胀呢?"他想了一会儿,回答说:"因为就是这么一回事。这类事情不该由政府来做。"

大概10年之后,我读研究生时回想这件事,意识到这里有些问题非常有趣。观念(ideas)之所以重要,是因为它们可以实实在在地改变人们对自身利益的认知。不论设想哪种物质决定论的立场,我父亲都应该是工党的选民,但他偏偏不是。他接受的一系列观念不仅形塑了他的利益,而且与观念是否有真实基础无关。这让我想起这样一种看法:只要有足够多的人相信某一经济学观念,这种观念就会成为现实。如果"信仰"能从功能上等同于"真实",那么也就是说,信仰能在政治和经济方面产生其期待的效果。因此,观念要想在真实世界中变得举足轻重,并非一定要与"真实的"世界相一致。

本书就建基于这一洞见,试图解释这类观念如何在20世纪形塑了民主资本主义的制度轮廓。本书考察了观念(尤其是经济学观念)作为关键要素在制度秩序建构和转型中所发挥的作用。沿着卡尔·波兰尼著作的轨迹,本书尝试理解商业阶层、国家、劳工阶层如何利用这些观念来帮助自己理解经济的不确定性,并构建制度方案,以解决这些不确定性所产生的危机。

关注人们如何思考这个世界,是认识这些过程的关键。对于那些并非社会科学家的人而言,这很难说是个新发现。但对于社会科学家来说,特别是对大部分从事政治科学和政治经济学的人来说,"观念是重要的"这一观念本身就是备受质疑的。与之相对,"自利"是确凿无疑的、放之四海而皆准的解释工具。本书将说明将利益与结构相对应的分析方法并不是一件有效的理论工具,并由此解释为什么我们要重新思考人们在信仰和愿望驱使之下的所作所为,为什么我们要重新考察通常所理解的利益、观念、制度之间的关系。本书的封面是乔治·格罗兹所作的讽刺漫画《资本与劳工的和平》,这幅漫画体现了本书这一尝试的内涵。

看到漫画上那位羸弱的工人和臃肿的资本家,人们或许会怀疑他们之间究竟有什么共同点。政治科学家看到这里,会问他们之间的共同利益是什么。按格罗兹的漫画来看,两者的利益共同点寥寥无几。但是他们并肩而行,相互搀扶,一团和气——至少在此时此刻是如此。既然资本与劳动的利益冲突如此之大,那么两者之间的和平又是如何产生的呢?为了回答这一问题,政治科学和政治经济学中主流的物质决定论者会去寻找他们之间的利益共同点。这些物质决定论的理论家似乎认为,现实中的利益是真实而先验存在的事物,而用约翰·梅纳德·凯恩斯的话说,利益不过是"无常之物"(fickle things)。利益就像大卫·休谟所讨论的激情一样,被认为是超越人们理解的事物。利益驱动着我们、决定我们的行为,却不受我们的意志支配。我们的利益据说是由结构性的因素决定的,比如阶级地位、资产水平、行业所属等。

在这种世界观之下,人们可能会作这样的假设:这位富态的资本家刚好拥有一家炼钢厂,产品主要供出口;右边那个瘦弱的家伙是他的工人;既然他们携手而行,那么他们必然有某种共同利益,可能政府刚刚降低了货币汇率。虽然从整体上来说这会伤害工人——比如,进口粮食会更贵——但这位工人因为受雇于出口产业而受惠。他和他的老板都感到前途一片光明。他们的共同利益是在某一结构中共同的位置所决定的,通过出口的上涨而得以实现。我们这位富态的资本家获得了利润,而瘦弱的工人得到了加薪;最有趣的是,这一情况的政治格局完全是由外部因素决定的。

在这样一个世界中,资本家和工人结成同盟,形成跨越阶级的联盟,而不会受到意识形态、误解、过去和现在的暴力、地方政治甚至行动的制度背景的影响。能动性(agency)被简化为世界经济中的一套价格交换,而能动者(agent)只能对其进行消极回应。政治被简化为某种受价格运动主导的事物,结果,我们对行为的解释成了循环论证:通过观察被解释的行为,来证明假设中用来解释的"利益"确实是存在的。本书的理论目的就在于展示这类解释的局限性,并代之以一种更理想的、强调观念的方式来理解政治变迁。

中译版序

最近有同事问我,在《大转变》一书出版20年之际,我会如何修改我的论述。我回答说,过去我强调的是奈特式的不确定性之下联盟形成的政治,经济学观念在其中具有特别的重要性;现在我想将资本主义看作一台计算机,而经济学观念是计算机上运行的软件。随着硬件不断进化,软件不断成熟,源代码中的bug(错误)最终会让系统崩溃。这一过程不断重复出现,驱动着资本主义不断发展出新的版本。

资本主义经济体的硬件是市场和市场基础设施(market infrastructures)。一边是劳工、资本、产品市场,一边是法律、法院、契约、常规。每个资本主义经济体都同时拥有两者,但两者的规模和联系方式各不相同。比如,德国和美国都有资本市场,但范围和体量差别很大。类似地,德国的"年鉴自由主义"①与美国的"新自由主义"观念也有很大差别,但它们都是不同资本主义模式的操作系统。

然而,在特定的历史时期,观念与制度会有一定相似性。大体而言,20世纪40年代到70年代有福特制规模化生产、紧缩的金融市场、大规模的劳动代表制度、凯恩斯主义宏观经济学。20世纪80年代到21世纪初,有全球化生产、开放的金融流动、劳工权力削弱以及新自由主义宏观经济学。在各个时期,在相似的硬件上"运行"软件都会产生类似的问题。

20世纪70年代的问题是通胀,产生于运行福特制资本主义的软件中暗藏的bug。21世纪初的问题是金融的脆弱性和不平等,同样产生于

---

① ordoliberal,强调国家应确保自由市场的表现尽可能接近理论预测,以主要源自《经济与社会秩序年鉴》(ORDO)而得名——译者注。

运行新自由主义的软件中暗藏的 bug。在每个时期，这些 bug 最终都引起了系统崩溃。有时会造成硬件（制度）和软件（经济理念）同时需要重新设计的情况，像我们在 20 世纪 40 年代和 80 年代看到的那样。有时这种情况不会出现，就像 2008 年系统崩溃（金融危机）所展现的那样。

将世界视为硬件和软件（或只有软件）不断崩溃和重建的过程，有益地补充了《大转变》中的论点。我们得以更清楚地理解为什么经济学观念不仅仅是武器或蓝图。它们也是既有资本主义的操作系统。它们能够告诉我们，为什么有的时候银行不应该是风险的裁决者，而另一些时期银行又应当是。观念就像软件一样，随着硬件变得越来越复杂、载荷越来越重，其表现也不断衰退。最终，那些经济理念不再有效，并且也被认为不再有效。有时我们会重写代码，有时我们只是加进几个补丁。

当前，我们正处于这样的时期，软件补丁没有充分填补系统的不足。新自由主义理想中的全球化世界业已分崩离析，经受着来自内部和外部的种种挑战。应对气候变化，需要根本性的硬件重建和软件更新。有些资本主义社会似乎比另一些更适应这种需求。有些非资本主义的国家——比如中国——面临着同样的挑战，但准备以一套不同的、或许更为丰富的工具来应对这些挑战。不论如何，这一体系已经在 2008 年崩溃，并在 2016 年开始了长期的重建。我不知道这次重建的终点在何处，但我希望，思考这一问题的方式，以及《大转变》的理论框架，能够帮助中国做出比许多资本主义国家更好的选择。

马克·布莱思
2021 年 10 月

致　　谢

这本书的写作花费了极长的时间，太多的人为本书做出了无数贡献，以至于不可能公正全面地详尽列举他们的贡献。如果我遗漏了哪位必须提及的人，我要在此提前道歉。造成遗漏的原因是我的记忆漏洞，而不代表对你们为本研究所做贡献的评价。我要格外感谢我在哥伦比亚大学的博士论文委员会的主要成员马克·凯瑟尔曼(Mark Kesselman)和亨里克·斯普鲁伊特(Henrick Spruyt)。我也要特别感谢委员会的其他成员——艾伦·西尔弗(Allan Silver)、迪克·纳尔逊(Dick Nelson)、杰克·斯奈德(Jack Snyder)，他们不但同意成为委员会成员，而且仔细地阅读了这一长篇论文，并且给出了非常好的建议。

在约翰斯·霍普金斯大学，我要特别感谢蔡欣怡(Kellee Tsai)、亚当·谢恩盖特(Adam Sheingate)、威廉·康诺利(Willian Connolly)，他们仔细阅读了我的手稿，并极大地提升了我的观点。我也要感谢(英国)伯明翰大学的科林·海(Colin Hay)、戴夫·马什(Dave Marsh)、马特·沃森(Matt Watson)、乔纳森·霍普金(Jonathan Hopkin)——他们始终认为，观念具有重要性这一观点是重要的。不过，我在知识上最为感激的是罗宾·瓦吉斯(Robin Varghese)、亚列克斯·库利(Alex Cooley)、斯文·斯泰因莫(Sven Steinmo)，以及谢里·伯尔曼(Sheri Berman)。这是因为我在与他们的谈话中极大提升了自己的想法，没有他们的友谊、鼓励和独一无二的洞见，我是不可能完成此书的。

对于其他在我写作本书的不同时期帮助过我的人，我为你们关注、帮助、协助本书写作表示真挚的谢意。罗列他们的名字难免百密一疏，但我还是要尽力而为。我想真诚地感谢下面这些人和机构，他们使得本书成为可能，并在他们的努力之下变得更好，排名不分先后：谢里·伯尔曼、凯特·麦克纳马拉(Kate McNamara)、彼得·霍尔(Peter Hall)、彼得·卡岑施泰因(Peter Katzenstein)、伊琳·格拉贝尔(Ilene Grabel)、安娜·塞勒尼(Anna Seleney)、克里斯·鲍尔(Chris Ball)、布莱恩·伯贡(Brian Burgoon)、安娜·艾里森(Anna Ellisson)、葆拉·布洛姆奎斯特(Paula Blomqvist)、维克托·佩斯托夫(Victor Pestoff)、谢尔·奥洛夫·菲尔特(Kjell Olof Feldt)、佩尔·奥洛夫·埃丁(Per Olof Edin)、博·罗特施泰因(Bo Rothstein)、克莉斯蒂纳·博雷乌斯(Kristina Boreus)、乔纳森·科什纳(Jonathan Kirshner)、拉威·阿卜杜拉(Rawi Abdelal)、亚力克斯·莫季尔(Alex Motyl)、阿尔维德·卢卡斯卡斯(Arvid Lukauskas)、斯文·斯泰因莫、弗兰·皮文(Fran Piven)、肯特·伍斯特(Kent Worcester)、马克·威克姆·琼斯(Mark Wickham Jones)、艾拉·卡兹内尔森(Ira Katznelson)、道格·查默斯(Doug Chalmers)、约翰尼斯·林德瓦尔(Johannes Lindvall)、伦尼·贝纳多(Lenny Benardo)、帕特里克·约翰逊(Patrick Johnson)、约翰·鲁吉(John Ruggie)、本特·索菲斯·特拉努瓦(Bent Sofus Trannoy)、马丁·马克森(Martin Marcussen)、克里斯·豪厄尔(Chris Howell)、安迪·马丁(Andy Martin)、戴维·贝克(David Baker)、P. J. 安德斯·林德(P. J. Anders Linder)、格伦达·罗森塔尔(Glenda Rosenthal)、苏格兰国际教育信托基金(Scottish International Educational Trust)、工作生活中心(瑞典语：Arbetslivcentrum)、欧洲研究委员会(Council for European Studies)、世界政治研究所(Institute for the Study of World Politics)、约瑟芬·德卡曼奖学金(Josephine DeKarman Fellowship)，以及已故的佩姬·弗罗因德(Peggy Freund)。

目 录

第一篇 理 论

第一章 卡尔·波兰尼和制度变迁 …………………………… 3

第二章 一种关于制度变迁的理论 …………………………… 17

第二篇 案 例

第三章 嵌入式自由主义在美国的建立 ……………………… 49

第四章 嵌入式自由主义在瑞典的建立 ……………………… 96

第五章 让自由主义脱嵌:破坏交易的观念 ………………… 126

第六章 让美国的自由主义脱嵌 ……………………………… 153

第七章 让瑞典的自由主义脱嵌 ……………………………… 205

第三篇 结 论

第八章 结论 …………………………………………………… 255

第一篇

理 论

第一章
卡尔·波兰尼和制度变迁

尽管波兰尼对于自我管理的市场引发经济失衡的描述依然极其重要，但他对这一市场将会终结的预言未免言之过早，至少从事后来看是如此。置身于21世纪初期，我们发现稳定汇率、抑制通胀、资本自由流动再一次在全球范围内被视为"政治理性的试金石"。但波兰尼的分析仍然具有极其珍贵的洞见："双向运动"的概念是制度变迁的动力。[①]

波兰尼提出，与一般的经济思想相反，市场分配并不是中立的，市场起源也不是自然的。尤其是，波兰尼认为劳动"嵌入"于一系列特别"自然"的社会关系中，这些社会关系使市场制度的建立和去个人化的交换变得困难。但是，资本主义的发展和劳动的商品化创造出了"脱嵌"的市场。为此，劳工动员和寻求来自国家的保护，以对抗市场的非难。[②] 这就是波兰尼的伟大洞见"双向运动"：被市场抛弃的人会利用国家进行自我保护，其结果是重大的制度变迁。

但是，将双向运动的论点视为一种制度变迁理论，会使以下问题凸显出来。波兰尼断言，在他的时代，国家为了回应双向运动所发展出的新制度——在某种制度秩序中，福利国家对资本运动和市场规模进行强有力的调节——将永久性地改变资本主义制度架构。简言之，"大转变"是一个单向过程。然而，波兰尼在作出这一结论时犯了与同时代自由派经济学家同样的错误，而他本人恰恰正确地批评过这一错误：倾向于将

[①] Karl Polanyi, *The Great Transformation: The Political and Economic Origins of Our Time* (Boston: Beacon Press, 1944), p. 142.

[②] 见 Polanyi, *The Great Transformation*, pp. 56-86, 135-163。

市场社会视为"历史的终结"。波兰尼在批评这一倾向的同时,自相矛盾地提出了他自己的历史终点,他所主张的资本主义制度形态被后来的学者概括为"嵌入式自由主义"[①]。

当然,这里的谬误在于,波兰尼认为双向运动将终结于此。毕竟,如果市场脱嵌能够引起双向运动,使得劳工通过制度将市场重新嵌入(re-embedding)以寻求保护,那么为什么不能设想那些受影响最大的群体(资本家)又反过来反对这些嵌入性制度?事实上,时至今日,市场脱嵌与重新嵌入之间的政治斗争仍在延续,尽管这一斗争的形态已经发生变化。当代新自由主义经济秩序可以视为波兰尼的双向运动的最近一次轮回。这一运动又一次尝试将市场从社会中脱嵌,削弱社会保护制度,代之以市场更为强化的制度架构。简言之,双向运动作为一种变迁理论是不完备的,这一运动似乎经历了新的轮回,或更精确地说,一次反转。战后的嵌入性市场以及20世纪20年代的自我管制市场都以相同的方式经历过这种转变。本书的目的就是解释这两次大转变。

20世纪的双向运动

在20世纪二三十年代的大萧条时期,自由资本主义国家的经济制度和管制制度都摇摇欲坠,这些国家大部分都不再将古典自由主义的观念作为经济管理的基石。为了应对不稳定性与不确定性,不同国家发展和应用了各种经济复苏和再分配的经济思想,从凯恩斯主义到法西斯主义。这些经济思想如果靠近凯恩斯的一极,而非法西斯的一极,就成为战后"嵌入性自由"秩序的意识形态基础,正如波兰尼和其他学者所预见的那样。[②]

这些经济学观念都提出,作为整体的私有经济在本质上是不稳定

[①] John Gerald Ruggie, "International Regimes, Transactions, and Change: Embedded Liberalism in the Postwar Economic Order," *International Organization* 36 (2) Spring (1982); Jonathan Kirshner, "Keynes, Capital Mobility and the Crisis of Embedded Liberalism," *Review of International Political Economy* 6 (3) Autumn (1999); Eric Helleiner, *States and the Reemergence of Global Finance* (Ithaca: Cornell University Press, 1994); Kathleen R. McNamara, *The Currency of Ideas: Monetary Politics and the European Union* (Ithaca: Cornell University Press, 1998), esp. pp. 54-55, 82-87.

[②] 关于20世纪30年代凯恩斯主义在德国的失败,见 Sheri Berman, *The Social Democratic Moment: Ideas and Politics in the Making of Interwar Europe* (Cambridge: Harvard University Press, 1998),特别是183-186页。

的,不能产生最优的社会效应,因此政府能够并且应当以积极的市场干预来控制国民经济。尤其突出的是,长期的、大规模的失业被认为是资本主义过程不可避免的后果。根据这些新观念,国家有责任推进投资条件的社会化,将商业周期及伴生的失业问题的内在不稳定性降到最低。[1] 波兰尼的双向运动思想正是通过这些观念形成了最终产品:嵌入式自由主义制度。波兰尼的双向运动思想实实在在地推进了进步的制度变革。但这一变化并不止步于此。

20世纪70年代和80年代早期是经济衰退时期,国家面临滞胀之类的问题,貌似无法以既有观念和制度解决[2],因此出现了偏离这些嵌入式自由主义观念的反向的双向运动。在这种情况下,作为嵌入式自由主义秩序的基础的那些制度本身,成了批判和争论的对象。非独立央行(dependent central banks)和积极财政政策这类制度和工具被认为是这一时期经济衰退的"原因的一部分",而非"解决方案的一部分",其正当性因而全面消解,这些制度自身也逐渐瓦解。此外,与此前的双向运动不同,有组织的商业阶层和他们的政治盟友不再将国家视为应对经济乱象的主要行动者。这些商业阶层运用各种货币主义或其他"新古典"观念,重新定义了政治经济学的边界:远离凯恩斯主义所强调的再分配和增长,而强调新自由主义所看重的通胀控制和货币稳定。

简言之,20世纪三四十年代劳工和国家为应对古典自由主义秩序的瓦解,将市场重新嵌入;七八十年代商业阶层以类似的方式反抗嵌入式自由主义秩序,谋求再一次建立"脱嵌的自由主义"。商业阶层及其政治盟友的这一努力颇为成功,到90年代大部分发达资本主义国家都建立了新自由主义的新制度秩序,与30年代声望扫地的旧体制高度相似。这种相似性体现在,古典自由主义与新自由主义都强调高度资本流动性

---

[1] 见 John Maynard Keynes, *The General Theory of Employment, Interest and Money* (New York: Harcourt Brace, 1964), pp. 245-257, 372-385。本研究将嵌入式自由主义视为国家的特殊形式。虽然鲁吉等(Ruggie et al.)的著作将布雷顿森林体系的汇率机制视为嵌入式自由主义本身,但本书将这一体系仅仅视为这样一种国际货币体制:它使得特定的、能够对市场进行改革的国内体制成为可能,而这种国内体制才是嵌入式自由主义国家(states)。这类国家的特征是相对封闭的资本市场、需求侧财政政策、对国家积极干预的信念、将失业归因为需求整体不足的看法。

[2] "貌似无法解决"是描述这种情况的恰当表述。而事实上,甚至有些货币主义经济学家都承认,简单的"供给震荡"理论,依然是对这一时期经济混乱的最佳解释,这种理论认为70年代的通货膨胀就是石油价格上涨的结果。见 Thomas Mayer, *Monetary Policy and the Great Inflation in the United States* (Cheltenham: Edward Elgar, 1999)。

和大规模私有资金流,在宏观经济调节中使用遵循市场规律的工具,愿意通过紧缩摆脱国际收支和其他方面的不平衡,认为就业率取决于劳动力的市场均衡价格。看起来,波兰尼的双向运动确实是反着转了起来。

为了解释这两组转变,有必要发展出比双向运动更好的理论框架,以理解制度变迁。为此,本书将重点考察前文提及的在过去的政治经济学研究中备受冷遇的两个因素:经济学观念在政治上的应用、商业组织的政治活动。① 除了要"把商业阶层带回来",本书还将发展新的理论,以理解观念(特别是经济学观念)如何成为制度构建和变迁至关重要的因素,以此对制度主义文献做出贡献。尤其是,本书通过挑战政治科学家对不确定性之下观念、利益、制度之间关系的一般思维模式,论证并验证了观念既不能简化为利益,也不适用于既有的制度解释。本书试图移除一切基于利益的简化论解释,向新的方向推进观念研究和制度研究之间的边界,以将观念和利益共同视为制度变迁的基本嵌入性因素。②

结构不会附赠说明书:对结构变迁的再思考

尽管波兰尼的双向运动提供了一种可能的论述,但在解释制度变迁

---

① 传统上,比较政治经济学者有种明确的偏好,相对忽视政治中商业阶层的作用。但是,20世纪90年代末期出现了一系列优秀的学术作品,讨论了商业阶层作为政治行动者的作用。主要的作品可参考 Peter Swenson, "Arranged Alliance: Business Interests in the New Deal,"*Politics and Society* 25 (1) (1997); Torben Iversen, Jonas Pontusson, and David Soskice, eds., *Unions, Employers, and Central Banks: Macroeconomic Coordination and Institutional Change in Social Market Economies* (New York: Cambridge University Press, 2000); Peter A. Hall and David Soskice, eds., *Varieties of Capitalism: The Institutional Foundations of Comparative Advantage* (New York: Oxford University Press, 2001)。但是,虽然这一脉文献做出了重大的理论贡献,但它的方法论传统无法解释为什么瑞典贸易研究所(Swedish Institute of Trade)出版了一系列研究,声称瑞典人平均要比居住在城市中的非裔美国人更贫困(http://www.reuters.com/news article.jhtml?type=search&:StoryID=9i85o6),或其他类似的现象。商业阶层的政治,不仅仅是建构均衡的政治,也是建构利益的政治。

② 关于观念服从利益的解释,参见 Judith Goldstein and Robert Keohane, eds., *Ideas and Foreign Policy: Beliefs, Institutions, and Political Change* (Ithaca: Cornell University Press, 1993)。关于克服观念和利益二分法的尝试,参见 Kathryn Sikkink, *Ideas and Institutions: Developmentalism in Argentina and Brazil* (Ithaca: Cornell University Press, 1991); Berman, The Social Democratic Moment; McNamara, The Currency of Ideas; Ngaire Woods, "Economic Ideas and International Relations: Beyond Rational Neglect,"*International Studies Quarterly* 39 (2) (1995)。

时,这一理论有严重的缺陷,因而必须被重新论述。双向运动理论与其他基于利益解释制度变迁的理论一样,将变迁视为静态比较的问题。① 也就是说,在解释制度变化时,学者将现有制度的元素与过去制度的元素对应起来,然后提出一个变量(通常是外生变量)来"解释"为什么过去孕育出了现在。② 这类理论暗含了这样一个模式:"制度均衡——→ 中断(punctionation)——→ 新的制度均衡"。③ 就双向运动而言,从脱嵌制度到嵌入性制度的变化需要由 20 世纪二三十年代的"中断"来解释,较晚时期的制度是为了应对较早时期制度所产生的后果。在这种模式看来,新的制度均衡可以自动地自我重构。

由于两个相互关联的原因,这一制度变迁的理论是不尽如人意的。第一个原因很直接。首先,这一理论背后的逻辑以先后顺序为因果关系(post hoc, ergo proptor hoc)。不幸的是,除非前后发生的事件之间存在发生性的关联,否则先发生的事件并不能解释后发生的事件。④ 其次,这一理论并没有说明这种发生性的关联是什么。对于观察到的结果,研究者指出相应的行动者的意图,以此作为制度变迁的机制,说好听一点是不够明确,说不好听就是循环论证了。⑤

---

① 对这一类结构性解释,参看 Ronald Rogowski, *Commerce and Coalitions: How Trade Affects Domestic Political Alignments* (Princeton: Princeton University Press, 1989); Douglass C. North and Robert P. Thomas, *The Rise of the Western World: A New Economic History* (Cambridge University Press, 1973)。另有一些虽然以行动者为中心,但依然是静态的研究,如 Douglass North, *Institutions, Institutional Change, and Economic Performance* (Cambridge: Cambridge University Press, 1990); Elinor Ostrom, *Governing the Commons: The Evolution of Institutions for Collective Action* (Cambridge: Cambridge University Press, 1990)。
② 举例说明这一逻辑:嵌入式自由主义秩序之所以产生,是因为 20 世纪 20 年代银行系统流动性下降所导致的危机。这一变化所产生的制度导致六七十年代流动性过剩,继而引发通货膨胀。见 Milton Friedman and Anna J. Shwartz, *A Monetary History of the United States 1867-1960* (Princeton: Princeton University Press, 1963)。
③ 对于此类中断性逻辑在政治科学中的优缺点的讨论,见 Stephen Krasner, "Approaches to the State: Alternative Conceptions and Historical Dynamics," *Comparative Politics* 16 (2) January (1984); Hendrik Spruyt, *The Sovereign State and Its Competitors* (Princeton: Princeton University Press, 1994)。
④ 也就是说,先后顺序(post hoc)并不必然导致因果关系(proptor hoc)。
⑤ 正如罗伯特·韦德(Robert Wade)所说,这类理论"引起了政治科学中……一些最马虎的推理。[行动者的]存在往往是从共同利益的断言事实中推断出来的,但是行动者的影响力又是从与这些利益相一致的政策后果中推断的……这造成了……一个循环论证"。Robert Wade, "East Asia's Economic Success: Conflicting Perspectives, Partial Insights, Shaky Evidence," *World Politics* 44 (2) (1992), p. 309.

虽然嵌入式自由主义是对古典自由主义失败的反应，而新自由主义制度是对嵌入式自由主义失败的反应，但对于当时的行动者而言，这些"失败"并不是不证自明地指出了明确的解决方案。这是因为，虽然外部的物质变化或许有助于解释为什么特定的制度秩序变得不稳定，但对不稳定性的阐述本身并不能解释新的或改良的秩序是如何采取这种形式的。① 简言之，在制度供给的结构理论中，后续的制度形式是不确定的。理论上说，外生性的因素本身并不能解释制度变迁的具体形式。尽管既有制度的不稳定性有可能是由外部因素引发的，但是制度秩序从某一稳定状态向另一稳定状态的变化，必须被视作一种内生性的过程。我们需要特别分析，行动者如何重新设计和重新建立制度秩序、这些行动在何种条件下发生。

制度变迁中的不确定性与"危机"

人们往往会忽视，基于静态比较的制度变迁理论受制于两个条件：行动者所面对的不确定性的类型，以及他们能够利用的观念。尽管一些制度主义理论明确地将不确定性作为制度存在的原因，但这种做法事实上将"不确定性"简化成了"风险"。这些理论认为，在一个高"风险"环境中，制度供给所遵循的是能动者为了实现"既定的"利益而形成的"需求"。但是，正如我们会在下一章中详细考察的那样，这种简化论并不总是成立的，因为我们所感兴趣的情况——经济危机的情况——并不适合被理解为风险性的情况。② 我在本书中更愿意将这类情况称为"奈特式"不确定性（Knightian unceraintly）③——也就是说，当时的行动者认为，他们所面对的这类情况是独一无二的事件，因而无法确定他们的真实利益，更不知道应当如何实现他们的利益。

---

① 更明确地说，一旦某一均衡变得不稳定，并没有一种既有的方式，可以预见既有均衡崩溃之后新的均衡会是什么。
② 所谓风险性的情况，是指能动者明白自己的利益所在，却不确定如何才能实现这种利益。
③ 关于奈特式不确定性，弗兰克·奈特（Frank Knight）最早阐述了这一概念，见 Risk, *Uncertainty and Profit*（Boston and New York: Houghton Mifflin Company, 1921）(《风险、不确定性与利润》，商务印书馆 2010 年）。延斯·贝克特（Jens Beckert）关于不确定性的视角对我影响很大，也是我在本书中立论的基础，见 "What Is Sociological about Economic Sociology? Uncertainty and the Embeddedness of Economic Action," *Theory and Society* 25（6）（1996）。

静态研究制度变化的理论没有考虑到奈特式不确定性,因为根据这些理论,新制度的内涵取决于旧制度所面临的问题。因此,这些理论避免了不确定性以及不确定性之下的能动者利益(和相应的行动)问题。然而,如果将经济不稳定的时期视为奈特式不确定性出现的情况,那么两个条件就都有所不同。首先,能动者的利益是需要解释的对象,而不是用以解释其他问题的原因。其次,经济危机在这些条件下究竟是什么,这个问题比一般的认知更应当成为一个问题,而且更具有理论重要性。这是因为经济危机之所以成为危机,并非不证自明的现象。① 尽管制度的不稳定会产生不确定性,尽管这种不确定性会借助一些现象实实在在地表现出来(比如币值崩溃或对相关能动者不利的涨价等),但崩溃发生的条件并非不确定性发生的原因,也不能为不确定发生提供解决方案。在能动者采取有意义的、制度化的集体行动,以解决他们所面临的不确定性之前,他们必须与他人辩论这种危机究竟是什么,并向他人申明自己的观点,使他人信服或将观点强加于他人。正如柯林·海伊(Colin Hay)所说,"要组织起对于危机的感知……就要形成一种简单的意识形态,并使之获得成功,这种意识形态必须找到和建立一些要点,能够与相当多的人的个体经验产生共鸣"②。危机因此成为一种干预行为,这种干预行为对不确定性的源头作出诊断和建构。有鉴于此,如果有现成的观念可以对环境作出解读、降低不确定性、使得有目的的集体行动成为可能,那么这套观念对于决定新制度的形态将至关重要。③

---

① Colin Hay, "Narrating Crisis: the Discursive Construction of the 'Winter of Discontent,'" *Sociology* (30) 2 May (1996); Deborah A. Stone, "Causal Stories and the Formation of Policy Agendas," *Political Science Quarterly* (104) 2 (1989). 例如,20 世纪 20 年代德国的通货膨胀造成一些基本的经济机制不再有效,因此在这个意义上明显是一次危机。但对于危机的原因可以作非常丰富的解读。与此相似,1979 年英国保守党在选举中获胜,人们期待它解决 60 万人口失业的问题。到 1983 年时,英国失业人口增加到了 5 倍,但国家没有将这一情况诊断为或论述为危机。危机是需要论述和解释的,并不是不言自明的现象。
② Colin Hay, "Crisis and the Structural Transformation of the State: Interrogating Processes of Change," *British Journal of Politics and International Relations* I (3) October (1999), p. 321.
③ 这类观念的产生,是为了以新方式应对新情况;在政治经济学中,这些观念是具有创造力的因素,不论是在好的方面还是坏的方面。这些观念并非空穴来风,因为它们产生于不稳定时期人们所感到的困惑和不确定性。然而,正因为它们是对不确定性的反应,因而不能被简化为一次既定的、不言自明的危机。这类观念是能够产生后果的(generative)理论,而非仅仅是映现现实的(correspondence)理论。这一洞见是比尔·康诺利(Bill Connoly)教会我的。

结构并不附赠说明书,因此只有通过经济学观念对"危机究竟是什么""特定条件什么时候才真正算是一次危机"作出权威的诊断,制度化的决策才得以可能。经济学观念对"哪里出了错"和"应该怎么办"作出诊断。简言之,危机的本质并不简单由危机造成的效应、混乱和牺牲来确定,能动者的行动也并不简单由能动者"既有的"利益来确定。通过一组特定的观念将特定情境诊断为"危机",能够使能动者所感受到的不确定性更为明显、更可操控,并在事实上更具有可操作性(actionable)。因此,在经济危机期间,对核心经济能动者所持有的经济学观念加以关注是至关重要的。[1]

重新思考观念

认识到这些条件,就能在波兰尼关于双向运动的初始概念的基础上,为制度变化的观念解释打开更大的空间。波兰尼认为,结构决定利益,利益引导能动者,而双向运动是能动者在利益引导下对自明的危机所作出的反应。但这类对于制度变迁的静态解释忽视了不确定性的重要性,也忽视了观念在决定制度变迁的形式和内容时的重要性。在这个意义上,经济学观念在解释因果性方面非常有力,因为它们所反映的不仅仅是此前的世界。固然,观念确实在一定程度上反映世界,特别是在制度较为稳定的时期,但它们也是理论建构,帮助能动者将危机定义为危机,并进而决定化解危机的计划和政治。

经济学观念为能动者提供了一个阐释框架,这一框架定义了经济要素及其相互之间的"恰当"关系(因而也定义了"不恰当"关系),由此对经济运行作出描述和解释。经济学观念同时从"科学性"和"规范性"两个层面,为能动者提供了对于既有经济体和政治体的解释,并同时提供了

---

[1] 在利益是既定的、危机是明确的这一预设下,解释国家对经济混乱的反映的重要研究,请参考 Peter A. Gourevitch, *Politics in Hard Times: Comparative Responses to International Economic Crises* (Ithaca: Cornell University Press, 1986); Helen V. Milner, *Resisting Protectionism: Global Industries and the Politics of International Trade* (Princeton: Princeton University Press, 1988)。

应当如何建构这些要素的设想。① 也就是说,经济学观念也发挥着新制度之蓝图的作用。总之,观念能够为能动者减少不确定性,为危机的某一时刻提出专门的解决方案,并使得能动者可以依照这些观念建构新制度,以化解这一危机。

另外,制度变迁的这一分析还认为,不确定性的降低、原因的解释、新制度的供给是互不相连的事件所构成的时间序列(sequence);在这一时间序列的不同位置,观念发挥着不同的作用。将变迁理解为时间序列的看法,是双向运动和其他静态模型所忽略的,重视观念的作用才能使这种看法成为可能;时间序列的视角能使制度变迁更具动态性、偶生性(contingent/contingency)、政治性。静态比较研究无法理解过程和偶生性,因为这类研究根本就不承认它们的存在。一旦以这种方式理解双向运动,这一概念会有力地为我们提供对大规模制度变迁模式的理解。我并不是说只有观念才是重要的,也不是说制度变迁仅仅是观念变化的问题;观念并非唯一重要,制度变迁也绝非仅仅是观念变化。② 但当既有的制度框架及其所支撑的分配方式失效、不确定性增强时,经济学观念无疑是重要的。在这些时刻,正是观念告诉能动者去做什么、去创造什么样的未来。

案例选择:美国和瑞典

在考察20世纪双向运动时,以美国和瑞典为案例来研究嵌入式自由主义体制的兴衰,可以满足"最大差异"和"关键案例"这两种案例选择

---

① 经济学观念既是科学性的,又是规范性的,这是因为所有关于经济中的因果性的实证论断都暗含价值均衡,并因而指向不同的分配模式。例如,如果你同意"个体投资激励是增长最重要的源泉"(实证论断),那么就将支持减税和削减公共开支(政策偏好),其中暗含规范性论述(国家的这类开支是坏的)。

② 例如,一群金融家在面对不确定的新情况时,不太可能接受那些可预见地削弱他们的角色的观念。但是,在这种不确定的时刻,在上述情况发生之前,这些金融家有可能接受诊断或回应的新模式;在这个过程中,这些金融家对自己利益的认知也会发生变化。

策略。① "最大差异"的选择标准是,如果存在两个案例,除了假设中涉及的自变量和因变量,在一切其他层面都不一样,那么如果能在两个案例中找到关键性的变量,自变量和因变量的关系就得以确证——在本书中,就是观念和制度变迁。

"最大差异"策略适用于本书的另一个原因是,美国和瑞典可以被视为自由资本主义谱系的两极。瑞典常常被视为社会民主国家的模范生,有着全民福利制度和较高的工会参与率,在不久之前还在对资本流动进行高度监管。② 相比之下,美国一般被视为自由政治经济秩序的典型,其福利保障是兜底式的(residualist welfare),工会参与率较低,对资本流动的监管较弱。③ 事实上,由于两个国家在民主实现的方式、代议制和政府组织结构、国际经济体系中相对位置等方面的差异,两者经常作为典型,来说明"福利资本主义的多个世界"(worlds of welfare)不仅有多样性,而且相互排斥。④ 有鉴于此,以最大差异法选择案例应当是最优的。

与此同时,选择这两个案例也实践了"关键案例"选择法。这两个案

---

① 选择可能性最大和最小的案例,参见 Jack Snyder, "Richness, Rigor, and Relevance in the Study of Soviet Foreign-Policy," *International Security* 9 (3) (1985). 选择关键案例,见 Alexander George, "Case Studies and Theory Development: The Method of Structured, Focused Comparison," in Paul Gordon Lauren, ed., *Diplomacy: New Approaches in History, Theory, and Policy* (New York: Free Press, 1979); Harry Eckstein, "Case Study and Theory in Political Science," in Fred I. Greenstein and Nelson R. Polsby, eds., *The Handbook of Political Science* (Reading, MA: Addison-Wesley Publishing, 1975)。近期以同样的推断逻辑将个案分析和统计分析结合起来的研究,见 Gary King, Robert O. Keohane, and Sidney Verba, *Designing Social Inquiry: Scientific Inference in Qualitative Research* (Princeton: Princeton University Press, 1994)。

② 关于瑞典,见 Bo Rothstein, *The Social Democratic State: The Swedish Model and the Bureaucratic Problem of Social Reforms* (Pittsburgh: University of Pittsburgh Press, 1996); Hugh Heclo and Henrik Madsen, *Policy and Politics in Sweden: Principled Pragmatism* (Philadelphia: Temple University Press, 1987); Klaus Misgeld, Karl Molin, and Klas Amark, eds., *Creating Social Democracy: A Century of the Social Democratic Labor Party in Sweden* (Pennsylvania: Pennsylvania State Press, 1992)。

③ 关于美国资本主义的特殊性,请参阅肖菲尔德(Andrew Shonfeld)的经典论述 *Modern Capitalism: The Changing Balance of Public and Private Power* (Oxford: Oxford University Press, 1966). 比较视野下的美国研究,见 Peter J. Katzenstein, ed., *Between Power and Plenty: Foreign Economic Policies of Advanced Industrial States* (Madison: University of Wisconsin Press, 1978)。

④ 这一分类见 Gosta Esping Anderson, *The Three Worlds of Welfare Capitalism* (Princeton: Princeton University Press, 1990)。

例分别拥有利益论最有可能和最不可能成立的环境。美国有着突出的自由政治经济秩序,可以说是商业阶层最容易获得影响力、遵循市场规律的观念最容易受尊崇的地方。而瑞典的社会民主制度和无所不在的、强有力的劳工组织,使它成为商业阶层和遵循市场规律的观念最不容易获得影响力的国家。因此,如果在同样的观念影响下,同一种制度变迁发生在两个截然不同的国家,并且观念这一变量的作用和关联性是可以通过理论加以解释的,那么观念作为原因的重要性就得到了充分的论述。最后,如詹姆斯·费伦所说,如果在小样本个案研究("small N" case studies)中,自由度很小或为负,那么必须使用反事实方法来强化基于这些案例所得出的结论。[1] 因此,结论部分将使用相应的反事实分析。综合运用这些分析策略和案例选择方法,本书选择美国和瑞典作为案例,不论站在方法论的立场上还是现实的立场上都是合理的选择。

分析单位

本书关注三个主要的行动者:国家、有组织的劳工、有组织的商业阶层。理性选择理论的研究者坚持从行动的微观基础入手进行研究,虽然他们很好地指出了集体行动和建构集体性的能动者所存在的问题,但这一理论立场有时似乎将一个方法论假定(个体是合适的分析单位)变成了一个本体论假定(只有个体才是"实在")。[2] 本书抛弃这一立场,认为将集体作为能动者是完全合理的。

首先,如果形成集体行动的障碍像某些理论家所说的那样难以克服,那么将国家、工会、政党等视为推动变迁的能动者也就不可能了。集体行动的障碍经常可以被克服,并且如下一章所要指出的,观念是克服这些障碍的重要资源。其次,由于能动者确实是作为集体来行动的,在特定案例中确定合适的分析单位,并不取决于先验的理论演绎。相应的分析单位取决于危机观念,而这种危机观念是被考察的能动者所提出并

---

[1] James D. Fearon, "Counterfactuals and Hypothesis Testing in Political Science," *World Politics* 43 (2) (1991).

[2] 这类观点可见 Jon Elster, ed., *Rational Choice* (New York: New York University Press, 1986), esp. pp. 1-19. 相关应用见 Michael Taylor, "Structure, Culture and Action in the Explanation of Social-Change: Explaining the Origins of Social-Structures," *Politics and Society* 17 (2) (1989).

引以为行动依据的。也就是说,能动者面对"危机"时,他们关于"危机"原因的观念限定了可能的集体类型,并进而限定了可能的集体行动类型。

例如,在第一次大转变期间,自由主义的经济制度和观念没能合理地解释大萧条,加之大萧条所引发的经济乱象,使得国家在新的政策领域中成长为一个行动者。[①] 国家根据其用来解释当下危机的观念,认为应当通过与劳工和商业阶层的积极合作来化解危机,因而主动地将劳工"组织"起来,并鼓励商业阶层也形成组织。[②] 与此相似,在第二次大转变期间,由于嵌入式自由主义的制度和观念无法限制制度性形成的不确定性,商业阶层将自己重新组织为集体能动者,以便抑制国家和劳工组织作为经济能动者的行动。

不论是集体能动者所采取的行动,还是集体能动者本身,都不是通过先验推理所能确定的理论抽象。反之,集体性能动者只能根据能动者所面对的情况——尤其重要的是,能动者对这些情况所持的解读方式——来识别;事实上,集体性能动者也只能借助这些情况而形成。这些能动者所提出的观念和观点,以及他们之间的斗争,塑造了这些转变。由于这些因素的存在,本书将国家、商业阶层、劳工组织作为分析单位,

---

[①] 关于将国家视为行动者,见 Theda Skocpol, "Bringing the State Back In: Strategies of Analysis in Current Research," in Peter Evans, Dietrich Rueschemeyer, and Theda Skocpol, eds., *Bringing the State Back In* (Cambridge: Cambridge University Press, 1985)(《找回国家》生活·读书·新知三联出版社 2009 年)。由于美国和瑞典国家之间有清晰的制度差别,在本书中,美国案例的"国家"指的是执政党所控制的政府行政部门以及相关的联邦机构和派出单位;瑞典案例中的"国家"是指整个政府组织,包括但不限于执政党所控制的议会。由于美国政党的弱势特征,国会不应当被等同于国家。

[②] 在这里,我并不是说国家是有意志的、能思考的。但很显然,在国家内部,那些有权以国家的名义、利用国家的资源展开行动的能动者是有意志的、能够思考的。我觉得这种区别是微不足道的。不管怎么说,是公共事业振兴署建设了大型工程,而不是公共事业振兴署的负责人。

在理论上和经验上都是具有合理性的。[1]

本书计划

本书根据主题和功能分为四个部分。第一部分包括前两章,主要论述本书的目的,阐述观念与制度变迁的理论,以解释 20 世纪 30 年代和 70 年代的两次大转变。第二章扩展了第一章所提出的论断,论述了在经济危机时期,观念如何为利益提供基础,并决定新制度的形式和内容。在这一基础上,本书提出了五个关于观念的假设,分别对应制度变迁作为一个时间序列的各个部分:观念能够降低不确定性、为形成联盟提供资源、使得能动者有能力与既有制度作斗争、为建立新制度提供资源、协同能动者的预期,这些过程能够使制度重新获得稳定性。相比于纯粹的结构决定论或利益决定论,我的理论将制度变迁视为时间序列,并从观念的角度观察之,能够得出对这些案例更好的解释。

第二部分承接第一部分关于观念作用的理论讨论,详细论述了观念在塑造美国和瑞典的嵌入式自由主义秩序中发挥的作用。第三章和第四章分别讨论了 20 世纪三四十年代美国和瑞典的嵌入式自由主义建立的过程。这一部分是以国家、商业阶层和劳工组织为视角进行论述的,这些群体借助不同观念来理解大萧条,并建立制度秩序以化解之。

在美国,推动制度改革的核心观念出现在主流经济学之外,这些观念包括价格管制、制度经济学、关于消费不足与暂时性经济停滞的各种理论。[2]而在瑞典,推动制度改革的核心观念是由主流经济学发展出来

---

[1] 因此,通过先验的方式,将抽象的个体或同样意义模糊的"结构"作为制度变迁的原因,而忽视行动的条件或能动者对这些条件的认知,这类愿望似乎会导致研究者只见理论的树木,不见经验的森林。反过来,仅仅将个体视为"实在",那就是"聚合谬论"了。方法论个体主义者坚持个体主义的微观基础(本体论上的个体主义),批判结构理论只谈产物、不谈生产者;尽管在这个问题上他们是正确的,但他们将一切历史变化都简化为分散个体的行动,而不认为整体大于部分之和。按照他们的看法,由于集体行动困境的存在,解释任何变化都几乎是不可能的。例如,国家并不仅仅是官僚的集合。国家是作为"国家"在行动,而不仅仅是个体,将国家行动的问题简化为个体官僚的行动,将使"国家做了什么"这一问题失去意义。

[2] 这里每种观念都有许多研究,每一种的例子可分别参考 Adolphus Berle and Gardiner Means, *The Modern Corporation and Private Property* (New York: Legal Classics Library, 1993); William Trufant Foster, *Business without a Buyer* (New York: Houghton Mifflin Company, 1927); Alvin Hansen, *Fiscal Policy and Business Cycles* (New York: W. W. Norton and Company, 1941)。

的,尽管主要是由年轻的经济学家和政治家;这些观念围绕着"供给侧"经济刺激理论,追求出口导向的高速发展。

第三部分讨论了20世纪七八十年代,美国的商业阶层为了拆解嵌入式自由主义秩序、代之以新自由主义所使用的各种观念:货币主义、理性预期理论(rational expectations theory)、公共选择理论、关于"信誉"(credibility)和"标准政策"(Normpolitik)的不同理论。[①]第五章详细论述了国际和美国国内环境因素的变化如何使既有的制度秩序不稳定,并讨论了为论述这一新出现的、出乎意料的不确定性,哪些替代性的经济学观念被发展了出来。在此基础上,第六章和第七章论述了在七八十年代的美国和瑞典,商业阶层及其盟友如何发展和应用这些观念,以及这些新的经济学观念如何带来了大转折。

第八章对本研究的结论作了总结。首先,我重新检验了第二章所提出的关于观念的五项假设,并重申了将制度变迁理解为时间序列的重要性。其次,我通过将两个案例作为整体进行考察,在更大的理论范围内对案例进行了比较。特别是第八章重新考察了本研究对于既有的制度变迁理论——及其所假设的原因——的重要性。再次,通过进一步的比较,我讨论了本书所考察的第二次大转变所发生的程度。虽然我认为这次大转变并不是简单地回归到旧制度,但比较其他研究而言,我想强调这次大转变的范围是不容低估的。

最后,我重新讨论了波兰尼的双向运动理论,以及发达资本主义社会中社会变迁的一般特征。在这一过程中,我想要强调,就本书收集的证据而言,固然观念并不永远"重要",但在特定的环境下——特别是在经济危机的情况下,观念和对观念的政治控制是最为重要的。在本书诸多目的之中,最基本的目的就是让政治和经济分析者严肃考虑这一"观念"。

---

① 这些观念的例子可以分别参考 Milton Friedman, "The Role of Monetary Policy," *American Economic Review* 58(1) March (1968); John Muth, "Rational Expectations and the Theory of Price Movements," *Econometrica* 29 (3) July (1961); Robert E. Lucas, Jr., "Expectations and the Neutrality of Money," *Journal of Economic Theory* 4 (2) April (1972); James M. Buchanan and Richard E. Wagner, *Democracy in Deficit: The Political Legacy of Lord Keynes* (New York: Academic Press, 1977); Hans Tson Soderstrom, *Normer och ekonomisk politik* (Stockholm: SNS Forlag, 1996).

第二章
一种关于制度变迁的理论

凯瑟琳·辛金克曾说:"学者群体存在的核心,就是生产和理解观念,但在解释政治生活时,他们却对观念不屑一顾,称得上一个悖论。"[1]这个悖论的根源是当代政治科学中制度、利益和观念之间关系的理论。本章的目的是重新组织这些概念,以具有理论创新力的方式解决这一矛盾以及其他矛盾。

本章的第一部分回顾了政治学关于观念的几种既有路径,指出既有文献没有从正面将观念视为研究对象或关键的解释因素。这种缺陷主要是因为观念分析的两种主要学派——历史制度主义和理性选择制度主义——都倾向于将观念用作"填充物"或补充性假设,仅仅用以解决相关研究中既有的缺陷。由于这种倾向,两个学派都没有充分研究观念作为解释因素的作用。另外,一旦在原有的制度理论基础上建立关于观念的理论,观念就成了制度理论研究模式的产物。这造成观念与制度具有同构性,因而阻碍了关于观念和制度变迁的理论发展,以至于未能将观念作为解释变量。

观念与制度的同构性不是发展制度变迁理论所面临的唯一问题。另一个问题也限制了目前观念性解释的有用性,那就是这些研究(以至于整个政治科学)将观念和利益理解为截然不同而互不关联的概念。这种倾向将一种分析性区分(研究者出于分析的目的而区分观念和利益)

---

[1] Kathryn Sikkink, *Ideas and Institutions*: *Developmentalism* (Cornell University Press, 1991), p. 3.

混淆为一种综合性区分(观念和利益在现实中是本质不同的事物)。①

指出这种区分的问题,是为了说明这种观点不仅在逻辑上不成立,而且阻碍了形成以观念解释制度稳定和制度变迁的理论。现有的观念论路径都迫使分析者在观念和利益之间作非此即彼的选择,并如第一章所言,忽视了不确定性的重要性。与之相对,本研究不仅要说明观念是重要的,并且通过建构一种不确定性之下观念和制度变迁的时间序列理论,准确说明观念何时、为何、在何种条件之下是重要的。然而,在提出新理论之前,我们需要考察当代对观念和制度的研究路径,并指出它们的得失。

观念研究

当代观念论的主要路径:观念与各种"新"制度主义

宽泛地说,当代政治科学中有两个研究观念的学派,即历史研究和理性选择研究。② 历史学派对观念的应用来自 20 世纪 90 年代早期兴起的"历史制度主义",理性选择学派对观念的关注则是同一时期理性选择理论的"制度转型"的后果。③ 虽然这两条学术脉络将观念这一主题引入了学术界的视野,但其研究有着几方面基本的不足。

---

① 参看 Hilary Putnam, "The Analytic and the Synthetic," in Herbert Feigel and Grover Maxwell, eds., *Minnesota Studies in the Philosophy of Science* (Minneapolis: University of Minnesota Press, 1962); William Connolly, The *Terms of Political Discourse* (Princeton: Princeton University Press, 1963).

② 关于观念还有一些其他的文献脉络,但在那些理论中观念的概念化与这里完全不同——例如,国际关系研究文献中的常规(norms)和认同(identities)。尽管这些文献中也有出色的作品,但对本研究而言不如制度研究文献那么适用。国际关系传统下的文献研究可以参看 Peter J. Katzenstein, ed., *The Culture of National Security: Norms and Identity in World Politics* (New York: Columbia University Press, 1996)(《国家安全的文化》,北京大学出版社 2009 年); Alexander Wendt, *The Social Theory of International Politics* (Cambridge: Cambridge University Press, 1999)(《国际政治的社会理论》,上海人民出版社 2014 年)。限于篇幅,这里没有讨论社会学中关于观念的丰富文献。

③ 两个学派的文献都非常丰富。对于两者的重要论述,分别参阅 Douglass C. North, *Institutions, Institutional Change and Economic Performance* (Cambridge: Cambridge University Press, 1990)(《制度、制度变迁与经济绩效》,格致出版社 2014 年); Sven Steinmo, Kathleen Thelen, and Frank Longstreth, eds., *Structuring Politics: Historical Institutionalism in Comparative Analysis* (Cambridge: Cambridge University Press, 1992)。

由于理性选择学派的理论建立在微观经济学的基本预设之上,这一学派认为能动者的偏好是原生性的、没有更深层原因的原因(uncaused cause)。由于社会结构和社会制度被简化为个体的理性计算(并且按照定义必须被如此简化),单个个体不能先验地对另一个体施加影响。因此,一切社会现象和社会后果必然从本质上是个体意志的结果(intentional),制度因而只能被视为个体用以将其相关效用最大化的工具。由于这些预设,理性选择学派描绘了一个变动不居的世界,充斥着循环和多重均衡等;在这个世界中,不断变化的合约曲线和成本—收益分析既塑造制度,也改变制度。[1]

然而,我们身居的世界似乎比理性选择学派的描绘更为稳定,因此这一理论需要引入其他机制来解释这种看似不合理的稳定性。这一理论最初引入了制度来解决这一问题。但是,人们很快意识到,如果制度本身是工具性的产物,并且建立制度面临着集体行动困境,那么既有的理性选择理论并不具备解释制度供给的内生机制。[2] 由于这一理论问题,观念研究就成为解释制度供给和稳定性的焦点。

历史制度主义学者所面临的问题与理性选择理论刚好相反。历史制度主义学者并不预设个体偏好是本质性的,而认为制度本身可以从理论上视为一种原初状态。[3]在历史制度主义学者看来,制度在本体论的层面上要先于创造制度的个体存在。因此,"历史"的个体的偏好本身就是制度的化约(reducta)。在他们看来,制度将个体的偏好"结构化";而在理性选择学派看来,个体偏好将制度"结构化"。[4]

由于历史制度主义的这些预设,他们的理论(尤其是早期理论)描绘

---

[1] Mark Blyth, "'Any More Bright Ideas?': The Ideational Turn of Comparative Political Economy," *Comparative Politics* 29 (2) January (1997), pp. 230-231, 238-239.

[2] Robert H. Bates, "Contra Contractarianism: Some Reflections on the New Institutionalism," *Politics and Society* 16 (2-3) (1988).

[3] James March and James Olsen, "The New Institutionalism: Organizational Factors in Political Life," *American Political Science Review* 78 (3) (1984); Peter A. Hall, *Governing the Economy: The Politics of State Intervention in Britain and France* (Oxford: Oxford University Press, 1986); Steinmo et al., *Structuring Politics*, esp. pp. 1-32.

[4] Blyth, "'Any More Bright Ideas?,'" esp. pp. 230, 235-237.

了一个稳定的、路径依赖的、持续性的世界。①但这一视角给历史学派带来了一个问题：如果个体的利益是由于制度而产生的，那就不能将个体视为制度变迁的原因。因此，制度变迁成了难以解释的问题，只能以相当就事论事的方式借助于某种外生性的"中断"。②但是，制度确实是会变化的，有时并没有明显的"中断"；由于这一理论缺陷，观念如何作为变化的内生性因素，引起了历史制度主义学者的兴趣。

也就是说，两个学派对制度及其作用的观点截然相反，却反而面临着十分类似的问题。虽然一个学派试图解释稳定性，另一学派试图解释制度变迁，但理性选择学派和历史学派尝试"找回观念"的企图却具有高度的相似性。两种路径都试图将观念作为一种补充性假设，来解决既有研究中内在的理论困境。为了理解这一情况为何会出现，我们需要考察两个学派的一些典型例子。

观念与历史制度主义：得与失

在历史制度主义传统中，西达·斯考切波与玛格丽特·韦尔对于不同政府对大萧条的反应的解释，以及彼得·霍尔关于凯恩斯主义观念传播和"政策范式"的研究，称得上研究观念的先驱。③ 斯考切波和韦尔认为，既有的制度配置中的差异——具体说，制度对新观念的开放程度——是解释大萧条时期各国应对策略差异的关键因素。④如果既有的国家制度和政策工具与新观念并非一致，那么国家和其他精英群体就不会提出或轻易接受新观念。就这一观点来看，国家结构和政策遗产扮演

---

① 例如 Paul Pierson, *Dismantling the Welfare State: Reagan, Thatcher and the Politics of Retrenchment* (Cambridge: Cambridge University Press, 1994); Hall, Governing the Economy, Steinmo et al., *Structuring Politics*。

② 对于政治科学中"中断"逻辑的讨论，见 Stephen Krasner, "Approaches to the State: Alternative Conceptions and Historical Dynamics," *Comparative Politics* 16 (2) January (1984)。

③ Theda Skocpol and Margaret Weir, "State Structures and the Possibilities for Keynesian Responses to the Depression in Sweden, Britain and the United States," in Peter B. Evans, Dietrich Rueschemeyer, Theda Skocpol, eds., *Bringing the State Back In* (Cambridge: Cambridge University Press, 1985)(《找回国家》，生活·读书·新知三联书店 2009 年); Peter A. Hall, The Political Power of Economic Ideas: *Keynesianism across Nations* (Princeton: Princeton University Press, 1989); Peter A. Hall, "Policy Paradigms, Social Learning and the State: The Case of Economic Policymaking in Britain," *Comparative Politics* 25 (2) (1993).

④ Skocpol and Weir, "State Structures," p. 109.

"过滤"政策相关观念的角色。[1]

霍尔等将这一论点放在更广的比较视域之中,并将问题聚焦到凯恩斯主义在不同国家间的传播。[2]这一研究再一次提出,观念是否引起政策变化,决定因素在于制度。霍尔解释凯恩斯主义政策传播的假设是,新兴的经济学观念必须与行政或政治配置相配套,以确保其能被采纳和传播。尤其是,新的观念必须服务于执政党的利益,强化他们在国家体制中的政治地位,并在国家体制中"具有可操作性"。也就是说,对于以这些新观念为基础提出的政策,国家必须具备执行这些政策的能力。[3]

霍尔在后来的研究中借用库恩的范式概念提出了"政策范式",扩展了观念的作用。[4] 在这一模型中,霍尔勾勒了干预性政策的三个层级:"全局性目标、实现目标的技术、具体的政策性工具。"[5]霍尔将这三个层次作为例子,分别对应经济政策中第三阶、第二阶、第一阶制度变迁,这些制度变迁本身形成于两种不同的国家学习(state learning)模式:简单型(工具和方式的变化)和复杂型(目标和目的的变化)。第一阶和第二阶的变化相当于范式内部的变化,而第三阶变化则相当于范式转型。在霍尔看来,英国政府在1976—1981年期间的经济政策变化很明确是第三阶变化的案例:在此期间,政策的基本目标、国家的角色、经济生活的本质都被极大地重构了。根据这种分析,观念的变化——尤其是一种政策范式取代另一种这类变化——不仅导致政策的变化,也会引起制度变迁。

后来的学者将历史制度主义的视野拓展到观念。例如,埃里克·赫莱纳在对全球金融复兴的研究中,认为观念是解释战后国际金融制度发展和结果的因素。[6] 凯瑟琳·R.麦克纳马拉对欧洲货币联盟的研究认

---

[1] 正如斯考切波和韦尔所说:"我们必须探究的不是某些个体或理论思想的存在与否,而是主要的政府机构对于创新性观点的发展和利用,到底持开放的还是封闭的态度。"(原书126页,译文引自《找回国家》167页)

[2] Hall, ed., *Political Power*.

[3] Peter A. Hall, "Conclusion: The Politics of Keynesian Ideas," in Hall, ed., *Political Power*. On state capacity, see Theda Skocpol, "Bringing the State Back In: Strategies of Analysis in Current Research," in Evans et al., *Bringing the State Back In*, esp. pp. 9-20.(《找回国家》,生活·读书·新知三联书店 2009 年)

[4] Hall, "Policy Paradigms,"各处.

[5] Hall, "Policy Paradigms," p. 278.

[6] Eric Helleiner, *States and the Reemergence of Global Finance: From Bretton Woods to the 1990's* (Ithaca: Cornell University Press, 1994).

为,20世纪80年代欧洲更强的联结并不是以目的论的方式必然地促成了货币联盟,尤其不是一个基于货币节制和价格稳定观念的货币联盟。麦克纳马拉以各国央行领导人所秉持的观念及其在体制中相对独立的位置,来解释欧洲货币联盟的实质和发展轨迹。[1] 与之相似,谢里·伯曼在解释20世纪30年代德国和瑞典的不同发展轨迹(分别发展为法西斯主义和社会民主主义)时,认为这种差别主要来自主要的知识分子、工会、政党所秉持的观念。[2]

通过这些历史制度主义框架下的研究,我们能够同时认识以观念解释变迁的优势和缺陷。在斯考切波和韦尔看来,观念只有在既有的制度设置选择了它们时,才能成为关键性的解释因素。也就是说,观念必须在一定程度上与既有的制度相适应。反之,如果情况并非如此,人们就要质疑这些观念在何种程度上具有真正转化制度的能力。如果新观念很容易就为既有制度所接受,那么可以得出两种可能的结论:要么这些观念起到了加速变化的催化剂作用;要么这些观念可以很容易适应既有的政策和实践,对其基本不构成挑战。在后一种情况中,很难说观念是有力推动变迁的力量。[3] 但遗憾的是,两种情况都不认为观念本身具有转变政策的能力。

霍尔对凯恩斯主义观念传播的分析与斯考切波和韦尔的观点一致,同样认为新观念只有在与该国"政治话语的结构"相一致时才能具有影响力。[4] 换言之,新观念只有在能够提供一个概念框架,使得既有的政策和实践能够在其中得以阐释时,才能够成功推动政策变化。但是,当霍尔后来提出范式转型的理论时,上述观点的处境就颇为尴尬了。例如,如果第三阶变迁本身包含转变制度的观念,那么这种观念一定有能力对既有的实践和政策加以重新阐述。观念的力量,似乎只体现在能够挑战和推翻既有话语,并由此改变制度时,而不是在观念与既有的政治话语相一致时。另外,这种观点还需要指出,如果不将采纳观念和观念

---

[1] Kathleen R. McNamara, *The Currency of Ideas: Monetary Politics and the European Union* (Ithaca: Cornell University Press, 1998).
[2] Sheri Berman, *The Social Democratic Moment: Ideas and Politics in the Making of Interwar Europe* (Cambridge: Harvard University Press, 1998).
[3] 这一洞见有赖于迪克·卡茨(Dick Katz)。
[4] Hall, "Conclusion: The Politics of Keynesian Ideas," in Hall, ed., *Political Power*, p. 383.

的影响力视为另一种外生性的"中断"的话,这类观念是从何而来的。①

后来的历史制度主义分析更彻底地将观念作为独立的解释变量,但问题依然存在。例如,赫莱纳在解释为什么20世纪30年代和70年代关于金融的角色和功能的观念发生变化时,强调的是催生新观念的经济困难这一表面的"事实"。然而,将新观念的供给简化为物质变化,这一观点本身将观念贬低为对危机时刻的自动反馈。如果事实真是如此,那么观念的转变性功能充其量可以说发挥了一定作用。② 类似地,尽管麦克纳马拉和其他最近的历史制度主义文献越来越倾向于这种观点:观念和利益"不是与其他因素相竞争的解释因素,而是……本质上起到联结性的作用",但是这部分文献没有明确地从理论上阐明,这一作用是如何发生的。③

总之,历史制度主义文献在"找回"观念方面起到了至关重要的作用,并提出了观念本身能够使制度发生转变的可能性。但是,这一理论背后的预设——以及没有对观念、利益、制度三者之间关系提出明确理论的缺陷——说明,在这一文献脉络(尤其是较早的作品)中,观念被视为一种补充性的假设,其作用是解释静态理论无法解释的变迁问题,以弥补既有理论的不合理之处。直到不久之前,这一文献脉络下的观念都很少被视为独立的解释因素。④

观念与理性选择制度主义:得与失

在理性选择理论的传统中,研究观念的先驱或许是道格拉斯·C.

---

① 将关注点转向观念,是为了以内生性因素解释变化,但是在制度研究的理论框架中,第三阶范式转型似乎不可避免地是外生性的。
② 如果观念是固定不变的,并精确地反映了根本的制度状况,那么这确实可以是一个单纯的一致性理论。如果是这样,那么也就没有"观念的政治"了,因为对于观念要起什么作用、谁来推动这一作用不会有任何争议。
③ McNamara, *The Currency of Ideas*, p. 8. 有一个重要的例外,见 Ngaire Woods, "Economic Ideas and International Relations: Beyond Rational Neglect," *International Studies Quarterly* 39 (2) (1995).
④ 对于这一观点的详细论述,见 Blyth, "Any More Bright Ideas?"。这一批评对麦克纳马拉和伯尔曼等历史制度主义学者并不很合适,因为他们确实将观念本身视为推动利益和制度转变的力量,但他们没能提出将这类转变视为一般性过程的系统理论。本书试图在这类历史制度主义文献基础上,更彻底地对这些联系予以理论化和深入考察。

诺斯、朱迪丝·戈尔茨坦和罗伯特·O.基奥恩。①诺斯不满于主流经济理论在解释制度变迁时的无能为力,在交易成本、不确定性和意识形态的基础上提出了制度供给理论。在诺斯看来,由于三个困扰先前理性选择分析的问题,将意识形态(而不是观念)纳入自己过去对制度设计和经济发展的研究是必要的。

第一个问题是从理性选择的微观基础解释制度供给。由于能动者无从先验地知道任何一种可能制度的总交易成本,因而从逻辑上说,能动者不可能从一系列潜在的制度选项中做出"理性选择"。因此,认为制度设计是深思熟虑的过程这一观点是有问题的。② 第二个问题是虽然制度是对交易困境的理性反应,但制度形成本身也存在集体行动困境,没有内在的解决方式加以解决。③ 第三个问题是责任承担的问题。简言之,如果制度仅仅是"自我强化的约束",为什么即使制度已经建立了,理性的利己主义者还是要遵守制度呢?是什么因素让"自我强化"中的"自我"做出了背叛之外的选择呢?④

诺斯试图通过将观念引入制度的交易成本理论,为这些问题提供答案。诺斯认为,个体所秉持的观念,能够降低持有并坚持其信念的成本。也就是说,集体行动的需求曲线是负向的,行动成本越是借助既有的意识形态而降低,集体行动的障碍就越小,因而未来的集体行动也就越多。⑤ 通过引入观念的概念,诺斯可以在保留个体主义的微观基础的同

---

① Douglass C. North and Robert Thomas, *The Rise of the Western World* (Cambridge: Cambridge University Press, 1973)(《西方世界的兴起》,华夏出版社 2015 年); Douglass C. North, *Institutions, Institutional Change and Economic Performance* (Cambridge: Cambridge University Press, 1990)(《制度、制度变迁与经济绩效》,格致出版社 2008 年); Judith Goldstein and Robert O. Keohane, eds., *Ideas and Foreign Policy: Beliefs, Institutions and Political Change* (Ithaca: Cornell University Press, 1993).

② 如果制度的存在是为了降低交易成本,那么人们必须在没有经历过几种制度的情况下,先验地理解哪一种制度能够有效地发挥这一作用。见 Alexander J. Field, "The Problem with Neo-Classical Institutional Economics: A Critique with Special Reference to the North/Thomas Model of Pre-1500 Europe," *Explorations in Economic History* 18 (1981). 同时参见罗伯特·布瑞纳(Robert Brenner)对诺斯和托马斯理论的评论,见 Trevor H. Aston and Charles H. Philpin, eds., *The Brenner Debate: Agrarian Class Structure and Economic Development in Pre-Industrial Europe* (Cambridge: Cambridge University Press, 1985), esp. p. 16 fn. 12。

③ Bates, "Contra Contractarianism."

④ North, *Institutions*, pp. 36-45.

⑤ North, *Institutions*, pp. 22, 44-5, 90.

时,解释能动者是如何克服集体行动困境而产生制度的。[1]

戈尔茨坦和基奥恩在诺斯等人的研究基础上,试图发展出一种更为精致的理论,论述自利的个体是如何利用观念来克服制度供给和制度稳定的解释难题的。[2] 两人并不是简单地将观念视为功能性的工具,以方便个体推动制度供给;两人将观念分为三类:原则性信念、发生性信念、世界观,并认为不同类型的观念有不同的作用。原则性信念为特定决策提供规范性基础和正当性解释,而"发生性信念暗示了实现目标的策略,并由于一些共享的原则而可以被理解"[3]。最后,世界观是某一能动者的整个认知框架,或/和整个群体或阶级的全部文化。[4]

戈尔茨坦和基奥恩的观念分析因而比诺斯更为丰富。首先,观念被看作是功能性的工具,能够促进能动者之间的协作;能动者的利益是既定的,但还没有实现。[5]其次,在多重均衡的条件下,观念是使能动者预期趋同(convergence)的"聚焦点"。[6] 再次,观念被认为是"有助于明确行动者利益的规范性情境"[7]。因此,两人以这些功能来构建"观念"这一概念,并以此解决制度供给困难(克服"搭便车")和稳定性(多重均衡)的难题。但是,这些学者的研究与历史制度主义理论类似,展示的是观念如何被用以解释既有框架无法解释的后果(此处即"稳定性"),而不是研究观念本身的作用。

例如,诺斯对制度供给的解释就基于一个悖论。尽管他指出观念可以使集体行动成为可能,并进而使制度供给成为可能,但他也认为,"制

---

[1] 诺斯后期的研究试图重新论述观念和集体行动的关系,为此引入共享心理理论。但是,这种新方法产生了更严重的问题,这种理论把理性还原成了不同的个体心理状态。见 Arthur T. Denzau and Douglass C. North, "Shared Mental Models: Ideologies and Institutions," *Kyklos* 47 (1) (1994).

[2] Goldstein and Keohane, eds., *Ideas and Foreign Policy*, esp. pp. 3-30.

[3] Goldstein and Keohane, eds., *Ideas and Foreign Policy*, p. 10.

[4] 这里世界观的定义是我的推测,因为原作者并未给出定义。

[5] 见 G. John Ikenberry, "Creating Yesterday's New World Order: Keynesian 'New Thinking' and the Anglo-American Post-War Settlement," in Goldstein and Keohane, eds., *Ideas and Foreign Policy*, pp. 57-87.

[6] Geoffery Garrett and Barry R. Weingast, "Ideas, Interests And Institutions: Constructing the European Communities Internal Market," in Goldstein and Keohane, eds., *Ideas and Foreign Policy*, pp. 173-207.

[7] 不过,在理性选择框架下,从理论上坚持后面这一立场至少是有问题的。由于打破了严格的理性选择框架而获得成功的一个例子是 Peter J. Katzenstein, "Coping with Terrorism: Norms and Internal Security in Germany and Japan," in Goldstein and Keohane, eds., *Ideas and Foreign Policy*, pp. 265-297。

度降低了我们为信念付出的成本,因而使得观念、信条、风尚成为制度变迁的源泉"①。因此,从一方面说,观念塑造制度的方式是使能动者克服集体行动困境;而从另一方面说,诺斯似乎也认为既有的制度通过降低行动的成本使观念获得力量。这因而成了一个"鸡生蛋、蛋生鸡"的悖论——更准确地说,是"行动者与结构"的悖论。如果是制度让观念"具有行动力",那么就不能利用观念来创造制度。② 反过来,如果认为是观念创造了制度,那么就不能用制度来解释观念变迁和制度变迁。③

类似地,戈尔茨坦和基奥恩的研究尽管引入了观念,但仍然无法解释制度供给和稳定性的问题。首先,如果能动者有固定的利益,这种利益理论上是可实现的,只是由于协议模糊性(contracting ambiguities)之类的问题无法实现,那么为什么要求助于观念呢?事实上,共同观念对促进利己主义者之间的合作或许有重要性,但一些传统工具(比如副支付[side payment])能够更有效地实现同样的功能。④

其次,虽然观念可以作为聚焦点,但这并不是说所有观念都是聚焦点。固然可能有多种观念可以用来诊断某一情况,或标明某种趋同,但为什么选择某种特定的观念为最后的那个聚焦点,这并不是那么显而易见的。为了解释这个问题,理论家们强调的并不是制度克服了集体行动困境,而是强调了观念。然而,正如用制度回答集体行动困境是无效的,因为制度本身就存在集体行动困境;同样地,用观念来解释上述问题也是无效的。引入观念仅仅是把制度供给和稳定性的困境逆着因果链条往回推而已。

---

① North, *Institutions*, pp. 85-86. 着重号是我加的。这一理论还有一个问题,即如何在没有观念的情况下测量成本。这一观察有赖于蔡欣怡(Kelle Tsai)。

② 也就是说,除非有人能提出这样一种观念,这种观念所设想的制度使得这种观念本身成为可能。然而,这种对观念的看法还有一个经济学方面的问题。如果观念是一种有价值的商品,也就是说观念的产生包含了某种生产过程,那么人们就需要知道与之相竞争的观念所具有的边际价值。但是,人们只有在知道一条信息之后,才能知道它的边际价值;同样,人们也无法知道观念的边际价值。寻找观念的成本本身也要在某种观念指导下进行。因此,能动者就必须有关于观念的观念,不断嵌套,永无止境。这一洞见有赖于罗宾·瓦吉斯(Robin Varghese)。

③ 诺斯试图以这一观点解决这一矛盾:"观念和意识形态塑造了主观的心理结构,个体借此阐释周围的世界而进行选择。另外,正式制度将人类的互动以特定方式结构化,由此改变了人类行为的成本;在一定程度上,正式制度……降低了将人的观念付诸行动的成本。"但是,这种看法与其说是解决了问题,不如说只是换了一种表述问题的方式,除非能有一种理论说明,这两种现象是如何在历史中互动的。North, *Institutions*, p. 111.

④ 事实上,既然从一开始就预设了存在共同利益,那么再引入共同观念好像是多此一举。

尤其是，如果制度本身可以说是在"第二阶"意义上的集体行动困境，那么观念就是"第三阶"意义上的困境，因为观念的供给也不太可能是零成本的。将观念作为聚焦点，只会引出以下问题："为什么是那个观念？"或者"既然存在搭便车效应，那么为什么一开始时会有人愿意去发展和传播新观念呢？"由此，多重均衡的问题并没有因为引入观念而得到解决。①总之，虽然理性选择学派对观念的分析有一些重要的理论贡献，但就像历史学派一样，在基于其潜在预设而产生的理论中，观念只能起到补充性假设的作用，在出现既有理论无法解释的结果时才获得事后弥补的重要性。②

既然上述研究都存在不足，那么究竟如何才能正面地分析观念的作用呢？我们已经将观念从既有的制度理论中剥离了出来，接下来我们还要做进一步的概念重组——那就是打破政治科学长期以来将"观念"和"利益"这两个分析概念截然分开的倾向。为此，我们要重新思考在观念分析中被当作"嫌疑惯犯"的观念、利益、制度三个因素。尤其是，社会科学家需要重新考虑观念和利益之间的联系，特别是在充满不确定性的时期，观念不应该被视为先于利益或外在于利益的存在。③本章就要以这些概念重构为基础，提出一个针对制度变迁的时间序列理论。这一理论既不将制度还原为个体选择，也不将制度视为不可动摇的结构。只有这样，才能建立一个突出观念内在转化能力的制度变迁理论。

理　论

观念与利益

尽管利益是政治科学用理性选择解释结果时的主要武器，但这一概念远不是无懈可击的。当我们说某个政策合乎某个能动者的利益时，我们在表达什么呢？我们说政策 y 合乎能动者 X 的利益时，我们作了两

---

① Bates, "Contra Contractarianism,"各处。
② 在既有的框架中研究观念由于以下事实而更加复杂：这些理论所处理的观念，必然是这些理论所依赖的分析方式的衍生品。见 Blyth, "Any More Bright Ideas?," p. 231。
③ 虽然这一问题非常重要，但政治科学家很少对其关注。以下研究是一个例外：McNamara, *The Currency of Ideas*, esp. p. 8 and pp. 56-60。到目前为止对这些问题最复杂的理论讨论，见 Wendt, *Social Theory*。

个论断:第一,如果能动者 X 选择了政策 y 而不选择政策 z,那么我们就预设,由于能动者这样做了,因此这一选择是合乎理性的。[①] 第二,有了上述预设,我们可以类似地得出结论,这一选择事实上是"合理的"。也就是说,在能动者 X 看来,政策 y 比政策 z 更能实现其利益。事实上,我们没有对两者作什么解释。第一个论断仅仅在说,能动者的利益是通过能动者被观察到的行为来界定的,而能动者的行为只能通过能动者假定的利益来理解,这一论断充其量是一个自我论证(self-confirmatory)。[②] 第二个论断包含的信息量甚至比第一个还少。根据能动者 X 选择了政策 y 而不是政策 z,得出结论说能动者 X 的利益由于这一行动而被最大限度实现了,这一做法暗度陈仓地引入了一个反事实,即能动者 X 是按照对自己最大利益的认识来行动的。

然而,这一观点并不能从反事实的角度得到支持,并且将理性选择的观念简化为一种比喻性修辞。正如雷蒙德·戈伊斯所指出的,"基于利益行动"不可避免地包含"依照'真实的'利益行动"这一层意思。[③] 也就是说,能动者是自己利益最好的评判人,而观察者只能假定,能动者所作出的选择是其在主观期望效用限制(subjective expected utility limitations)之下所作的最佳选择。[④] 通俗地说,"利益就是利益",它的定义就必然是相关能动者"真实地"掌握的利益。但是戈伊斯认为,只有在信息充分的理想状态下,"真实的"利益才是可以估计并因此作为行动依据的。只有在这些条件之下,对能动者而言,所有的潜在选项和它们的相对成本才是显然的。另外,这一观点也暗含这样的假设:即使充分信息存在,能动者处理信息的能力也必须是一致的。这样,两个来自相同社会阶层、行业、职位的行动者,在最优选择和充分信息的条件下,会进行相同的客观评估并作出同样的选择。

这些条件几乎是不可能存在的,在政治利益的语境下更是可能从未

[①] 理性期望理论为这种观点辩护,他们认为,持续地采取违背自己利益的行动是昂贵和不理性的。

[②] 关于经济理论中的循环论证问题,参看 Amartya Sen, "Rational Fools: A Critique of the Behavioral Foundations of Economic Theory," in Frank Hahn and Martin Hollis, eds., *Philosophy and Economic Theory* (Oxford: Oxford University Press, 1977), pp. 87-110。

[③] Raymond Geuss, *The Idea of a Critical Theory* (Cambridge, UK: Cambridge University Press, 1981), pp. 45-55。

[④] 说这个选择是"真实的",意思并不是说某种全知全能的存在会作同样的选择。按照这一理论的讲法,当能动者表达或反映其偏好时,能动者是基于其最优利益的主观认知而行动的。

存在。如果能动者以不同方式处理信息,或者信息分布是不对称的,那么利益就不是由能动者在结构中的位置所给定的,也不能通过事后的行动反映出来。① 但是,政治科学所关心的恰恰就是这类情况。否则,我们就只是以循环论证的方式描述显而易见的事情。② 如果我们的分析认为观念和利益是相互分离的,而不是相互塑造的,那么我们实际上就是在说:"因为人们想要做这件事,所以他们做了这件事;因为我们已经知道他们做了这件事(预设每个人都按照其最大利益行动),这表明他们想要做这件事。"在这样一个框架下,我们不可能回答真正重要的问题:"他们为什么要做这件事?"

陷入这种困境的分析者都犯了一个概念性错误,这个错误在大部分关于利益的理论中都存在,就是把利益想象为单一的概念。假定能动者做某件事是因为选择甲比乙更合乎其利益,这种假定忽视了一个事实,即"利益"这个概念中包含了一些未被承认却至关重要的"利益"的同源语,比如"需要"(want)、"信念"(belief)、"欲求"(desire)等。正如决策理论(decision theory)所表明的,这些同源语在分析层面上不能与利益相分离,而必须被视为利益这一概念的一部分。③ 如果接受这一观点,那么利益就不再仅仅由结构来确定,而更关乎"需要"借由"信念"和"欲求"的建构——换言之,观念。

---

① 在这个问题上,我比戈伊斯更进一步。虽然能动者之间的信息不对称会造成道德危机或其他能动性问题,但这一理论仍然预设能动者能够意识到自己的利益所在。他们只是不确定在其他人也采取了行动的情况下,应当如何实现自己的利益。然而,在奈特式不确定性的情况下,信息的问题与其在(比方说)委托-代理模型(principal-agent model)中的意义是不同的,因为能动者并没有优先级排序。在奈特式不确定性的情况下,增加信息并不能缓解策略的模糊性,因为能动者一开始就不确定自己的利益究竟是什么。后文将会详细论述奈特式不确定性。

② 并且,理解利益并为此而采取行动,从逻辑上说是以在一定的选项中更偏好政策 y 而非政策 z 为前提的。这个预设真的成立吗? 设想所有能动者都希望提高他们的物质富裕程度,并为此采取行动,这就无异于假定(正如康诺利所指出的那样),不存在不公开的利益,所有能动者都清楚地理解所有潜在的选择。也就是说,所有能动者都理解自己的利益,并为此采取行动。至少得说这是个很强的预设。见 Connolly, *The Terms of Political Discourse*, p. 49.

③ 对这一基本观点的详细论述,见 Isaac Levi, Hard Choices: *Decision Making under Unresolved Conflict* (New York: Cambridge University Press, 1986); Donald Davidson, *Essays on Actions and Events* (Oxford: Clarendon Press, 1980); Connolly, The *Terms Of Political Discourse*; Giovanni Sartori, ed., *Social Science Concepts: A Systematic Analysis* (Beverly Hills, CA: Sage Publications, 1984); Robert Jervis, *Perception and Misperception in International Politics* (Princeton: Princeton University Press, 1976).

亚历山大·温特在论述这一观点时提出,为了厘清利益的内涵,必须首先厘清能动者对"欲求之物"的信念。由此,我们必须"关注……[能动者]界定其利益所借助的认知框架或描述,以及这些认知框架所扮演的角色"①。温特提出,应将"欲求之物"视为社会学意义上的建构,而非由物质条件给定的事实;之所以需要这一观点,是因为现代社会科学越来越接受休谟的信念/欲求二分法。根据这种逻辑,"欲求并不天然与信念相关。欲求是一种激情(passion),而不是认知(cognition);尽管认知能激发和引导欲求,但并不等于欲求"②。按这种休谟式的观点,欲求被认为是重要的,而观念对解释行动是次要的。温特认为,接受这种二分法是不成立的,因为这会混淆理论上的分析性区分和现实世界中的综合性区分。温特认为,在现实世界中,"我们之所以想要某样东西,取决于我们如何看待它",而不是因为这件东西的任何内在固有属性。③ 按照这种观点,休谟对欲求和信念的二分法就不成立了,对利益更为丰富的理解成为可能。④

抛弃这种二分法,利益就可以被视为一个"集群"(cluster)概念——这个概念的意图或核心意涵与其外延意涵密切相关;类似于信念和欲求这类同源语。这一认识在理论上意义重大。例如,要设想政策 y 满足了某个能动者的利益,前提是由于他的信念和欲求,他对政策 y 有一定的"需要"。但是,不能理所当然地认为这一集群是稳定不变的。⑤ 如果利益是受到信念和欲求影响的,并且如果能动者对自己的欲求是模棱两可

---

① Wendt, *Social Theory*, p. 124.
② Wendt, *Social Theory*, p. 119.
③ Wendt, *Social Theory*.
④ 温特并不希望顺着这一后结构主义的逻辑深入下去,他甚至提出,类似马斯洛的"需求等级"和"屁股决定脑袋"将会限制人们事实上的需求。在温特看来,世界并不是由观念构成的(ideas all the way down)。但是,我要比温特更进一步,我的观点是世界是由观念贯穿的(ideas all the way through)——也就是说,观念渗透了物质世界的各个层面,决定着能动者对社会存在的取向。这并不是说观念就是一切。我砸一块砖头在脚上,脚会疼。这是一个物质性的事实。但我要高兴得跳起来,还是疼得叫出来,这取决于砖头是金子做的,还是石头做的。金子作为通货而值钱,这只是一种社会建构,并不是砖头所用材料的内在属性。观念贯穿社会现实,但并不是说社会现实是非物质性的虚空,仅仅由观念构成。
⑤ 例如,如果要提出一种纯粹基于利益的解释,就必须预设能动者有可传递的偏好。但是,如果由于可能的结果无法按照概率排序,情况是不确定的,那么能动者对于结果的信念可能与其欲求是不一致的。由此,能动者定义其利益的能力可能是变动的,可传递性的预设也就不成立了,而这一预设对于选择学说和采取与给定的利益一致的行动而言是至关重要的。

的——比如在高度不确定的情况下——那么从逻辑上说,能动者的利益一定也是不稳定的。因此,将观念和利益截然分开,哪怕从分析性的角度来说也是意义不大的。

事实上,理解当某一集群的诸要素改变相互关系时,能动者如何对此作出反应,这是解释制度变迁的关键所在。在制度稳定的情况下,能动者的利益相对而言是没有疑义的,因为他们对于行动策略的模糊性都来自两个因素:风险和复杂性。① 在这些条件之下,能动者的利益是稳定的;仅仅对如何实现利益、多大可能实现利益的确信程度不同。在制度不稳定的情况下,利益的意涵发生很大的变动。要理解为什么会如此,以及认识到这一点何以能开启制度变迁的另一种理论,我们需要与诺斯将不确定性作为复杂性问题的研究进行对比,并在对比中思考上述问题。②

利益和不确定性

在诺斯看来,不确定性的原因是"待解决问题的不确定性……个体所掌握的解决问题的工具"和能动者之间不完全的信息。③ 由于这些问题的存在,"制度框架通过将人类互动结构化,将行动者限定在一组选择中"④。诺斯的不确定性观念与赫伯特·西蒙很接近,西蒙认为个体在认知方面处理信息的能力是有限的,这会导致个体采取权宜行为(satisficing behavior)而非利益最大化行为。⑤ 简言之,在这些理论家看来,不确定性是计算能力的局限性和环境的复杂性造成的,这些因素使个体以制定制度的方式,将可能的选择限定在一定范围内,以对抗不确定性。

然而,这种将不确定性视为复杂性问题的观点提出了一个有趣的反事实:如果能动者能够克服计算能力的局限性,他们就能设计出最优制度吗?或者更进一步,他们还需要制度吗?如果能克服认知的局限性,

---

① 也就是说,不确定性体现在能动者的策略选择中,来源于确定可能结果的概率之困难,以及在一开始时处理信息以估计上述概率的困难。
② 这也适用于麦克纳马拉等历史制度主义学者,他们也将不确定性视为复杂性造成的问题。见 McNamara, *The Currency of Ideas*, pp. 57-61.
③ North, *Institutions*, p. 25.
④ North, *Institutions*.
⑤ Herbert Simon, Massimo Egidi, and Robin Marris, eds., *Economics, Bounded Rationality and the Cognitive Revolution* (Brookfleld, VT: Edward Elgar, 1992).

那么之前所指出的关于观念如何形成利益的考量都无关紧要了。与戈伊斯的观点相反,在没有计算能力的局限性和信息不对称的情况下,利益就可以真正由能动者来把握了,观念也就多余了。然而,这个反事实之所以无法实现,不是因为理性的局限性,而是将不确定性视为复杂性问题这种观点本身的局限性。

正如延斯·贝克特所说:"不确定性常常被理解为这样一种场景:能动者无法预见某一决策的后果,且不能估计结果的概率。"[1] 但是,贝克特进而指出,不确定性远不只是一个概率分布问题,这一看法与奈特相一致。不确定性的情况与风险性的情况有质的差别,因为在风险性的情况中,"结果在一组事件中的分布是已知的……[也就是说,可能的结果都对应着一定概率]……但是在不确定性的情况下,不可能划定这样一组事件,因为这种情况很大程度上是前所未有的"[2]。

区分不确定性和风险性的目的在于指出,奈特式不确定性的情况与诺斯和西蒙等理论家所说的"复杂性引起的不确定性"的情况是不同的。"复杂性引起的不确定性"中,能动者对自己的利益是确定的,但并不确定如何实现这些利益。因此,这些理论将不确定性简化为风险,预设能动者理解自己的利益,但是如果不先减少可能的解决方案,他们就无法计算出如何实现这些利益。[3] 相反,奈特式不确定性并不将不确定性简化为风险。[4]

由于是在"很大程度上是前所未有的"情况之下,能动者无从知道可能会出现什么样的后果,从而也无从知道在这种情况下他们的利益究竟是什么。由于能动者无法罗列出一系列可能出现的事件并计算其概率,

---

[1] Jens Beckert, "What Is Sociological about Economic Sociology? Uncertainty and the Embeddedness of Economic Action," *Theory and Society* 25 (6) (1996), p. 804.

[2] Frank H. Knight, Risk, *Uncertainty and Profit* (Boston and New York: Houghton Mifflin Company, 1921), p. 229, quoted in Beckert, "What Is Sociological," p. 807, 着重号是我加的。亦见 Susan Strange, *Casino Capitalism* (Manchester: Manchester University Press, 1997)(《赌场资本主义》,社科文献出版社 2000 年), esp. pp. 107-109; Paul Davidson, "Is Probability Theory Relevant for Uncertainty? A Post Keynesian Perspective," *Journal of Economic Perspectives* 5 (1) (1991).

[3] 在这种情况下,观念可能确实起到了"道路地图"或"聚焦点"的作用,就像理性选择学派所说的一样——但只有在预设利益本身没有疑义的情况下。见 Goldstein and Keohane, eds., *Ideas and Foreign Policy*。另外,经济学中将风险和不确定性等同起来是很常见的,见 Beckert, "What Is Sociological," p. 813。

[4] Beckert, "What Is Sociological," pp. 807-809.

能动者在这种环境下无法借助理论预设或者社会结构中的地位来确定,而只能通过能动者自身用以解释不确定性来源的观念来界定。如果不利用这些观念,在奈特式不确定性的情况下,利益和策略都没有意义。① 正如贝克特告诫的那样:"如果认为……不确定性……不允许行动者从偏好中引出行动……那么观察能动者在决定自身行动时所采用的认知、结构、文化机制就至关重要了。"②

虽然贝克特说的是认知机制而不是观念,但认知机制也是重要的,因为如果没有观念来解释世界是如何整合的,能动者从认知的角度来说将不可能采取任何有意义的行动,尤其是资本主义经济周期性崩溃时期出现奈特式不确定性的情况下。个体对世界的干预并不是贝叶斯模型,不是根据随机得到的信息对世界进行事后归纳。相反,许多复杂的观念,例如关于经济运行的观念,使得能动者能够协调自己的信念、欲求和目标,从而整理和干预世界。只有这样,能动者才能诊断他们所面对的危机。③

奈特式不确定性的情况之所以复杂,除了这些情况往往"前所未有",还有另外一个原因。如果在这种情况下,能动者的利益只能借助关于其利益的观念来界定,那么这些情况所产生的后果也受到这些观念的制约。这里需要与自然界进行对比。在自然界中,变化的原因或许是非常复杂的,但是我们对这些原因的理解并不会对我们观察的后果造成影响。例如,我们如何理解行星运动并不会对行星运动本身造成影响。而在经济领域内,问题存在着本质不同,能动者对于自身的行动所产生的影响、其他人行动的影响都会有一定的观念,这些观念本身是可以塑造

---

① 例如,在20世纪30年代的经济危机中,能动者的利益不能与能动者对危机的诊断相区别。举这一时期的一个例子,如果接受"消费力不足造成经济滑坡"这一诊断,那么这个人的利益就是投票给支持通胀的社会民主党。如果接受"危机是'世界犹太人'的阴谋"这一诊断,那么这个人的利益就与其社会地位、社会结构中的位置、财产状况都没有关系,而只在于支持大屠杀。在这种情况下,"作为一名工人"这一事实并不能告诉我们这一社会地位将会产生什么样的政治观点。
② Beckert, "What Is Sociological," p. 814, 着重号是我加的。
③ 重申一遍,这并不是说不确定性的情况变成了风险性的情况,因为此处并未预设能动者能实际理解自己的利益所在。它与经济学家所创造的某类概念工具也是不同的,经济学家提出了诸如"均衡显示"(equilibrium revelation)和"均衡改进"(refinement)(博弈论和宏观经济学的滞后模型)等概念,以将非遍历状态(non-ergodic situation)下的不确定性简化为风险。对这些策略的讨论,请参见 Rod Cross, ed., *The Natural Rate of Unemployment: Reflections on 25 Years of the Hypothesis* (Cambridge: Cambridge University Press, 1995); Davidson, "Is Probability Theory Relevant," esp. pp. 130-136.

行动的结果的。如果经济领域的能动者对经济运行规则秉持着不同的观念,就会在相同条件下产生完全不同的结果。① 而在自然界中,能动者可能对行星运动有着各种不同观念,这些观念并不会对因果关系造成影响。

相比于理性选择理论和物质决定论,奈特式不确定性下的经济学观念不仅仅为能动者指出了经济中的某种因果关系。这些观念塑造了能动者对自身利益的认知,也改变了能动者对其他能动者的利益的信念,这种信念又是能动者实现自身利益的基础;这些观念因而重塑了因果关系。② 这就是为什么经济学观念是不是"真的",在一定程度上取决于多少人相信这种观点。③ 另外,这也使得能动者无法计算不同结果的概率,因而奈特式不确定的情况下也就不可能出现"既定的"利益:能化解危机的制度均衡,本身就是受能动者信念影响而变动的目标。④ 总之,对于理解能动者行动来说,重要的是他们所秉持的观念,而不是结构产生的利益。结构属性在经济危机这样的奈特式不确定性的情况下毫无意义。

由于上述原因,分析者如果将观念和利益截然分开,就不能理解观

---

① 正如本书题词部分所引用的弗兰克·哈恩和罗伯特·索洛的话那样:"经济体实际如何运作,可能取决于能动者相信经济体如何运作……经济体如何回应政府的政策动向,可能取决于政府之外的能动者如何诠释政策……如果参与者相信,货币供给的任何提升,在任何情况下都会完全转化为价格提升,那么他们很可能会采取最终使之成真的行为方式。" Frank Hahn and Robert Solow, *A Critical Essay on Macroeconomic Theory* (Oxford: Blackwell Publishers, 1995), p. 150. 关于这一现象的正式论述,参看 Michael Woodford, "Three Questions about Sunspot Equilibria as an Explanation of Economic Fluctuations," *American Economic Review* 77 (2) (1987); Kunal K. Sen, "The Sunspot Theorists and Keynes," *Journal of Post Keynesian Economics* 12 (4) (1990).
② 感谢罗宾·瓦吉斯(Robin Varghese)为我指出了这一奈特本人在解释不确定性时都遗漏了的观点。
③ 同样,正如哈恩和索洛所指出的:"值得注意的是,政府影响经济的方式之一是宣扬特定的经济理论。"Hahn and Solow, *A Critical Essay*, p. 150. 尽管毫无疑问,有些人的观点会比其他人重要(比如,艾伦·格林斯潘[1987—2006 年任美联储主席——译者注]跟我奶奶比),但是格林斯潘的声明(他所宣扬的观点)对市场起到重要的协同作用,这恰恰支撑了(而不是削弱了)我此处的观点。
④ 例如,如果能动者相信赤字引发了通胀,那么赤字就会引发通胀,因为央行持有这样的看法,这一看法就自我实现了。如果这个判断似乎不可信,可以想一下在 20 世纪 80 年代,美国联邦预算赤字增长 4 倍,而通胀同时下跌到 1/3 的水平。尽管如此,投资者(尤其是股市投资者)依然遵照赤字引发通胀的思路,要求提高实际有效利率。可见重要的是常规,而非基本面(fundamentals)。对外汇市场运动的研究也得出了类似的结论,见 Gregory P. Hopper, "What Determines the Exchange Rate: Economic Factors or Market Sentiment?" *Federal Reserve Bank of Philadelphia Business Review*, September-October (1997)。

念的解释力。分析者应当认识到利益必然受观念制约,在经济危机之类的奈特式不确定性情况下尤其如此。以这种方式理解观念和利益,观念仍然是与利益密切相关的,但并不还原为利益。以这一立场为理论出发点,而不是将利益或制度作为先验因素,将发展出更为精确的理论和更完备的解释。有了这些概念的新论述,我们将更具体地论述不确定性和危机情况下观念的发生效应(causal effect)。

关于观念的五个假设

本节在前面重组的概念基础上提出了观念和制度变迁的时间序列模型,假设了五个具体的观念发生效应。[1]我的目的是建立一个制度变迁的模型,将制度变迁视作相互分离的事件(distanciated events)组成的序列,以便我们理解后文的经验案例。[2] 第一,我假设,由于制度在初期是不均衡和不确定的,能动者利用经济学观念解读身处的经济危机的本质,以此作为建构新制度的基础,并以此降低不确定性。[3] 第二,我假设经济学观念采取了集体行动的方式,并提供了建立联盟的资源。第三,假设能动者将观念作为武器,攻击现有制度并削弱其正当性。第四,在关于建立新制度的争论之后,观念被用作制度的设计蓝图。第五,如果新观念嵌入了新制度之中,这些制度能够起到协同预期的作用,从而使得制度稳定和特定形态的分配政治在相当时期内成为可能。

---

[1] 近年来,社会科学解释对时间序列的理论讨论重新兴起了。尤其参看 Paul Pierson, "Increasing Returns, Path Dependence, and the Study of Politics," *American Political Science Review* 94 (2) June (2000); 同前, "Not Just What, But When: Timing and Sequence in Political Process," *Studies in American Political Development* 14 Spring (2000)。不过皮尔森关注的是用回报递增解释制度的持续性,而这里则是用时间序列理解制度变化。

[2] 威廉·休厄尔(William Sewell)的著作对我的相关思考影响深远。见 William H. Sewell, "Historical Events as Transformations of Structures: Inventing Revolution at the Bastille," *Theory and Society* 25 (6) December (1996); Idem., "A Theory of Structure-Duality, Agency, and Transformation," *American journal of Sociology* 98 (1) (1992)。(两篇论文均有中译,见《历史的逻辑》,上海人民出版社 2013 年)

[3] 限于篇幅,本书没有充分论述根本动摇既有制度稳定性的因素。通过凯恩斯/卡莱斯基(Kalecki)/明斯基(Minsky)所提出的解释不确定性产生的理论,20 世纪 30 年代和 70 年代的制度秩序最初为什么会变得不稳定,相关尝试可以参看笔者的博士论文,Mark M. Blyth, "Great Transformations: Economics, Ideas and Political Change in the Twentieth Century," unpublished Ph.D. dissertation, Columbia University (1999). Available from University Microfilms International。

制度变迁因而是在特定的时间序列中发生的,在经济危机的不同时间点,观念有着五种不同的发生效应:降低不确定性、建立联盟、与旧制度抗争、建构新制度、协同预期。[①]尽管从经验层面说,不同时期并不是彼此分离的,但从分析层面说,作出这样的区分是重要的,经济学观念在提供制度供给、稳定性、制度变迁方面的重要性将因此得到更好的理解。在制度变迁的序列中,观念在不同时期具有不同的发生效应,我们可以在同一框架下解释稳定性和制度变迁,而不会产生过去理论所存在的问题和悖论。

假设一:经济危机期间,观念(而不是制度)起到了降低不确定性的作用。

观念的第一个发生效应是在经济危机期间降低不确定性。其他研究认为,制度本身能够降低不确定性,而本研究将"观念降低不确定性"和后续的"制度建构"视作两个在时间上分开的阶段。正如第一章中所说,制度变迁不能被理解为两个静止阶段之间的切换,而是持续一段时间的动态过程。因此,我的假设是,尽管从长期来看,制度确实将能动者的预期结构化并使稳定性成为可能(假设五将会详细论述这个观点),但从时间上说,"危机期间能动者以观念降低不确定性"这件事发生在先,制度建构这件事发生在后,并且后者是前者的结果。

为了理解这一点,我们再考虑一下"复杂性引起的不确定性"和"奈特式不确定性"之间的区别。两者的区别在于,前者使得特定利益产生的不同结果获得各自的发生概率,而后者的情况是前所未有、独一无二的,这种情况下的利益本身是不明确的。在前一种情况下,由于能动者处理信息的能力有限,制度建构能够缩小选择范围——也就是说,制度本身就降低了"复杂性引起的不确定性"。但是,这一观点所基于的预设是,在制度选项中其实存在先验选择,能够进行优先级的排序;能动者只是不确定选择哪个制度选项。

这个观点的前提是,能动者所面对的不确定性是计算性的(computational)而不是奈特式的。奈特式不确定性是完全不同的情况,而经济危机时期更适用于这种情况。在这种情况下,能动者不知道建立何种制度能降低不确定性,因为"在(奈特式)不确定性的情况下,事先不

[①] 皮尔森认为:"历史制度主义分析中,时间过程的重要性往往被束诸高阁。"Pierson, "Increasing Returns," p. 265. 我的理论希望明确强调从时间序列的角度理解制度变迁。

可能确定,选择某种方式对于实现目标来说是否理性"①。在这种情况下,能动者没有现成的制度来降低不确定性;因为最好的情况也就是制度供给随机出现,而最坏的情况则是制度供给不可能存在。也就是说,假如由于利益是无法确定的(indetermacy),人们因而不知道有哪些制度具有降低不确定性的功能,通过制度降低不确定性也就无从谈起。②将不确定想象为一个通过制度解决的计算性问题,无法回答经济危机期间观念的重要性,也无法解释制度供给的问题。

因此,降低不确定性和制度供给必须被视为从时间上相互分离的事件,因为在能动者能够以制度回应危机之前,他们必然已经有了危机是什么、由什么引起的观念。降低不确定性必须发生在制度供给之前,否则制度供给本身就是不可能的。如果奈特式不确定之下的制度供给从概率上说是"海底捞针",那么能动者必须在作任何制度选择之前降低不确定性。

经济学观念能为能动者提供一个解读框架,使得能动者能定义经济的组成要素,并对要素之间"合理的"(因此也有"不合理的")关系形成某种一般性的理解,从而描述和系统理解经济体的运行,以此使其有可能降低不确定性。这种观念帮助能动者对现有经济和政治从科学性和规范性两个方面进行批判,并由此为其提供未来蓝图,描绘组成要素之间应当以何种方式来建构。③ 经济学观念因此使能动者可以解读(而不仅仅是简化)自己所面对的环境,随后的制度建构才有可能发生。只有以这种方式使用观念,不确定性才能充分降低,解决危机的制度方案才能形成。

通过发展和应用这些观念,能动者缩小了危机的解读范围,从而降低了不确定性,因而也将行动的范围缩小到相当程度。正如保罗·皮尔

---

① Beckert, "What Is Sociological," p. 818.
② 而诺斯等理论家恰恰只能作相反论断,因为他们将不确定性的概念视为复杂性的后果。之前曾提及,制度选择中的多重均衡和制度供给都存在搭便车困境;由于这一原因,如果将不确定性定义为奈特式不确定性,而非"复杂性引起的不确定性",那么制度供给只能是"海底捞针"。因此,新制度就不能被视为纯粹的工具性产物[原文疑似有编辑错误——译者注]。这是理性选择学者所试图避免的结论,也是他们转向观念的原因。
③ 这个定义受到了诺斯对意识形态的定义的影响,诺斯的定义是"一切人所秉持的、用以解释周围世界的主观感受(模型、理论)……世界如何组织的规范性视角,渲染(color)了个体所建构的理论"。North, Institutions, p. 23, fn. 7, 着重号是原作者加的。我与这一观点的差别在于,我不认为规范性视角渲染了理论,而认为规范是任何理论都不可分割的部分。

森所说:"基本框架一旦建立……将会相当顽固。这就是路径依赖的作用。"①这种知识上的路径依赖能够协同能动者的预期,形成对眼前危机的某种共同的解读,从而改变环境。如果没有这些观念,不确定性的降低以及此后的集体行动都是不可能的。总之,在经济危机期间,观念是重要的解释工具,本身能够降低不确定性。后续的制度建构只有在此基础上才能发生。因此,观念是制度建构的依据(predicates),而正如我们在假设中所说,制度作为制度建构的产品,通过协同能动者的预期来实现稳定性。简言之,观念降低不确定性,而制度产生稳定性。

假设二:随着不确定性降低,观念使得集体行动和建立联盟成为可能。

降低不确定性仅仅是制度供给时间序列的第一环。既有制度的真正转变只有在克服了集体行动困境之后才有可能。能动者在危机期间试图在发达资本主义国家的主要集体性能动者(商业阶级、劳工阶级、国家)之间重建分配关系,以此化解危机;此时,经济学观念可以成为能动者之间建立联盟的工具。经济学观念帮助能动者重新定义不确定性之下的既有利益,从而重建能动者对既有政治相对于其他行动方式的成本收益的考量,由此使集体行动成为可能。这些观点以两种主要的方式解决了搭便车的问题:重新定义能动者的利益、定义行动的共同目标,由此在不同阶级和消费群体之间搭建沟通的桥梁。

在不确定性时期,观念不仅能降低原本存在利益的能动者的不确定性,还能提供理解不确定情况的其他论述,以此改变和重构这些利益。②在这一过程中,经济学观念成了"原因论述"(causal stories),解释了经济的运行与失效,并且重新定义了能动者与眼前这一危机的关系,从而使得能动者能够克服搭便车问题。正如安德鲁·波尔斯基(Andrew Polsky)所说,危急时刻"使理性的快捷方法失效,并产生极大的不确定性,常规的利益考量效果减弱了。这时出来了一名企业家式的政客(political entrepreneur),他所鼓吹的分析对世界为什么不能像原来那样运转作了解释,从而化解了其他政治行动者的困惑,并且在这种分析

---

① Pierson, "Increasing Returns," p. 260.
② Deborah A. Stone, "Causal Stories and the Formation of Policy Agendas," *Political Science Quarterly* (104) 2 (1989).

的基础上提出了一种新的策略"①。经济观念由于对能动者起到如此作用,因此是推动集体行动至关重要的资源。经济观念使得能动者对问题提出解决方案,或许更重要的是,经济观念首先帮助能动者定义了自己所面临的问题。

这就再一次说明,将"观念"这一概念从利益和制度中剥离出来,在理论上是多么重要。经济学观念为经验中的矛盾提供了解读框架,为信念提供了理由,由此定义了集体行动的共同目的。② 经济危机影响下的能动者,在不确定状态下,利用这些观念解读自己的利益;这类观念使他们得以重组既有的制度。这一系统化的过程,将诊断危机的某种特定方式说成是"事情发生的真实情况",能动者因而能以支持或反对某些群体的方式描述"现实"。尤其是,在奈特式不确定的情况下,经济学观念将"危机"描述为因素 x 和 y 的结果,而排除其他因素;以化解危机的名义,帮助能动者重建了这些因素之间的关系。简言之,虽然行动者一直都有利益,但观念能够使他们获得作为集体的"可行动性"。③

经济学观念因而能够成为政治联盟的基础。它们指明集体行动的目的,使能动者能够克服搭便车困境。在不确定状态和危机情况下,这类联盟试图按照能动者用以组织自身、赋予集体行动以意义的观念,在某个国家建立某种分配制度。如果这种尝试成功,这些制度建立之后,就能在很长时间内维持和重构这一联盟,使得组织和支撑联盟成员的分配制度成为可能且获得正当性。从这种角度看,观念使我们能够理解稳定的、制度化的政治联盟是如何创建和维持的,同时能够理解支撑这一政治联盟的制度。

假设三:观念是与现存制度进行斗争的武器。

降低不确定性和形成集体行动为制度转变创造了必要条件,而观念随后的角色则是其充分条件:能动者将观念作为武器和未来蓝图,与既有的制度相竞争并取而代之。简言之,经济观念不仅推动集体行动和激

---

① Andrew Polsky, "When Business Speaks: Political Entrepreneurship, Discourse and Mobilization in American Partisan Regimes," *Journal of Theoretical Politics* 12(4)(2000), p. 466.
② 诚如伯尔曼所说:"观念决定了行动者为之奋斗的目标;他们为行动者提供了一种方式,以表述政治行动的目的。"Berman, *The Social Democratic Moment*, p. 29.
③ 举个显而易见的例子,美国南方州的白人中产阶级大学生,冒着受伤的危险参加民权运动,是因为废除吉姆·克劳方案之后他们能获得工具性的实惠呢,还是因为种族隔离的观念在自由世界中是不可容忍的?

烈的政策变化，并且在事实上成了它们的前提。观念作为资源，明确了集体行动的目的；在这一观点的基础上，我假设观念也为能动者提供了实现目标的手段。

具体而言，将某次危机的原因归结为特定制度的结果——比如，金本位或福利国家——只是将这些制度视为"问题的一部分"。能动者如果想取代这些制度，必须质疑这些制度的根本观念，从而取消这些制度的正当性。经济观念之所以是改变既有制度的有效武器，正是因为既有的政治和经济制度也是某种关于经济运行的旧观念的结果。① 因此，当能动者试图取代既有的经济制度和政策时，经济学观念为这些能动者提供了对其进行攻击和重组的重要资源。

这种看法虽然将观念视为工具，但是并没有将其简化为利益。观念能够降低不确定性，并使危机能够被解读和操作，因此，将利益视为预先存在的，就忽略了正是在能动者将观念作为武器的行动中，其利益被重构了。② 既有制度及其产生的分配结果建基于一定的观念，当新观念挑战这些"广为接受"的、关于经济领域的旧观念时，新观念取消了旧制度的正当性，并在这一过程中改变了能动者对自己利益的看法。

假设四：新观念在取消既有制度合法性之后，能够起到制度蓝图的作用。

观念是能动者借以推翻既有制度的武器，在这一论断基础上，我继续提出第四个针对经济学观念发生效应的假设：设计制度蓝图。也就是说，新经济学观念派生新制度。正如不确定的讨论所说，能动者如果不以观念来解释特定危机为何出现，就无从在认知层面构建经济制度。因此，任何关于制度应当做什么的设想，都必然来源于解释危机的观念；观念也因而为制度设计提供了蓝图。所以，经济学观念不仅降低不确定性、为集体行动设置目标、推动既有制度的瓦解，而且阐明了能动者为解决特定经济危机所应当建立之制度的形式与内涵。

正如后文的案例分析所呈现的那样，20世纪各国政府为控制经济

---

① 正如斯文·斯坦因莫（Sven Steinmo）所说，制度可能最好被视为"结晶化的观念"（crystallized ideas）。Sven Steinmo，私下交流。
② 例如，在20世纪30年代，一名工人要是对更高的薪水有兴趣（have an interest in），他可能会使用马克思主义关于"没收"（expropriation）的论述来解释为什么要有更高薪水。但在阐述这一解释时，这名工人或许会因为这些观念而发现，他真正的利益（interest）是革命，而不是更高的薪水。

危机所尝试的种种制度方案,展现了各种将经济危机的问题概念化并采取行动的方式。正因如此,只有考察制度设计者所秉持的观念,才能理解这些政府所尝试的制度构建。仅仅依靠结构和物质因素,是无法解释这些变化的。

例如,20世纪20年代,瑞典政府一直将这一时期的危机解读为工资与商品价格不匹配。鉴于这一诊断,瑞典政府尝试用通缩来解决危机。但到了30年代初,国家从根本上重建和扩展了经济管理制度,转而支持通胀。制度形式和政策内涵的这种剧烈转向,只能解释为国家行动者重新解读了自己所面临的危机。与此相似,30年代的美国政府试图通过形成工业、银行业、农业卡特尔来稳定物价。但仅仅在几年之间,政府就抛弃了这种制度方案,转而建立了一套维持消费能力的制度。同样地,在特定的历史时期,能动者使用某种观念来形成对危机的权威诊断;如果不考察这种观念,这一制度变迁就无法解释。① 这里值得注意的问题是,这些制度方案都不是由国家"客观"面对的危机的"真正"本质所决定的。每种解决方案都产生于一套具体观念,这套具体观念被用来解释"哪里出错了",因而"需要做什么"。因此只有考察能动者用以解读自己所处情况的观念,理解新制度的设计才得以成为可能。

到目前为止,我们已经谈了观念的四个重要的发生效应:降低不确定性、推进集体行动、提供武器、为制度更替和制度设计提供蓝图。但我还将指出这一时间序列的最后一环——新制度的长期稳定。之前详述了四个观念的发生效应,现在我们可以更精确地表述第五个效应了。

假设五:在制度建立之后,观念使制度稳定成为可能。

对于观念在解释制度变迁中的作用,第五个假设是:观念除了推动制度变迁,也在能动者之中产生某种常规(convention),在制度上协同能动者的预期因而成为可能,由此观念也起到了促进稳定性的作用。简言之,观念除了告诉能动者要构建何种制度,也告诉他们对未来持有何种期待。新制度并非通过降低不确定性而获得稳定性,而是通过管理和协同能动者对于未来的预期,促使能动者的预期趋同,并在一段时间内保持自我稳定。因此,经济学观念借助信念的轮替同时使稳定性和变迁成了可能。

"常规性观念"(ideas as conventions)这一概念,是指能动者所共享

---

① 关于这一点,见 Sewell,"Historical Events,"各处。

的主体间理解(intersubjective understanding),这种理解围绕着"如何整合经济""经济如何在常规时期运作"这两个问题。常规是协同能动者预期的共享观念;拆解和替代旧制度秩序的观念,又塑造了这种常规。推动经济稳定性,依赖的是协同能动者的预期;预期协同则是通过在新出现的制度中维系这些常规而实现的。

制度中的常规是协同预期的工具,这一概念来源于凯恩斯。① 在凯恩斯看来,"理性的知识"和经济利益并不基于"既定的"利益,而基于直觉性的信念。因此,利益如"无常之物",由观念构成,并不理性。在凯恩斯看来,经济的本质既是主观建构,也是客观实在。这一说法与大部分对凯恩斯的理解相去甚远,主要体现在凯恩斯对"实体"经济、乘数论、消费倾向等问题的讨论。然而,这些主观因素对于理解资本主义经济的稳定性和变迁的作用,凯恩斯的重视程度超过人们对他的一般理解。② 凯恩斯指出:

我们对自身行为的后果,除了那些最直接的后果,只有一些最模糊的观念,一般规律就是如此。财富积累的全部目的是在相对遥远(有时是无限遥远)的未来产生结果或潜在结果。我们对于未来的知识是变动的、模糊的、不确定的,这一事实使财富成为特别不适用古典经济学理论的方法的领域……对于这些问题,没有科学能得出可计算的概率。我们根本无法知道。③

凯恩斯随后列出了经济能动者用以处理这种情况的"三项技术",本

---

① 这一观点支持了贝克特更早期的论断:在奈特式不确定性的情况下,能动者既依赖结构性机制,也依赖认知性机制。我的制度变迁模型使这一论断在理论上更为具体,把贝克特正确界定的认知性(观念性)因素和结构性(制度性)因素在时间上作了区分。贝克特的原始观点见第32页注释④。这里关于协同预期的论断,与皮尔森关于"适应性预期(adaptive expectations)使得回报递增"的讲法相类似。见 Pierson, "Increasing Returns," p. 254。

② 通过萨缪尔森或借助新古典主义传统了解凯恩斯的人,可能会对这种说法感到惊讶。但是,凯恩斯有个著名的说法:市场是由"动物本能"和"选美比赛"控制的。众所周知,《就业、利息与货币通论》是一部诘屈聱牙的著作,其内容并不明确,直到劳伦斯·克莱因(Lawrence Klein)和保罗·萨缪尔森将其主要论点形式化。这样,凯恩斯关于经济观念和预期的零星洞见就始终被认为只是洞见而已。但在这件事上,常识是错误的。凯恩斯留下了非常精致的、关于经济观念在政治中的作用的理论,特别是在产生稳定性方面。凯恩斯,这位经济观念的巨擘,留下了观念如何塑造经济的理论,这或许是恰如其分的。如要验证我的看法,可参考《通论》的以下章节:*The General Theory of Employment, Interest and Money* (London: Harcourt Brace, 1964), esp. pp. 3-23, 46-52, 89-112, 135-164, 245-257 and 372-385。

③ John Maynard Keynes, "The General Theory of Employment," *Quarterly Journal of Economics* 51 (2) February (1937), pp. 213-214.

质上都是主观性的。首先,"我们预设,比之基于过去解释现在何以至此,现在本身更能作为对未来有用的指导"。其次,"我们预设,既有的态度……是基于对未来前景的准确总结"。最后,"了解我们自己的判断并无意义,我们应该努力以世上其他人的判断为依据……也就是说,我们应当努力确认多数人的行为或平均水平的行为……追随其他人……追随常规判断"①。总之,凯恩斯的宏观经济学的基础是常规——也就是对于经济应当如何运作的共享观念。

凯恩斯得出这个结论,是因为对未来的预期本质上具有不确定性。正如他所指出的:"我们所能作出的最可能的预测……取决于我们对所作预测的信心。"②问题在于,信心程度本身也取决于能动者对未来的预期,而在凯恩斯看来,能动者的预期既不自然趋同,也不自我维持。能动者的预期并不像纯粹的"利益决定论"所认为的那样,精确地反映某种不变的根本结构;能动者的预期本质上被认为是发散的、不稳定的。因此,凯恩斯不预设预期会"趋同"于某一点,也不预设能动者能知道什么是"根本利益",反而认为经济能动者是短视的,并将彼此的行为视作信号,这才能解释为什么"趋同"对于稳定性如此重要。简言之,并没有任何"独立于"市场的真理,只有某种关乎市场本身的、为市场所信奉的智慧;这种智慧也可能是"无常之物"。③

根据这种对能动者预期的理解,进而可以说,一旦新观念创造了新制度,常规性观念就能够强化这些制度,使得稳定性成为可能。观念告诉能动者建构什么制度,以及一旦建立之后,这些制度又反过来强化那些观念。④ 不论是一般的常规(例如"信心程度")还是具体的常规(例如"赤字引发通胀"),最终都是主体间的建构;这种建构即使与市场基本面

---

① Keynes, "The General Theory of Employment," p. 214. 与之相似,凯恩斯在《通论》中这样描述:"我们可以将最终的自变量视为由……三个基本的心理学因素组成,消费的心理倾向、流动性的心理态度、资产未来收益的心理预期。" Keynes, *The General Theory*, pp. 246-247.
② Keynes, *The General Theory*, p. 148.
③ 讨论基于常规的知识,见 Hillary Putnam, *Reason, Truth and History* (Cambridge: Cambridge University Press, 1981), esp. pp. 103-126(《理性、真理与历史》,上海译文出版社 2005 年);David Wayne Parsons, "Was Keynes Khunian? Keynes and the Idea of Theoretical Revolutions," *British Journal of Political Science* 15 (2) (1981).
④ 见 Pierson, "Increasing Returns," 各处.

有关系,充其量也只是薄弱的关系,而非精确的、可计量的指标。① 事实上,如凯恩斯所指出的:"在我们的事务中,只要我们能维系常规,上述常规计算方法可以相当连续和稳定。"② 从这个角度看,维持常规能产生稳定性,稳定性本身则依赖制度对预期的协同,制度协同又是通过维持常规实现的。③ 只有这样,稳定的制度秩序才得以成为可能,观念和制度变迁的时间序列理论到此结束。

能动者建立制度本身并非为了最终降低不确定性,因为如我们所见,降低不确定性是观念的功能。能动者一旦使用观念降低不确定性、重新定义自己的利益、反抗和替代旧制度,他们——根据观念所界定的利益——所建立的新制度会强化常规,将能动者对未来的预期结构化。④ 在这一过程中,这些常规使得一定时期的稳定性成为可能。对于理解观念在制度变迁中的作用,时间序列至关重要。⑤

小结:观念和制度变迁

总之,上述分析说明,先前的研究与其说是错误的,不如说不够完善。由于之前的理论所采用的制度、观念、利益的概念的不完善,相应的分析都没有以正确的方式看待制度变迁问题,而是试图解释静止的状态向另一个静止状态的转换。尽管如先前的研究所说,外部经济震荡和内部分配斗争会给制度带来不稳定性,并产生不确定性,但是,打破现有的

---

① 这与宏观经济学中的"瀑布"(cascade)假设和"模仿"(mimicking)假设有所不同,因为这些策略是有固定利益的理性能动者所采用的。
② Keynes, *The General Theory*, p. 152, 着重号是我加的。
③ 例如,在嵌入性自由秩序中,凯恩斯认为"政府传统功能"应加以扩展,包含创造预期趋同的职能,因为这是稳定性所必需的。正是由于这个原因,凯恩斯呼吁"投资条件"应当社会化,以拓展"政府传统职能",从而将"以货易货的自然倾向"引入对社会最优的方向。因此,通过改变治理投资的常规,在不从政治上伤害私人积累原则的情况下,国家依然可以实现其目标。投资社会化、扩展政府控制、改革国家制度,这些因素共同从制度上改变经济能动者的主观常规,从而影响其行为。这些政策是达到主观目的的具体手段——也就是说,以制度将常规结构化,由此控制预期。
④ 这也说明,由于治理常规的本质,不确定性本身或多或少有一定重要性。这一洞见来自蔡欣怡。为什么试图消灭金融市场的不确定性可能会加速危机,可以参看 Jacqueline M. Best, "Economies of Uncertainty: The Constitutive Role of Ambiguity in International Finance," unpublished Ph. D. dissertation, Department of Political Science, Johns Hopkins University, Baltimore, MD (2002).
⑤ 如皮尔森所说:"理论的重点不是过去本身,而是一段时间内展开的过程。"Pierson, "Increasing Returns," p. 264.

制度均衡并不会自动产生新的制度均衡。任何制度均衡的产生都要经过定义、争议、执行,这些过程都不是结构性条件的变化所能决定的。

如果能动者不能以一套观念来诊断所面临的不确定性的本质,从理论上说,制度变迁(有意识地以一种经济制度取代另一种)就只能被认为是在"海底捞针"。理解观念在影响制度转变中的作用有助于解决这一困境,分析者能够将制度秩序的形成和破坏视作时间序列,不确定性降低、动员、抗争、制度更替等事件在一段时间内次第发生。另外,在制度变迁的时间序列理论中,将经济学观念视作关键要素,能够说明观念的控制作用和操纵能力为什么是极为重要的政治资源。[1] 总之,我的理论强调观念的作用,并以时间序列的视角看待观念;我希望这一理论能够解决困扰着之前研究的诸多难题,并使我们更好地理解双向运动是如何实际运作的。对于观念"做"什么,我在理论层面已经谈了很多。接下来我将说明经验研究中重要观念的内涵,进而分析这些观念是如何使我们所考察的制度转变成为可能的。

---

[1] 正如米尔顿·弗里德曼所指出的:"在观念的世界中,重要的并非什么是真相,而是人们相信什么是真相。在那个时候(写作《通论》的时候),人们相信已经尝试过货币政策并发现其不足了。"Milton Friedman, "The Counter-Revolution in Monetary Theory," Institute of Economic Affairs Occasional Paper, number 33 (1970), p. 5. 对于经济学的观念基础,一个更加戏剧性的证据来自弗里德里希·哈耶克,他认为"如果大众再一次失去了对量化理论基本观点的信任,那将是我们所遇到的最糟糕的事"。Fredrick Von Hayek, *Prices and Production* (London: George Routledge, 1931), p. 3, quoted in Nick Bosanquet, *Economics: After the New Right* (The Hague: Kluwer-Nijhoff Publishing, 1982), p. 31.

第二篇

案 例

第三章
嵌入式自由主义在美国的建立

在美国,国家、商业阶层、劳工组织对大萧条的反应都是复杂的观念集合,内部的不同要素往往针锋相对。在不同时期,国家、商业阶层、劳工组织接受、利用(appropriate)、部署(deployed)、争夺着不同的观念集合,以便解释经济危机并建立制度性的解决方案。我将介绍的第一种观念,曾获得国家、商业阶层、专业经济学家不同方式的使用;这套观念认为,大萧条的原因是政府没有坚持"稳健财政"和财政保守主义(fiscal orthodoxy)。依据这些观念,国家的角色应当限制在保持预算平衡和保护私有财产。这一论调在学术界的代表是"现代商业周期理论"(modern business cycle theory),该理论认为,"大萧条"根本就不是经济衰退——经济衰退是指经济长期表现出下行趋势。[1] 而所谓"大萧条只是正常的、周期性的、合乎预期的经济下行,不仅是可治疗的,而且是可自愈的"。[2]

这些观念或者想将大萧条合理化,或者想在此基础上建立稳定的政

---

[1] 这一理论与当时的一些经济学家,比如瑞典的克努特·维克塞尔(Knut Wicksell)和英国的凯恩斯,正在完善的商业周期理论颇为不同。
[2] 如哥伦比亚大学的经济学家韦斯利·C.米切尔所说:"经济萧条持续一定时期之后会产生有利于商业活动的条件……这些条件(反而)又使压力在商业的平衡体系中积累,这些压力最终又会破坏经济繁荣所倚赖的条件。"Wesley C. Mitchell, "Business Cycles," in Committee of the President's Conference on Unemployment, Business Cycles and Unemployment (New York: McGraw-Hill 1923), p. 10, quoted in Dean L. May, *From New Deal to New Economics: The American Response to the Recession of 1937* (New York: Garland Press, 1981), p. 69.

治同盟,但都失败了;这些观念失败之后,国家内部的立法改革家和进步派思想家走上前台。他们秉持的观念认为,大萧条是垄断经营的结果,尤其是大企业和托拉斯的垄断经营。简单而言,卡特尔化的工业结构遏制了经济,制定强有力的反垄断法将是经济复苏的良药[在后文中,这一观念译为"反垄断论"——译者注]。①

第三套观念与上述古典主义和反垄断论调针锋相对,即后来影响深远的"价格管制论"(administered prices thesis)。这一理论由管理经济学家和通俗经济评论家提出,实际上是修正之后的寡头经济论;该理论认为,尽管问题核心确实是垄断,但当下唯一的问题是垄断得不够。因此,适宜的政策反应不是反垄断派所主张的打击托拉斯。相反,价格管制论认为,必须通过国家干预,进一步推动卡特尔化。只有这样,大企业才能在社会效应最大化的情况下控制价格,并中止通货紧缩。②

但是另一组不同的经济学观念强调,调控需求和消费比调控供给和投资更为重要。这套论点的核心是收入分配、购买力、政府在经济中的"刺激启动"(pump priming)作用。支持这种观点的主要是民主党知识分子、新政社会改革家和一些标新立异的经济学家。这些思想最初掺杂着价格管制理论,经常出现一些局部性的自相矛盾。③ 到了 20 世纪 30 年代中期,这些观念与"价格管制论"完全脱离,成了凯恩斯主义中独树一帜的北美流派[在后文中,这一观念译为"消费不足论"——译者注]。

第五种观念最为激进,就是长期停滞论。这种理论在 20 世纪三四十年代受到联邦政府精英和学院经济学家的支持;其主张是,经济发展已经达到了成熟工业化的时期,工厂和设备产能过剩。基于这一判断,不论是价格管制论所主张的制度性修补,还是消费不足论主张的政府刺激启动作用,都无法有效推进经济复苏。这种"长期停滞论"的政策主张

---

① 参看 Ellis Hawley, *The New Deal and the Problem of Monopoly: A Study in Economic Ambivalence* (Princeton: Princeton University Press, 1980); Idem., "Economic Inquiry and the State in New-Era America: Anti-Statist Corporatism and Positive Statism in Uneasy Coexistence," in Mary O. Furner and Barry Supple, eds., *The State and Economic Knowledge: The American and British Experiences* (Cambridge: Cambridge University Press, 1990), pp. 287-324.

② 例如,见 Adolphus Berle and Gardiner Means, *The Modern Corporation and Private Property* (New York: Legal Classics Library, 1923).

③ 见 William Trufant Foster, *Business without a Buyer* (New York: Houghton Mifflin Company, 1928); William Trufant Foster and Waddill Catchings, *The Road to Plenty* (Cambridge, MA: Sir I. Pitman and Company, 1929).

是投资环境的全面社会化。[1]

最终,随着长期停滞论在商业阶层的反对下失败,约翰·梅纳德·凯恩斯的新宏观经济学逐渐背离了"长期停滞论"的政治主张,转而依赖"消极稳定技术"(passive stabilizing techniques)以确保缓慢而稳定的增长。罗伯特·M.柯林斯称这一观念为消极"增长术"(growthsmanship),这是由商业智库和战后国家精英提出的。这些概念在战后初期占据了主导地位,并在20世纪70年代之前,一直都是美国式嵌入式自由主义的理论基石。[2]

总之,对于以何种政策应对20世纪30年代的经济滑坡,主流的美国经济学观念始于稳健财政,终于"增长术"。在不同的时期,国家、商业阶层、劳工阶层都接受、利用、部署、争夺着不同的观念集合,既为了解释危机,也为了解决危机。因此,要理解美国式嵌入式自由主义的建构,应当考虑这些诠释大萧条的观念。只有这样,我们才能理解以化解危机为名所进行的种种制度建构的努力。

胡佛、罗斯福与传统财政的矛盾

一战结束之后的经济繁荣似乎高涨得出人意料,到20世纪20年代中期,美国经济好像没有察觉到其他地方发生的经济危机。危机已然四伏,大萧条及其不确定性之严重,依然令号称"繁荣之党"的共和党大为意外。当时执政的胡佛政府应对危机的反应并不是强化财政保守主义、预算平衡和财政紧缩,至少最初并非如此。相反,胡佛政府采取了积极的危机管理措施,尽管方式是较为特殊的。

赫伯特·胡佛总统对大萧条的反应源自商业周期理论、稳健财政、价格管制理论等多种思想。价格周期理论的影响力部分源于胡佛于1921年组织的一次会议,这次会议"在大半个20年代中影响着公职人员和商业阶层对公共工程的态度"[3]。这次会议从商业周期论的角度分析了经济萧条,这一理论认为,经济形势天然地摇摆于危机和稳定之间,

---

[1] 见 Alvin Hansen, *Fiscal Policy and Business Cycles* (New York: W. W. Norton and Company, 1941)。

[2] Robert M. Collins, *The Business Response to Keynes* (New York: Columbia University Press, 1981)各处。

[3] May, *From New Deal to New Economics*, p. 69.

具有相当的规律性,当下的经济形势并非稳定局面受到了危机的冲击。① 依照对经济的这一理解,国家在这类危机中的角色应当局限于提供临时救济,直至经济彻底好转。

正如阿兰·斯威齐所说,20世纪20年代早期的学院派经济学家更关心的是寻找谬误,而不是寻找解决方案,尽管作为政策建议这是不实用的。② 哈佛曾出版一本批评罗斯福晚期的经济复苏政策的专著,约瑟夫·熊彼特在其导言部分说:"我们的计划并不支持修复性政策的相关措施……分析与批判的作用,与提出替代性建议在意义和本质方面是颇为不同的。"③然而,大萧条并无自愈的迹象,而且将大萧条视为治疗经济的手段,这一观念显得很傲慢;鉴于这两个原因,贯穿20世纪二三十年代,这套自由放任的经济学观念,使得美国学院派经济学家始终处在辩论的边缘,影响力微弱。由于这类观念的实践性不强,胡佛需要支持更为积极的政策理论,由此更为坚定地支持价格管制理论。根据这一理论,胡佛越来越支持市场自发的卡特尔化,而不是拆解托拉斯和卡特尔,他试图以此挽回受经济滑坡所破坏的工业稳定性。④

但是,尽管商业周期理论被边缘化,国家越来越支持价格管制方案,但金融界仍然将稳健财政视为经济复苏的必要条件。经济下行时,往往出现政府开支增长而税收收入下降的情况,这次也不例外。⑤ 这一问题

---

① 在一份流传甚广的备忘录中,7名资深的哈佛经济学家批评罗斯福早期的经济复苏政策:"任何人为刺激所引起的经济复兴,都使得大萧条的功能没有完全实现,反过来又会形成新的经济失调,从而引发下一次危机而威胁经济事业。"Joseph Schumpeter, in Douglass V. Brown, Edward Chamberlin, et al., *The Economics of the Recovery Program* (New York: McGraw-Hill, 1934), p. 21, quoted in Byrd L. Jones, "Lauchlin Currie, Pump Priming, and New Deal Fiscal Policy, 1934-1936," *History of Political Economy* 10 (4) (1978), p. 514.
② Alan Sweezy, "The Keynesians and Government Policy 1933-1939," *American Economic Review* 62 (1/2) (1972), pp. 116-124.
③ Joseph Schumpeter, quoted in Sweezy, "The Keynesians and Government Policy," p. 116.
④ 例如,胡佛在1930年的国情咨文中说,他将"以全面和自发性的制度性举措,建立与商业阶层之间的合作……确保……工资和消费能力不会下降"。Herbert C. Hoover, *The State Papers and Other Public Writings of Herbert Hoover* (Garden City, New York: Doubleday, Doran 6c Co., 1934), Volume 1, pp. 145-146.
⑤ 1929年,胡佛在公共工程上投入了15亿美元,1930年上升到17亿美元。1931年,联邦总预算支出较1929年上涨了三分之一。正如斯坦所说:"收入减少了50%,而支出上升了将近60%。"Herbert Stein, *The Fiscal Revolution in America* (Washington: American Enterprise Institute Press, 1996), p. 26.(《美国的财政革命》,上海财经大学出版社2010年)。

随着1931年英国放弃金本位制度而愈加恶化。由于对美元的信心下降,黄金流出美国,利率提高,银行破产率上升,而臭名昭著的《斯姆特-霍利关税法》(Smoot-Hawley tariff)出台,更是打击了金融业所剩不多的信心。在此环境下,进一步扩大政府借贷规模被认为不合时宜。因此,通过稳健财政政策来恢复商界信心,被视为至关重要,金融精英本身更是这么认为。

如果财政状况是市场信心的第一指标,那么最迫在眉睫的事务就是平衡预算,而不是支持企业的卡特尔化,等待商业周期的自然繁荣。[1] 其结果是,胡佛于1931年12月批准了9亿美元的增税计划,以弥补财政亏空。[2] 不幸的是,这一财政收缩政策起到的作用仅仅是强化既有的通缩,并抵消了卡特尔化之前或多或少起到的稳定作用。由于这些相互对立的立场,政府在谋求自发性卡特尔化的同时,又试图维持稳健财政的常规,这只能加剧市场状况的不稳定性。选民回应这种不稳定性和政策无能的方式,就是在1932年选择了富兰克林·罗斯福,而不是支持胡佛连任。

然而,当罗斯福在1932年开始执政时,事情似乎并不应该起变化。正如威廉·E.洛伊希滕贝格所说,在1932年大选期间,"民主党的领袖们对胡佛的批评并不是他做得太少,而是他做得太多。他们对准胡佛的主要批评是他花钱大手大脚"[3]。由此,似乎"更为保守"才是政策应有的选择。这种期待落空了。在罗斯福任内,国家对危机的观念经历了深刻的转变,前有价格管制论,后有消费不足论,这些观念都压过了稳健财政的学说。

在罗斯福任期的前两年,这种观念转变的迹象就已经显山露水。国家首先在三个方面尝试改革:银行业改革、《全国工业复兴法》(National Industril Recovery Act)[以下简称《工业复兴法》——译者注]框架下的工业改革、《农业调整法》(Agricultural Adjustment Act)框架下的农业改革。传统上认为,这些改革是就事论事(ad hoc)或者临时起意的政策

---

[1] 不论对商业阶层还是对国家而言,支持自发性的卡特尔化,配之以稳健财政政策,似乎都是很有吸引力的提案,因为卡特尔化花的是消费者的钱,而不是商业阶层或者国家的钱。
[2] 胡佛说:"我们不能通过浪费来实现繁荣。"Hoover, *State Papers*, Volume 2, p. 105, quoted in May, *From New Deal to New Economics*, p. 33.
[3] William E. Leuchtenburg, *Franklin D. Roosevelt and the New Deal 1932-1940* (New York: Harper Torchbooks, 1963), p. 3.

选择。① 但如果从观念的角度理解,这三项改革都是价格管制理论在实践层面的表现——这套观念在1933—1935年间成为国家对危机的主要解读方式。

重新解读传统:卡特尔化和"修辞性的"稳健财政

管制金融价格

罗斯福宣誓就职之后仅五天,就向众议院递交了《银行法》草案,试图从两个方面提振银行系统的信心:通过增发美元提高流动性,并授予总统控制黄金流通的全部权力。流动性充裕的银行很快就可以重新开放,而无法承担其自有资金负债率(debt/equity ratios)的银行则由政府再融资和重组。② 这些危机应对措施使国家得以推动一些更为深刻的金融业改革,这些改革最终成为构建美国的嵌入式自由主义的核心。

参议院展开"佩科拉(Pecora)调查"之后,国家利用银行业形象受损的机会,加强金融监管。["佩科拉调查"指1932年美国参议院银行和货币委员会针对1929年股市崩盘展开的调查,得名于调查的首席顾问费迪南德·佩科拉(Ferdinand Pecora)——译者注]继《银行法》之后,参议院又通过了《证券法》和《格拉斯-斯蒂格尔(Glass-Stegall)银行法》。这些法案将商业银行业务和投资银行业务分开,成为未来银行危机的防火墙。政府还不顾银行业的反对,设立了联邦存款保险公司(Federal Deposit Insurance Corporation),以强化防火墙,预防未来的流动性问题。③ 银行业得到强化之后,政府也就可以更灵活地应对市场信心和平衡

---

① 参见,例如,Arthur M. Schlesinger, Jr., *The Age of Roosevelt*: *The Crisis of the Old Order 1919-1933* (Boston: Houghton Mifflin Company, 1957), esp. pp. 440-485; Leuchtenburg, *Franklin D. Roosevelt and the New Deal*, pp. 41-62.

② 关于新政中的银行业改革,下面这一著作是一个精彩的论述。James S. Olson, *Saving Capitalism*: *The Reconstruction Finance Corporation and the New Deal 1933-1940* (Princeton: Princeton University Press, 1988).

③ 洛伊希滕贝格认为,与《工业复兴法》在工业领域中推进卡特尔化的做法不同,《证券法》是对限制性行为(restrictive practices)进行监管。因此,他认为金融行业内执行的逻辑,与工业领域所希望的逻辑刚好相反(Leuchtenburg, *Franklin D. Roosevelt and the New Deal*, p. 59)但是,这个结论有个分析层次的问题。管控工业价格是对产量进行监管。管控金融价格则是对价格本身进行监管,这正是《证券法》和《格拉斯-斯蒂格尔银行法》所做的。因此,可以说它们都是以提高稳定性为目的、在同一价格管控逻辑之下的卡特尔化策略。

预算的棘手问题了。

为了将这一轮干预与稳健财政政策相平衡,政府事实上执行了两套预算,但将其伪装成一套。① 常规预算刻意没有在总预算中把紧急开支包括进去,特别是救济金的开支。平衡预算因此获得更大弹性,国家可以继续维持稳健财政的观念,但在行动中采取更积极的措施。② 虽然两套预算的做法受到金融界的抨击,但这种创新树立了联邦政府更大程度参与经济的先例,为下一阶段的制度建构打开了空间。1933年末,随着银行体系逐渐稳定,稳健财政论失去了吸引力。这使价格管制论得以走向前台,并提出了解决危机不可或缺的两种制度形式,即《工业复兴法》和《农业调整法》。

管制工业价格

《工业复兴法》是价格管制论在工业方面的制度表达,它对大萧条有一套特殊的成因解释。价格管制论认为,由于现代经济要求工厂和设备的集中,更大规模的资本集中应运而生。由于这一工业结构,现代企业在经济衰退、需求减弱的情况下,缺乏降价的积极性。相反,商业阶层会人为将价格控制在较高水准,因为"对私有企业而言,在销量下降的情况下继续维持价格,是唯一稳健的商业策略"③。然而,如果所有企业都采取这种策略,那么个体的理性选择将造成集体的灾难后果。如果经济下行的主要后果是物价下降,那么垄断性企业就将维持管制价格,而不是坚持市场价格,以此阻止价格的进一步下降。类似这样的资本集中,不可避免的后果是经济失衡,且无法维持高就业率和稳定物价。基于这一分析,恰当的政府行动是改变商业运作的制度环境,由此帮助企业以更有效的方式卡特尔化。因此,垄断应当被视为成熟资本主义的自然产物,而不是政府反垄断法失效的后果。政府干预一旦有了让市场更有效

---

① 有趣的是,这套账务伎俩在60年代又在美国的预算政治中大行其道,当时沃尔特·赫勒(Walter Heller)根据假设性的完全就业状况来计算预算,并因而使得政府干预更为明确。美国预算政治的出色讨论,见James D. Savage, *Balanced Budgets and American Politics* (Ithaca: Cornell University Press, 1986)。
② 正如斯坦所说,罗斯福"证明了,如果将政策描述为满足平衡预算观念的形式化要求,那么这一观念对实际财政政策而言不过是一个小障碍"。Stein, The Fiscal Revolution, p. 47.
③ Gardiner C. Means, "Notes on Inflexible Prices," *American Economic Review* (26) March (1936), pp. 32-33.

的名义,也就因此有了正当性。①

然而,有效并不必然意味着更激烈的竞争。相反,有效的意思是,自发形成调控产量和价格的协定,以此产生协同性和稳定性。在这些目标之下,《工业复兴法》包含了两种互不相同但相互补充的要素。这部法律的第一部分设立"全国复兴总署"(National Recovery Administration)作为协同机构,以帮助商业阶层推进生产卡特尔化。② 该计划的第二部分受到方兴未艾的"消费不足论"观念的影响,通过设立一系列国家救济机构,加快提高公共工程开支。政府希望通过公共工程开支来稳定购买能力,加固全国复兴总署的卡特尔制度。《工业复兴法》的两部分都为商业阶层和劳工阶层提供了经济刺激。制度性合作既能稳定物价也能提高利润,而公共工程则能提高购买力并改善就业。

商业阶层反对《工业复兴法》

然而,从最初开始,商业阶层对《工业复兴法》的态度就既有反对又有合作。对《工业复兴法》最激烈的反对来自"全国制造商协会"(National Association of Manufacturers)。制造商协会此前已经被《工业复兴法》的正反两手搞得元气大伤,随着商业阶层对《工业复兴法》的反对激化,该协会也开始了反击。③ 不过,美国商会(American Chamber of Commerce)在开始时为《工业复兴法》提供支持,此后又激烈地反对,具有更大的重要性。

在大萧条初期,美国商会与任何其他组织一样,在经济方面支持稳健财政的观念。商会主席亨利·哈里曼(Henry Harriman)在胡佛增税

---

① 参见 Robert Himmelberg, *The Origins of the National Recovery Administration: Business, Government and the Trade Association Issue, 1921-1933* (New York: Fordham University Press, 1976); Hawley, *The New Deal and the Problem of Monopoly*.
② 全国复兴总署是复兴金融公司(Reconstruction Finance Corporation)在工业方面的对应物,复兴金融公司是在胡佛时期建立的,罗斯福时期被扩大,成为银行系统重组的支柱。复兴金融公司的具体情况见 Olson, *Saving Capitalism* 各处。
③ 《工业复兴法》中促进独立劳工组织的相关条款,全国制造商协会是其主要反对者。全国制造商协会还强调,《工业复兴法》中关于公共工程的条款具有财政风险,并重申需要保守的金融稳定政策,包括减薪和增税。关于第一次新政期间全国制造商协会的讨论,请参阅 Collins, *The Business Response to Keynes*, pp. 47-52; Howell John Harris, *The Right to Manage: Industrial Relations Policies of American Business in the 1940's* (Madison: University of Wisconsin Press, 1982); Philip H. Baruch, "The NAM as an Interest Group," *Politics and Society* (14) Fall (1973), pp. 97-130。

后不久给众议院拨款委员会写信,提出为了实现经济复苏,国会应当进一步削减 100 亿美元的联邦预算。① 然而,由于大萧条漫无止境,哈里曼与其他自由派实业家(比如通用电气的杰拉尔德·斯沃普[Gerald Swope])联手,为通过《工业复兴法》进行游说。② 由于这一时期不断增加的不确定性,以及停止反垄断的前景,美国商会有足够的理由支持起草《工业复兴法》。③

这一时期第三个重要的商业机构是"商业咨议会"(Business Advisory Council)。④ 商业咨议会对《工业复兴法》的支持甚至比美国商会还要热心。商业咨议会包括了一些美国最大的商业利益集团,美国商会中一些最支持政府的会员也参与了商业咨议会。⑤ 这一团体之所以支持《工业复兴法》,是因为他们相信,价格管制指导下的卡特尔化与科学的工业和劳动管理相结合,才是走出大萧条的明路。⑥

然而,两个因素最终削弱了商业阶层对《工业复兴法》的支持。首先,商业阶层本身对于大萧条的根本原因存在分歧。尤其是在小企业和大企业之间,围绕着垄断是大萧条的原因还是出路产生了一道裂痕。1934 年 3 月,在全国复兴审议会(National Recovery Review Board)就复兴总署的工作进展举行听证会期间,美国商会对《工业复兴法》的支持力度开始弱化。特别是美国商会中的小企业,提出卡特尔化正在阻碍经济复兴,而不是推动经济复兴。⑦

其次,《工业复兴法》有个讨好劳工的第七条第一款(section 7a)。这一条款有效地赋予劳工以集体形式进行组织并与资方谈判,并有权不参加工会(隐含了对企业工会[company union]政策的批评),并规定联

---

① 引自 Collins, *The Business Response to Keynes*, p. 26.
② 对于这一所谓斯沃普计划(本身是全国复兴总署的蓝本)的相关讨论,见 Arthur Schlesinger, Jr., *The Crisis of the Old Order*, pp. 181-183.
③ 美国商会支持《工业复兴法》的具体表现是,就《工业复兴法》第二章的内容作出让步,同意 33 亿美元公共工程开支,视其为必要的临时措施。
④ 关于商业咨议会的细节,见 Collins, *The Business Response to Keynes*, pp. 56-62.
⑤ 亨利·哈里曼(Henry Harriman)[美国铁路公司总裁——译者注]、通用电气的杰拉尔德·斯沃普、通用汽车的阿尔弗雷德·斯隆(Alfred Sloan)都是美国商会的创始成员。
⑥ 见 Harris, *The Right to Manage*, pp. 91-105.
⑦ 关于复兴审议会的听证会以及反对者如何反驳《工业复兴法》的逻辑,参见 Hugh Samuel Johnson, *The Blue Eagle: From Egg to Earth* (Garden City, New York: Doubleday, Doran & Company, 1935), pp. 272; Arthur Schlesinger, Jr., *The Coming of the New Deal* (Boston: Houghton Mifflin and Company, 1959), pp. 128-134.

邦政府有权就工作报酬、劳动时间、劳动条件等进行监管。这些改革,加上新的工会组织潮(本身也部分是因为"第七条第一款"),使得商业阶层开始在一般层面上反感政府干预,尤其是反感《工业复兴法》主张的联合主义(associationalism)。①

1934年11月的中期选举时,很多人认为选举向政府传递的信号是推动变革的使命;而由于上述问题的存在,美国商会此时却开始越来越戒备。当国家计划从劳动市场改革到普遍社会保险进行更大范围干预时,美国商会却主张,商业阶层应当在政府和劳工参与之外获得更大的自发性。由于美国商会的反对意见,政府对商业阶层的批评更为激烈,最后连商业咨议会也不再支持《工业复兴法》了。罗斯福的论调变得越来越反对商业阶层,连汤姆·科科伦(Tom Corcoran[罗斯福的智囊之一——译者注])这样的要员都说:"与商人打架……就像与波兰人打架。你一个子儿的便宜都不能给他。"②随着这一趋势,《工业复兴法》以及在此基础上建立与商业阶层结盟的计划也分崩离析了。

但是,国家行动的最大威胁,不是商业阶层日益增长的厌恶,而是最高法院宣布某项法律违宪的权力。1935年3月27日,这种担忧成了现实,在"谢客特家禽集团案"(the Schechter Poultry case)中,最高法院判决《工业复兴法》违宪。这项判决的依据是《工业复兴法》恶意干扰州际贸易,而联邦政府无权监管州际贸易,因此也无权通过一家公司来监管;这一判决摧毁了这项本已被削弱的法律。③ 这一判决有可能成为司法判例,判定类似《工业复兴法》的监管政策从根本上违宪。④ 这样的决定无疑击中了现行政策的要害,国家支持下的卡特尔化(价格管制论的核心)基本不再可能。总之,"制度经济学家的满心期待……在监管的繁复、小企业的抗议、最高法的反感三股洪流的冲击下化为泡影"⑤。

国家所支持的观念集合,即价格管制论和"修辞性的"稳健财政论,

---

① 参见 Olson, *Saving Capitalism*, p. 157.
② 引自 Collins, *The Business Response to Keynes*, p. 42.
③ 罗斯福本人当时评论说,新政所做的所有工作"都因为对州际贸易的过时定义"而毁于一旦,引自 Leuchtenburg, *Franklin D. Roosevelt and the New Deal*, p. 145.
④ 但是,如阿兰·布林克利所说:"'谢客特案'的判决在政府内部引起了这么大的不安,本身是有点讽刺的,因为1935年时全国复兴总署已经遗憾地失败了。"Alan Brinkley, *The End of Reform: New Deal Liberalism in Recession and War* (New York: Vintage Books, 1995), p. 18.
⑤ Olson, *Saving Capitalism*, p. 223.

既没有形成商业阶层和国家之间的长期联盟,也没有建立经济复苏所必需的新制度。因此,国家将劳工作为自己替代性的结盟伙伴,是在国家认定全国复兴总署及其依托的观念失败之后才发生的。转向劳工之所以可能,仍然是由于对大萧条原因的观念发生了变化。

《工业复兴法》失败之后,国家开始用消费取代卡特尔化,将其视为经济活动的主要决定因素。[①] 这些新观念将失业问题由一个供给决定的问题,重新表述为总体需求不足的结果。这一诊断要求的不是生产的卡特尔化,而是提高大众消费水平,这就使得工业劳工阶层成了解决方案的一部分,而不是问题的一部分。但是,有两个因素阻碍了这套新观念达成与劳工阶层的新联盟,并因而产生新的治理制度。首先,为了制止物价的总体下降,农产品价格必须稳定。但为了实现这一点,任何新的政治同盟都必须排除南方的农业劳工,以容纳北方的工业劳工。其次,工业劳工阶层与商业阶层很类似:他们内部分裂,又对国家高度警惕。因此,国家针对劳工的首要任务不是对其加以监管,而是对其进行强化,并在有可能的方面对其进行教育。接下来我们逐个讨论这些问题。

改变观念和盟友

稳定农业与排斥农业

在1929年工业产品价格崩溃之前大约5年,农业大萧条就已经开始了。随着一战之后物价的快速飞涨,农产品价格开始下降,并在整个20世纪20年代一直下降。由于供给相对固定,而农民组织又很孱弱(使得产量控制更为困难),农民要求国家干预,希望以价格保护和出口补贴的方式,制止通货紧缩。农民联盟在支持工业界对关税保护要求的同时,在中南部各州游说"麦克纳里-豪根法案"(the McNary-Haugen Bill)。这部法案有着多种版本,绵延于整个20年代,每个版本基本都在要求三件事:第一,国家参照战前工农产品的相对价格,制定较高的农产品国内价格;第二,国家以这一价格买入所有农产品;第三,过剩农产品

[①] 对于观念的重点如何从关注投资和生产转变为将消费视为大萧条的根源,这里有一个精彩的讨论:Brinkley, *The End of Reform*, pp. 65-85.

以世界市场价格倾销到海外。[1]

这一时期支撑工农业经济复苏的观念都是从"价格管制论"中引申出来的,并且两组制度都是卡特尔化逻辑的具体表现。但是从这些观念中直接推导出农业政策,比工业领域的问题更大,原因有二。第一,《工业复兴法》所倡导的卡特尔化,要求相当的规模经济,当时大部分美国农场还不具备这样的条件。第二,就像肯尼斯·芬戈尔德和西达·斯考切波所说,任何计划的成功都要满足一定条件,包括"这一计划不会刺激产量上升、不会引起欧洲报复、计划是自愿的或至少获得多数生产者支持"[2]。在《工业复兴法》框架之下,既符合这些条件,又不偏离工业复兴目的的计划只有"国内配额计划"(the domestic allotment plan)。

这一计划的内容是,在一定"国内配额"范围内,向农民支付较高补贴,而在农民产量超出国内配额的部分,按世界市场价格支付较低价格;超出国内配额部分的低价,事实上起到了以增税限制产量的作用。[3] 1933年的《农业调整法》确立了这一政策,从功能上说成了《工业复兴法》在农业的对应物,两者都应用了卡特尔化的策略。[4]《工业复兴法》和《农业调整法》的主要差别在于:《农业调整法》奏效了。农产品价格上升了,产量(相对)下降了,工农业产品相对价格趋于稳定。[5]

之所以《农业调整法》能成功而《工业复兴法》却失败了,原因有以下几方面:第一,农民的组织性不如商业阶层,无法形成有效的反对力量。第二,人们相信北方的工业复兴必须以农产品价格的稳定为前提,因为

---

[1] 政府之所以抵制(并否决)这一政策,除了其有明显的报复性后果,还有两个原因。首先,正如肯尼斯·芬戈尔德和西达·斯考切波指出的那样,胡佛认为该法案"是税收最恶劣的形式,у刺激生产并滋生官僚主义,并且启动这类政策就是违宪的"。其次,企业担心美国会通过向海外倾销的方式,向欧洲工人提供廉价谷物,从而事实上向欧洲企业提供出口补贴。Kenneth Finegold and Theda Skocpol, *State and Party in America's New Deal* (Madison: University of Wisconsin Press, 1995), pp. 76, 78.

[2] 同前注, p. 81.

[3] "国内配额"指的是农民总生产量中能够满足国内供应的那部分。

[4] 1934年5月,经过参议院激烈的辩论,农民几乎实现了罢工计划,《农业调整法》颁布,该法落实了国内配额计划。农民之所以不反对减少种植面积,是因为物价持续低迷,农地抵押贷款的违约率越来越高。1934年6月,国家通过了《农业信贷补充法案》,作为对《农业调整法》的补充:该法授权农业信贷管理局(Farm Credit Administration)为抵押贷款再融资,并阻止赎回潮。这个交换条件实际上相当于1933年《银行法》的再融资条款,由此确保了农民对《农业调整法》的支持。见Olson, *Saving Capitalism*, p. 91.

[5] 尽管最高法院于1936年在胡萨克·米尔斯案(Hoosac Mills case)中裁定《农业调整法》无效,但该法案的主要条款通过1936年的《土壤保护和国内配额法》和1938年的新《农业调整法》重新确立。

不断下降的商品价格会拉垮关联商品的价格。因此,农产品价格稳定被视为实现目的的手段,而非目的本身,而农业劳工则被认为对解决危机无关紧要。根本上说,如果国家所面对的问题是稳定物价,那么保护农业劳工就无关宏旨。在价格管制论和方兴未艾的消费不足论(启发了《工业复兴法》扩大公共开支的做法)看来,农业劳工对解决危机是无关紧要的,因为农业劳工既不能将供给卡特尔化,也不能成为大规模消费的基础以刺激经济复苏。因此,当恢复购买力成为1935年之后经济复苏的核心逻辑时,这一逻辑的主要考虑是工业劳动力的购买力,而非农业劳动力。①

因此,一般价格的稳定以既有的政治排斥为前提。在北方与工业劳工结盟,是以在南方将农业劳工排除出这类联盟为前提的。统治南方农业的父权结构没有经历北方的这类改革,因此南方的阶级结构和财产权没有变化,在民主党执政的地区尤其如此。② 由于吉姆·克劳法[吉姆·克劳法(Jim Crow Laws)是指美国南部多个州在19世纪末20世纪初颁布的一系列种族隔离法律。这些法律直到20世纪中叶才被陆续废除——译者注]和其他限制非裔投票权的制度存在,没人认为农业劳工可以在稳定经济方面起到实质性作用,因此将宝贵的政治资本花费在农业劳工身上将收效甚微。因此,国家不得不向南方保守派妥协,以建立与工业劳工的新联盟,不过在支撑这些选择的观念看来,排斥农业劳工不算是牺牲。

强化劳工与拉拢劳工

当时国家对待农业的常态是排斥,而对待工业劳工的态度则是努力将其纳入新联盟。然而,由于美国政治的地方性特征,以及种族和阶级

---

① 没有必要将所有的政治都仅仅视为试图重新当选,并因此过分夸大在选择政策时对选举的考量。固然,如果没有当选,就什么都做不了,但在大萧条这种情况下,解决问题就足以使人当选并重新当选。因此,指导策略的观念可能并不纯粹是选举的产物。强调新政中的选举结构和政党政治的研究,可参见 Finegold and Skocpol, *State and Party*, 各处。

② 参看 Finegold and Skocpol, *State and Party*; Lee J. Alston and Joseph P. Ferrie, "Labor Costs, Paternalism, and Loyalty in Southern Agriculture: A Constraint on the Growth of the Welfare State," *Journal of Economic History* XLV (1) March (1985); Ira Katznelson, Kim Geiger, and Daniel Kryder, "Limiting Liberalism: The Southern Veto in Congress 1933-1950," *Political Science Quarterly* 108 (2) Summer (1993), pp. 283-306.

割裂造成的碎片化，美国工会运动一直是以职业而不是行业来组织的。① 这种组织形态给国家造成了一个问题：全美劳工同盟（the American Federation of Labor）是职业工会主义（craft unionism）的名义性组织，这一组织使职业界限固定下来，成为各个职业工会的私产，结果让大部分产业工人都处于无组织的状态。虽然这种做法对加入职业工会的人是有利的，但其副作用是限制了工会规模和工会密度，因而也削弱了劳工作为联合对象的可能性。

另外，新兴的、尚未形成组织的国际移民工业工人呈现出另一种组织形态，这种组织形态超越了——因而也削弱了——职业工会的私有权利。全美劳工同盟的领导人担心大规模、强有力的工业工会会造成双重组织，因此在20世纪20年代一直采取拖延战术。全美劳工同盟的领导人非但没有利用《工业复兴法》第七条第一款所赋予的主动权，工会运动反而因此而愈加两极分化。② 总之，国家要与劳工结盟，主要问题在于劳工不仅组织不足，而且组织不力。③ 面对这一挑战，国家不得不帮助劳工自我组织。

这里起到关键作用的是社会改革家弗朗西斯·珀金斯（Frances Perkins）所领导的劳动部。劳动部支持最低工资制、劳动保障和生产安全改革、广泛设立救济项目等许多支持劳工的措施。特别是劳动标准局（Bureau of Labor Standards），提出"使劳动立法更为统一，为建立劳工

---

① 对于职业工会如何像财产权一样被分割，见 David Montgomery, *The Fall of The House of Labor: The Workplace, the State and American Labor Activism* 1865-1925 (Cambridge: Cambridge University Press, 1987); Joseph G. Rayback, *A History of American Labor* (New York: Free Press, 1966)。

② 全美劳工同盟的职业工会领导人也担心共产主义的渗透。在20世纪20年代前半期，由于未加入工会的工人收入在下降，全美劳工同盟的技术工人相当于向这些工人征收了税款。那些受共产主义影响最深的工会，正是在当时全美劳工同盟主导的制度下受苦最深的。见 Edwin Young, "The Split in the Labor Movement," in Milton Derber and Edwin Young, eds., *Labor and the New Deal* (Madison: University of Wisconsin Press, 1957), pp. 50-51。

③ 虽然在第七条第一款规定下，工会成员数量有所增长，但获得增长的主要是在那些不容易融入当时职业工会结构的工会，以这些工会为基础，稍晚形成了参与"工业组织大会"（Congress of Industrial Organization）的新型工业工会。事实上，尽管该法案的意图并非如此，这些增长的工会许多都是企业工会，企业工会的成员在1932—1935年间翻了一番，从125万人上升到250万人。数据来源：Finegold and Skocpol, *State and Party*, p. 125。

保障、生产安全、工业工人就业的现代化标准作出贡献"。① 劳动部另一项强化劳工的措施是为劳工提供专家意见,供其理解自身的"最大利益",是否采纳这些意见则由工会自行决定。1933—1935 年期间,劳工部组织了一系列与劳工领袖之间的会议,这些会议的重点似乎是"向工会领袖宣传劳动部的观念,而不是劳动部听取工会领袖的观念"。② 其他负责公共工程和救济项目的国家机构,比如公共事业振兴署(Works Progress Administration)和国内工程署(Civil Works Administration),也赞成劳工发展为有组织的社会行动者。但是,真正激发了工会运动的还是国会的行动。

虽然 20 世纪 30 年代的国会在劳工问题上有些制度性的偏见,但大萧条的程度与 1934 年的民主党大胜,使得支持劳工的改革比以往任何时期都更有可能。由纽约州参议员罗伯特·瓦格纳(Robert Wagner)领导的一个较小的选区,对改变劳工制度境遇的立法改革作出了积极的探索。早在瓦格纳的改革方案通过之前,支持劳工的国会游说活动就已经显著地强化了劳工运动。为组织工会清除障碍的"诺里斯-拉瓜迪亚法案"(Norris-LaGuardia Act)、《工业复兴法》的第七条第一款、保护这些法案不受全国制造商协会和美国商会的修正,这些因素合力为劳工创造了更为坚实的制度基础。

推动支持劳动的立场还有一个因素:基层要求建立全民社会保障体系的压力与日俱增。这一变化证明了更广泛的观念转变,人们从支持卡特尔化转向认为改善收入再分配和提高政府开支才是走出大萧条的明路。休伊·朗(Huey Long)的"分享财富"运动和弗朗西斯·汤森(Francis Townsend)的退休金运动有了全国性的影响。在这两个运动中,汤森对国家的经济复苏政策产生了更大的影响,或者说更大的威胁。

汤森成立了一个机构,叫作"老年人周转退休金有限公司"(Old Age Revolving Pensions Limited),提出将商业贸易额的 2% 用于为老年人支付退休金,经济危机就可以化解。退休金会加速更多老年人退出劳动

---

① *Twenty Third Annual Report of the Department of Labor* (Washington: Government Printing Office, July 1934), quoted in Murray Edelman, "New Deal Sensitivity to Labor Interests," in Derber and Young, eds., *Labor and the New Deal*, p. 162.

② Edelman, "New Deal Sensitivity," p. 162.

力市场,又能提高购买力,使经济得以重新运转。① 但这里特别引人注目的是,劳工并没有在上述任何议题中形成持续的政治压力。劳工依然组织松散。现在等待劳工的,就是利用这些制度变化并自我组织起来;即使国会和劳动部已经对劳工进行了强化,全美劳工同盟依然过于孱弱,无法完成这一任务。

右翼是商业阶层的咄咄逼人,而左翼则是劳工阶层的无动于衷,面对这样的境况,国家开始寻求新的策略。新的策略来自布兰迪斯学派(Brandeisians)古老而直白的反垄断传统。在费利克斯·弗兰克福特(Felix Frankfurter[罗斯福私人顾问,1939—1962年任联邦大法官——译者注])的影响下,罗斯福或多或少曾公开否定过商业阶层与政府的合作,并试图让商业阶层屈服,他向国会呈递了《社会保障法》、"瓦格纳法案"、《公共事业控股法》(Utilities Holding Bill)以及一项精心编制的反商业阶层的税收方案,并很快都获得了通过。② 在这四项议案中,《社会保障法》和"瓦格纳法案"都清晰地说明,消费不足论的观念正在对国家看待大萧条的方式产生越来越大的影响。这些制度都成了逐渐兴起的嵌入式自由主义秩序的构成要素。

建立新制度

《社会保障法》

《社会保障法》由老年救助、老年保险、失业保险三个部分组成,这种设计是为了拉拢工业劳工,而排斥农业劳工,反映了新制度既要解决危机,也要安抚南方各州。但是全民社会保障的观念并非凭空而来。整个20世纪20年代,好几个州都建立了退休金制度;1930年,众议院劳动委员会召开了一系列听证会,考虑众议员威廉·康纳里(William Connery)提出的无分担退休金(noncontributory pension)方案。尽管经

---

① 朗的版本更为激进,但异曲同工:要解决大萧条,就要"让所有人的个人财富超过一定数额……让每个家庭都有足够的钱买房、买车、买收音机;老人会得到退休金,有能力的男孩可以上大学"。Leuchtenburg, *Franklin D. Roosevelt and the New Deal*, p. 98.

② 见 Leuchtenburg, *Franklin D. Roosevelt and the New Deal*, p. 150-151. 关于弗兰克福特在罗斯福背弃商业阶层中的作用,见 Max Freedman, ed., *Roosevelt and Frankfurter: Their Correspondence 1928—1945* (Boston: Little, Brown and Company, 1967), pp. 229-301; Brinkley, *The End of Reform*, pp. 48-52.

过了数轮修改,并且面临着商业阶层(特别是全国制造商协会)的激烈反对,但康纳里法案的一个版本("迪尔-康纳里法案")依然在众议院获得通过,并差点在参议院获得通过。[1]

除了联邦和各州所支持的退休金动议,商业阶层也提出了企业退休金,试图将其作为双重工具,既鼓励员工加入企业工会,又加强对劳工的控制。吉尔·S.夸达尼奥指出,这些退休金都是自愿缴纳(discretionary)的,且与绩效挂钩,并规定了服务年限的要求。有些企业在规定连续服务的条款中禁止罢工,有些甚至要求退休职工在公司的要求下应当回到企业制止罢工。[2] 这些退休金虽然也有优势,但是有一个严重的问题:他们经常入不敷出,在经济萧条期间,很多项目都会破产。因此,退休金改革并不仅仅是国家与商业阶层之间的较量,有些行业甚至对这类改革颇为欢迎。国家一方面受到汤森支持者的压力,一方面也面临着"迪尔-康纳里法案"的威胁;罗斯福因此向杰拉尔德·斯沃普求助,以建立一套新制度,斯沃普是"通用电气计划"的设计者,这一计划又成了全国复兴总署的母本。[3]

1934年3月8日,罗斯福在午餐会上与斯沃普讨论了社会保障的问题,随后请他将讨论成果写成总结。"两周后,斯沃普向总统提交了一份完整的计划书,这份文件包含了详尽的统计数据,设计了应对失业、残疾、退休金的计划。罗斯福立即开始推动包含失业金和退休金两方面的社会保障改革。"[4]但是,将《社会保障法》完全视为商业阶层的动议,多少失之简单。尽管这样的制度动议可能符合商业阶层所体认的利益,但并不等于商业阶层的利益本身。《社会保障法》本身反映了这一时期不断变化的经济学观念,能动者利用经济学观念,将看似相反的利益重塑为共同利益。

随着《工业复兴法》的终结,"价格管制论"作为主导观念也失败了,支撑《社会保障法》的观念由卡特尔化转向了消费。消费不足论的主要论述者中,既有拉克伦·柯里(Lachlan Currie)、阿尔文·汉森(Alvin

---

[1] Jill S. Quadagno, "Welfare Capitalism and the Social Security Act of 1935," *American Sociological Review* (49) October (1984). 我对《社会保障法》的解释是基于以下文献:Alston and Ferrie, "Labor Costs," and Colin Gordon, *New Deals Business, Labor and Politics in America 1920-1935* (Cambridge: Cambridge University Press, 1994),各处。

[2] Quadagno, "Welfare Capitalism," pp. 636-637.

[3] 还有一个分配色彩更浓厚的"伦迪恩法案"(Lundeen Bill),但该法案从未被严肃争论。

[4] Quadagno, "Welfare Capitalism," p. 639.

Hansen)这样的职业经济学家,也有威廉·特鲁芬特·福斯特(William Trufant Foster)、瓦迪尔·卡欣斯(Wadill Catchings)这样的通俗经济评论家,还有一些劳工组织中的激进派。他们提出,伴随着价格管制论所支持的工业集中,财富也在相应集中,因为生产力的增长速度超过了消费。① 乔治·索尔写道:"我们的技术能力能够为所有人生产足够的产品,因此所有人都应该有足够多的收入,购买自己需要的东西。"② 成百上千万人实际上并没有这一能力,这说明大萧条的原因是在需求侧,而不是在供给侧。因此,垄断的集中与分配的不平等共同产生了两个有害的后果。第一,在规模化生产的经济体中,规模化消费是必要的;然而愈来愈不平等的财富分配,意味着工薪阶层的消费水平正每况愈下。第二,财富阶层的收益更大,意味着储蓄率提高,在大萧条的情况下,这也意味着投资率下降,通胀情况更为恶化。

劳动部部长珀金斯在国会发表演讲时回顾了这一观念转向,他说《社会保障法》的目的不是再分配,而是提高购买力。"付钱给那些本来没有收入的人,能够创造出购买力……以维持本国巨大的制造业和商业体系所需要的购买需求。"③ 因此,"全国福利制度的目的不是劳工福利,

---

① 正如杰罗姆·弗兰克所说,大萧条的原因在于"我们绝大多数的公民没有分享足够的成果"。Jerome B. Frank, quoted in Theodore Rosenof, *Patterns of Political Economy in America: The Failure to Develop a Democratic Left Synthesis, 1933-1950* (New York: Garland Publishing, 1983), p. 19.
② George Soule, *A Planned Society* (New York: MacMillan, 1932), pp. 262-263.
③ 弗朗西斯·珀金斯在美国国会的演讲,参议院财政委员会,The Economic Security Act, Hearings, January 1935 (Washington: Government Printing Office, 1935) (Y4.F49:Ec7/7rev)。由于需要建立缴费型(contributory)和非再分配型(nonredisributive)的体系,该法案最初减少了约20亿美元的购买力。然而,罗斯福解释了为什么该法案是保守的(regressive)。当有人提及该法案造成的短期财政影响时,罗斯福回答说:"我想你在经济学方面是对的……但税收从来都不是经济学问题。税收自始至终都是政治问题。我们把上缴的款项集中起来,以便给缴款人法律、道德和政治上的权利——领取退休金和失业补助。有了这些税收,哪个要命的政客都别想推翻我的社会保障项目。"Roosevelt, quoted in Arthur Schlesinger, Jr., *The Coming of the New Deal*, pp. 308-309.

而是经济稳定——这一目标与垄断资本的利益是一致的"[1]。

虽然国家试图重新解读商业阶层的利益,将其论述为与消费提高具有一致性,但商业阶层反对国家推进改革的声音却提高了。虽然商业咨议会还支持《社会保障法》,但美国商会和全国制造商协会却已经开始组织反对了,他们特别反对老年保险和失业保险的部分。[2] 另外,南方的商业阶层也心存顾虑,尽管《社会保障法》将农业劳工和家政工人排除在外,但一旦为"工作体面和劳工健康"建立相当稳定的联邦标准,这一先例不仅会提高南方的工资水平,而且会危及南方整个压制劳工的体制。因此,出于争取南方支持的考虑,国会将老年保险由联邦负责改为各州负责,同时删掉了"工作体面和劳工健康"相关的条款。但是,美国商会和制造商协会的基本目标是推翻《社会保障法》,这样一来,国家与商业阶层之间的关系变得紧张了。

《全国劳资关系法》("瓦格纳法案")

虽然商业阶层的支持对于《社会保障法》的形成乃至通过都至关重要,但对"瓦格纳法案"而言,最重要的是关键性的国会议员和政府官员的支持。《工业复兴法》第七条第一款所倡导的志愿主义失败之后,瓦格纳参议员不再抱有幻想;1934年他试图推动一部法案,来强化第七条第一款中的规定。由于1934年是国会选举年,罗斯福认为在这一年中提出如此争议性的议案会加剧分裂,因此转而通过第44号决议成立了"全国劳资关系委员会"(National Labor Relations Board),以调查劳资纠

---

[1] Quadagno, "Welfare Capitalism," p. 640.事实上,为协助负责该法实施的立法规划委员会而设立的咨询委员会——经济安全委员会(Committee on Economic Security)——与商业咨议会几乎是原班人马,包括斯沃普和沃尔特·蒂格(Walter Teagle[30年代长期领导新泽西标准石油公司——译者注])。此外,商业阶层支持建立社会保障,将其作为限制竞争的手段。《社会保障法》将福利成本标准化,并转嫁给国家和劳工自身,由此为企业提供了一项间接补贴;这对商业阶级是有利的,否则他们将个别制定福利方案。见 Colin Gordon, "New Deal, Old Deck: Business and the Origins of Social Security, 1920-1935," *Politics and Society* 19 (2) June (1991); Idem., New Deals, 各处。

[2] 物质决定论的观点会将《社会保障法》的供给简化为"商业阶层的乌合之众为了解决经济竞争引起的破坏所做的工作"。Gordon, New Deals, p. 279. 这里商业阶层的持续反对反驳了这一看法。正如纳尔逊·利希滕斯坦所说,这种观点"很难描述新政时期的政治现实……[因为]绝大多数的美国商业阶层激烈地抵制大多数新政改革"。Nelson Lichtenstein, *Labor's War at Home: The CIO in World War Two* (Cambridge: Cambridge University Press, 1991) p. 4.

纷,但不具备法律强制力。① 瓦格纳为这次偷梁换柱感到沮丧,因此在1934年选举之后又做了努力,并且成功推动了《全国劳资关系法》("瓦格纳法案")的通过。这部法律旨在"推进集体劳资协商的实践和程序",以保护"工人能够践行完全的结社自由……并自主选择和任命其代表"②。另外,该法特别规定,罢工权利不受干涉;最重要的可能是,该法授权全国劳资关系委员会强制雇主承认工会。

"瓦格纳法案"标志着对大萧条的观念完全转向了"消费不足论"。与《社会保障法》一样,"瓦格纳法案"的核心论点是提升购买力。法案中说:"雇员与雇主之间……议价能力的不平等,将会降低工资水平和工业工薪阶层的购买力,从而加剧周期性的商业萧条"③。有人就"公平性"和"稳定性"进一步提出了规范性要求,以支持这项法案。④ 也有人提出,这项法律能够减少罢工数量。由于差不多有一半的停工都跟要求承认工会的问题相关,有人认为强制企业承认工会,将祛除工业不稳定的一大因素。⑤

因此,将提高购买力作为解决危机的方案,这一观念促生了一项制度创新:强制承认工会。在企业承认工会之后,集体行动的成本大为降低。然而,基于职业的、暮气沉沉的全美劳工同盟并没有利用这些制度变迁,新成立的工业组织大会(Congress of Industrial Organizations)利用了这些制度变化并迅速发展。工业组织大会有个看似不可能的支持者——最高法院。

---

① 对于第44号决议的不同看法,见 Finegold and Skocpol, *State and Party*, pp. 130-131; R. W. Fleming, "The Significance of the Wagner Act," in Derber and Young, eds., *Labor and the New Deal*, pp. 126-127。
② National Labor Relations Act, Public Laws of the United States of America passed by the Seventy-Fourth Congress, 1935-1936, July 5, 1935 (Washington: Government Printing Office, 1936), pp. 449-457, quoted in David Plotke, *Building a Democratic Political Order: Reshaping American Liberalism in the 1930's and 1940's* (Cambridge: Cambridge University Press, 1996), p. 92.
③ National Labor Relations Act, quoted in David Plotke, "The Wagner Act, Again: Politics and Labor, 1935-37," *Studies in American Political Development*, 9 (1) (1994), p. 125.
④ See Hawley, *The New Deal and the Problem of Monopoly*, pp. 195-196, 276-277.
⑤ 瓦格纳还认为,加强工会可以加强民主。瓦格纳在《纽约时报》杂志版的采访中所说:"在工业界争取发言权……是为维护美国政治民主与经济民主而斗争的核心。让人们在这片土地的工厂里成为他们主人的奴仆,那么反抗政治独裁的筋骨将被摧毁。""The Ideal State- as Wagner Sees It," *New York Times Magazine*, May 9, 1937, p. 23, quoted in Fleming, "The Significance of the Wagner Act," in Derber and Young, eds., *Labor and the New Deal*, p. 135.

1936年的总统大选巩固了罗斯福的地位,随后发生了臭名昭著的"法院填塞"(court-packing)事件。简言之,罗斯福以通过行政改革加速司法审判为幌子,试图改变最高法院的构成,以推动更进步的立法得以通过。保守派和自由派都正确判断出,这一举措是为了移除年老的保守派法官,代之以新政更喜欢的法官。这一事件在短时间内极大损害了罗斯福的名声,但是间接地拉近了国家与劳工之间的距离。

之所以两者逐渐趋同,是因为虽然商业阶层之前强烈反对"瓦格纳法案"的通过,但他们却没有试图阻止法案执行。部分原因是全国劳资关系委员会可以行使法律制裁,但更主要的原因是,商业阶层的预期是按照"谢客特家禽集团案"裁定《工业复兴法》的判例,"瓦格纳法案"将被裁定为违宪。然而令商业阶层失望的是,"法院填塞"事件实际上起到了罗斯福想要的效果,年老的保守党法官投降了,他们判定"瓦格纳法案"不违宪。① 埃德温·杨认为,"最高法院支持'瓦格纳法案'的裁定非常及时,鼓舞了工业组织大会的信心"②。

除此之外,参议院的拉福莱特委员会(LaFollette Committee)揭露了企业在劳资纠纷中的一些非法行为,其中甚至有谋杀行为,加强了国会和公众对"瓦格纳法案"的支持。在这个委员会的庇护下,工业组织大会扩大了他们的势力,到1937年10月时,这一组织已经拥有400万名会员,下辖的工会涵盖了所有主要工业行业。为了回馈政府对劳工的支持,工业组织大会(全美劳工协会也以较弱的方式)积极谋求与国家建立联盟。劳工组织为罗斯福1936年的竞选投入了巨大的资金,做了许多助选工作,主要是通过"无党派联盟"(Non-Partisan League)这个掩护机构。③尽管这次公开结盟的政治成果没有达到劳工阶层的预期,并且商业阶层依然对整个改革的推进满腹怨言,但是《社会保障法》和"瓦格纳法案"在形成联盟和建立制度方面的作用是毋庸置疑的。国家通过提供

---

① 见 Leuchtenburg, Franklin D. *Roosevelt and the New Deal*, pp. 131-136; Leuchtenburg, "Franklin D. Roosevelt's Supreme Court Packing Plan," in Harold Hollingsworth, ed., *Essays on the New Deal* (Austin: University of Texas Press, 1969).
② Young, "The Split in the Labor Movement," p. 67.
③ 罗斯福1932年的竞选活动中,单笔1000美元或以上的捐款总额的24%来自银行家;1936年,这一比例缩减到4%。由于商业阶层对民主党的支持率下降,因此感觉上劳工阶层的支持会至关重要,虽然事后证明其支持率低于预期。见 Louise Overacker, "Labor's Political Contributions in the 1932 Election," *Political Science Quarterly* 54 (1) March (1939), p. 60。工会对特定候选人的直接支持于1943年被禁止,先于"塔夫脱-哈特莱法案"。

制度性支持,将无组织的劳工运动有效地"组织"起来,并为工人们提供了一套保护性制度,以提高购买力。人们希望以这种方式降低失业率、稳定市场预期并解决危机。

这些新制度给劳工带来了力量和自主性,最重要的是在绝不压制劳工的国家统治之下存在和组织的权利。这些工作的目的是与劳工建立持久的政治同盟,这一同盟的生命力要远远超过一次大选。如戴维·普洛特克所说,这些法案给工人赋权,并重新划定边界,以确定哪些人是有权利的代议行动者(微观层面是通过《社会保障法》,宏观层面是通过"瓦格纳法案"),同时剥夺商业阶层压制劳工和使用暴力的垄断特权;通过这些方式,根本性地改变了劳工的制度性地位。① 部分是由于国家的主动,部分是由于劳工的努力,国家和劳工重新划定了国家行为和劳工正当性的界限。到1936年底,劳工和国家之间似乎建立了新的、坚固的同盟。然而,仅仅几个月后,事实就被证明并非如此。美国版的萨尔特舍巴登(Saltsjöbaden)协议[萨尔特舍巴登协议系1938年瑞典劳资双方达成的历史性协议,详见本书第四章——译者注]并没有出现。

在1937年之前,经济复苏似乎颇为顺利。农产品价格在升高,新政被认为正在重振美国。《工业复兴法》的支出部门通过一系列"字母表机构"(alphabet agencies)[指新政时期成立的国家机构——译者注]得以重组并重新运作,第一次在全国范围内建立起经济体制,消费不足论的观念也获得了更大的影响。这些全国性的经济机构包括平民保育团(Civilian Conservation Corps)、联邦紧急救援署(Federal Emergency Relief Administration),以及许多根据《工业复兴法》第二章建立的机构;这些机构的运作使私有经济势力与国家之间的关系发生了持久的变化,这一变化也在变得越来越剧烈。这直接挑战了商业领袖作为资产阶级的身份,他们对此颇感不悦也就不足为怪了。

然而,只要经济复苏依然持续,围绕着复兴计划的核心观念之争就依然隐于幕后。然而,1937年的衰退将这些竞争性的观念释放了出来。在价格管制论失去正当性之后,有两组观念在竞争霸权:一边是美联储的马里纳·艾克尔斯(Marriner Eccles)和拉克伦·柯里所提出和部署的消费不足论,另一边则是财政部部长小亨利·摩根索(Henry Morgenthau, Jr.)所支持的、东山再起的稳健财政与财政平衡原则。

---

① Plotke, "The Wagner Act, Again," p. 148.

重新诊断危机：1937年经济衰退时期的观念与政治

在1937年衰退之前，只要经济能够持续恢复，指导国家行动的观念中存在矛盾就并不被认为是一个问题。因此，一方面是消费不足论在指导着国家与劳工结盟，另一方面政府已然修辞性地利用稳健财政的原则，以使商业阶层相信国家并不是自由企业的死对头。但1937年出问题了，"对削减开支、平衡财政、恢复商业信心的愿望，迎头撞上了1933年之后最严重的经济衰退"[①]。从1937年8月到1938年1月，股价下跌了58%，就业率下跌了28%，工业产值下跌了43%，企业利润下跌了78%。[②] 梅指出："1937年的经济衰退……打破了因为平缓的经济复苏而短暂恢复的市场信心。"[③] 在这一情况下，不论是支持扩大财政投入的一方，还是支持预算平衡的一方，都认为国家应当采取行动，但国家的行动必须是"与'新政'相一致的有机部分，合乎新政的走向。对于经济所面临的广泛问题，必须能拿出长期的、内在一致的解决方案"[④]。在具有不确定性的时刻，这种情况再次出现了：在解决危机之前，需要对其进行重新诊断。

在1937年的经济危机侵袭美国之前很久，美联储主席艾克尔斯就已经是政府内支持以"消费不足论"解释危机的重要一员了。艾克尔斯是一位信奉摩门教的银行家，深受福斯特、卡钦斯和其他消费不足论的作者影响。早在1932年，他就提出在经济衰退期间实行平衡财政的做法，只会加剧通货紧缩。艾克尔斯感到，虽然这种做法可能对减轻商业阶层的担忧不无裨益，但这类做法所带来的经济复苏，会被平衡预算所造成的经济收缩所抵消。[⑤] 艾克尔斯进一步警告说，以提升市场信心为目的的传统货币政策，无法带来新的投资，原因就是凯恩斯后来所说的

---

① Olson, *Saving Capitalism*, p. 187. 事实上，国家自己的行为是造成购买力崩溃的罪魁祸首。国家"取消了复兴金融公司和公共事业振兴署，美联储提高了准备金要求，社会保障税也开始生效。其结果是1937-1938年的经济衰退"。见 Olson, *Saving Capitalism*, p. 189.
② 数据来源：May, *New Deal to New Economics*, p. 4；Brinkley, *The End of Reform*, p. 29.
③ May, *New Deal to New Economics*, p. 14.
④ 同书, p. 15.
⑤ Marriner Eccles, "Speech to Utah State Banker's Convention," *Salt Lake City*, June 17, 1932, quoted in May, *New Deal to New Economics*, p. 54.

"流动性偏好"(liquidity preference)。① 因此,只有国家才能承担推动经济复苏所必需的巨额投资。

事实上,早在1933年,艾克尔斯接受参议院任命听证时就提出:"联邦为银行存款提供保险、建立隶属中央政府的联邦储备体系、推动收入再分配的税制改革……建立失业保险和养老保险、联邦政府对股市和其他经济领域进行监控,[由此可以预期]将被称为'新政'的大部分改革。"②在1937年的经济衰退中,艾克尔斯的观念却找到了机会。在1935—1937年期间,尽管与艾克尔斯相左的观念主导着国家解决危机的实践,但经济复苏却一直在持续,这阻碍了艾克尔斯的观念进一步发展。限制财政开支的做法似乎卓有成效,因此,消费不足论的观念还没有得到长期灌输。在这种小富即安的环境下,"稳健财政"论重出江湖。

稳健财政论的复归

罗斯福在谈及1936年的预算时,再次操起了"修辞性的稳健财政论"这把用钝了的旧犁。他认为,鉴于经济复苏势头强劲,是时候重新考虑平衡预算了。一年后,在谈及1937年的预算时,他重申了这一点,提出"我们希望……能在1939年实现完全平衡的预算"③。这些说法背后的逻辑昭然若揭。首先,如果临时措施和非常规的财政支出足以复苏经济,并且围绕社会保险、银行业监管、工会活动的必要改革真的能够有效避免消费在未来急剧下滑,那么最终回归传统财政似乎是正当的。其次,修辞性的稳健财政——不断承诺要平衡预算,但从不做到——最终必然会损害商业信心,尤其是经济复苏进行期间。因此,立即进行改革,以强化对经济复苏的预期,似乎好过让市场信心在未来损耗殆尽。因此,摩根索承诺让国家回归正宗的稳健财政;1937年11月,他在纽约出席政治科学院(Academy of Political Science)的会议时,透露了国家政

---

① 正如梅就艾克尔斯的观念所指出的那样:"乘数效应……和消费倾向……都是艾克尔斯体系的一部分……[并且]足够充分,可以引出类似的政策结论。"May, *New Deal to New Economics*, p. 59.

② William Greider, *The Secrets of the Temple: How the Federal Reserve Runs the Country* (New York: Simon and Schuster, 1991), p. 309; Olson, *Saving Capitalism*, p. 159.

③ Franklin D. Roosevelt, *The Public Papers and Addresses of Franklin D. Roosevelt, with a Special Introduction and Explanatory Notes by President Roosevelt* (New York: Random House, 1938-[50]), Volume 5, pp. 643-644.

策将会发生这一变化。①

摩根索需要解释财政赤字和扩大支出为什么在过去三年间是有用的,现在又要否定了;为此,他重新发现了古典经济学——尤其是"挤出效应理论"(the crowding-out thesis)。他提出,在经济萧条最严重的时候,扩张性政策是有效的,因为这些政策主要是通过银行信贷和政府增发货币实现的,不会影响商业信心。但是,既然经济复苏态势已经很强劲,削减此类开支就很有必要了,因为政府的信贷需求会与新产生的私人信贷需求形成竞争关系,从而对经济复苏产生消极而非积极的影响。②随着1937年经济衰退的恶化,这些观念的合理性也成了问题,但摩根索仍然执意推动稳健财政政策。

摩根索传达着回归传统财政的信号,与之相反,罗斯福却计划提出一揽子新的改革方案,并于1937年10月向国会传递了这一信号。③ 对此,商业阶层迅速而一致地表达了消极态度。但是,他们的消极反应正好赶上经济衰退的恶化,这使得经济衰退看上去很像是卡莱斯基式的"资本罢工"(Kaleckiancaital strike[米哈尔・卡莱斯基,波兰经济学家——译者注]),这反过来又加剧了国家内部情绪的两极分化。④

摩根索因此陷入了困境。他所秉持的"通过平衡预算实现经济复苏"的想法,是基于这样的预设:由于经济状况已经改善,现在是平衡预算的有利时机。但是,如果经济衰退仍在恶化,平衡财政是弊大于利的。摩根索非但不解决这些矛盾,反而采取了与经典的传统财政论一致的论调:现在比以往更需要回归稳健财政与预算平衡,以便"为私营企业的扩张扫清障碍",对抗经济衰退。⑤

通过提升市场信心来促进经济复苏,这一意图是很好的;尽管如此,

---

① 这个机构的名字很奇怪,因为它的成员几乎完全是金融家和制造商,而且与学术界联系非常有限。
② 关于摩根索希望平衡预算的讨论,见 Brinkley, *The End of Reform*, pp. 25-28; May, *New Deal to New Economics*, pp. 94-96.
③ 包括一系列所谓"小田纳西河谷管理局"、工资和工时的立法、旨在强化总统职权的行政改革。
④ 例如,一方面,摩根索试图安抚商业阶层的恐惧,而不是削减其权力;另一方面,哈罗德・艾克斯(Harold L. Ickes[1933—1946年长期担任内政部部长,"新政"的重要执行者——译者注])却说经济衰退是美国前六十大家族的寡头政治进行资本罢工的结果。同样,司法部的罗伯特・杰克逊(Robert Jackson)也曾谈过商业阶层针对国家积极策划阴谋。
⑤ Henry J. Morgenthau, Diaries (95), p. 127, quoted in May, *New Deal to New Economics*, p. 103.

这项政策仍然失败了,原因有二。首先,这一政策缺乏信服力。商业阶层完全不相信摩根索关于有能力实现预算平衡的说法。他在政治科学院的演讲引来的是嘲笑和倒彩。其次,这一政策不仅本身是通缩的,而且与1932年之后建立的所有新制度背后的观念都南辕北辙。由于这些显而易见的矛盾,艾克尔斯不厌其烦申述的观点开始获得更多的关注:平衡预算的企图本身才是大萧条的核心问题。

1935年之后,支持财政开支的观点一直势头强劲,他们支持瓦格纳法案和《社会保障法》的相应做法,增强了他们的可信度。在完善支持财政开支的逻辑方面,艾克尔斯在财政部的助手柯里发挥了核心作用。斯威齐指出,1934—1936年,柯里计算了一系列数据,最后合称为"联邦政府对全国购买力的净贡献":

这是对官方赤字的技术性改进……但更重要的是,[这是]第一次重大的语义学上的胜利。它提出了政府所有财政运作中的共同要素。惯于从净贡献的角度思考问题的人,不可能提倡为了促进经济复苏,既要增加公共工程支出,同时又要削减政府工资并增加税收。[①]

在这些观点的鼓舞下,艾克尔斯在1937年经济衰退期间,通过公开评论的方式直接挑战摩根索的稳健财政论。在摩根索真诚地保证国家将实现预算平衡的同时,艾克尔斯向国会作证:只有10亿美元的财政支出计划,才能阻止新的经济萧条。[②] 与此同时,艾克尔斯、柯里和其他财政开支的支持者,开始不断向白宫递交备忘录,支持增加财政支出。实际上,罗斯福在佐治亚州的沃姆斯普林斯(Warm Springs)度假期间,一群扩大财政开支的支持者在总统住地附近安营扎寨。他们确定了新经济学观念的基本要素。在接下来的20年间,这些要素构成了美国式嵌入式自由主义的学理逻辑和制度基础。

---

① Sweezy, "The Keynesians and Government Policy," p. 118. 柯里还写了一篇影响甚大的论文,题为《经济衰退的原因》,布林克利称之为新政的"地下出版物"。关于1937年经济衰退与意识形态斗争的关系,见 Brinkley, "The Idea of the State," in Steve Fraser and Gary Gerstle, eds., *The Rise and Fall of the New Deal Order* (Princeton: Princeton University Press, 1989), pp. 85-122, esp. pp. 96-97。

② Marriner Eccles in U. S. Congress. Senate. Senate Special Committee on Unemployment and Relief, *Unemployment and Relief*. Volume 1, Hearings. January 1938 (Washington: Government Printing Office 1938) (Y4. Un2/2 : Um/v. i).

需求侧的胜利

迪恩·L.梅指出,沃姆斯普林斯讨论的重点,是让国家由社会金融政策(a sociofinancial policy)转向社会经济政策(a socioeconomic policy);前者的基础是"经济和生产运转适应普遍的金融需要",后者的目标则是"增加商品和服务的生产,避免物力和人力的浪费"①。财政开支的支持者在发给罗斯福的电报中建议,在后来所说的"国民收入核算"中,国家应当计算保证充分就业必需的购买力水平。以此为基础所预测的财政赤字,应通过直接财政支出或减税来补齐。这种积极的经济管理与过去所有的新政措施截然不同,标志着主导美国的经济学观念发生了重大变化。

为了让这些观念在政治上更容易被接受,沃姆斯普林斯讨论的参与者创造性地将他们的观点与日具影响力的长期停滞论相糅合。② 这些讨论者没有说,由于美国的发展模式发生了根本性变化,所以政府开支应当整体上升,以避免长期衰退——这是阿尔文·汉森和凯恩斯(在不同场合)表达的观点;相反,这些讨论者表示,这种政府开支并不是新鲜事。③

西奥多·罗森诺夫提到,这些讨论者回顾了弗雷德里克·杰克逊·特纳(Frederick Jackson Turner)的"边疆论"(frontier thesis),提出在历史上,出售公共土地以大规模刺激投资,并由此提高购买力,实际上起到的是同样的作用。④ 既然购买力下降是经济下滑的根本原因,那么预算平衡不仅是错误的政策,而且是违背历史先例的。这套论点被称为"亨德森—鲁姆尔(Hendeson-Ruml)理论",按照这一观点,"遵循'传统'路线以实现经济复苏,变得不可想象"。因此,像摩根索那样的观点是反

---

① Henderson-Ruml Telegram, April 1, 1938, Harry Hopkins Papers, Box 50, Franklin D. Roosevelt Library, quoted in May, *New Deal to New Economics*, pp. 131-132.
② May, *New Deal to New Economics*; Rosenof, *Patterns of Political Economy*.
③ 例如,参见 Alvin Hansen, "Economic Progress and Declining Population Growth," *American Economic Review* (29) March (1939); John Maynard Keynes, "Some Economic Consequences of a Declining Population," *Eugenics Review* (29) April (1937).
④ 见 Rosenof, *Patterns of Political Economy*, pp. 34-36。特纳的边疆论认为,边疆一旦耗尽,将不会有轻易的广泛性增长(extensive growth)路径,美国的经济问题将日益尖锐。见 Fredrick Jackson Turner, *The Frontier in American History* (New York: H. Holt and Company, 1920)。罗森诺夫指出,虽然20年代的繁荣似乎已经说明边疆论是错误的,但大萧条开始之后,特纳的思想在主张干预的经济学家中开始复苏。

美论调。①

摩根索重提稳健财政论,加之股市持续下滑,并且国会有可能制订一套平衡预算,这些因素的后果持续积累,共同强化了消费不足论在国家内部的影响力。从1937年10月罗斯福的一次炉边谈话中,可以看出这些新观念如何深刻地渗透到了国家对危机的反应之中。罗斯福直接将经济衰退归结为购买力的下降,并提出新一轮35亿美元的财政开支计划,并暗示接下来还有更多。罗斯福最后总结:"我们要共同认识到……只要国家能够极大提高公民的收入,那么联邦债务不管是250亿还是400亿,都是还得上的。"②

1937年之后,扩大财政开支的观点很快成为国家采取行动的核心逻辑。汉森的长期停滞论,借助柯里对投资需求的分析而有了更大公信力。这就意味着,除非政府能够持续提高国民收入,否则需求仍达不到实现充分就业的水平。与此相关的是,哈佛大学和塔夫茨大学的一批经济学家与保守的商业周期论分道扬镳,发表了《美国民主的经济计划》(An Economic Program of American Democracy)。该计划的作者支持上述新观念,主张国家发挥积极的干预作用。③ 不过,这些新思想在这一时期最主要的作用,还是挑战既有的制度,阻止某些陈旧经济学观念的死灰复燃。

这里所说的死灰复燃的陈旧经济学观念,指的是布兰迪斯学派的反垄断论;这些论点支持"谢尔曼法"(Sherman Act)和其他支持市场竞争的进步性监管法案。支持这一观点的老一代新政政治家,例如罗伯特·杰克逊(Robert Jackson)和本杰明·科恩(Benjamin Cohen),与国会的反垄断活动家联合,要求对美国工业中的垄断情况进行联邦调查。经过激烈的幕后斗争,罗斯福于1938年4月29日向国会传令,既请求增加财政支出,也请求进行杰克逊和科恩所提出的反垄断调查。于是,国民经济临时委员会(Temporary National Economic Committee)于1938年12月召开了听证会。④

---

① May, *New Deal to New Economics*, p. 133.
② Franklin D. Roosevelt, *Public Papers*, Volume 7, pp. 236-247.
③ R. V. Gilbert et al., *An Economic Program for American Democracy* (New York: Vanguard Press, 1938). 凯恩斯和《通论》在实际推动政策变化方面充其量有一些边缘性的作用,与这一时期美国大多数学院派经济学一样。
④ 这样做并不那么矛盾,因为"到1937年底,大多数反垄断论支持者……都开始将补偿性财政开支与反垄断相结合"。Olson, *Saving Capitalism*, p. 199.

尽管这个委员会的重点是垄断问题,但该委员会的听证会及其出版的报告对大企业的问题却鲜有陈述或指责。事实上,这些听证会上支持财政开支论的宏论,比支持反垄断要多得多。正如阿兰·布林克利所说,临时国民经济委员会"相当刻意地办成了特别的论坛,用以支持以积极的联邦财政政策拯救萎靡的国民经济"。[①] 亨德森也意识到这些听证会的教育作用,将其打造成了柯里和汉森等关键证人的"时装秀"。面对委员会,柯里不厌其烦地论述了通过财政政策刺激需求的必要性,而汉森则在这些听证会上论述了政府开支能够补充私人投资,以及通过收入再分配降低储蓄意愿。

这些听证会上的分析,贯通和归纳了支持财政开支的观念;要成为危机的主要解释和解决方案,这种连贯性和普遍性是必要的。就此,扩大财政开支的理由,可以从经济效率和人道主义两方面来加以论证,而国家在经济生活中的作用,也变得前所未有的明确。然而,此刻又是乌云压城之际,战争的威胁日益明显。在这种情况下,团结的需要,尤其是与企业和解的需要,使国家在建立联盟和再分配方面的计划都有所缓和。然而,战争的威胁也有助于巩固新的经济观点,并推进了一系列制度的进一步发展,这些制度尽管在形式上有所缓和,但对新经济学观念延续到战后是不可或缺的。

世界大战与观念大战

战争爆发前夕,国会中反对这些新观念和新制度的保守力量开始采取实际行动了。1939年,南方民主党和共和党的联盟否决了总额30.6亿美元的公共工程融资法案,该法案旨在延长财政支出的周期,这些财政支出挽救了1937—1938年的经济衰退。在1938年的选举中,民主党失去了70个众议院席位和7个参议院席位;利用国会的"资深规则"(seniority rules[美国国会惯例,委员会主席由该委员会中最资深的多数党议员担任——译者注]),保守的南方民主党议员控制了几个关键的委员会,并且能够对关键立法有效地行使否决权。此外,为应对战争而设立的新机构——国家资源规划委员会(National Resources Planning Board)和价格管理办公室(Office of Price Administration)——通常由

[①] Brinkley, *The End of Reform*, p. 128. 相反,奥尔森认为国民经济临时委员会的听证会"对公众无足轻重",并且倾向于"弗兰克福特—布兰迪斯学派的路线"。Olson, *Saving Capitalism*, p. 190.

受任命的商业领袖负责,而这些人中许多都反对新观念。同时,如果是知名的新政政治家在领导这些机构,他们就会受到国会系统性的、有针对性的攻讦。

国家行为本身往往加剧了这些不利因素。正如保罗·道格拉斯所说,反垄断论、长期停滞论和扩大开支论的支持者都日益确信,控制垄断资本主义不应该意味着"逃出私有财产的油锅,跳入全能国家的火海"。① 以哈耶克为代表的对计划和(法西斯式的)极权主义的批判方兴未艾,这些批判不仅是保守反对派的急先锋,也促使一些同情新观念的人反思自己的立场。② 如果承认政府对经济的控制,在实践上可能与个人自由水火不容,那么像汉森等所主张的那种纯粹通过国家来解决增长和分配问题的方案,似乎本身就让人兴味索然了。③

在这种情况下,战争并没有成为跳板,在国家与劳工之间建立更深入的制度化协作,而是缓和了劳工的立场并重振了商业阶层。然而,在这个过程中,由于既有的观念变化,以及对新的消费维持制度的参与,商业阶层对战后秩序的偏好本身也发生了变化。在战争背景下,类似促进消费和巨额赤字的政策也成了相当正统的做法。

"大规模的联邦财政开支终结了大萧条。"④失业率从 1939 年的 17.2% 下降到 1944 年的 1.2%,这一变化是由巨大的财政开支造成的。⑤ 例如,战时国防工厂集团(Wartime Defense Plants Corporation)在 1941—1943 年间的固定资产投资超过 150 亿美元,而 1941—1945 年

---

① Paul Douglas, "Freedom with Security," *The Social Welfare Forum* (1) (1949), p. 150.
② 关于哈耶克的《通往奴役之路》在美国被接受的历史,见 Theodore Rosenof, "Freedom, Planning and Totalitarianism: The Reception of F. A. Hayek's The Road to Serfdom," *Canadian Review of American Studies* 5 (2) Fall (1974).
③ 哈耶克的这类分析在美国获得回应是不足为奇的。正如布林克利所说:"自由派对……哈耶克的回应,以及更广泛意义上对极权主义的讨论,事实上贯穿了 40 年代所有政治话语;自由派实际上回应的是美国政治文化中的一种强大压力,即杰斐逊的反国家主义传统;新政实施的十年,对消除这种政治文化的效果是相对较弱的。"*The End of Reform*, p. 160.
④ Olson, *Saving Capitalism*, p. 220.
⑤ 以 1929 年为基准,这一年私人消费占整个 GDP 的比例为 74.8%。到 1946 年,这一比例下降到 68.8%。在同一时期,政府对 GDP 的贡献增加了 5.4%,从而使政府支出成为总消费和总资本形成的主要动力。这表明,政府的战时支出才是经济复苏的动力,而非私人企业投资。数据来源于 Harold G. Vatter, *The United States Economy in World War Two* (New York: Columbia University Press, 1985), p. 150.

间私人投资工厂和设备的总额也不过 110 亿美元。① 战争迫使国家在财政上作了许多创新。首先,国家希望拥有尽可能多的低利率信贷(cheap money),这要求美联储承担国债的发行成本。为此建立依赖式中央银行的尝试一直持续到了战后最初的几年,并第一次使低利率政策(cheap money policy)成为可能。② 其次,1942 年的《税收法案》扩大了所得税的征收范围,从而为财政控制提供了此前一直缺失的重要杠杆。

这一时期最令人震惊的事实之一是,商业阶层在 30 年代对这类政策的激烈反对,没有再在战争期间出现。其原因很简单,如柯林斯所说:

……数量前所未有的商业阶层涌入政府部门。……资本主义几年前还被诅咒破产,如今因其生产能力的伟业而备受称赞。战争给商人以激励,不仅使他们重振自己的私有企业组织,并且在公私部门领域交叉的灰色地带建立新团体。③

这些商业阶层经营着战争管理的新体制,虽然针对这些体制发生了激烈的政治斗争,但战时机构的成立与运行,在强化了这些新制度正当性的同时,促成了商业阶层与政府的合作模式,这一模式在战后产生了深远的影响。

对于战后经济的基本面貌将会如何,虽然有着这样合作的一面,但关键的争论仍然围绕着"何种观念将塑造战后秩序"这一问题——这是一场意识形态斗争,是争论何种观念将成为战后秩序的主导观念。④ 这一斗争体现在三部战后立法中:1946 年《就业法》(Employment Act)、1946 年《行政程序法》(Administrative Procedures Act)、1947 年"塔夫

---

① 国防工厂集团的数据来自 Brinkley, *The End of Reform*, p. 241,也可参考 Olson, *Saving Capitalism*, pp. 218-219。这一趋势也没有像长期停滞论所担心的那样在战后发生逆转。事实上,政府对国民收入的推动力持续增长,到 50 年代中期,私人消费已经下降到 53% 左右。数据见 *The Economic Report of the President* (Washington: Government Printing Office, 1984), p. 220。
② 不过,商业阶层很快就对这种制度安排警惕起来,他们进行了努力的游说,以切断促成低利率政策的制度线索。
③ Collins, *The Business Response to Keynes*, p. 81.
④ 这场争论的内容是,战后世界将是长期停滞的世界,还是类似于赤字财政或消极稳定机制(passive stabilizer)的政策工具发挥作用的世界,而不是国家是否不应在计划性投资或结构性分配中发挥作用的问题。

脱-哈特莱法"(Taft-Hartley Act)。[①]

建立战后秩序

围绕长期停滞论与充分就业的斗争

或许正是因为商业阶层参与了战时机构，他们开始利用参与这些机构，来抑制比"消费不足论"更严重的威胁——可能成为战后经济主导观念的"长期停滞论"。自1935年以来，随着扩大财政开支的观点影响力增大，这些观念日益将企业权力与购买能力联系起来。具体而言，既然个体经济决策只能产生非最优的集体性后果，那么政府将不得不扩大干预，超越为价格稳定提供制度保障，或者纯粹的刺激启动的角色，而对经济体的消费和投资水平进行长期干预。

在汉森这样的长期停滞论支持者看来，繁荣的关键是持续的增长。持续的经济增长取决于三个因素：吸收自然资源的能力、人口增长、技术变革。长期停滞论再次援引特纳的边疆论，认为美国在19世纪经历了外部驱动的增长。将边疆的新资源纳入国民收入的能力，加上人口持续增长、一次性的资本投资，合在一起产生了可观的回报。不幸的是，美国目前耗尽了这些驱动增长的资源，已经转向内生增长。边疆已经固定，国际移民受到阻滞，单靠技术创新是否足以作为持续繁荣的引擎，前景很不明朗。在这种情况下，问题就变成了如何在长期停滞的经济中，合理地利用既有的工厂和资源。长期停滞论比之前任何解释大萧条的理论都更强调国家对商业阶层的作用，因而也更突出了国家对商业阶层的

[①] 当然，意识形态斗争是发生在国内和国际两个层面的。在国际层面上，这场斗争的内容是类似的。关键问题是，美国是否会回到自由放任的自由主义，或者如约翰·杰拉尔德·鲁吉所说，未来的自由主义将是"嵌入式"的，国内政治平衡将优先于国际经济平衡。战后将商业阶层重新纳入嵌入式自由主义联盟的代价是，向商业阶层让步，同时获得其回报。这个交换条件表现为在国内撤回国家对长期停滞论观念的支持，以换取商业阶层默许政府的国际框架，以使其他国家的嵌入式自由主义成为可能。这里的主要动力是战后维持美国生产的希望、阻止西欧的"左"倾，以及扭转此前欧洲货币市场的可兑换性危机。由于篇幅的原因，我无法详细讨论这些国际进程，并且这个话题在其他地方已经有了充分的阐述。见 John Gerald Ruggie, "International Regimes, Transactions and Change: Embedded Liberalism in the Post-War Economic Order," *International Organization* 36 (2) Spring (1982); Eric Helleiner, *States and the Reemergence of Global Finance: From Bretton Woods to the 1990's* (Ithaca: Cornell University Press, 1994)。

威胁。在商业阶层看来,1937—1938 年的宽松预算和国民经济临时委员会的听证会,将长期停滞论奉为二战期间指导国家行动的核心经济学观念,这是大有问题的。[1]

尽管商业阶层有零星的反对,但长期停滞论的影响力在整个战争期间都在可感知地增长。商业经济学家乔治·特伯格在 1945 年时评论说,长期停滞论是"目前事实上的官方理论",其信徒占据了"行政机构中大部分高级决策和咨询岗位"。[2]事实上,汉森、柯里以及斯图尔特·蔡斯(Stuart Chase)等著名记者,都呼吁在战后强化计划部门,推行"超级新政"(Super New Deal)。不过,最棘手的是,政府本身的战后预测也毫不掩饰地建立在长期停滞论的基础之上。[3] 因此,最让商业阶层恼火的机构就是国家资源规划委员会,战争期间这是长期停滞论的主要鼓吹手。

早在 1938 年,国家资源规划委员会就在酝酿如何创造高产出、高就业率的经济体的相关观念。而到战时,这一委员会的作用更为突出——特别是其出版于 1943 年的报告《工作、保障和救济政策》——由此引发了商业阶层的抗议热潮,全国制造商协会和美国商会联合共和党参议员,共同谴责这一报告。这份报告除了其鲜明的长期停滞论立场,更呼吁执行充分就业政策,并沿着英国"贝弗里奇报告"的思路,发展全民福利国家。但是,国家资源规划委员会报告的重要性,不仅在于其政策建议,也在于其所释放的信号。国家资源规划委员会的报告使商业阶层认识到,必须旗帜鲜明地挑战长期停滞论,而不是简单地退守熟悉的稳健财政论立场。

警钟之下,商业组织终于开始生产和传播替代性的经济观念。面对

---

[1] 有趣的是,斯坦的《美国的财政革命》与施莱辛格的《新政的来临》(*The Coming of the New Deal*)两书都将国民经济临时委员会的听证会看成是凯恩斯主义经济学的秀场。事实上,1939 年时,凯恩斯主义几乎还没有作为一种需求管理理论被提出来。国民经济临时委员会的听证会展现的是长期停滞论在新政阵营内部的主导地位。

[2] George Terborgh, *The Bogey of Economic Maturity* (Chicago: Machinery and Allied Products Institute, 1945), p. 13, quoted in Collins, *The Business Response to Keynes*, p. 96.

[3] *National Resources Planning Board*, *National Resources Development*; Report for 1943 (Washington: Government Printing Office, 1943). 也见 Alonzo L. Hamby, *Beyond the New Deal: Harry S. Truman and American Liberalism* (New York: Columbia University Press, 1973), pp. 11-12. 关于蔡斯对战后计划争论贡献的讨论,见 James Schofield Saeger, "Stuart Chase: At Right Angles to Laissez Faire," The *Social Studies* 63 (6) November (1972), pp. 251-259.

过去10年来的知识进步,靠复述自由放任的教条做仪式般的申述,这种类似宗教的反对做法已经远远不够——一定要进行反击。因此,由于长期停滞论对商业阶层构成了共同威胁,加上战时体制降低了不确定性,商业阶层得以克服其集体行动的问题,联合发起反对。按照屡试不爽的斯密式做法,商业组织群体对反对活动也进行了分工。美国商会的任务是向议会提起正式挑战并游说国会。全国制造商协会则从基层自下而上施加类似的压力,而商业咨议会的一个分支机构——经济发展委员会(Committee for Economic Development)——则负责提供替代性观念。

在战争期间,美国商会对国家干预的态度经历了转变,从主张教条式的稳健财政论转而成为战后新宏观经济学的主要倡导者之一。[①] 1942年5月,在美国商会于芝加哥召开的会议上发生了一次幕后政变,以埃里克·约翰斯顿(Eric Johnston)为首的现代化支持者夺取了领导权,并几乎是立即重新调整了商会的活动和结构。1942年7月,美国商会、美国劳工同盟、工业组织大会和白宫举行联席会议,旨在就生产、监管和代表问题达成协议。战争期间,美国商会还建立了经济研究部门和名为"政府事务部"(Department of Governmental Affairs)的专职机构进行国会游说。这些机构现代化的目的,不仅仅是确保国会能听到商业阶层的观点,而且也是确保塑造战后秩序的观念即便不由商业阶层自己决定,至少也只是一种非常有限的嵌入式自由主义,不会对美国商业阶层构成威胁。[②]

商业阶层反对长期停滞论的爆发点是参议员詹姆斯·默里(James Murray)的《充分就业法案》。国会保守派议员和商业阶层对此深恶痛绝,在他们看来,该法的两条基本原则威胁了美国资本主义的市场基础。首先,该法案向所有希望工作的人作出了就业承诺,因而伤害了失业的功能,即维持劳动力市场竞争。[③] 其次,该法案作出强制性规定,国家充

[①] 虽然这种新经济学是特别消极和有限的。

[②] 对于经济发展委员会历史的解读,与我的论述相一致的见柯林斯所著 *The Business Response to Keynes* 和布林克利 *The End of Reform*,但斯坦的《美国的财政革命》与之不同,参看 Karl Schriftgiesser, *Business and Public Policy: The Role of the Committee for Economic Development 1942-1967* (Englewood Cliffs, New Jersey: Prentice Hall, 1967).

[③] 这个说法可能听上去像经典的马派阴谋论,但经济顾问委员会的前主席约瑟夫·斯蒂格利茨(Joseph Stiglitz)就发表过非常接近的观点,见 Carl Shapiro and Joseph Stiglitz, "Equilibrium Unemployment as a Worker Discipline Device," *American Economic Review*, Volume 74 (3) June (1984), pp. 433-444.

分就业预算的核心是"消费差距分析"(consumption gap analysis),因此长期停滞论的分析从定义上就预设了个体自发性和私人投资是不够的,长期的政府补偿性开支是有必要的。① 从这个角度看,"默里法案"最初的形式,预示了凯恩斯所说的"食利阶层的安乐死",也预示着美国的资本主义可能不再需要美国的商业阶层来守护了。

然而,美国商会与商业咨议会都意识到,重新回到 20 世纪 30 年代的失业水平,危险性确实要超过"默里法案"的规定。② 正如美国商会的约翰斯顿在 1945 年所说,"我们吃不消再来一场大萧条……[但]我也不认为默里的《充分就业法案》就是答案。我们可能会得到充分就业……但在这个过程中,我们会失去民主,被强加一个严格管制的国家"。③ 诚如柯林斯所言,商业阶层一方面想与劳工阶层和国家建立积极的联系,另一方面又担忧这种联系的后果,出于这种矛盾心理,美国商会反对"默里法案"的方式颇为谨慎,但在抵消其潜在效果方面成效显著。在关于"默里法案"的国会听证会上,美国商会的约翰斯顿没有作证;由于商业阶层没有提出一致的反对意见,该法案在参议院几乎原封不动地获得通过。然而,一旦该法案进入委员会,商业阶层就能够以决定性的方式塑造法律内容,并因此塑造战后秩序的制度。④

柯林斯指出,转变"默里法案"的关键人物是南方民主党人威尔·惠廷顿(Will Whittington)。在负责为"默里法案"敲定妥协版本的小组委员会(subcommittee)中,惠廷顿的立场还在摇摆。⑤ 惠廷顿反对国家对劳工阶层作出任何就业保证,因为这将提高南方的劳动力成本。此外,正如柯林斯所说,惠廷顿是密西西比州格林伍德商会(Greenwood, Mississippi Chamber of Commerce)的前负责人,"[惠廷顿]在起草众议

---

① 对于"默里法案"的经典论述,见 Stephen Bailey, *Congress Makes a Law* (New York: Vintage Books, 1950)。斯坦的《美国的财政革命》一书中有一个较为简单的精到总结。Stein, *Fiscal Revolution*, pp. 198-204.
② Collins, *The Business Response to Keynes*, pp. 100-102.
③ Eric Johnston, General Staff Meeting, ACC, July 18, 1945, quoted in Collins, *The Business Response to Keynes*, p. 102. 类似的评论见 the NAM document by Walter B. Weisenburger, *Challenge to Industry: An Address Delivered before the 51st Congress of American Industry* (New York: NAM, January 1947).
④ 贝利对经济发展委员会在这里的活动有所怀疑,他坚持认为"经济发展委员会没有试图对立法机构施加直接或间接的压力,因此[在他的研究中]没有被列为压力集团"。见 Bailey, *Congress Makes a Law*, pp. 136-137.
⑤ 在参议院通过时,法案所强调的"充分就业"被替换成了"高水平稳定就业"。

院修正案时向商会寻求帮助是可以理解的"①。

惠廷顿有三个不同版本的修正法案,都是由美国商会起草的;"惠廷顿起草了一份修正案……通过扩大其范围以使其弱化……将增加财政开支限制为贷款……这符合'稳健财政政策'……还取消了'国家生产和就业预算'(National Production and Employment Budget),代之以较弱的总统经济报告(President's Economic Report)……[和]一个经济顾问委员会"②。

经过小组委员会审议,该法案在众议院获得通过,提交给一个联席会议委员会(joint conference committee)[美国参众两院相关议员就争议法案共同组成的委员会——译者注]。这时,美国商会新成立的政府事务部激烈地反对参议院更偏向自由派的草案,并强烈支持美国商会/惠廷顿提出的方案。联席会议委员会最终提出的草案,更体现美国商会的思想,而不是默里和瓦格纳的原意。③

美国商会利用国会保守派的反对意见来击败《充分就业法案》,由此得以阻止长期停滞论成为主导国家行动的经济学观念。然而,从立法上击退长期停滞论只是第一步。商业阶层现在需要阻止积极的国家与强大的劳工运动之间形成长期联盟。要做到这一点,商业阶层需要发展一套新的经济学观念,为长期停滞论提供合理的替代方案,而不是简单地反驳它。如果不这样做,商业阶层就只能局限于长期作为保守派行事。

限制劳工,约束国家

如前文所述,在《全国劳资关系法》下,国家与商业阶层的调解失败,转而全面强化劳工的力量。"瓦格纳法案"和《社会保障法案》使劳工在制度上有了保障,但战争本身对劳工的强化作用更是无与伦比。在战争过程中,工会会员人数从1940年的870万飙升到1945年的1450万。

---

① Collins, *The Business Response to Keynes*, p. 105.
② 同上书。
③ 正如惠廷顿所评论的,"联席会议达成的协议包含了众议院方案的基本条款,而拒绝了参议院方案的原则"。Collins, *The Business Response to Keynes*, p. 107. 关于经济发展委员会在"默里法案"的最终版本中的作用,该组织的官方历史叙事只是说,经济发展委员会关于"完全就业法案"的想法"落实到了威尔·惠廷顿这位密西西比州的温和保守派议员手中"。见 Schriftgiesser, *Business and Public Policy*, p. 23.

到 1945 年,所有非农产业的工人中三分之一加入了工会。① 这种配合的条件是工人要遵守国家战争劳动委员会(National War Labor Board)关于工资的决定。而工资则在这些条件下被政治化了。

战争提供的条件可以实现超充分就业,因而商业阶层可以通过物价上涨转嫁增加的成本,因为物价比工资更不容易控制。在这种情况下,国家往往会牢牢控制工资的增长,以避免新一轮通胀。然而,这种政策的后果是,工资和价格之间的差距又反过来引发了用工紧张。在这些压力之下,煤炭和钢铁等关键行业的工人可以肆无忌惮地罢工,由于劳动力市场条件和这些行业产品供给的必需性,这种做法造成的成本广泛转移到各个行业。因此,矿工联合工会(United Mine Workers)和汽车工人联合工会(United Auto Workers)在 1942 年和 1943 年的罢工硕果累累。工人得以重新议定工资,但这样做的代价,是为商业阶层提供了反击劳工阶层所需的政治资源:民众和国会对工会的不满。在重建时期,商业阶层让这种不满变为政治议题。②

最早尝试限制劳工的是 1943 年的"史密斯-康诺利劳动纠纷法案"(Smith-Connolly Labor Disputes Bill)。该法案规定,在罢工之前应当有 30 天的冷静期,并要求工会会员必须投票表决,以确定工人自身是否支持罢工。但商业阶层出师不利,限制劳工的初次尝试适得其反。鲁斯·奥布莱恩指出:"由于罗斯福政府控制着战争机器并负责实施该法,工业组织大会将这些关于罢工通告和投票的规定变成了组织罢工的工具。"③这项法案强制工人群体参与投票的预设是,普通的工会成员并不会赞成在战争期间进行罢工,但这项法案却意外地促进了更广泛的工会参与,进行罢工投票的做法变成了工会进行鼓动的渠道。

如奥布莱恩所说,"史密斯-康诺利法案"的失败向商业阶层及其国会盟友表明,新政的政府体制有能力系统地采取有利于劳工阶层的行动。这样,一套类似法团主义(quasicorporatist)的制度绕开了美国体制

---

① 有一项对工资控制的妥协方案,称为"小钢铁模式"(Little Steel Formula);工人承诺不罢工,作为交换,劳工获得工会会员的保留计划,保证在冲突期间保障工人的工会会员资格。在这项协议下,工会成员人数急剧上升。见 Vatter, *The United States Economy*, p. 120; Lichtenstein, *Labor's War at Home*, pp. 67-82.
② 这并不是说矿工联合工会很贪婪。事实上,在 1941—1945 年的"小钢铁模式"下,煤炭行业的实际工资下降了 10%。见 Vatter, *The United States Economy*, p. 124.
③ Ruth O'Brien, "Taking the Conservative State Seriously: Statebuilding and Restrictive Labor Practices in Postwar America," *Labor Studies Journal* 21 (4) (1997), pp. 46-47.

著名的权力制衡，并有可能永久性地改变商业阶层和劳工阶层之间的权力平衡。商业阶层及其国会盟友在意识到这一点之后，开始考虑以体制改革补充劳资关系的直接改革。国会在这方面努力的成果即1946年的《行政程序法》，该法在限制国家的职权范围和削弱劳工的政治能力方面起到了关键作用。①

《行政程序法》背后的逻辑是否定"瓦格纳法案"的观念，并由此否定相关制度的正当性。"瓦格纳法案"所设立的关键保护性制度是全国劳资关系委员会。该委员会旨在保护个人加入工会的权利，并在工会和商业阶层之间建立平衡。尤其是，由于企业在劳资关系中有着不对等的权力，个体工人不能自由地进行合同谈判，因此该法谋求强化劳工相对于商业阶层的地位。②简言之，它试图创造一个公平的竞争环境。而国会试图做出的回击，就是质疑这个竞争环境究竟有多公平。

反驳观点认为，全国劳资关系委员会是保护劳工组织以对抗"瓦格纳法案"中所谓"不公平"的管理行为的主要机构，因而在劳工纠纷中既是诉讼当事人，又是立法者。因此，全国劳资关系委员会对商业阶层存在制度性偏见，因为它既对什么是不公平的管理行为作出规定，又对这类行为进行监督。③《行政程序法》所做的挑战是恢复"劳动合同是平等各方的私人协议"这一法律假想。《行政程序法》重建了这一法律假想，强调在劳资纠纷中，全国劳资关系委员会同时充当法官、陪审团和执行者，有妨碍宪法第一修正案的风险；通过这一做法，该法案把司法审查带回了劳资关系的管理之中。

《行政程序法》有效地阻止了国家在强化劳工阶层，使其成为有组织的独立社会行为者方面进一步行动，并有效制止了美国法团主义制度建设的一切尝试。《行政程序法》通过之后，国家机构仍有监管权，但没有

---

① 关于战后秩序中《行政程序法》的相关论述，来自 O'Brien, "Taking the Conservative State Seriously."另一个类似的论述见 David Vogel, *Fluctuating Fortunes: The Political Power of Business in America* (New York: Basic Books 1989), p. 107.
② 奇怪的是，"瓦格纳法案"中关于平衡资本与劳动关系的论点，措辞几乎与卡尔·马克思的观点相同，即工资合同中的平等关系是一个神话，因为只有一方拥有资本。
③ 1939年，国会设立了"史密斯委员会"，对全国劳资关系委员会展开调查。该委员会认定，全国劳资关系委员会对"不公平"行为同时加以定义和监管，伤害了管理阶层的言论自由权。O'Brien, "Taking the Conservative State Seriously," p. 41.

立法权。① 至此,国家在国会职能之外建立机构,以此绕开立法机构强化劳工阶层的能力被削弱了。②

这些对劳工的限制通过1947年的"塔夫脱-哈特莱法案"而进一步收紧,该法案达到了战时"史密斯-康诺利法案"未能实现的限制劳工的目的。③"劳动合同中劳方和资方关系对等"这一法律假想一旦得以重新确立,国家为了代表劳工利益所能调用的规范性主张或制度性手段都被大大削弱了。不过矛盾的是,在《行政程序法》和"塔夫脱-哈特莱法案"通过的时期,劳工阶层在很大程度上已经抛弃和疏远了那些最初强化它的国家机构。

战后和解

战争结束之后的一年半,工业不安定因素上升;对各方来说,不确定性都提高了。对劳工阶层而言,战争期间不罢工的承诺已经完成,而战时实际上是强制的加班大为缩减,使得工业工人的工资减少了三成。另外,1946年国会选举产生的新国会颇为保守,加之在美国商会的要求下,价格管制全面废除,这让劳工阶层感到通胀会持续走高,让工资水平变得更低。④ 后来证明情况也确实就是如此。"1946年7月到12月之间,随着价格控制的取消,消费者价格以每年百分之三十的速度上升,批发价格则以百分之五十的速度上升——这是有史以来最高的。"⑤

哈里·杜鲁门总统不幸地加剧了这一状况,他在1945年8月6日

---

① 正如奥布莱恩所说,《行政程序法》"在政治程序上对个体工人、工会、工会联盟、企业这些不同主体的行为不作区别……国家应当鼓励工会化以掣肘大企业的力量这一观念,实际上被抛弃了"。O'Brien, "Taking the Conservative State Seriously," p. 37.
② 与此同时,由于司法审查进入了决策过程,建立在劳工和国家之间的人际网络也被破坏了。以"公平"为名,这类联系被视为涉及国家官员的利益冲突。感谢马特·克伦森(Matt Crenson)向我指出这一点。
③ "塔夫脱-哈特莱法案"是1946年国会试图将劳工改革推上立法议程的最终结果,本身并不是一个精心设计的提案。正如罗伯特·齐格(Robert H. Zieger)所指出的:"日本投降后的一年半,仅在众议院就提出了超过70项反劳工法案。"值得补充的是,其中一些法案比"塔夫脱-哈特莱法案"限制性更强。见 Robert H. Zieger, *American Workers, American Unions* (Baltimore: Johns Hopkins University Press, 1994), p. 109. "塔夫脱-哈特莱法案"实现了"史密斯委员会"早先提出的建议,即工会管理应作为经济监管问题来看待。
④ Zieger, *American Workers*, pp. 100-105.
⑤ John Snyder, "The Treasury and Economic Policy," in Francis H. Heller, ed., *Economics and the Truman Administration* (Lawrence, KS: Regents Press of Kansas, 1981), p. 25.

就宣布,在即将到来的恢复时期,"不会再有劳动力短缺引起的竞争,也不会因此而造成工资上升和通货膨胀"。这似乎表明,工会不应该再提出更多要求了。但还有另一个讲话:在"其不至于被[商业阶层]完全或部分用作提高物价之依据"的前提下,工会应当谋求提高工资,以弥补战争期间的实际工资水平的损失。正如阿郎佐·S.汉比所说,这种做法使"杜鲁门迎来了一个工业动荡的时代"①。

获得这些信号之后,工业组织大会下属的工会首先要求全行业提高工资三成,非正式和正式罢工都增多了。1946年1月,"钢铁工人"工会关闭了美国钢铁公司(United States Steel)。1946年4月,矿工联合工会罢工,导致经济全面放缓;而与此同时,全国铁路罢工以及国家主导的调解无果,致使情况更加恶化。1946年11月,汽车工人联合工会在通用汽车公司举行了罢工。② 到1946年冬天,肉类加工、橡胶、电器工人也加入了罢工浪潮。从1945年9月2日胜利日到1946年6月,共发生停工4650次,累计造成超过1.16亿个工时的损失。③ 杜鲁门对工会的不满与日俱增,普通民众也是如此。④

除了引起民众不安,劳工阶层还有其他问题。戴维·普洛特克认为,虽然劳工阶层由于战争而在制度上更为强势,但从规划的角度来看反而更弱了,因为劳工阶层除了想废除"塔夫脱-哈特莱法",没有其他清晰的愿望或规划作为其目标。"劳工运动应当有积极的理念,说明其发展将如何提升美国的政治和经济生活。"⑤而劳动运动恰恰没有做到这一点,商业阶层和国会将工会描绘为自私自利的激进分子,对其后来失败起了不小的作用。劳工阶层虽然持续受到制度保护,但并没有如国家

---

① Truman, statement on reconversion guidelines, August 16, 1945; quoted in Alonzo S. Hamby, *Man of the People: A Life of Harry S Truman* (New York: Oxford University Press, 1995), P.375.
② 关于通过汽车公司的罢工,见Lichtenstein, *Labor's War at Home*, pp. 221-228.
③ 数据引自David A. Morse, "The Role of the Labor Department," in Heller, ed., *Economics and the Truman Administration*, p. 42。
④ 杜鲁门甚至提议过将罢工的铁路工人征召入伍。杜鲁门在自备的一份关于工会政策的备忘录(1946年春,无日期)中写道:"告诉他们,耐心已经用尽。宣布紧急情况——征召军队。启动工业,让任何想去工作的人都去工作。如果任何[劳工]领导人干预,就把他送上军事法庭。刘易斯(指约翰·L. 刘易斯)1942年就该被枪毙!"引自*Hamby Man of the People*, p. 378。这些感觉并非杜鲁门所独有。在1945年的一份针对工业带各州工人的民意调查中,42%的受访者在通用汽车的罢工问题上谴责汽车工人联合工会,只有19%的人指责通用汽车。Poll quoted in Harris, *The Right to Manage*, pp. 140-141.
⑤ Plotke, *Building a Democratic Political Order*, p. 253.

所希望的那样成为其坚定盟友。由于上述原因,保留甚至强化与劳工阶层的联盟以及嵌入式自由主义的制度,这种期待似乎是不理想的。

然而,事实证明,这种对劳工阶层命运的悲观解释有些言过其实。就在对劳工进行制度性约束的同时,杜鲁门政府召开了一次战后劳工管理会议,以确保重建期间生产不中断。即使不认同汉森等所预言的长期停滞下的经济衰退,人们对战后经济衰退的恐惧也是非常真实的,因此这次会议并不只是个摆设。①

该会议于1945年11月和12月举行,劳工阶层、商业阶层、商务部、财政部都有代表参加。这次会议的代表组成特别引人注目,因为"中型和大型制造公司的代表占据了绝对多数……[他们]绝大多数都是政治上的保守派"。② 这次会议尽管由保守派主导,但实际上起到了强化劳工在战后秩序中的地位的作用。③ 正如阿瑟·F.麦克卢尔所说,"这次会议第一次说明,劳资双方的国家级代表可以坐在一起开会,而不是就是否要进行集体谈判争论不休"④。由于集体谈判作为事实上的现状被接受,反劳工立法在未来的影响将极其有限。管理阶层没有谋求禁止工会,反而接受了工会核心职能的正当性,因而也接受了工会存在的权利。因此,这次会议的意义不在于达成了什么协议,而在于其没有争论的内容。

这次会议达成的结果耐人寻味。劳工阶层虽然过去受益于嵌入式自由主义体制的积极支持,但由于紧张的劳动力市场和高需求,他们开始主张工会应当完全负责合同的执行,从而将国家排除在外。制度保障之下,工会在相对繁荣的时期似乎更喜欢和解,而不是对抗。⑤ 一定程度上,这也是因为战后初期劳工公共形象负面、社会基调保守。劳工开始意识到,国家的制度性支持很容易成为制度性约束,阻碍其刚刚获得

---

① Arthur F. McClure, *The Truman Administration and the Problems of Post-War Labor*, 1945-1948 (New Jersey: Associated University Presses, 1963).
② Harris, *The Right to Manage*, pp. 112-113.
③ 这里我的解读挑战了尼尔森·利希滕斯坦的看法,他认为这个会议"注定失败",并且空洞无物。见 Nelson Lichtenstein, "From Corporatism to Collective Bargaining: Organized Labor and the Eclipse of Social Democracy in the Post-War Era," in Fraser and Gerstle, eds., *The Rise and Fall of the New Deal Order*, p. 131; Lichtenstein, *Labor's War at Home*, pp. 220-221。
④ McClure, *The Truman Administration and the Problems of Post-War Labor*, p. 63.
⑤ 见 Harris, *The Right to Manage*, pp. 129-158; Michael Goldfield, *The Decline of Organized Labor in the United States* (Chicago: University of Chicago Press, 1987).

的正当性和繁荣。①

另外,商业阶层虽然在传统上是反国家的,并且是自由劳动合同的主要支持者,但这时也开始改变对国家的看法。商业阶层不再认为国家干预是有偏见、不受欢迎的,而是转而将国家视为劳工阶级的掣肘。这也就是"塔夫脱-哈特莱法案"的逻辑,商业阶层既然承认了工会的核心功能,就可以合法地限制工会在其他领域的活动。② 这样,两者的思路实现了大致趋同。这种趋同之所以能够实现,正是因为在过去的10年里,通过参与新的机构,借助新观念重新阐述自身利益,劳工阶层和商业阶层对其利益的想法都发生了变化。因此,一旦"塔夫脱-哈特莱法案"和《行政程序法》获得通过,商业阶层就很难再要求新的立法以限制国家和工会了。而工会则第一次有了制度性保障,在战后初期的罢工潮结束之后,他们降低了自己的目标,使之局限于商业阶层所能接受的范围之内。

有了这种观念趋同,主要的制造业企业都试图与劳工阶层签订更长期的协议,并由此产生更强的制度稳定性。纳尔逊·利希滕斯坦指出,实现这一点最关键的方法是"生活成本调节"(Cost of Living Adjustment)合同。这种合同最初是通用汽车于1948年开始使用的,汽车工人联合工会意外地于1949年接受了这一做法,从而成了行业规范。随着生产力的提高,工资支付应随一般物价水平的提高而提高;"生活成本调节"合同促使工会承认,剩余价值的分配即使仍然是不公平的,至少也是可接受的。正因如此,工会削弱了对广覆性国家福利体制的支持。③

战后的劳工和解给人们带来了直观的好处,而相形之下,劳工激进

---

① 正如汽车工人联合工会的沃尔特·鲁瑟所说:"我宁可与通用汽车谈判,也不想跟政府谈判……通用汽车没有军队。"Walter Reuther, UAW Press release, "Are We Moving Towards a Government Controlled Economy?" May 30, 1946, quoted in Lichtenstein, "From Corporatism to Collective Bargaining," p. 140.
② 对于战后初期商业阶层和工人态度的演变,见 Harris, *The Right to Manage*, pp. 105-129; Vatter, The United States Economy, pp. 125-127。"塔夫脱-哈特莱法案"的基础是全国制造商协会在其1945年年会中宣示的基本原则。具体原则见 Harris, *The Right to Manage*, pp. 121-123。
③ 特别是广泛的医疗保险,原本是工业组织大会所支持的,后来则越来越成为由雇主出钱而不是国家出钱的项目。退休金和医疗保险私有化,并考虑生产者价格进行支付,这促进"生活成本调节"合同的发展,最终将成本转嫁回劳工自身。见 Lichtenstein, "From Corporatism to Collective Bargaining," pp. 142-144。

运动则未能产生任何真正的好处;同时,商业阶层在劳资关系的实践中越来越接受国家参与;在这两个因素的作用下,相比于20世纪30年代末人们所预期的社会秩序,战后的实际秩序要严格得多。商业阶层成功地将长期停滞论从国家主导经济学观念中驱逐出去,并对劳工阶层作出了限制。这样做的代价,是接受一个弱化的、有限的嵌入式自由主义——这是最终由商业阶层自己写就的自由主义。

限制美国的自由主义:商业阶层的观念政治

商业阶层击退了长期停滞论、约束了国家、限制了劳工,但仍然面临着新的问题:构建一套替代性的经济学观念,以避免自由放任的陷阱,杜绝长期停滞论在未来的政治影响。商业阶层用以负责发展这些新观念以对抗长期停滞论的关键机构,是经济发展委员会(Committee for Economic Development)。该委员会建立在如下假设之上:从长远来看,强硬反对经济改革不符合商业阶层的利益,对一个十余年来首次经历高额利润和收入增长的经济体而言尤其如此。正如经济发展委员会主席罗纳德·德普雷在1942年所说:"战争结束后,商业阶层所面临的挑战将无法靠自由放任的哲学,或不加控制的供需关系来应对。"[1]经济发展委员会"意识到,仅仅以违宪、不道德、颠覆政体、违背人性等原因,已经不足以抵制以立法推动社会变革的建议了"[2]。简而言之,必须构建一套具有政治意义的替代性经济学观念。要找到这种替代方案,就要避免分配问题,并否定长期停滞论的有效性。这需要通过使用一套新的经济学观念来实现,即柯林斯所谓之"增长术"的哲学。

"增长术"这一观念,来自经济发展委员会在1947年的两个重要提案。经济发展委员会的报告"税收与预算"标志着商业阶层首次尝试接纳30年代的各种新观念,并使之更为"商业阶层友好"。第二份报告题为"提升经济稳定性的货币和财政政策",主张固定货币政策应转为灵活货币政策,这一转型最终在1951年通过所谓"美联储-财政部协定"(Fed-Treasury accords)成为现实。在战后初期,第一份报告的影响是

---

[1] Ronald Deupree, meeting of Business Advisory Council Research Committee, April 7-8, 1945, quoted in Collins, *The Business Response to Keynes*, p. 81.

[2] Harris, *The Right to Manage*, p. 182.

最大的,因为它标志着商业阶层和国家之间的制度关系发生了进一步变化。①

这份题为《税收与预算》的报告巧妙地将对苏联和共产主义不断升级的忧虑与新一轮经济萧条的威胁相联系。经济发展委员会的这份文件认为,国家有责任确保《就业法》所规定的高水平的稳定就业,这是当代政治的长期而适宜的特征;从长期来看,这是保障美国资本主义的唯一途径。经济发展委员会认识到,"一方面,要平衡预算、减少国债,另一方面,必须维持就业和生产最大化,税务问题的核心在于平衡两者之关系"②。事实上,该报告并没能调和这两个目标,而是尖刻地否定了年度平衡预算的稳健财政论,并试图以税收政策来平衡商业周期。不过,报告中最重要的部分还是呼吁"稳定化的预算政策"(stabilizing budget policy)。

根据这一理论,失业率目标应确定在 4%,税收则以实现这一目标为准。经济上行期间,财政收入上升,财政盈余得以积累;而经济下行时期,转移支付增加,财政盈余降低。经济发展委员会发明了"自动稳定机制"(automatic stabilizers)这一概念以概括之,这对战后经济管理极其关键。正如柯林斯所总结的:

……经济发展委员会的稳定化财政政策,在经济困难时期自动产生赤字,在经济景气时期自动产生盈余;有些人不论经济形势如何都要平衡年度预算,有些人则想给联邦政府赋权,使之有权根据当前条件或对未来的预测而调整财政收支,在这两类人中间,稳定化财政政策算是一个中间地带。③

避免重回大萧条的政治需要,以及商业阶层不将财政决定权完全让渡给国家的愿望,得以在这个中间地带相结合。财政主义(fiscalism)是被动的,其支点是财政收入而不是财政支出。经济发展委员会的观点与长期停滞论不同,没有将赤字视为理所当然,而强调税率稳定和经济增长带来的财政支出。这些支持商业阶层的观点并不构成对长期停滞论

---

① Committee for Economic Development, *Taxes and the Budget: A Program for Prosperity in a Free Economy* (New York: Committee for Economic Development, 1947). 关于对经济发展委员会报告的评论,见 Collins, *The Business Response to Keynes*, pp. 129-141; Stein, *Fiscal Revolution*, pp. 221-225; Schriftgiesser, *Business and Public Policy*, pp. 27-31.

② Collins, *The Business Response to Keynes*, p. 131.

③ 同上,p. 135.

的明确否定。①《税收与预算》小心地避开了长期停滞论的所有激进方面——扩大政府、食利阶层的安乐死等——而是发展了一种非常有限的嵌入式自由主义。这种秩序为商业阶层提供了意料之中的稳定性,使投资和利润具有可预测性,但同时也接受了集体劳资谈判和国家扩张这些新的政治现实。

由于商业阶层利用立法机构不断攻击,而劳工阶级无动于衷,国家很容易地接受了这些建议。正如赫伯特·斯坦所指出的,"经济发展委员会在1947年的报告,深刻地影响了此后20年的财政讨论、财政思想和财政政策。这种影响力一部分在于它说了什么,一部分在于是谁说的,还有一部分在于经济发展委员会在理解当时经济条件下的政策所作的努力"②。这些新观念能获得国家的首肯,是因为它们允许国家继续发挥其经济职能,尽管这种职能变得更为被动而非主动。经济发展委员会所计划的一项修正案,使得国家和商业阶层之间的默契得以巩固;该修正案强调增长,而非维持充分的需求。这项修正案是由一个新机构——利昂·凯泽林(Leon Keyserling)所领导的经济顾问委员会所提出并执行的。

经济顾问委员会认为其发现了《就业法》逻辑中的一个缺陷。这一缺陷在于该法完全将就业作为经济健康而非经济增长水平的关键指标。③ 经济增长的逻辑很简单:增长能同时实现利润的稳定和市场的扩张,并同时支撑消费。经济增长有望解决"社会公平和经济激励之间的古老冲突;在活跃的经济体中,这一冲突的阴影总是笼罩着产业的发展"④。

早在1947年,经济顾问委员会的年度报告就暗藏了这些论点;到1950年,这些论点已经成了该委员会的官方思想。凯泽林在1949年之

---

① 例如,报告的结论部分称,通过根据财政收入来确定财政开支,"可以避免政府开支变得越来越高这一令人恐惧的可能性"。Committee for Economic Development, *Taxes and the Budget*, p. 30.

② Stein, *Fiscal Revolution*, p. 227. 斯坦对这一时期的解读颇有辉格党色彩。经济发展委员会的建议不仅仅是试图对经济状况作出解释并由此制定最佳政策。这些建议本质上是政治性的,因为其明确以打击长期停滞论为目的。正如贝利在讨论"默里法案"的通过时所说,该法案的作者们"都认为基于凯恩斯-汉森理论的财政观念是完全不合理的"。对其进行打击是商业阶层的首要任务。Bailey, *Congress Makes a Law*, p. 45.

③ 经济顾问委员会说,1947年的国民收入可能低于1945年,但就业率却更高了。那么,经济是变好了还是变差了?

④ U.S. Council of Economic Advisors, *Business and Government: Fourth Annual Report to the President* (Washington: U.S. Government Printing Office, 1949), p. 6.

前就已经用数据论证了新的增长术模型。汉比颇为详细地论述道:"假设年增长率为3%且美元价格恒定,国民生产总值将从1948年的2620亿美元上升到1958年的3500亿美元,国民收入从2260亿美元上升到3000亿美元……在不重新分配财富的情况下,就可以消除贫困。进步性改革并不一定意味着社会冲突。"① 具有讽刺意味的是,1937年的情况再次上演,令人始料未及的经济衰退促成了这些观念被接受。

杜鲁门希望坚守战后的抑制通胀政策;1946年之后,他与国会在价格管制、减税、重建速度等方面展开了斗争。1948年,在共和党支持下,国会通过了减税措施,经济顾问委员会视之为提高通胀的政策,杜鲁门为了回击,试图在1949年将税收增加40亿美元。然而,在1948年底,经济开始放缓,对新一轮经济萧条的担忧再次浮现。经济顾问委员会的"自动稳定机制"、战争所带来的税收变动、社会保障制度下的转移支付,以及新出台的高就业率预算,共同阻止了经济衰退转变成大萧条;这一情况强化了这些新观念。由于自动稳定机制发挥的功能似乎与经济发展委员会的估计完全一致,所以积极的财政政策不再必要。正如斯坦所说:"1948年第四季度的预算盈余可以到达全年38亿美元的水平,但到1949年第二季度就变成了39亿美元的赤字。"② 经济衰退会过去,国家不必为此做任何事情。

伴随着这一成功,经济顾问委员会发表了1950年的年度报告,这份报告就像是美国新型的、有限的嵌入式自由主义的宣言——这种自由主义是围绕着经济发展委员会和经济顾问委员会的观念建立的,而不是国家和劳工阶层的观念。该报告提出了新制度秩序的四个基本观念:"我们的经济可以而且必须持续增长……增长和进步的成果必须惠及所有群体……增长不会自己到来,而是需要明确的目标和努力的工作……〔因此,〕联邦政府的财政政策必须以促进经济增长为目的。"③ 在意识形

---

① Alonzo L. Hamby, "The Vital Center, the Fair Deal, and the Quest for a Liberal Political Economy," *American Historical Review* 77 (3) (1972) p. 664。正如凯泽林总结的那样,将重点转移到"增长"上,背后的逻辑是:"经济增长的原理……不是教科书中的章节。增长是经济的根本意义……更多的商品和服务……是真正财富的来源。"见 Leon Keyserling, "The View from the Council of Economic Advisers," in Heller, ed., Economics and the TrumanAdministration, p. 85.

② Stein, Fiscal Revolution, p. 239.

③ U.S. Council of Economic Advisors, Business and Government, p. 13。这份报告在后文中称赞了经济顾问委员会所支持的管理和劳工会议。

态转变之后,由于一套新的经济学观念已经解释了为什么长期停滞论的制度是不必要的,因此进一步建立旨在监管经济的机构似乎也是多余的。

到了20世纪50年代,商业阶层和国家在30年间第一次基于一套共同的经济学观念而建立了稳定的同盟,他们所支持的制度持续了20年。这套观念的核心是稳定税率下的消极财政政策,为商业阶层和劳工阶层带来正和效益。国家维持了支撑这种分配方式的制度,以此实现增长,将分配所带来的矛盾减到最小,并对商业阶层和劳工阶层都加以监管。商业阶层获得了稳定的投资回报,扩大国内和国际市场,劳工运动也相对平缓。而劳工阶层则获得了正当性,其组织得到承认,在制度上受保障,而实际工资则保持增长。

这种嵌入式自由主义在制度上是安全的,没有受到保守派的冲击。几乎没有新的反劳工立法,也没有人认真尝试废除《社会保障法》,重建财政廉正(fiscal probity)和平衡预算的诉求也基本上被束之高阁。① 最重要的是,整个50年代,在德怀特·艾森豪威尔领导的共和党政府治下,政策建立在同一套制度之上。虽然在官方立场上,经济政策的中心在50年代由经济增长转向反通胀、控制预算的绝对规模,但事实上的财政政策立场与杜鲁门时期并无不同。虽然艾森豪威尔时期的政府更加重视通胀,并奉行更加严格的货币政策,但当经济在1954年和1957—1958年再次出现衰退时,经济政策并没有从根本上偏离40年代末建立的观念和实践。② 事实上,在1950年之后甚至不需要积极推行"增长术"政策,因为正如汉比所说,朝鲜战争和NSC-68号文件["美国国家安全目标和计划书"的简称,系1950年美国国务院和国防部起草的军事化计划——译者注]下的国防建设"提供了足够的经济刺激"。③ 在民主党重新执政后,"约翰·肯尼迪在沃尔特·海勒(Walter Heller[经济学家,肯尼迪总统的顾问——译者注])的配合下,选择以增长的需要作为其社会政策工程的基础"。④ 套用托马斯·库恩的话说,美国似乎进入了一个"常规科学"时期,在大问题上不再有争议。然而,表象是会骗人的。

---

① 称得上例外的是1951年"美联储-财政部协议",该协议终结了美联储作为依赖型央行而承担维持低利率的角色。这一制度变化在25年后将至关重要。
② 见Stein, *Fiscal Revolution*, pp. 328-345关于艾森豪威尔政府对1958年经济衰退的回应的讨论。
③ Hamby, *Man of the People*, p. 500.
④ 同上。

第四章
嵌入式自由主义在瑞典的建立

瑞典的经济观念与美国有显著不同。但是,尽管他们的出发点不同,1943—1944年期间,这两套观念在很大程度上已经趋同。在美国,各种经济学观念的应用相当混乱;而在瑞典,经济思想的内容和序列则很清晰。正如本尼·卡尔森所说,20世纪20年代是"经济自由主义的高光十年"。[①]瑞典的学院经济学主导了大众和精英对经济本质与国家作用的认识。然而,由于古典自由主义学说在终结经济萧条方面明显失败,一群主要来自斯德哥尔摩经济学院的年轻学者开始完善将消费不足与失业相联系的替代性观念。虽然这些新成长起来的年轻经济学家大多并未加入瑞典社会民主党(社民党,瑞典语:Sveriges Socialdemokratiska Arbetareparti),但由于他们与社民党的制度性联系,他们能够迅速将这些新观念转化为国家政策。[②] 不过,在分析这些观念如何影响瑞典的制度进程之前,我们必须了解瑞典和美国不同的政治发展轨迹。

首先,瑞典与其他发达工业国家都不同,自1918年12月实行选举

[①] Benny Carlson, "The Long Retreat: Gustav Cassel and Eli Heckscher on the 'New Economics' of the 1930's," in Lars Jonung, ed., *Swedish Economic Thought: Explorations and Advances* (London: Routledge, 1987), p. 157.

[②] 关于社民党采纳斯德哥尔摩学派的观念,见 Sheri Berman, *The Social Democratic Moment: Ideas and Politics in the Making of Interwar Europe* (Cambridge: Harvard University Press, 1998), pp. 164-166; Carl G. Uhr, "The Emergence of the 'New Economics' in Sweden: A Review of a Study by Otto Steiger," *History of Political Economy* 5 (1) (1973).

以来，八成时间都由左翼民主政党社民党执政。此外，与其他欧洲国家不同，社民党比第一个资产阶级政党的成立大约早了13年。正如戈兰·瑟伯恩所说，这使社民党在工人阶级中有其他政党不可比拟的动员优势。① 其次，瑞典的工业化起步较晚，这意味着工人阶级发展极为迅速，与社民党密切相关的强大工会运动得以发展。这两个因素加在一起，使社民党得以塑造瑞典大众政治的边界，并声明该党最密切地代表了"真正的"国家利益；在其他欧洲国家，传统上这是资产阶级政党的责任。② 这些制度优势使得社民党能够制定整个战后时期的治理议程，并将其纳入改良社会民主主义的框架。

尽管瑞典的工会运动"瑞典总工会"[瑞典语为 Landsorganisationen i Sverige，直译为"瑞典国家组织"，此处根据英文习惯翻译——译者注]成立于1898年，而"瑞典雇主联合会"（瑞典语：Svenska Arbetsgivareföreningen）成立于1902年，但两个组织在20世纪早期都比较弱小，立场也很保守。因此，社民党虽然有动员能力的优势，但在20世纪初出现了内部分裂，并受到了选举规则的限制。在这一情况下，社民党不再以建立社会主义为目的动员劳工，而是追求在议会民主制中获胜。只有为了控制国家而斗争时，改革才有了重要的意义。

因此，分析瑞典的制度变迁时，有两项发展是特别重要的。首先是社民党关于历史唯物主义和改良主义的理论。其次是社民党对民主和国家的态度。正如美国的民主党人不得不首次建立全国性的经济制度，以应对大萧条的危机，瑞典的社民党人也不得不建立全国性的政治制度，作为所有其他制度发展的必要先导。

社民党与社会民主主义的观念

在社民党内部，马派和改良派很早就发生了分裂。1910年时，社民党已经从阶级斗争的革命理论转向了基于人本主义和平等分配的社会

---

① Goran Therborn, "A Unique Chapter in the History of Social Democracy," in Klaus Misgeld, Karl Molin, and Klas Amark, eds., *Creating Social Democracy: A Century of the Social Democratic Labor Party in Sweden* (University Park, PA: Pennsylvania State Press, 1992).

② 同上。

理论。① 早在1902年,社民党的领导人就提出:"马克思和恩格斯无法预见近年来的形势发展……[因此]社会主义学说可能无法证实……[但]将是被实践的理想。"② 为了实践这一理想,等待历史提供正确的条件是不够的。社会主义只能通过在变化环境中的实践和参与才能得到,因此,对于社民党来说,通过实际参与日常政治,特别是夺取理论高地,比保持教条的纯洁性更为重要。正如佩尔·阿尔宾·汉松[Per Albin Hansson,1925—1946年担任社民党主席,其间多次出任瑞典首相——译者注]所说,"在群众受到足够教育和……并改变其思维方式之前",社会主义"不会自动来到我们身边"。③

德国社民党直到1959年才彻底放弃了历史唯物主义,而瑞典社民党在19世纪与20世纪之交就已经在争取普遍选举权的斗争中抛弃了这一哲学。④ 社民党左翼试图通过革命建立社会主义,而当时力量兴起的工会,其政治立场正转向列宁所说的"工会意识";在两者的压力下,社民党领导层认为,只有知识水平和生产力都得到提高,工人才能与发展社会主义的共同集体行动利益一致。因此,革命和撤退都是战略性失败。⑤

根据这种观点,资本主义社会的国家仅仅是资本主义阶级工具的观点,已经不再成立。国家本来是有待被推翻的统治工具,由于社民党放弃了这种简单化的马克思主义,国家转变为要加以夺取并用以推进社会民主主义目标的工具。社民党这一草创时期的领袖亚尔马·布兰廷(Hjalmar Branting)认为:"现代社会主义几乎不再保留理论上对国家的厌恶……[因为]有组织的工人政党可以向现代国家进军……[以保护]

---

① See Jae-Hung Ahn, "Ideology and Interest: The Case of Swedish Social Democracy, 1886-1911," *Politics and Society* 24 (2) June (1996); Tim Tilton, *The Political Theory of Swedish Social Democracy: Through the Welfare State to Socialism* (Oxford: Oxford University Press, 1990).

② Ernst Wigforss, *Vision och verklighet* (Stockholm: Prisma, 1971), p. 16, quoted in Berman, *The Social Democratic Moment*, pp. 48-49.

③ Per Albin Hansson, quoted in Berman, *The Social Democratic Moment*, p. 53.

④ 关于瑞典和德国的社会民主党在思想演进方面的比较,见 Berman, *The Social Democratic Moment passim*;作者同前,"Path Dependency and Political Action: Reexamining Responses to the Depression," *Comparative Politics* 30 (4) (1998).

⑤ 关于社会民主党政治观念的演化,见 Berman, *The Social Democratic Moment*, pp. 58-63.

社会上的弱者。"①为了继续前进,社民党没有正面攻击国家,而是寻求从资产阶级政党那里赢得国家的权力。这两个战略性决定(淡化阶级斗争的不可避免性、认可国家具有积极的改良作用)使社民党走上了建设具有瑞典特色的嵌入型自由主义的道路。在这一形势下,观念的主要源泉是劳工运动本身,商业阶层也因此无法(至少到相对晚近为止)挑战这些观念。

为选举民主而斗争

谢里·伯尔曼指出:"社民党最早也是最持久的要求就是普遍选举权。"②个中原因颇为简单:社民党要想使用国家这个工具,先要得到它。但是1919年之前的选举体制下,由于投票有税收和财产权的资格限制,即使整个工人阶级都愿意投票给社民党,社民党依然举步维艰。因此,在此后的数年间,社民党双管齐下:首先,社民党与工会运动合作(很大程度上是指示工会运动),制造争取普选权的声势;其次,社民党与自由党[瑞典语:Sveriges liberala parti]的一些成员合作,对代议体制进行修改。

社民党与瑞典总工会最初是有相当距离的。这种距离之所以能被克服,是因为早在1919年选举权被实质扩大之前,社民党就在积极为此进行宣传;该党将选举民主作为社会民主的核心进行选举,而这种宣传工作大多在劳工运动中进行。在世纪之交,瑞典总工会在结构上与全美劳工同盟相似。瑞典总工会的成员主要是职业工会,属于所谓的工人贵族,他们传统上回避社会主义和社会民主主义的政治议程,或至少是模棱两可的。与美国的情况相似,工会运动的结构开始随着工业化的发展而变化,逐渐跨越了职业的界限。瑞典情况的不同之处在于,这些变化是由社民党的动员工作所直接推动的。③

正如安在洪(Jae-Hung Ahn[音译——译者注])所指出的,世纪之交的工业化使大量的非技术工人第一次进入城市。这些新工人被动员

---

① Hjalmar Branting, *Tal Och Skrifter* (Stockholm: Tidnen, 1926), pp. 22-28, quoted in Ahn, "Ideology and Interest," p. 163.
② Berman, *The Social Democratic Moment*, p. 56.
③ 相比之下,在美国案例中,新兴工业工会的行动受到了全美劳工同盟所运作的"联邦基层分支"的限制,民主党开始时在帮助组织工会的问题上立场要暧昧得多。见本书第三章。

进入许多新兴工业工会之中,这些工会是受社民党积极支持和组织的。同样,正如安在洪所说:"1886年,斯德哥尔摩的45个工会中有12个是在[隶属社民党的]工会鼓动委员会的帮助下成立的。1889年出席社民党第一届大会的50个工会中,有16个工会或俱乐部是在社会民主党人的鼓动下成立的。"①

当然,劳工运动对这种动员是有反对的。根据社民党加入劳工同盟章程的强制隶属条款,劳工同盟下属的所有工会在加入之后的两年内,必须隶属于社民党。自然,工会领袖——尤其是职业工会的领导人——会认为这些动员策略稀释了他们的力量,因而抵制这种对其独立性的侵犯。为解决这一问题,社民党废除了强制性的隶属条款,转而采取"强化社民党与工会的基层关系"的策略。② 一段时间之后,社民党和工会组织在基层几乎成了同义词,两个组织的人员也没有实质区别。③ 这样,瑞典嵌入式自由主义的规范性基础——在资本主义框架内,采取积极的国家行动并推动社会进步——早在1914年就在社民党和劳工运动这里初具雏形了。

与自由党形成选举联盟要艰难得多。虽然布兰廷在1896年当选为社民党的第一位议员,但直到1902年才有其他社民党成员当选。④ 不过一旦进入了议会,这些社民党的新议员就在议会内外活动,促使普选权成为政治议程上的首要问题。社民党与自由党的左翼分子结盟,提出了改革提案;作为回应,国家在1896年、1902年、1906年都提出了替代方案,但这些提案都远远达不到社民党的要求。

与此同时,社民党借助将工会和政党动员作为同一目标的策略,继续在选举上攻城略地。1911年,社民党在议会(Riksdag)第二院选举中获得了28.5%的选票,自由派则获得了40.2%。1917年,在第一次世界大战的危机中,这些立场被扭转过来。社民党的得票率上升到39.2%,而自由党的得票率则缩减到27.6%。⑤ 社民党首次成了多数党,而此时正是瑞典政治进程中的关键时期。

瑞典在第一次世界大战期间保持中立,但英国人仍然封锁了其港

---

① Ahn, "Ideology and Interest," p. 169.
② 同上书, p. 172.
③ See Berman, The Social Democratic Moment, pp. 54-55.
④ 同上书, p. 98.
⑤ Figures from Misgeld et al., eds., Creating Social Democracy, p. 451, table 1.

口。随着1917年的冬天临近，城市的粮食状况堪忧。在此之前还爆发了大规模的五一游行，要求保守党首相卡尔·斯瓦茨（Carl Swartz）辞职，并要求扩大选举权，这些游行沉重地打击了保守党政府，最终迫使斯瓦茨辞职。尽管国王试图阻止以社民党为首的新政府成立，但在1917年10月支持革命的形势下，未经考验的社民党政府还是成立了。值得一提的是，社民党并没有走上俄国的道路。①

社民党将国内的民众抗议作为反对保守派的武器。总工会不断威胁要举行总罢工，而社民党则不断"尽力"缓和他们的要求。社民党不断强调"今天的改革能阻止明天的革命"，由此将保守派一步步推向改革。随着欧洲停战以及随后在德国发生的一系列起义，形势日益严峻，"在内战的威胁和国王的压力下……保守派最终默许了"，选举权扩大得以实现。②

然而，有必要认识到，争取选举民主的斗争不只为了其本身的工具性目的。在生活的一切层面进行民主化斗争，除了本身能为进一步发展创造有利的制度，也为社民党提供了活动逻辑。选举民主与社会民主因此在同一范畴内被联系在一起。简单说，如果不取得国家，社民党就无法实现其改良主义目标。夺取国家只是实现更广泛目标的手段，它涵盖了经济和政治的一切关系。

建立瑞典式的嵌入式自由主义

用古典观念进行治理

社民党扩大了选举民主的范围之后，面临的下一个问题是如何将其理念付诸实践。社民党面临的问题是，尽管其对如何重建瑞典社会的结构有明确的政治观念，但对如何重建瑞典的经济结构没有明确的经济观念。放弃了马克思主义的革命理论之后，社民党缺乏自己的经济观念来推进其目标。因此，社民党在掌权之后表现得与保守派颇为接近，也就不足为怪了。

20世纪20年代的经济危机时，社民党已经开始执政；该党对瑞典

---

① 这里我指的当然是亚历山大·克伦斯基（Alexander Kerensky）的政府，而非列宁的政府。
② Berman, *The Social Democratic Moment*, p. 119.

经济危机的解释基本符合正统经济学家的传统主流观点,即古典自由主义的观念。正如埃里克·伦德伯格所指出的:"总体上说,严重通缩、产量大滑坡(工业产出量下降25%)、失业率高企,都被认为是1918—1920年战后繁荣之后自然的、不可避免的后果。"[1] 根据这一解读,工资水平的下降是必要的,以实现与世界经济的均衡状态。与此相一致,1920—1922年期间,真实工资水平下降了30%—35%。[2]

20世纪20年代初,掌握古典经济学霸权的是戈斯塔·巴格(Gösta Bagge)、伊莱·赫克舍(Eli Heckscher)以及后来的古斯塔夫·卡斯尔(Gustav Cassell)等,他们都是自由贸易和自由市场的坚定捍卫者。这些学院派经济学家尽管人数不多,但对这一时期的经济政策的执行产生了巨大影响。正如伦德伯格所言:"20年代以前或以后,都没有这么多瑞典经济学家在就当前问题的政策辩论中如此积极地发挥作用。"[3] 对于这些老一辈经济学家来说,瑞典的经济管理必须以一个因素为前提,那就是瑞典的贸易开放性。因此,政策的基本目标应当是货币与总体价格水平的稳定性。

这些经济学家严格地按照阿尔弗雷德·马歇尔的理论,预设完全竞争市场和灵活价格。在一战之后快速通胀又快速通缩的情况下,经济学家们毫不意外地提出两种政策主张。第一,瑞典尽快恢复金本位制;第二,执行逐步减少货币供应量的政策,以便从系统上排除通胀的动力——一种朴素的货币主义。[4] 尽管到了20世纪20年代末,经济出现了明显的通缩,但依然有人认为,这个方案将重新平衡工资和价格,恢复经济繁荣。

在这些观念的支配下,失业只被看作是次要问题,只要坚持正确的、顺应市场规律的理论就能得以解决;这一时期的社民党也并未偏离这一路线。赫克舍和巴格等有影响力的经济学家认为,失业的原因是劳动力流动性不足、工资不灵活、市场自然清算(naturally clearing markets)存

---

[1] Erik Lundberg, "The Rise and Fall of the Swedish Model," *Journal of Literature* 23 (1) March (1985), p. 5.

[2] Lundberg, "The Rise and Fall," p. 5.

[3] Erik Lundberg, *The Development of Swedish and Keynesian Macroeconomic Theory and Its Impact on Economic Policy*, Lectures for the Raffaele Mattiolo Foundation (Cambridge: Cambridge University Press 1996), p. 7.

[4] 见 the discussion of Knut Wicksell's monetary policy proposals in Lundberg, *The Development of Swedish and Keynesian Macroeconomic Theory*, pp. 6-11。

在障碍。因此，这些经济学家主张的政策是建立职业介绍所（labor exchanges），以及坚决抵制妨碍价格清算的组织（如工会）所提出的要求。因此，赫克舍和卡斯尔都提出，不仅应该限制提供有用的公共工程和其他救济项目，而且这类人为干预项目的工资应该低于市场工资。向其支付市场工资会阻碍调整，因为这类政策会人为提高总体价格水平。最重要的是要避免福利主义政策。①

正因如此，改革派政治家由于主张按市场价格支付公共工程工资而受到了特别的批评。例如，后来成为自由党领袖的贝尔蒂尔·奥林（Bertil Ohlin）就在1927年提出，国家资助的公共工程按照市场价格支付工资，可以提高总购买力而促进生产，从而产生积极的乘数效应。卡斯尔认为："独立于生产的……抽象的购买力理论必须被归入经济学神秘主义（economic mysticism）的范畴，[因为]很明显，社会的购买力总是足以购买总体产量。"②由于缺乏自己的观念来反驳古典自由主义制度并使之失去正当性，改革者的努力在古典正统理论的严格要求面前倒下了。

整个20世纪20年代，瑞典的经济学家们都在奋力为古典自由主义经济学中其他耳熟能详的政策理念作辩护。③卡斯尔认为，任何国家出资的投资都会挤占同等的私人投资，并反对储蓄—投资流中的"泄漏"（leakage）或曰"闲置货币余额"（idle money balance[这两个概念在凯恩斯经济学中指收入的非消费用途如储蓄、税收、进口等——译者注]）的概念。在卡斯尔和赫克舍看来，凯恩斯所谓的闲置货币余额根本不存在，因为在古典理论中，所有的储蓄必然等于投资。④同样，赫克舍在20

---

① Carlson, "The Long Retreat," p. 161.
② Cassel, quoted in Carlson, "The Long Retreat," p. 162.
③ 事实上，1924年时，后来成为斯德哥尔摩学派一员的埃里克·林达尔（Erik Lindahl）建议一项明确以规则为基准的汇率政策，以降低汇率价格的波动；这项出色的政策预言后来在90年代的瑞典成为现实。林达尔同时支持独立央行，并主张以宪法保护这些政策，以强化其公信力。见 Klas Fregeert, "Erik Lindahl's Norm for Monetary Policy," in Jonung, ed., *Swedish Economic Thought*, pp. 127-128。
④ Carlson, "The Long Retreat," p. 164-166.

年代末一直强调,根据萨伊定律,生产过剩和消费不足类似,都是无意义的。① 由于这些观念的主导地位,即使是即将开始为危机提供另一种叙述并由此制定另一种策略的社民党成员,此时也相信除了平稳走出通货紧缩,没有其他选择。所以社民党在1921年10月到1923年4月执行古典观念下的政策,也就不足为奇了。

在这样的观念背景之下,社民党接受了以卡斯尔为主席的财政委员会的建议,即为了解决经济萧条,"通货紧缩、失业、价格和工资下降……是必要的"。② 这些观念所指向的政策很清楚。只有降低工薪阶层的生活水平,才能重新达到均衡。尽管这些观念和政策违背了社民党自己的目标和选民利益,但由于没有任何替代性的经济思想来叙述危机和论证前进的道路,此时的社会民主党人"无法提供替代的解释。事实上,在这段时间里,他们相当被动,政治上也很脆弱"。③事实上,作为1921—1923年联合政府的一部分,社民党完全赞同1920年瑞典代表团在布鲁塞尔会议的报告:"在财政政策中批准预算赤字的国家,会跌入导致毁灭的深渊。为了避免这种情况,做出任何牺牲都不为过。"④在这种观念的主导下,1924年,社民党同意瑞典回归金本位制,尽管这引起了严重的二次通缩。⑤

总之,社民党由于缺乏治理经济的替代性观念,只能以代表工人阶级的政府执行自由主义的传统政策。寻找一套替代性的经济学观念,以击溃古典主义者的论调,并打破通缩和失业的循环,成了社民党的当务之急。

---

① 在一篇发表于1927年6月的报纸的文章中,赫克舍认为:"在经济中,永远不可能存在总体生产过剩的问题,而只有各领域的产能的不正确配置。"Eli Heckscher, *letter to Svenska Dagablet*, June 17, 1927, quoted in Carlson, "The Long Retreat," p. 168. 赫克舍和巴格在政府内外都有很大的影响力。在1919年的通货膨胀期间,国家拒绝采纳赫克舍提高贴现率的建议,他在报纸上发表文章,暗示瑞典人民将他们的纸币换成黄金。瑞典人民欣然应允,造成了对瑞典银行的挤兑,以至于国家最终不得不提高贴现率。
② Villy Bergstrom, "Party Program and Economic Policy: The Social Government," in Misgeld et al., eds., *Creating Social Democracy*, p. 136.
③ Bergstrom, "Party Program," p. 136.
④ Financial Plan, appendix 1, HRH proposition No. 11921, quoted in Bergstrom, "Party Program," p. 137.
⑤ 由于回归金本位制,国内生产总值(GDP)下降了约三分之一,失业率上升了三分之一。Berman, *The Social Democratic Moment*, p. 154.

发展政治的新观念

这一时期也有替代性、社会民主主义的经济学观念。然而,这些观念解决经济衰退的方案,有的是拆东墙补西墙,有的更是无稽之谈。这些观念与其他地方的社会民主主义经济学观念一样,核心在于国有化。1920年,社民党设立了"社会化委员会",为瑞典工业的国有化铺路。然而,瑞典的情况与英国相反,在英国,国有化写进了工党党章,成为政党的核心目标;而瑞典社民党对国有化的态度是一种复杂的矛盾心理。该党强调所有生活领域都应当民主化,因此无法解释国有化将如何推动这一目标。国家对经济的控制具有强烈的反民主色彩,与民主和平权社会的理念背道而驰;而在短期内,由于社民党坚持古典理论,通过国有化来控制通缩这类具体的经济目标是说不通的。[①] 此外,社民党内的一些党员公开怀疑,"国家管理在经济上不如私人管理有利"是否错误;并且,为了给工人提供实质利益,让资本家安乐死也许不是最佳政策。[②] 事实上,国有化委员会本身也受到了古斯塔夫·斯特凡的著作影响;他认为:"国有化的意义在于将工人整合入社会的经济生活。"[③]因此,财产权转让本身的重要性要次于有效控制的问题。

如伯尔曼所指出的,在这个时期,尼尔斯·卡勒比(Nils Karleby)在社民党内变得很重要。卡勒比提出,选举改革和劳动力市场改革等政策不仅仅是达到目的的手段;它们实际上就是社会民主主义实践的目的。在卡勒比看来,社会民主主义是一种渐进的,但日益激进的策略;社会中的权力关系将通过这一策略而改变。正如卡勒比所说:"改革不仅仅是为社会转型做准备,改革本身就是转型。"[④]卡勒比和社民党的其他人提出了这一新的工作重心,将社民党的经济策略从国有化转移到控制经济的宏观条件上。事后证明这一转变意义深远,它与其他地方所发展出来的观念是类似的,而且是相互强化的。

[①] 见 Berman, *The Social Democratic Moment*, p. 161.
[②] Bernhard Eriksson, quoted in Berman, *The Social Democratic Moment*, pp. 160-162.
[③] Gustav Steffan, quoted in Tilton, "The Role of Ideology in Social Democratic Politics," in Misgeld et al., eds., *Creating Social Democracy*, p. 411.
[④] Nils Karleby, Socialism infor Verkligheten, quoted in Tilton, *The Political Theory*, p. 82. 另请参见 Berman, *The Social Democratic Moment*, p. 163。

发展经济学的新观念

在持续的经济萧条中主张削减工资和保护币值，年轻一代的经济学家和同情这一看法的社民党成员对此作出了反应。以冈纳·米达尔(Gunnar Myrdal)、埃里克·林达尔(尽管他很喜欢非适应性政策)、奥林为中心，形成了一个致力于寻找替代古典主义方案的活动家小组。因为未来的社民党财政部部长厄恩斯特·维格福什(Ernst Wigforss)同情他们的观点，这些年轻经济学家和政治家的观念得以进入公共政策。这些被称作"斯德哥尔摩学派"的原创思想，尽管社民党将其用作武器以挑战对危机的古典主义解读，但实际上这些观念与古典观念之间既有断裂，又有部分融合。

首先，由于瑞典对出口的依赖，加之林达尔这样有影响力的年轻理论家并没有与古典学派彻底决裂，因此价格水平的稳定被认为是社民党所必须接受的基本目标。但是，稳定性并不意味着为了国际流动性要牺牲国内就业率。经济萧条被重新解读为本质上不同的现象，不是不可避免的经济周期的结果——而是需求失败的结果。因此，由于当前情况是前所未有的，必须采取前所未有的措施来抗击经济衰退，比如公共工程，而提高国家财政开支也是可以忍受的。

其次，瑞典的经济学家与大部分美国经济学家(除了商业周期论的经济学家)不同，已经习惯于在宏观经济学的框架下进行分析了。由于林达尔和克努特·维克塞尔(Knut Wicksell)此前关于垄断和价格水平的研究影响甚大，与个体供给相对的"总需求"(aggregate demand)这一概念，对年轻一代的瑞典经济学家来说并不陌生。[①]

最后，比之美国，斯德哥尔摩学派的经济学观念通常在理论上更高级，也更支持通胀。借助在动态的开放经济(dynamic open-economy)这一框架下建立需求侧经济模型，斯德哥尔摩学派在贸易周期、序列分析、不确定性对预期和货币价值的影响、挤入和挤出效应等方面的研究远远

---

① 例如，林达尔发表于1930年的《货币政策的手段》(瑞典语：Penningpolitikens medel)将货币总量与实际经济总量相联系。见 Fregeert, "Erik Lindahl's Norm for Monetary Policy," pp. 131-134.

领先于美国经济学家。① 因此,消费不足理论和补偿性制度的理论在瑞典比在美国发展得更快,也更容易。尽管经济学界和经济评论界的"卫道士"一致反对这些理论,但这些新观念一旦受到社民党支持,就迅速成为政策制定的正统观念。

这些观念的登场是在 20 世纪 20 年代中期,当时尽管出口复苏,但失业率仍然居高不下。联合政府在 1927 年成立的失业调查委员会成了这些观念的重要渠道。②该委员会成立的公开任务是"调查'失业的性质和原因'"③。该委员会在 8 年的任期内整体上是偏向资产阶级的,尽管如此,越来越多的人还是抛弃了古典经济学的传统自由主义,转而采取更积极的策略。如埃斯基尔·瓦登乔(Eskil Wadensjö)所说,虽然"委员会的大多数成员都坚定地以市场为导向,人们预期该委员会将建议减少工资",但委员会的实际政策建议却截然不同。④委员会的报告特别具有补偿色彩和干预性,涉及许多非古典经济学的领域,比如新的商业周期理论(认为商业周期是可以操纵的)、工资形成和失业之间的关系、积极财政政策的经济效应等。⑤

在社民党内部,维格福什受到英国自由主义者著作[特别是 1929 年的自由主义者著作《英国工业的未来》(*Britain's Industrial Future*)]的影响,开始强调提高购买力是工业复苏的关键。他对这些新的消费不足论观念的兴趣,使他预见到了凯恩斯在《通论》中的观点,提出由于个体

---

① 见 Bjorn Hansson, "The Stockholm School and the Development of Dynamic Method," in Bo Sadelin, ed., *A History of Swedish Economic Thought* (London: Routledge, 1991), pp. 168-214.
② 该委员会的成员包括达格·哈马舍尔德(Dag Hammarskjöld)、林达尔、米达尔、奥林。这里关于失业调查委员会工作的叙述来自以下文献:Eskil Wadensjo, "The Committee on Unemployment and the Stockholm School," Swedish Institute for Social Research, Stockholm University, *Occasional Papers Series*, reprint (314) May (1991); Carl G. Uhr, "Economists and Policy Making 1930-1936, Sweden's Experience," *History of Political Economy* 9 (1) (1976); Sven Steinmo, Taxation and Democracy: Swedish, *British and American Approaches to Financing the Modern State* (New Haven: Yale University Press, 1993) p. 86; Carlson, "The Long Retreat," pp. 168-169.
③ Wadensjö, "The Committee on Unemployment," p. 103.
④ 同上, p. 104.
⑤ 可以说,委员会中最接近古典正统的成员是巴格,他是一名传统的古典主义者,后来成为保守党主席。巴格提交给委员会的第一份报告甚至应用了古典主义的、马歇尔式的劳动力市场模型。然而,尽管在这样的理论框架下,巴格的结论仍然是:"即使失业是由工资上涨引起的……工资减少可能也不是好的解决方案。"Wadensjö, "The Committee on Unemployment," p.110.

工人不能影响市场清算的工资率,减少工资实际上不会产生积极的均衡效应。① 然而,更重要的是他的洞察力,即综合均衡(指所有市场都处于平衡)在经济萧条的背景下根本不可能实现。因此,从逻辑上说,劳动力市场的不平衡不可能仅仅通过调整劳动力市场来纠正。维格福什认为:"经济危机期间,这种自动价格机制被打乱了。价格下降不能再刺激需求增加。价格下降反而引导人们相信以后的价格会更低。"②

维格福什还预见到了菲利普斯曲线(Phillips curve)[以新西兰经济学家威廉·菲利普斯命名,他提出通胀与失业率负相关的模型——译者注]。1929 年,他研究了失业率和通胀率的倒数之间的关系,指出:"较高的失业率出现的一个季度后将出现较低的通胀率。"③与 30 年后的菲利普斯曲线一样,这意味着政府可以操纵这种关系,而不是作为被动的数据点被困在其中。1930 年,在这些新观念的武装下,社民党提议取消作为临时救济措施的公共工程,而代之以财政开支按照市场工资水平为公共工程提供 2000 万克朗。1931 年,社民党再次提出这一要求,政府只试探性地批准了 300 万克朗。④

失业调查委员会的另一位成员,后来的自由党领袖奥林,对公共工程进行了重要的干预;但他的主要贡献是将委员会的思想与古典自由主义传统划清界限并作出区分,从而将新学派树立为经济的主导性解读。奥林给失业调查委员会写了一份关于商业周期理论的备忘录,他在其中提出,商业周期理论分为两派:一派包括凯恩斯和琼·罗宾逊(Joan Robinson),并且"大多数……斯堪的纳维亚经济学家都采取这一思路;与此截然相反的是……[包括]米塞斯[和]哈耶克"⑤。

做这种区分的目的是强调,"如果委员会同意[维也纳学派]的观点,那么,所有这些[赞同新商业周期理论的]备忘录都不支持委员会在公共

---

① 见 Ernst Wigforss, "Prices, Monetary Policy and Unemployment," Report to the Committee on Unemployment, May 22, 1929, pp. 20-21; compare, John Maynard Keynes, *The General Theory of Employment, Interest and Money* (New York: Harcourt Brace, 1936), pp. 7-22.
② Wigforss, quoted in Wadensjo, "The Committee on Unemployment," p. 113.
③ 同上书。
④ Carlson, "The Long Retreat," pp. 166-167.
⑤ Wadensjö, "The Committee on Unemployment," p. 115.

工程、工资政策、货币政策、财政政策方面的立场"①。奥林在理论上划清界限,将一套观念合法化,使其有压过另一套观念的权力。总之,新的经济学思想体系最终为瑞典社会民主主义提供了所需的替代性经济学观念,使其得以用新方式来论述危机、建立联盟,并以此重建制度。②

运用经济学的新观念

1931年,英国取消了金本位制,瑞典紧随其后,自由贸易的正统观念一落千丈。自然,冲击瑞典经济的通货紧缩加剧了失业问题,自1932年10月起执政的社民党热情地接受了这些新观念。新政府的计划认为:"为了将就业稳定在较高的水平上,应该赋予国家完全不同于以往的角色。"③然而,与美国的价格管制论和后来的长期停滞论的观念相比,这些观念之所以能够被其他团体接受,是因为它们关注政策目标,而不是简单地让经济走出低水平均衡的陷阱。这些新的经济学观念提出目标,将经济总量的扩张作为解决失业、价格下跌、盈利水平下降的对策,比美国的增长术模式早了大概15年。

正如伯尔曼所言:"社民党人向1932年议会提出了一揽子广泛的建议,包含了一套'凯恩斯主义'刺激方案应该有的所有要素。"④社会民主党提议按市场价格将9300万克朗的开支用于公共工程。与此同时,为了获得对这一揽子建议的支持,维格福什"向满腹狐疑的议会成员介绍乘数理论"⑤。林达尔在瑞典经济学会(Swedish Economic Society)就公共工程的效用发表演讲,又比美国的国民经济临时委员会听证会早了15年。林达尔提出,如果有闲置产能和闲置货币余额,那么增加政府开支将提高总体需求,从而对投资倾向产生积极的影响,而不会挤出投资。

在这样的舆论阵地上,卡斯尔和其他古典自由主义经济学家不得不与这些新观念展开愈演愈烈的保卫战。仅仅坚持不存在闲置货币余额,

---

① Bertil Ohlin, "Memorandum on the Debate on Business Cycle Theory with Special Regard to Cost Reduction or Consumption Reduction Theory," Report Number Two to the Committee on Unemployment, quoted in Wadensjo, "The Committee on Unemployment," p. 115.
② 事实上,这些观念已经开始影响到当时在任的自由党政府了。1931年,自由党财政部部长要求米达尔在国家预算中附上一个附录,详细说明积极财政政策的可行性。见 Lundberg, *The Development of Swedish and Keynesian Macroeconomic Theory*, p. 27.
③ Bergstrom, "Party Program," p. 138.
④ Berman, *The Social Democratic Moment*, p. 170.
⑤ Carlson, "The Long Retreat," p. 170.

或者类似地坚持储蓄和投资必然处于平衡状态,因而任何政府支出必定挤出投资,这似乎已经近乎迂腐。① 根据卡尔·G.乌尔的说法,这种公共意识形态竞争"使公众舆论和对积极复苏计划的支持越发坚定"②。到了1933年,即使是像卡斯尔这样的卫道士,也至少部分地接受了新的正统观念。③

这种和解之所以是可能的,是因为新观念并不纯粹关注那些通常被理解为有利于劳工的问题,而是把价格水平的稳定作为一个基本的政策目标。分析的中心问题是通胀压力,保护主义受到坚决抵制。在大萧条的背景下,这种分析方式在经济上没有太大意义,因为国家面临的问题是通缩而不是通胀。但这种方式在政治上是重要的,因为它避免了进一步排挤商业阶层的利益。

1933年,社民党决心加强商业阶层对这些新经济学观念的信心,他们正式承诺在整个周期内都坚持预算平衡,而不只是在某个财政年度内。这相当于社民党接受了政府所控制的财富的实际价值在比例上将保持不变。1936年,这一承诺催生了一个由卡斯尔、林达尔和米达尔组成的委员会,他们主张建立一个预算平衡基金。这个基金将用经济繁荣时积累的盈余来填补政府赤字。④ 与此相关的是,正如我们将在后面看到的那样,税收结构对商业阶层非常有利,并且这些改革搭配了一项政策,精心鼓励劳动力市场制度更加集中化。

这些因素合在一起,不仅以新方式描绘了国家在经济中的角色,而且也描绘了经济的本质和公民在经济中的位置。事后证明,这些新观念对于商业阶层和劳工阶层接受新的经济学观念都至关重要。正如鲁道夫·迈德纳评论这一时期社民党时所说:"它的意识形态是维持市场经济、通过反周期政策逆转短期波动、通过财政政策抵消上述政策的负面影响。充分就业、经济增长、国民收入的合理分配、社会保障,这是社民

---

① 讨论对新观念的古典主义反应,见 Carlson, "The Long Retreat," p. 172-173; Uhr, "Economists and Policy Making"。

② Uhr, "Economists and Policy Making," p. 97.

③ 1933年,卡斯尔发表了一篇论文,其中区分了"正常时期"的储蓄和"危机时期"的储蓄,并承认在危机时期,储蓄不等于投资。因此,随着货币供应量的暴跌和失业率的上升,价格下跌。虽然这更多是一个货币主义的解释,而不是凯恩斯主义的解释,但这篇论文还是揭示了在新观念的压力下,一些核心的古典主义假设是如何被慢慢剥离的。见 Gustav Cassel, "Monetary Reconstruction," in *Skandinaviska Banken Quarterly Report*, June (1933)。

④ Carlson, "The Long Retreat," p. 181.

党吹响的集结号。"①

整合和吸纳农业

这些观念确实是革命性的。但是,社民党要想执行这些观念,还需要更大的议会支持。虽然1932年时社民党在议会中占据多数,但未能说服自由派在1932年财政开支计划方面与其保持一致。由于自由派的反对,社民党转向农民,在吸纳农业的基础上建立了同盟。②美国的民主党为了在北方与工业劳工建立联盟,排挤了南方的农业劳工;社民党与美国民主党不同,他们之所以能够吸纳农业,就是因为国家看待干预农业市场的方式在此之前就发生了观念转变。这与美国的情况是完全相反的。有趣的是,这一思想变化是由自由党推动的,而非社民党。

波·罗斯坦指出,有个错误观念认为,瑞典的福利国家完全是社民党与工会的力量造就的。③ 国家看待经济的方式之所以发生转变,关键转折点实际上是农民而不是工人的行动。农业生产者看待大萧条和失业工人一样,大萧条意味着他们的产品价格下降,市场根本无法维持一个持续的结算阈值。1932年初,瑞典总农会(Swedish General Agricultural Association)向自由党政府提交了一份提案,与后来美国的全国复兴总署和《农业调整法》的价格管制论观念很相似,建议授权该组织组建生产者卡特尔,为牛奶价格设一条底线,从而改变市场结果。④这一卡特尔应当是强制性的;即使个体生产者不加入总农会的卡特尔,他们仍然必须向卡特尔支付一笔费用,由此对价格进行"管制"。

自由党政府此前一直相信自由市场和国际贸易可以恢复瑞典的经济;而此时则像社民党一样,似乎准备完全无视市场的存在。正如罗斯坦所指出的:"显然,瑞典资产阶级对市场经济的容忍程度已经达到了极限。"⑤因此,"大资产阶级圈子毫不犹豫地提出了一个主张,明确否定以

---

① Rudolph Meidner, "Our Concept of the Third Way: Some Remarks on the Sociopolitical Tenets of the Swedish Labor Movement," *Economic and Industrial Democracy* 1(3) August (1980), p. 349.
② For a good summary of this "cow trade," 见 Uhr, "Economists and Policymaking," pp. 115-116。
③ Bo Rothstein, "Explaining Swedish Corporatism: The Formative Moment," *Scandinavian Political Studies* 15(3)(1992).
④ 自由党一直执政到1932年9月24日,SAP接管并宣布了危机方案。
⑤ Rothstein, "Explaining Swedish Corporatism," p. 179. 这里介绍的自由党转而反对市场是基于罗斯坦对事件的阐释。

市场解决结构性经济危机的方案"①。

由于之前的干预主义,支持对农业市场进行干预的观念很快就被扩展到了劳动力市场的监管。毕竟,一边谴责劳工组织是劳动力市场显著不均衡的罪魁祸首,一边又通过劳工组织来抑制农业市场的市场机制,以解决农产品价格下降的问题,这是难以成立的。② 这种对农业市场的干预,将通过劳动组合实现价格稳定这一权利合法化。但最重要的是,这种干预赋予工人与农民以利益一致性,使社民党随后与农民结盟成为可能。

对正当的市场监管包含哪些可能性重新作出解释,这是至关重要的,因为它把所有的市场参与者放在平等的地位上。然而,请注意,这种地位不是自由主义对经济的理解——能动者只是被动的价格接受者,而宏观经济只是个体决策的总和。相反,这种新的理解把能动者描绘为脱离其市场地位的公民——无论其部门或阶级地位如何,国家都必须代表他们进行干预和保护。这在很大程度上是一种嵌入式自由主义的观念。

这种对个人和市场关系的重新解读,对于后来斯德哥尔摩学派和消费不足论在社民党内的发展和运用至关重要。同样,正如罗斯坦所指出的:"社会民主主义和农民联盟的结合,首先是在利益集团与国家关系的看法上,因为他们不认为前者是障碍,而视其为解决经济危机的工具。"③这些新观念使社民党和劳工能将其观念作为普遍利益的一部分,而不局限于劳工和社会主义者的特殊利益。

1933年,以新的经济学观念为基础,社民党的预算制定者以1.6亿克朗用于公共工程。④ 由于议会中的反对力量,社民党不得不与农民党(Famers Party)联合,使这一方案在议会获得通过。虽然自由党对干预农业开始有了热情,但民主党还需要说服农民同意新的财政开支方案。然而这并不容易,因为农民传统上认为政府开支与农业租金存在零和关系。国家财政开支增加,就势必增加税收,因而农业就必然受到更多的

---

① 同上书,p. 180.
② 同上书,pp. 182-184.
③ 同上书,p. 188.
④ 同样,与美国发生的情况惊人地相似,1936年,国家开始运行两个预算,而不是一个预算——一个资本预算,一个货币预算——从而使国家有了更大的财政灵活性。见Uhr,"Economists and Policymaking," p. 117.

压榨。更何况,为工业工人所做的公共开支,似乎与农民问题无关。①

因此,社民党就用现成的新经济学观念将农民和工人的利益统一起来。就如维格福什 1932 年在议会上所说:"提高购买力……也意味着提高对农产品的需求……不可否认,我们的黄油和肉类出口正在遭受其他工业国需求下降的危害……但如果愿意承认这一点,那么也就必须承认,提高瑞典工人的购买力,对于瑞典的农业是有益的。"②

社民党讲明这层关系,并有了之前自由党政府调控牛奶市场的先例,从而得以用新观念重新定义农民在不确定时期的利益,并与之建立同盟。如此,社民党得以获得足够多的支持,在议会通过了其财政开支计划。

该年 5 月,社民党提出的预算被修改为 1.8 亿克朗的财政开支,其中 1 亿克朗指定用于公共工程。为了回报农民,政府为奶制品设置进口限制,并设置其他非关税贸易壁垒,以保护国内市场的价格。③ 然而,在议会通过财政开支计划只是开始。这一所谓的"奶牛贸易"并不只是议会内部的讨价还价。事实上,与其说"奶牛贸易"是所谓"历史性妥协"的黏合剂,不如说它仅仅是塑造瑞典嵌入式自由主义的第一步。要与商业阶层和劳工阶层建立持久的政治联盟,还有许多实质性工作要做。而30 年代的新经济学观念则又一次使其成了可能。

找回商业阶层

与美国的经验相比,瑞典的嵌入式自由主义之所以能够包容商业阶层,是因为在社民党所发展的经济学观念中,商业阶层享有特权地位。这些观念使大企业、劳工和国家之间能够形成包容性的联盟。与一般印象相反,"瑞典对富人所征收的边际所得税率(marginal income tax rates)要低于大多数西方民主国家",而且那些拥有大企业的纳税人还

---

① 社民党和自由党在 1929 年和 1931 年两次否决了对农产品进行有效保护的动议,使得这种情况变得更加复杂。推行这种自由贸易政策,是因为社民党意识到,由于瑞典对出口的依赖,采取保护主义措施只会加剧通货紧缩,提高国内的粮食价格,从而对社民党的核心票仓——工人阶级选民造成最严重的打击。见 Uhr, "Economists and Policymaking," p. 115。

② Wigforss, quoted in Berman, *The Social Democratic Moment*, p. 171.

③ Uhr, "Economists and Policymaking," p. 117.

可以免缴这笔税。① 为了将商业阶层纳入这一新兴秩序,国家重新设计了瑞典的税收制度,通过对非生产性财富征税来鼓励使用资本。从历史上看,这使得"一些瑞典最富有的商人,尽管他们在扣税前有七位数的收入,但退税时却可以申报零克朗的应税收入"②。这么做的理由是鼓励以牺牲当前消费的代价进行再投资,并将整体财政环境保持在温和紧缩的水平。

与这种财政政策相关的是企业集中的问题。瑞典的企业所有权在发达国家中集中程度是最高的。又与人们的印象相反,社民党政府有意地制定政策,引导所有权的集中。例如,1912年时全部工人中有八成受雇于大公司。③ 如果不考虑政府部门,这种情况到80年代几乎没有变化。社民党政府的财政部部长谢尔-奥洛夫·费尔特(Kjell-Olof Feldt)指出,1988年,"所有投资的75%来自25家最大的企业,他们的出口量可以占到总量的80%"④。

高集中率和低有效税率说明,社民党有意将瑞典的嵌入式自由主义设计成既包容劳工又利于资本。正如斯文·斯坦莫所说:"在瑞典……公司利润的税收与利润率和规模都成反比。换言之,公司规模越大、利润越高,其税率就越低。"⑤在商业阶层眼中,这种安排使得新观念及其产生的制度能够容忍。然而,为了理解如何与农民达成的乳制品关税协议,并将其转化为与商业阶层和劳工阶层之间的全面联盟,我们需要仔细考察在萨尔特舍巴登达成的"历史性妥协"。

重述利益,建立制度

如前所述,20年代末30年代初的高水平失业率无法阻止劳工激进主义愈演愈烈。为了应对工业界抗争的高潮,保守党政府在1928年"颁布了一项法律,禁止在工资合同期限内停工,并规定任何对违反这一规

---

① Sven Steinmo, "Social Democracy vs. Socialism: Goal Adaptation in Social Democratic Sweden," *Politics and Society* 16 (4) Fall (1988), p. 406.
② Claes-Gorn Kjellander, "The New Tax Structure Splits the Bloc of Swedish Politics," *Current Sweden* 287 May (1982), pp. 2-9.
③ Steinmo, "Social Democracy," p. 411.
④ Kjell-Olof Feldt, quoted in Steinmo, *Taxation and Democracy*, *Democracy vs. Socialism*, p. 410.
⑤ Steinmo, *Taxation and Democracy*, p. 18.

定的人的支持都是非法的"①。随着不景气持续到20世纪30年代,资产阶级政党采取了进一步压制劳工的措施。由于这些政策的存在,"在以这类冲突为代表的经济混乱之下,新当选的社会民主党政府意识到了改革的必要性",正是这个问题让劳工和商业阶层坐在一起,在萨尔特舍巴登达成了协议。②

国家以执政的社民党所主张的形式,利用新观念来劝说商业阶层和劳工,如果每个团体不断地试图胜过对方,经济繁荣就不可能实现。国家方面提出,稳定是一种公共利益,只有通过协调一致的行动才能实现。而商业阶层和劳工则担心,如果他们之间不能达成协议,国家会单方面强加工业关系政策。③ 由于社民党无法单方面立法,而要依靠农民的支持,再加上国有化早已不再是可行的替代性策略,因此必须找到另一种方式,为各方创造一个正和的解决方案。

这个解决方案是建立既能实现再分配,又能鼓励生产力提升和投资的税收体系,由此通过大公司的成功来创造增长。正如斯坦莫所指出的:"事后证明,有利于大企业的税收改革是历史性妥协得以成立的黏合剂。"④在以支持最大公司为前提的增长策略之下,那些最大公司被给予税收优惠。即使这种负担在短期内由工薪阶层承担,政府相信通过保持有竞争力的汇率水平,价格稳定和经济增长是可以实现的。

社民党为了向选民解释这一政策的合理性,将意识形态目标从制度转型转向产业合理化。"这实际上意味着,规模较小、效率较低的生产商将被挤出经济,资本资源将流向瑞典最大的……企业……毫不意外,瑞典最大的资本家都赞成这些政策。"⑤劳工接受这些倾向于商业阶层的制度安排,因而获得了四项保证。第一,国家承诺整体经济增长,并参照生产率水平的提高进行收入再分配。第二,国家承诺以充分就业作为国家政策的首要目标。第三,国家进一步确保瑞典总工会在与瑞典雇主联合会进行工资谈判时的机构自主权。第四,商业阶层承诺罢工期间不使用替代工人或关闭工厂作为议价手段。

---

① Hugh Heclo and Henrik Madsen, *Policy and Politics in Sweden: Principled* (Philadelphia: Temple University Press, 1987), p. 111.
② 同上。
③ Steinmo, *Taxation and Democracy*, p. 88.
④ Steinmo, "Social Democracy vs. Socialism," p. 419.
⑤ 同上,p. 420.

总之,20 世纪 30 年代的社民党重新定义了政治的正当性边界。通过放弃革命、支持改革,通过将经济和社会的民主化作为目的而不是单纯的手段,通过回避所有权这一资本主义关系的最根本要素,瑞典人发展出一种包容商业阶层、劳工阶层和农业的嵌入式自由主义。使之成为可能的是一套新的经济学观念,这套观念促进了能够强化消费的收入转移,由此促进了福利和平等的总体目标。各方利益的正和权衡(positive sum trade-offs)是这一切的前提,社民党以此重新定义了瑞典政治经济的本质特征。与农民的协议使萨尔特舍巴登的协议得以成为可能,而萨尔特舍巴登的协议又反过来将商业阶层引入新的制度秩序中。使这一切成为可能的是新观念的主导地位。

巩固瑞典的嵌入式自由主义

从精英到大众

然而,精英之间的协议并不一定能转化为大众的接受。瑞典嵌入式自由主义的基础观念的进一步发展,对于解释这一协议在更大范围的接受颇为重要。蒂姆·蒂尔顿指出了这一时期界定社民党政治的主要意识形态主题。[①] 首先,社民党一直是谋求正和权衡的调和型政党。前面提过,社民党的民主概念是整合性和共识性的,而非少数服从多数。"人民之家"(people's home)这一概念的发展对此至关重要,这是一种更广泛的政治共同体的概念,而不是简单基于阶级政治的概念。

"人民之家"描绘了这样一个共同体:"……有着团结(togetherness)和共同意识。理想的家不会将任何人视为高人一等或低人一头……理想的家中洋溢着平等、关爱、合作、互助。在伟大的人民之家、公民之家中,这意味推翻一切当下将公民隔绝的社会与经济之藩篱……这些藩篱将公民分出贫富、过剩与不足、掠夺者与被掠夺者。"[②]

这样的叙述并不仅仅为与农民之间的临时联盟披上一层功利的外衣。同样的观点也支撑着连续数届政府更广泛层面上的公平和效率的政策组合,并指出了巩固瑞典嵌入式自由主义的第二个主题。那就是商

[①] Tilton, *The Political Theory*, 各处;同前书,"The Role of Ideology in Social Democratic Politics," in Misgeld, et al., eds., *Creating Social Democracy*, pp. 411-427.

[②] Per Albin Hansson, quoted in Tilton, "The Role of Ideology," pp. 411-412.

业阶层、劳工和国家之间的调和(accomodation)本身就被看作是一种目的,正和的政治是规范性的追求,而不仅仅是达到目的的手段。工会对新兴秩序的反应是这种调和的例证。

萨尔特舍巴登的协议通过总工会1941年的报告《工会运动与工业》得到了确认。① 这篇报告强化了新经济学观念中的观点,所有人生活水平的提升只能通过各方寻求理性化和生产率提升才能得到实现。这一观点的前提是与商业阶层达成政治协议。但这种协议本身也有一个前提,就是瑞典总工会内部能够集中意见,协调一致,克服协调的难题,让这一协议从想做的事变成能做的事。例如,1941年,部分由于战时的紧急状态,总工会在国会获得了中止一切"造成困难,或涉及该组织3%以上成员的"罢工的权利。② 这样,总工会就得以向商业阶层保证,社民党能够控制劳工。除此之外,国家还对劳工做出了同样牢靠的承诺,即充分就业,从而与劳工阶层达成协议。充分就业并不只是一个政治目的,也被认为是效率方面的愿望,因为对资源的充分利用有助于实现其他政策目标。③这种长期承诺在20世纪90年代之前一直为资产阶级政党所接受,起到了与劳工订立协议的作用。④ 由此,以劳动和平换取增长和投资的做法实现了。⑤

然而,在这个交易中,传统的社会民主主义的公平问题也没有被忽视。社民党通过对收入和消费征税,并通过再分配制度让这些资源重新分给工业和劳工,以此确保公平。总工会根据其解读危机的新观念提出,对商业阶层的投资决策进行有效控制,比形式上的所有权问题更重要。要通过建立生产的背景性条件(background conditions of production),使市场在最终结果上社会化,而不是将市场直接社会化。正如维格福什在1938年协议期间所说的那样,政府"必须认识到,如果它不准备在某一领域用某种形式的公共活动

---

① 关于这份报告,参见 Tilton, *The Political Theory*, pp. 189-215;同前书, "The Role of Ideology," p. 413; Bergstrom, "Party Policy," pp. 144-147。
② Steinmo, *Taxation and Democracy*, p. 92.
③ 蒂尔顿指出:"瑞典的失业问题像德国的通胀问题一样,成了一个需要深思熟虑的政治问题。"Tilton, "The Role of Ideology," p. 423.
④ 正如休·赫克洛(Hugh Heclo)和亨里克·马德森(Henrik Madsen)所指出的那样:"当欧洲的失业率上升到2%的水平以上……最终达到3.1%时,社民党人无情地批判政府抛弃了瑞典的福利国家制度。"Heclo and Madsen, *Policy and Politics*, pp. 65-66.
⑤ Quoted in Tilton, "The Role of Ideology," p. 418.

取代私有企业,那么它需要在这一领域为私有投资提供有利条件"①。鉴于社民党从未将任何大型瑞典企业国有化,商业阶层的神圣性在时间中得到了证明。

劳工阶层接受了这些观点,使得战后形成了一套制度,其重点是工业中的民主、工人参与决策、团结性的(solidaristic)工资政策,以及重中之重的积极劳动力市场——经济管理的"雷恩-迈德纳"模式(Rehn-Meidner model)所启发的政策。商业阶层获得了对等的承诺,内容是自主的工资谈判、国家扶持下的资本形成、劳动力流动计划。到"二战"结束时,社民党的新经济学观念已然在国内机构中枝繁叶茂,社民党随后尝试扩大这些制度。然而,与美国的情况类似,"二战"以及以何种观念塑造战后秩序的斗争,最终从内部形成了有趣的挑战。

世界大战与观念大战

正如战争最终结束了美国的大萧条,战争也最终为瑞典带来了充分就业的经济。战争向瑞典的劳工运动展示了一点:经济可以在劳动力充分就业、资源充分利用的情况下,在完全的生产效能下运作。1944 年,社民党明确将充分就业作为战后的主要政策目标,其战略从将经济带出低水平均衡陷阱,转变为维持充分就业。然而,更重要的是在战争期间发生的经济学观念的转变。

与美国国家资源规划委员会在 1943 年和 1944 年的报告一样,在整个战争期间,瑞典的经济学思想在本质上越来越接近长期停滞论。事实上,这一时期瑞典的研究在很大程度上受到美国国家资源规划委员会和美国商务部的长期停滞论报告的影响。② 与美国的长期停滞论思想一样,有种观点认为:"随着战时生产的减少,将出现短暂的经济衰退;随后,由于库存被耗尽,各种短缺仍然普遍存在,将出现一段时间的经济繁荣;最后,由于有效需求将无法跟上迅速扩张的生产,将发生深层次的经

---

① Quoted in Tilton, "The Role of Ideology," p. 418.
② Lundberg, *The Development of Swedish and Keynesian Macroeconomic Theory*, p. 43. 另见 Lief Lewin, "The Debate on Economic Planning in Sweden," in Steven Koblik, ed., *Sweden's Development from Poverty to Affluence 1750-1970* (Minneapolis: University of Minnesota Press, 1975), pp. 282-302.

济萧条。"①

在这一时期,米达尔是就瑞典经济阐释长期停滞论分析的核心人物,当时他担任社民党战后计划委员会的主席。这一委员会类似于美国的对应机构,负责为战后工业组织设计规划。同样,与美国的长期停滞论观点相似,米达尔的假设是不仅资本主义存在内在不稳定,而且瑞典的资本主义充斥着过度建设和设备过剩。② 根据这一分析,米达尔预测战后很快就会再次发生经济萧条,建议扩大非资本主义国家的贸易,防止经济出现外部性的供给冲击。在商业阶层看来更可怕的是,米达尔还根据阿尔文·汉森和斯图亚特·蔡斯的观点,建议国家在计划总投资方面承担更大责任。

在1944年的选举中,雇主联合会和自由党发起了"协调一致的商业运动,以反对计划经济的观念,[并]迫使人们重新审视政策"。③特别是成了自由党领袖的奥林,他接受了美国人对长期停滞论的反对意见,即认为计划是对自由的威胁,成立战后计划委员会的建议远远超出了雇主联合会或资产阶级政党所愿意容忍的程度。除了奥林对转向长期停滞论的反对以外,还有两个因素产生了显著的后果。首先,自由党和雇主联合会为反对战后计划委员会建议而进行的动员,对选举产生了实际的影响。在1948年的选举中,自由党的得票增加了,社民党则相应减少了。④ 其次,甚至更出人意料的是,战后的环境仍然是通胀而不是通缩的。

由于意外的通胀环境,瑞典的长期停滞论迅速被抛弃,因此,30年代的经济学观念必须根据这些新的发展加以修正。然而,商业阶层并没有像美国的经济发展委员会和美国商会那样,利用这些事态来操控议程、支配国家和劳工;而是瑞典的劳工运动,特别是总工会的经济研究部门,成了继续发展20世纪30年代经济学观念及其制度的主要动力。

---

① Lundberg, *The Development of Swedish and Keynesian Macroeconomic Theory*, p. 42. 另见 Gunnar Myrdal, *The Reconstruction of World Trade and Swedish Trade Policy* (Svenska Handelsbanken, Aktiebolaget: Stockholm, 1947)。
② Lundberg, *The Development of Swedish and Keynesian Macroeconomic Theory*, p. 44.
③ Tilton, *The Political Theory*, p. 195; Lewin, "The Debate on Economic Planning," pp. 286-289.
④ 自由党的得票率从15.6%上升到了22.8%,而社民党的得票率从44.4%上升到了46.1%。数据来自 Misgeld et al., eds., *Creating Social Democracy*, p. 451, table 2。

拓展瑞典的嵌入式自由主义

"雷恩-迈德纳"模式

与美国的情况一样,瑞典的战后经济并没有陷入长期停滞论所预测的低迷,而是继续繁荣。旺盛的需求和紧张的劳动力市场造成了通货膨胀的压力,社民党因而在20世纪40年代末果断地放弃将"自愿工资限制"作为最佳政策,转而在经济管理方面接受了后来所谓的"雷恩-迈德纳"模式。该模式基于这样的观念:经济衰退或温和通胀对不同行业的产能利用率的影响程度是不同的。因此,一项普遍性的刺激或收缩政策,会对整个经济产生不平衡且不可预测的影响。有鉴于此,必须构建一种替代性观念,取代消费不足论对战后环境的简单解读。与美国不同,这些新观念在瑞典并不是来自商业阶层,而是由总工会的两位经济学家——约斯塔·雷恩和鲁道夫·迈德纳设计了解决这些问题的方案。雷恩和迈德纳"推翻了'过度简化之后的凯恩斯主义',即单纯依靠总需求的一般性措施来维持充分就业",并创造性地拓展了瑞典嵌入式自由主义的观念和制度。[①]

雷恩和迈德纳的方案包含三个主要因素。首先,国家需要实施一定程度的紧缩性财政政策。这样做的目的是将需求保持在可控的水平,规避分配冲突。大多数嵌入式自由主义国家的做法都是制定某种收入政策来控制需求,通胀被视为工资/价格螺旋上升的结果。雷恩和迈德纳所作的诊断有所不同。雷恩不认为过度的需求是工资过高的结果,而工资过高是劳动力市场过于紧张的结果,他认为真正的问题在于利润过高。雷恩指出:"充分就业,以及充分就业将长期保持的确定性,必将导致高利润,由此劳动力的竞争变得激烈,借助这种竞争,高利润得以实现。这将导致工资上升,从而提高购买力,进而导致价格进一步上涨,使利润进一步增加。"[②]

雷恩认为,出台一项保持较低利润水平的政策,能促使雇主抵制加剧通胀的工资诉求;而总体性的扩大通胀政策,则只会使利润膨胀、工资

---

① Tilton, *The Political Theory*, p. 198.
② Gösta Rehn, in Erik Lundberg, Rudolf Meidner, and Gosta Rehn, eds., *Wages Policy under Full Employment* (London: William Hodge and Company, 1952), p. 196.

浮高(wage drift),从而在整个经济中造成通胀,削弱再分配的目标。① 通过税收来限制利润水平,另一个好处是将私有储蓄转为公共储蓄。这些储蓄随后以低于市场的利率贷款给商业阶层,刺激处于周期性衰退的经济。这样,低利率的投资资金也可以让商业阶层尝到甜头。②

收入政策的问题在于,它试图固化差异,因而引起了不同行业之间的差别。这将不可避免地导致基层工会"越级"提出工资要求,破坏了瑞典总工会与雇主联合会协议中工会行动"集中化"的逻辑。事实上,这种越级要求变得越来越严重,以至于到了1951年,雇主联合会——而不是总工会——主动谋求更为集中化的工资谈判。③ 为了解决这个问题,总工会引入了"雷恩-迈德纳"模式的第二个要素,即"团结工资"(solidarity wage)。④ 通过总工会,各基层工会执行集中的工资确定政策,突出在不同行业之间的同工同酬。这项政策的目的是迫使效益较差的企业提高生产率或破产,同时推动再分配的政策目标。⑤

因此,团结工资不仅有助于限制需求,也能促进工业重组。当工资被压缩时,公司在这一制度环境下的理性反应是提高生产率。由于存在利润限制,企业要么以创新提高生产率或扩大产能,要么就发展停滞乃至经营失败。因此这项政策所设置的最低工资,在达成社会效益之外,也具有提高经济效益的功能,它迫使商业阶层提高产量并由此促进经济增长。另外,集中化的工资控制之所以能制止越级提出工资诉求,是通过淘汰高成本制造商,而不是通过削减工资;因此这项政策不会加剧通胀。

然而,限制需求的问题在于,单单设置利润上限、压缩工资,是要将企业赶出市场。既然国家追求的是充分就业,从衰落的低生产率行业中释放出来的劳动力,只有在有效地转换到高生产率行业时,这一政策才称得上可行。在古典经济学的世界中,劳动力市场的灵活性不是一个问

---

① 工资浮高指的是集中议定的工资与实际获得工资之间的差额。
② 事实上,这一模式也隐蔽地预示了鲁道夫·迈德纳所提出的工薪阶层基金的发展。
③ Heclo and Madsen, *Politics and Policy*, p. 115.
④ 雷恩和迈德纳设计的团结工资,除了能够实现此处详述的经济目标,还让低工资工人工会尝到了甜头,乐于接受总工会和雇员联合会所寻求的更大程度的集中化。见 Heclo and Madsen, *Politics and Policy*, p. 115.
⑤ 正如提出"雷恩-迈德纳"模式的总工会报告的结论所说:"为了避免对所有群体都有害的恶性竞争……必须以某种同工同酬的原则为目标。所有雇主应当为同一类型的工作……支付同样报酬。"Landsorganisationen, *Trade Unions and Full Employment* (Malmo: Framtiden, 1953), p. 96.

题,因为劳动力就像其他要素投入一样,在信息对称的市场中是充分流动的。雷恩和迈德纳知道,这种灵活性的想象是完全不合理的。现实世界仍然存在如何创造这种灵活性的问题。

由于这些限制,该模式设计了第三个要素,用以平衡其他两个要素,并克服利润上限的负面影响。这第三个要素就是积极的劳动力市场政策,旨在通过供给侧的职业培训、劳动力迁移、投资计划,增加劳动力的灵活性。因此,通过承担劳动力流动和培训的责任,国家能够同时降低失业率并鼓励调整。正如迈德纳后来所说:"……劳动力市场政策被用作一种手段,为古典经济理论家所梦想的那种市场经济消除障碍。在这种准自由主义的意识形态中,计划因素被简化为消除这些障碍的方法。人们相信,当摆脱这些障碍时,经济可以比长期不干预的社会更依照市场规则运作。"[1]

这些观念在诸如工资谈判制度等正式经济制度中逐渐扎根,除此之外,这些观念也随着意识形态在更广泛的社会制度中发展而更为巩固。例如,隶属总工会的工人教育协会(Workers' Educational Association)在这一时期主导了继续教育,在 800 余万人口中,大约有 70 万人参加了总工会资助下的课程。"[这一机构]尽管……没有明确地致力于政治的社会化,但倾向于将这一成绩归功于瑞典劳工运动。"[2]另外,与其他嵌入式自由主义国家显著不同,瑞典有着强有力的亲劳工媒体,社民党每天发行的《晚报》(Aftonbladet)有着史无前例的高发行量。简而言之,社民党不仅仅基于消费模式建立了一个奥尔森意义上的'相容'集团[曼瑟尔·奥尔森在《集体行动的逻辑》中提出的与"排外"集团相对的概念——译者注];而且"不仅塑造公共政策,还塑造公民个人认同的……在价值观和文化领域的主导地位",以此形成了政治霸权。[3]

"雷恩-迈德纳"的经济观念成了瑞典嵌入式自由主义的制度核心,并实现了美国劳工运动和美国政府都无法实现的目标:扩展和深化了 20 世纪 30 年代的制度及其成果。这种模式在制度上之所以是可行的,唯一的原因就是商业阶层、劳工阶层和国家这三方都有相同的经济意识

---

[1] Rudolph Meidner, *I arbetets tjänst* (Stockholm: Tindens forlag, 1984), p. 275.
[2] Richard Scase, "Why Sweden Has Elected a Radical Government," *Parliamentary Affairs*, March (1982), p. 47.
[3] Tilton, "The Role of Ideology," p. 426.

形态。① 正如安德鲁·马丁从瑞典总工会的角度所说的:"总工会在瑞典政治经济中占据的主导地位,似乎在很大程度上取决于其经济学观念的力量;这大大帮助其有效利用从其数量巨大的成员和组织架构中获得的权力。"② 正如社民党成功地以社会民主主义观念界定了"国族利益",总工会的经济学家雷恩和迈德纳也成功界定了经济意识形态,并主导了瑞典政治经济制度长达 20 年。休·赫克洛和亨里克·马德森指出:"改良社会民主主义对社会的看法,赋予瑞典政治生活一种兼具实用主义和理想主义、既长于权变又富于道义的品格。社会民主主义者把握住了这个国家的观念——他们成功地将国家的认同解读为不断改革的福利国家。"③

找回中产阶级

然而,要想维持这种制度秩序,社民党所谋求的经济发展必须掌握更大的社会基础。事实上,"雷恩-迈德纳"模式下制度所带来的经济发展,有可能削弱社民党联盟的阶级基础。首先,"雷恩-迈德纳"模式的成功,在于迫使企业提高生产力,但这却恰恰减少了实际私营部门所雇用的工人数量。毕竟,积极的劳动力市场政策也无法让人们从事已经被技术进步所取代的工作。④

---

① 尤其是,最重要的经济行动者——占据主导地位的社民党、雇主联合会、总工会——共享了一套观念。关于工会方面的观念,见 1951 年总工会的报告 Fackföreningsrörelsen och den fulla sysselsättningen: Betänkande och förslag från Landsorganisationens organisationskommitté (Stockholm: Landsorganisationen, 1951)。对于雇主协会的观点,见 Sven Anders Söderpalm, Arbetsgivarna och Saltsjöbadpolitiken: En historik studie I samarbetet på svensk arbetsmarknad (Stockholm: SAF, 1980)。这里并不是要低估实现这一点之前的冲突,尤其是雇主联合会在 40 年代对国有化的恐惧。关于后面这一点,见 Jonas Pontusson, The Limits of Social Democracy: Investment Politics in Sweden (Ithaca: Cornell University Press, 1992), pp.50-55。
② Andrew Martin, "Trade Unions in Sweden: Strategic Responses to Change and Crisis," in Peter Gourevitch, ed., Trade Unions and Economic Crisis: Britain, West Germany and Sweden (London: George Allen and Unwin, 1984), p. 342.
③ Heclo and Madsen, Politics and Policy, p. 27.
④ 正如伦德伯格所指出的那样,"雷恩-迈德纳"模式的成功,意味着工业就业替代率在整个 50 年代和 60 年代以大约每年 2% 的速度下降。见 Lundberg, The Development of Swedish and Keynesian Macroeconomic Theory, p. 52。团结工资对低生产率行业(如制鞋业和纺织业)的作用使这一效应更为明显,这些行业几乎为这一政策所消灭。见 Heclo and Madsen, Politics and Policy, p. 118.

这样的经济和社会发展,在总工会的制度结构之外促生了新的工薪白领雇员阶层,从而分化了瑞典嵌入式自由主义同盟的阶级基础。因此,20 世纪 50 年代,诸如瑞典职业雇员联合会(TCO,Swedish Confederation of Professional Employees)和职业协会联合会(SACO,Confederation of Professional Associations)等独立工会持续发展。这些组织认为,不鼓励差异化的团结工资政策违背了其利益。① 正如约斯塔·埃斯平-安德森所指出的:"为了继续执政,社民党必须组建新的联盟";他们必须将嵌入式自由主义制度扩展到新的群体。②

1959 年的退休金与收入挂钩改革(简称"ATP 改革")使这种调整成为可能。简单而言,在 20 世纪 50 年代末,私营部门开始与新工薪阶层就退休金问题达成协议,这些工人可以比总工会工人获得更多。在总工会看来,这样的事态发展无异于捅了瑞典嵌入式自由主义的核心观念;而国家则担心这类私营企业条款会扩大差异,从而破坏工资谈判制度的集中化逻辑。为了应对这些事态,总工会尝试通过从叙述上将平等问题与效率问题联系起来,使退休金收益平等化。

总工会将退休金改革描述为一个使资本市场(其中一个重要部分是退休金)更能回应社会要求的问题。事实上,有些雇主反对"ATP 改革",并不是因为他们反对退休金平等化本身,而是因为"ATP 改革"有可能将巨大的投资基金交到国家手中。③ 尽管雇主联合会和资产阶级政党连续三年反对,社民党还是以一票优势迫使议会通过了这项措施。正如埃斯平-安德森所评论的,这场激烈的政治斗争起到的效果,只巩固而不是削弱了当时的制度,因为 ATP 框架的目标是,即使不能提供比私营部门更好的退休金计划,至少也要是对等的。因此,颇具讽刺意味的是,提供给白领工会(职业雇员联合会和职业协会联合会)的私营部门替代方案被"挤出"了市场。随后,这些新的白领工会与体力劳动者工会进入了相同的制度结构和税收转移制度。因此,退休金改革的胜利使"ATP 成了[社民党]动员白领的工具"。④

---

① 见 Jonas Pontusson,"At the End of the Third Road: Swedish Social Democracy in Crisis," *Politics and Society* 20 (3) (1992), pp. 305-332.
② Gøsta Esping-Andersen,"The Making Of A Social Democratic Welfare State," in Misgeld et al., eds., *Creating Social Democracy*, p. 48.
③ 见 Heclo and Madsen, *Policy and Politics*, p. 163。
④ Andersen,"The Making of a Social Democratic Welfare State," p. 49.

这种与新中产阶级的重新结盟，强化了社民党在选举中的表现，并进一步巩固了瑞典的嵌入式自由主义。将中产阶级纳入现有的退休金制度，使得这些制度没有受到20世纪70年代末在欧洲和美国都出现的中产阶级抗税运动的影响。此外，"ATP改革"与雷恩和迈德纳的工作同步进行，使社会转移（social transfers）惠及"人民之家"的所有成员，而不仅仅是体力劳动者，从而促进了收入平等。社会和经济政策被看作是同一件事。将白领劳动力纳入普遍性框架，使这些改革能够为一些行业所接受，因为这减少了企业的净储蓄额，从而降低了利率。由此，新的ATP基金作为一种原始的集体性资本形成基金，有助于为投资提供信贷补贴。①

20世纪60年代，这种同时追求效率和公平的正和政治开始出现问题。然而，这些问题在当时的监管和分配制度中是可控的。事实上，即使在1976—1982年的经济衰退期，瑞典经济似乎也表现得相对较好，基本上采用了同样的政策。② 然而，尽管有这些表象，但20世纪70年代，当劳工阶层挑战商业阶层所认为的支撑现有制度秩序的基本观念时，瑞典的嵌入式自由主义制度开始出现内生性的不稳定。这种情况发生在不太稳定的经济条件下，巩固了资产阶级政党的反对势力；他们在商业阶层的支持下，试图消解瑞典嵌入式自由主义的正当性并使之瓦解。

---

① Pontusson, *The Limits of Social Democracy*, p. 103.
② 这并不是要低估庞大的政府赤字、通货膨胀和膨胀的公共部门的问题。见Barry Bosworth and Alice Rivlin, eds., *The Swedish Economy* (Washington: Brookings Institute 1987)。然而，正如本书所显示的，瑞典在七八十年代所面临的经济危机本身就受到不同的、相互冲突的叙述的影响，这些叙述限定了国家、劳工和企业在90年代的反应。

第五章
让自由主义脱嵌:破坏交易的观念

与建立嵌入式自由主义的观念不同,打破嵌入式自由主义的观念并不是对眼前危机的关联反应。大萧条期间主导美国和瑞典行动的消费不足论观念,是对当时危机的创造性反应;而使自由主义脱嵌的观念,在很多情况下只是20世纪30年代那些被嵌入式自由主义击败的观念又炒了冷饭。到90年代末,稳健财政论和预算平衡论的理念再次成为经济治理的基石。用来将自由主义脱嵌的观念在美国和瑞典是基本相似的,尽管侧重点会依据情境和使用时间而有所不同。正如我们将看到的,在美国,通胀和税收形成了支点;货币主义、供应侧理论、理性预期论、公共选择理论的不同观念围绕着这个支点汇聚起来。晚于美国10年,同样的观念在瑞典以增长问题和可靠的反通胀政策为支点汇聚在一起。

嵌入式自由主义在两个案例中所采取的国内形式——即美国的增长术和瑞典的"雷恩-迈德纳"模式,广义上都属于凯恩斯主义的体制。尽管约翰·梅纳德·凯恩斯本人与这些产生于各自国内的、使这些不同形式的嵌入式自由主义成为可能的观念没什么关系,但"凯恩斯主义"——尤其是战后"新古典主义综合"(neoclassical synthesis)这种特定形式——是传播嵌入式自由主义观念的语言,也是所有需求侧的补偿性经济政策所依赖的思想支柱。因此,攻击嵌入式自由主义就意味着攻击凯恩斯主义的观念——特别是凯恩斯主义似乎在处理通胀问题上无能为力这一点。

正如第二章所强调的,这些观念的供给和应用,都无法简化为物质条件本身的变化,因为它们在所诊断的物质条件出现之前,就已经存在了。尽管这些观念在20世纪60年代末的通胀环境中找到了机会,但事实上这些观念中的大部分在50年代甚至更早就以某种形式出现了,而且它们的影响还体现在很多问题上,而不局限于通胀问题。①

要了解这些观念是由谁、以何种方式使自由主义脱嵌的,首先需要讨论20世纪60年代末70年代初不断变化的经济状况,并关注这些变化所带来的不确定性。具体来说,我们需要了解美国不断变化的国际金融地位如何与国内的经济过热相联系,在美国国内和国外的嵌入式自由主义制度中产生不确定性。然后,我们可以确定哪些观点构成了对这场新危机原因的主导性诊断,因为它首先出现在美国,随后被用以攻击现有的制度秩序。

变化的国际环境:布雷顿森林体系和其他不可持续的结构

布雷顿森林体系作为一种国际金融体制,根植于三四十年代建立的嵌入式自由主义的各种国内形态。② 布雷顿森林体系试图将国内政治稳定性与国际金融秩序相调和,以促进商品贸易;商品贸易被认为能够提升而不是削减福利。③凯恩斯与他在美国的同道从30年代学到的第一条教训是,这一时期的经济崩溃,原因是国际金融利益集团和他们坚

---

① 对于这些观念的早期论述,见 Milton Friedman, ed., *Studies in the Quantity Theory of Money* (Chicago: University of Chicago Press, 1956)(《货币数量论研究》,中国社会科学出版社 2001 年版);Wilhiem Ropke, Welfare, *Freedom and Inflation* (Tuscaloosa, AL: University of Alabama Press, 1964)。
② 布雷顿森林体系和嵌入式自由主义往往被视为同义词。事实并非如此。正如我在第一章中所定义的,嵌入式自由主义在这里被视为一种特殊的市场改革导向的国内体制,而不是一种特殊的货币体系。见第 5 页注释①。
③ 《经济学人》曾说过,提高福利的东西是那些可以"买卖的、有形的"商品。关于嵌入式自由主义妥协,见 John Gerald Ruggie, "International Regimes, Transactions, and Change: Embedded Liberalism in the Postwar Economic Order," *International Organization* 36 (2) Spring (1982); Jonathan Kirshner, "Keynes, Capital Mobility, and the Crisis of Embedded Liberalism," *Review of International Political Economy* 6(3) Autumn (1999); Eric Helleiner, *States and the Reemergence of Global Finance* (Ithaca: Cornell University Press, 1994)。

持"未加监管的国际货币体系……使所有国内经济体偏向于收缩"①。第二条教训是,这种收缩性无法收获社会底层对资本主义的支持,因为他们被迫承担大部分的调整成本。总的来说,这两条教训的启示是建立一种新的汇率体系,支撑各国国内的嵌入式自由主义制度,这种制度要保持贸易繁荣,但排除套利和投机。布雷顿森林体系的宗旨就是让国家实现这种平衡——也就是说,实现国内的政策自主性,尤其是执行扩张性政策的能力——而不必特别关注利率的波动。

只要欧洲在财政上依赖美国,布雷顿森林体系就能发挥作用。如果欧洲货币疲软以至于可兑换性始终不足,欧洲就必须赚取更多美元外汇。这意味着美国实际上可以通过出口美元来促进经济复苏,从而刺激全球经济,这与消费不足论观念对国内经济提出的要求颇为类似。② 然而,正如米尔顿·弗里德曼很快提醒我们的那样,世上没有免费的午餐。经济学家罗伯特·特里芬(Robert Triffin)指出,充当世界的银行家是有代价的。首先,如果美国的资本出口要泵动其他西方国家,那么,一旦美国不再执行赤字政策,世界的货币供应就会收缩,随之而来的就是通货紧缩,而这正是布雷顿森林体系旨在避免的。其次,布雷顿森林体系实际上是伪装成金本位的纸币本位。美元按照每盎司35美元的固定汇率兑换黄金。只要没有国家真正想用美元兑换黄金,美元兑黄金的汇率就可以持续下去。然而,长期赤字意味着全球美元供应量增加;当供应量增加时,价格就会下降,因此在美元的面值和市场价值之间产生差异,为套利提供了可能。

因此,资本流动性就成了一个问题。1963年,美国引入了利息均衡税(interest equalization tax),以防止美元贬值以至于破坏整个体系的稳定性。该税避免了提高利率,旨在减少外国的美元借款。利息均衡税的效果出奇地好,使美国在不提高利率的情况下减缓了美元流动,因为提高利率会使世界经济陷入衰退。然而,利息均衡税产生了一个出人意料的副作用。③

从1958年苏联将石油美元存入伦敦的银行开始,欧洲美元市场正

---

① Kirshner, "Keynes, Capital Mobility," p. 323.
② 因此,讽刺的是,准确来说布雷顿森林体系在不作为汇率体系时恰恰能最好地发挥作用。
③ 见 Gregory J. Millman, *The Vandals Crown* (New York: Free Press, 1995), pp. 82-85; Helleiner, *States and the Reemergence*, pp. 83-86.

式诞生。① 欧洲美元储蓄不在美国流通,又不是英国的法定货币,因此可以游离于两国的嵌入式自由主义监管。由于无法监管,过剩的美元流入欧洲市场,然后可以不用顾及利息均衡税和其他监管地贷出。很快,从欧洲各国政府到美国企业,人人都从这些不受监管的市场中贷款,因此就有更多美元流入这些市场。美国乐于延续这种事态,因为这种情况为过剩美元提供了某种国际上的非法渠道,能够暂时减轻特里芬所描述的困境。然而,这些繁荣的市场也使得私人金融机构能够用这些资金参与热钱交易,而这又是布雷顿森林体系所希望避免的。由于美元过剩,利用美元和其他主要货币之间差价套利的机会巨大,针对美元的投机也随之恶化了。

越战和"伟大社会"计划[美国总统林登·约翰逊(1963—1969年在任)的施政纲领——译者注]所带来的通胀效应,在美国国内产生了不确定性,从而使得国际上价格的不确定性更为复杂。当然,没有任何天然的理由让通货膨胀成为美国嵌入式自由主义的丧钟。支撑嵌入式自由主义制度的观念并不仅仅是"萧条经济学",它们可以适应各种情况,甚至通货膨胀的情况,只要以成本推动(cost-push)和需求拉动(demand-pull)的因素来解读这些观念即可。②这一时期的美国政府——林登·约翰逊总统和他的经济顾问委员会——知道为什么会出现通胀。不幸的是,约翰逊既无法在制度上处理通胀问题,在政治上也不愿解决这个问题。由于他未能应对这些超乎寻常的压力,嵌入式自由主义秩序的进一步削弱不可避免。美国国内的通胀问题——尤其是对投资和劳动力市场中不确定性的影响——与国际金融制度的衰落相结合,产生了越来越大的不确定性,使现有制度左支右绌。由于美元在全球的核心地位和美国经济相对于其他国家的巨大体量,美国国内的动向产生了巨大的国际影响。

---

① 见 Helleiner, *States and the Reemergence*, pp. 81-101; David F. Lomax and Peter Gutmann, *The Euromarkets and International Financial Policies* (New York: John Wiley & Sons, 1981)。
② 这疙瘩早在1947年就已经由劳伦斯·克莱提出了。见 Lawrence Klein, *The Keynesian Revolution* (New York: Macmillan, 1947)。

变化的国内环境

如何摆脱战时经济

约翰逊政府上台6个月后,扩大越南战争逐渐显示出效果。失业率下降到5%;根据一种新的预算计算方式,财政存在盈余。① 坏消息是通胀压力开始以工资上涨、物价上升的形态出现了。然而,约翰逊总统拒绝接受最能显而易见地降低通胀预期的方法:增税或提高贴现率。② 约翰逊在增税时犹豫不决,部分是因为他的信条——"如果国会要在枪炮和黄油之间选一样来削减经费,国会选择黄油",他的"伟大社会"计划就会受到裁减。③

然而,约翰逊总统在控制通胀方面的无能为力,既是因为政治,也是因为制度。尽管1951年的"美联储-财政部协议"(该协议受到经济发展委员会1947年的报告《提升经济稳定性的货币和财政政策》的启发[见本书第三章——译者注])试图通过强化美联储的独立性,从行政部门手中夺取财政杠杆,但这一制度变化并不会让国会在经济繁荣时增税,而国会才是唯一有权制定税收政策的部门。④ 这样,国家积极调节经济的能力受到了制度性限制。⑤ 因此,既然增税是不可能的,而由于美联储的独立性,提高利率也超出了国家的权限,那么唯一可以控制通胀的工

---

① 现金预算即使以充分就业的基础计算也还是有赤字。这是詹姆斯·托宾和沃尔特·海勒的主要创新成果。像富兰克林·罗斯福的"行政预算"(见第三章)一样,这些创新使得国家财政管理更加灵活。关于托宾和海勒在肯尼迪政府中重新计算预算的工作,见 Walter Heller, *New Dimensions of Political Economy* (Cambridge: Harvard University Press, 1966); James Tobin, *The New Economics, One Decade Older* (Princeton: Princeton University Press, 1974).

② 见 Isabell V. Sawhill and Charles F. Stone, "The Economy: The Key to Success," in John L. Palmer and Isabell V. Sawhill, eds., *The Reagan Record: An Assessment of America's Changing Domestic Priorities* (Washington: Urban Institute, 1984), p. 78.

③ Hobart Rowen, *Self-Inflicted Wounds: From LBJ's Guns and Butter to Reagan's Voodoo Economics* (New York: Times Books, 1994), p. 11.

④ Committee for Economic Development, *Monetary and Fiscal Policy for Greater Economic Stability* (New York: Committee for Economic Development, 1948).

⑤ 另外,不加税对国会是有好处的。不加税的话,国会就可以将货币稳定性的皮球踢给美联储,而避免税收上涨造成的选举后果。

具就是所谓的"工资和价格指导原则"。①

"工资和价格指导原则"最初设立于约翰·肯尼迪总统时期,这一政策试图将价格和工资的上涨与生产力的发展相捆绑,并由此在整个经济体内设置价格和工资规范。②在一个事实上的战时经济条件下,这一志愿性的解决方案注定会产生商业阶层和劳工阶层之间的新矛盾,这成了其缺陷所在,也实实在在成了现实。"劳工领袖谴责管理层发战争财,而管理层则反过来谴责工人组织提高了物价。"③不幸的是,在没有增税的情况下,这种对骂对冷却经济帮助不大。

1965年,经济顾问委员会发现,越南战争的成本没有得到公开承认,因而该委员会的经济分析和政策主张中也没有考虑这些隐性成本,这让控制美国国内通胀压力的任务更加复杂。毫不意外,经济的实际表现开始迅速背离经济顾问委员会的预测。④ 由于这些限制,1966—1967年预期的经济放缓没有成为现实;1967年6月,经济顾问委员预测1967年的赤字会超出原定目标,而1968年赤字预测又将高出1967年的水平200亿美元。⑤

在越来越不确定的政策环境中,所有宏观经济指标都开始出现问题。"季度需求增加了140亿到160亿美元,然而为了维持价格稳定(price integrity),经济只能承受110亿美元的季度增长。"⑥库存开始积压,价格继续上涨。通常,这会向商业阶层发出增加投资的信号。然而,消费者价格指数(CPI)正以几乎2倍于"工资和价格指导原则"的水平增

---

① 如我们将要看到的那样,通胀一旦开始冲击经济,美联储确实会紧缩,但程度不够。另外,阿瑟·伯恩斯执掌美联储之前,美联储一直维持着宽松政策,这只能让通胀恶化。
② 关于工资和价格指导原则,见 Heller, *New Dimensions*;Tobin, *The New Economics*。
③ Kim McQuaid, *Big Business and Presidential Power: From FDR to Reagan* (New York: Morrow, 1982), p. 239.
④ 正如阿瑟·奥肯所说:"一切都取决于越南的开支,但[国防部部长罗伯特·]麦克纳马拉狗屁消息都没透露给我们。" Arthur Okun, quoted by Hobart Rowen, "Cost of Vietnam? A McNamara Secret," *Washington Post*, June 19, 1966.
⑤ *Council of Economic Advisors Annual Report*, 1967 (Washington: Government Printing Office, 1967), p. 14. 最终,国会开始通过1968年6月的《税收追加法案》拉动了通缩杠杆。但这是一次惨胜。"当那个时候[国家采取行动时],越南战争的开支已经如此之高,以至于即使加了税并且削减了60亿的财政开支,剩下的联邦赤字还是比1967年8月约翰逊所顾忌的150亿多出了100亿。"在这样的环境下,加税无疑是杯水车薪。引自McQuaid, *Big Business and Presidential Power*, p. 253。
⑥ Cathie J. Martin, *Shifting the Burden: The Struggle over Growth and Corporate Taxation* (Chicago: University of Chicago Press, 1991), p. 82.

长,由于对未来预期收益的不确定性,并没有出现大量投资来压制需求压力产生的通胀效应。因此,为了弥补这一投资缺口,国家将公共投资在国内生产总值中的份额从 1964 年的 13% 增加到 1966—1967 年的 14.5% 和 15.2%,这是空前绝后的最高水平。与此同时,私人投资在国内生产总值中的份额从 1964 年的 23.8% 下降到 1967 年的 22.5%。① 供应扩张的中止本身就是投资不确定性增加的结果,又因为导致了资本进口的加速,反过来又使国际收支问题恶化,因而加剧了国际金融困难。由于政府从政治上和制度上被剥夺了所有增加收入的手段,财政赤字高速增大。这导致了越来越高的利率以及对美元越来越大的压力。

管制的政治后果

当国家在 20 世纪 60 年代在通胀问题上拖拖拉拉时,商业阶层的不确定性却因为截然不同的原因而不断增长。除了变化的宏观经济环境,类似"共同事业"(Common Cause)的草根组织的发展,以及消费者运动的兴起,加剧了商业阶层的不确定性。公众很关心格兰特·麦康纳尔(Grant McConnell)和其他人所提出的关于"俘获监管"(regulatory capture)的新理论。这鼓励国会制定了一系列监管举措,这些举措与此前所执行的监管行为完全不同。② 支持监管的人认为,新政时代的监管制度越来越照顾产业界的关切,已经被本应作为监管对象的产业界所俘获。因此,70 年代的新监管制度要想避免被俘获,就要确保有"广为人知、显而易见的社会效益,并由集中的工业成本来提供这些效益"③。因此,接下来的 7 年间针对商业阶层建立了一系列新监管制度,这些制度关注的并不是单个企业的违规行为,而是定义整个产业的责任。④

---

① 这些数字所体现的是赤字形成政府投资和消费导致价格攀升,从而刺激了需求,而不是国内私有资本形成和私有部门产能扩张所导致的需求扩张。数据根据 FRED(Federal Reserve Economic Database)计算得出——the Penn World Tables v. 5.6, available at http://www.stls.fred.org and http://www.nber.org/penn respectively。
② 见 Grant McConnell, *Private Power and American Democracy* (New York: Knopf Publishers, 1966).
③ Kim McQuaid, *Uneasy Partners: Big Business in American Politics 1945—1990* (Baltimore: Johns Hopkins University Press, 1994), p. 137.
④ 对环保局和职业安全与健康署的讨论基于 McQuaid, *Uneasy Partners*, pp. 135-151; David Vogel, *Fluctuating Fortunes: The Political Power of Business in America* (New York: Basic Books, 1989), pp. 64-113; William C. Berman, *America's Right Turn: From Nixon to Clinton* (Baltimore: Johns Hopkins University Press, 1998), pp. 10-14.

1969年，国会赶着新兴环保运动的时髦，制定了《环境保护法》(Environmental Protection Act)。这部法律设置了环境保护局(Environmental Protection Agency)，这是一个庞大的联邦官僚机构，其监管几乎涉及所有能想到的商业部门。类似地，1970年的《职业安全与健康法》(Occupational Safety and Health Act)相应设立了职业安全与健康署(Occupational Safety and Health Administration)，涉及全部产业的权限必然产生许多新的监管措施；商业阶层在其信用储备受到通胀和更高利率压榨的同时，服从这些新措施也所费不赀。① 这些新的监管措施在造成了企业财务成本之外，对商业阶层的政治组织产生了难以预料、影响深远的后果。

首先，这些新的监管制度促使大量利益从商业阶层流向广大公众。这些制度起到了集中成本、平摊收益的效果；在通胀经济的情况下，商业阶层很快意识到对于这一时期不断增长的不确定性而言，这些制度是问题的一部分，而不是解决问题的办法。讽刺的是，这些监管措施反而让商业阶层克服了他们的集体行动困境，自40年代以来第一次作为一致行动者而行动起来。简言之，由于成本开始针对整个产业群体或一系列的行业，而不是单一一家违规企业，商业阶层开始重新思考自己的利益了。②

其次，新上台的尼克松政府的政策，提升了商业阶层的不确定性，因为这些政策与商业阶层通常对共和党政府的期待完全相反。就在理查德·尼克松胜选之前，约翰逊总统的财长约瑟夫·巴尔(Joseph Barr)发表了一项关于税收的报告，显示许多百万富翁实际上不用交一分钱的税。在这篇报告影响下，民主党参议员在1968年国会选举结束后响亮

---

① 理查德·尼克松在赶潮流方面非常熟练，乐于为了短期政治利益而支持这类似乎反对商业阶层的措施。就像尼克松在他的1970年国情咨文中所说，"干净的空气、干净的水、开阔的空间——这些都应该重新成为每个美国人与生俱来的权利。如果我们现在采取行动，就可实现这一点"。Richard M. Nixon, Public Papers of the Presidents of the United States: Richard Nixon: Containing the Public Messages, Speeches, and Statements of the President. January 14, 1970, (Washington: United States Government Printing Office, 1969-1974), p. 177.
② 正如托马斯·伯恩·埃兹尔所说："70年代，商业阶层重新定义了他们作为一个阶级行动的能力，克制了他们的竞争本能而采取了合作的共同行动。"Thomas Byrne Edsall, The New Politics of Inequality (New York: W. W. Norton and Company, 1984), p. 128.

地提出了税制改革的要求。① 尽管随后是共和党政府上台,但尼克松总统却跳上了税制改革这条船,提出"新共和"(The New Republic)这个口号,"很大程度上是共和党总统提出过的最反对富人的税务改革计划"②。对于最后通过的法案《1969年税制改革法》(Tax Reform Act of 1969),商业阶层感到这是一项专门限制其避税手段(比如石油损耗津贴[Oil depletion allowance,美国税法将矿产视为损耗性资产,向矿产所有人提供津贴以抵消"折旧"——译者注])的法律。③这个信号使人们认识到应该对新政府作何种期待,商业阶层感到通胀问题将不会得到严肃的对待;由于通胀造成的波动性,这已经成了商业阶层的核心关切,因而股票价格和企业利润应声下跌。

1969年底,经济第一次出现了后来被称为"滞胀"的现象,可谓火上浇油。阿瑟·伯恩斯(Arthur Burns)1970年成了美联储主席,他试图结束美联储在肯尼迪和约翰逊时代的调和立场。伯恩斯希望能通过更高利率和更紧缩的货币政策的联合作用控制通胀。尽管利率上升了3%,并且由此使失业率上升,引发经济活动萧条,但是通胀率并没有下降。个中原因颇为简单,仍然是越战。"体面的和平"(peace with honor)这句口号是要花钱的,这项政策必然需要战事扩大,于是将经济体系带入了更严重的通胀。虽然利率高企,国家还是不断地投资买下工厂和原材料,为此不得不进一步刺激和扩大库存,这些措施又最终反映在终端消费者的物价上。

面对这些似乎无解的问题,尼克松决定于1970年6月向全国发表电视讲话。尼克松的整个演讲都在谈经济状况。在这次演讲中,他暗示某种形式的"工资和价格指导原则",甚至强制性的收入政策,对于控制通胀是必要的。④ 尼克松在这项政策上受到了伯恩斯的支持,伯恩斯越来越感到,单靠紧缩的货币政策是无法控制事实上的战时经济的。但是,经济顾问委员会和财政部的其他人在使用控制手段的问题上发生了

---

① 关于《1969年税制改革法》的背景,见 Robert Kuttner, *The Revolt of the Haves: Tax Rebellions and Hard Times* (New York: Simon and Schuster, 1980), pp. 232-233。
② Edwin L. Dale, Jr., "Its Not Perfect, But Its the Best Yet," *The New Republic*, May 3, 1969, p. 10, quoted in Vogel, *Fluctuating Fortunes*, p. 63.
③ 另外,这一法案由于增加了个人纳税豁免的范围,促进了低税收基层的消费,从而实际上加剧了通胀。
④ Nixon, *Public Papers*, June 18, 1970, pp. 205-219.

分歧。①经济在这种各执一词的情况下每况愈下。工资平均每年以7%的速度增长,而美元平衡支付的问题随着美元受到的压力增大而增大。尼克松为了找到解决方案而采取了两项措施,既提高了市场的不确定性,又进一步弱化了嵌入式自由主义制度。

首先,他关闭了"黄金窗口"(gold window)[指美国无条件承担以黄金储备兑换别国所持美元的义务——译者注],从而事实上宣告了中止美元与黄金的固定汇率兑换,因而也宣告了布雷顿森林体系的瓦解。由于这些变化,汇率得以自由浮动;在通胀情况下,许多货币的汇率开始下跌。由于私有部门的风险管理工具(比如期货市场)就实践来说充其量就是聊胜于无的水平,这项体制改革极大程度上使汇率风险从公共部门转移到私有部门。不确定性上升了。② 第二点或许影响更为深远,也即这一政策转变的国内意涵:一位共和党总统在和平时期实施了价格管制。就像"只有尼克松能去中国"一样,也只有尼克松能捡回商业阶层自认为在20世纪40年代已经击退的东西:将长期停滞论下的凯恩斯主义作为国家的经济哲学。

动摇嵌入式自由主义:供给冲击和新的长期停滞论

历史上演了一出小小的讽刺剧:弗拉基米尔·列宁颁布了短命的新经济政策,试图强化经济自由,以延续战争;而差不多50年之后,尼克松也颁布了新经济政策,试图强化经济管制,却也是为了延续战争。美联储更紧缩的货币政策在减缓通胀率方面取得了一定成功,通胀率从1969年的6.1%降低到了1971年的3.6%;由此,在国家颁布强制控制

---

① 尼克松的经济顾问委员会很难说是一个正统的凯恩斯主义群体。尼克松时期经济顾问委员会的主席保罗·麦克拉肯(Paul McCracken)曾说,该委员会的哲学既不是凯恩斯主义,也不是弗里德曼主义(Friedmanite),而是"带有弗里德曼风格的"(Friedmanesque)。麦克拉肯是密歇根大学的经济学家,财政部部长大卫·肯尼迪(David Kennedy)是芝加哥大学的博士,委员会成员乔治·舒尔茨(Goerge Schultz)也是芝加哥大学的博士,不过来自商学院。关于麦克拉肯的理念以及对尼克松经济顾问委员会的总体论述,见 Herbert Stein, *The Fiscal Revolution in America* (Washington: American Enterprise Institute Press, 1996), pp. 532-534.
② 关于布雷顿森林体系终结的这一层面,见 John Eatwell, *International Financial Liberalization: The Impact on World Development* (United Nations Development Program: Office of Development Studies, 1996), pp. 5-7.

措施时,失业率已经上升到了 7%。① 饶是如此,当 1971 年 8 月 15 日尼克松宣布全面控制的措施时,保守派和自由派都被这些政策所指向的国家干预和监管程度震惊了。②

控制最初分为三个阶段。第一阶段是 90 天冻结工资和物价,同时加收 10% 的进口附加税。③ 这么做有三层逻辑。第一,这么做是希望释放信号表明决心,释放美元承担的压力而不影响美元的可兑换性。第二,希望当时的周期性薪资谈判回合会受到冻结的限制;由此,在冻结之后,通货膨胀的预期将有所降低。第三,希望进口附加税能与隐性贬值造成的谷物竞争同时发挥作用,通过避免额外的进口通胀,进一步推动通胀控制。第二阶段的控制开始于 1971 年 11 月 14 日,授权建立了一个物价委员会和一个薪酬委员会,这两个机构都是三方机构,甚至可以说是公开的法团主义机构。④第二阶段规定加薪幅度不超过 5%,争取平均目标是 3%,同时对利润率加以限制。⑤

虽然商业阶层和劳工阶层之间对控制措施是否应当存在本身都有争执,但物价委员会和薪酬委员会对通胀率依然产生了强烈而显著的影响。1972 年的下半年,核心通胀率(core rate)下降到 1.8%,不过失业率更难发生转变。⑥ 由于通胀放缓,尼克松宣布第二阶段的控制是,到 1972 年初,他声称他的经济政策实际上是"恰到好处"。⑦因此,1973 年 1

---

① 数据来自 Federal Reserve Economic Database at http://www.stls.fred.org/. 另见 Hugh Rockoff, *Drastic Measures: A History of Wage and Price Controls in the United States* (Cambridge: Cambridge University Press, 1984), p. 200。
② 这位长期支持控制论的约翰·加尔布雷思在尼克松做了这一宣布之后说的话很有名:"我的感觉好比一位站街小姐刚刚听到林赛市长说,这一职业不但合法,而且是最崇高的市政服务一样。"John Kenneth Galbraith, quoted in the *Washington Post*, November 5, 1971.
③ 事实上,进口附加税其实是财政部部长约翰·康诺利(John B. Connolly)在 1973 年史密森尼学院会议(Smithsonian meetings)中用来敲打欧洲人的大棒。
④ 这样的法团主义当然完全违背了 1946 年通过的《行政程序法》的意图。价格委员会在价格设定上被授予相对自由的裁量权,这主要是因为价格控制违背了经济顾问委员会的意识形态。麦克拉肯指出,尝试任何这类控制都是无效的,因为"市场最终会胜出"。舒尔茨是在被商业咨议会敦促"有所为"之后,才满腹牢骚地接受了管制的理念。结果,经济顾问委员会成员赫伯特·斯坦还半开玩笑地对价格委员会的主席 C. 杰克逊·格雷森说:"古典经济学用得上的东西好像不多,你与其我们的观点所左右,还不如自己想点新东西出来。"而格雷森的价格委员会正是这么做的。引自 Rockoff, *Drastic Measures*, p. 207。
⑤ 工资管制是这一系列管制的真正核心,因为工资比利润更容易监视和管控。
⑥ 核心通胀率是指扣除食品和能源价格之后的通胀率,以消除季节性波动的影响。数据来自 FRED database at http://www.stls.fred.org/。
⑦ Stein, *Fiscal Revolution*, p. 559.

月颁布的第三阶段的控制措施转变为一个半自愿的制度。这一制度事实上是完全自愿的,并假定商业阶层以类似 20 世纪 30 年代《全国工业复兴法》的方式和政府合作。

在这一新的自愿性制度之下,物价委员会和薪酬委员会不再存在,一些主要的指导意见也不再执行。①尤其是,商业阶层被授权在第三阶段进行自我管理。毫不意外,大多数商业阶层完全忽视了指导意见,通胀率扶摇直上。1973 年第一季度,肉价以年化 30.4% 的速度增长,4 月时政府不得不为猪肉、牛肉、羊肉价格设置强制的天花板。与之类似,随着商业阶层不断收复失地,工业原材料价格也急剧上升。由于价格上涨,股市表现低迷。

破坏管制的积极作用的另一个因素是 1951 年之后再次出现的美联储和财政部之间的制度性矛盾。两个机构在制度上相互分离,意味着美联储的活动不但不支持财政部、价格和薪酬委员会,反而削弱了第二个控制时期的管制效果。②由于价格控制的责任下放给了物价委员会和薪酬委员会,这一控制其实免去了美联储维持货币和价格稳定的传统职能。因此,美联储就得以自由地应对其他压力,特别是追求更高就业率和更大产量的压力。③

与控制相适宜的最优货币政策是紧缩的货币政策。但是,尼克松政府后期的货币政策一直是宽松政策。1968—1969 年,伯恩斯执掌美联储之前,货币存量(M2)上涨了 2.4%。④而 1971—1972 年伯恩斯上任之后,货币存量每年增长 10.8%,而这本是应当采取紧缩货币政策的时

---

① 尤其是,第一阶段的利润率限制取消了,出租性资产也得到免税,工资在每小时 3.5 美元以下的工人被排除在外。
② 正如休·罗科夫(Hugh Rockoff)所言,在之前战争时期的通胀中,管制的目的是抑制对通胀的恐慌,避免这种恐慌将价格不断推高,以至于高于基本货币因素(monetary forces)。由此,管制是为了使经济均衡。尼克松的控制之所以不同,是因为他们试图"将价格压低"。也就是说,他们被用以压制实际通胀因素,并由此使得经济不均衡。Rockoff, *Drastic Measures*, p. 232.
③ 也可能是为了使伯恩斯的支持者——尼克松的连任机会最大化。由于尼克松总是把他在 1960 年的失败归咎于美联储的紧缩货币,因此伯恩斯是否采取了政治行动来提高尼克松胜选的可能性,这是无法证明的。政治性的商业周期理论喜欢将这一事件作为政治性商业周期的一个典型案例。例如 Alan S. Binder, *Economic Policy and the Great Stagflation* (New York: Academic Press, 1979), esp. ch. 8.
④ M2 的定义是 M1(货币加支票存款)加不能用支票兑换的储蓄存款和通常少于 10 万美元的短期存款。

期。①因此,经济发展委员会在20世纪40年代为了保持价格稳定而争取到的制度独立性,此刻却在政治控制的情况下削弱了价格稳定。

由于第三阶段自愿性的控制失败了,政府于1973年6月第二次冻结了所有薪酬和物价,这已经是水门事件如火如荼的时候了。1973年8月政府又颁布了另一套控制政策,即第四阶段。第四阶段和再一次冻结都没有起到效果,因为它们根本不涉及工资,而且新经济政策的指导方针中根据行业将价格—工资机制与每一类别产业增长联系起来的做法被抛弃了。以价格控制的名义,经济中越来越多的部分被解除控制。通货膨胀无休无止,不确定性居高不下。1973年的"阿拉伯—以色列战争"[即第四次中东战争——译者注]以及随之而来的油价翻番,更是出乎所有人的意料。

简单说,石油输出国组织(OPEC)大幅抬高油价的直接表现是,原油价格从1971年的每桶3—4美元提高到了1973年12月23日的每桶11.65美元。这导致了两个直接后果:石油供应的恐慌和通胀水平大幅提高。由于石油是最重要的进口商品,而且有着广泛的用途,石油价格飙升影响巨大。要想避免这种通胀压力,政府必须做三件事中的某一件:减少进口、减少消费、找到替代能源。在短期内找到替代能源是不可能的。削减消费意味着进行某种形式的配给制或政府控制,而削减进口是行不通的,因为国内供给也无法在短期内提升。②

政府别无选择,只好制定了《紧急石油配给法》(Emergency Petroleum Allocation Act),这在全美国造成了恐慌性的抢购,让价格变得更高。美联储和国家为了应对这次供给冲击(supply shock),终于开始尝试同时紧缩货币和削减开支,由于原料成本上涨、利率提高,产量大幅滑坡。投资波动性随着经济不确定性而上升。投资在美国GDP中的比例从1973年的23.4%下降至1974年的20%,跌幅达到前所未有的13%。③

在这样一个不稳定且不稳定性不断升高的环境下,国会开始在既有

---

① 数据来自 Rockoff, *Drastic Measures*, p. 232。
② 它还产生了非常重要的长期影响,它使国内石油工业背离了民主党。石油工业认为,只有国内石油价格不受管制,国内供应才能增加。这导致人们指责石油工业在敲美国公众的竹杠。石油高管们被拉到国会山,民主党议员向他们宣读了暴动法案(riot act)。见 Vogel, *Fluctuating Fortunes*, pp. 124-129。
③ 基于 Penn World Tables USA/CI (investment share of GDP in current international prices) on the National Bureau of Economic Research server http://www.nber/pwt。

观念中寻找一种解释,以通过财政刺激解决经济滑坡。但是,由于经济衰退本身就是越来越严重的制度性不一致造成的,而且这些问题是在水门事件期间发生的,政策整体失灵的情况依然存在。尼克松辞职时,商品零售价格以年化44%的水平上升,失业率达到7.6%。这确实是一次危机,而国家无法对其作出诊断。

处理通胀失败、监管升级、和平时期进行价格管制以及波动的商品、货币、劳动力市场,合在一起不仅仅是让商业阶层遭受了效率方面的损失。这些政策——尤其是在共和党总统任内实行这些政策——违背了支撑美国嵌入式自由主义的核心观念。"增长术"或许也不是完美无缺的,或许也被视为对商业阶层利益的侵犯;但是这些观念的优点是,在设置宏观经济条件时,不干涉个体企业的微观决策。而薪酬和物价控制已经超出了这个范畴。约翰·加尔布雷思的警告似乎成了现实:"对有些商业阶层的人来说,凯恩斯主义的治疗方案跟它想要解决的经济萧条至少是一样有害的。"[1]

这些政策失败共同给商业阶层释放了一个信号,那就是国家的角色已经远远超出了20世纪四五十年代所设置的合理界限。因此,商业阶层要反对这些侵害自己基本权利的政策,想要推翻嵌入式自由主义秩序,代之以更满足其利益的制度,或至少是在如此高度不确定性的环境下,能够让商业阶层如此认为的制度。为此,商业阶层再一次投入观念政治之中。他们很幸运,虽然这段时期经济不确定性很高,但应对经济不确定性的观念却也不少。

让自由主义脱嵌的观念

货币主义

早在1956年,当米尔顿·弗里德曼重新论述已有数十年历史的货币数量理论(quantity theory of money)时,就宣告了对嵌入式自由主义观念的理论进攻正式开始。[2]弗里德曼认为,在均衡状态下,以货币形式持有的财富,其边际效用应该等于以其他任何形式(股票、房地产等)持

---

[1] John Kenneth Galbraith, *American Capitalism: The Concept of Countervailing Power* (Boston: Houghton Mifflin, 1956,), p. 81.

[2] Friedman, ed., *Studies in the Quantity Theory*, 各处。

有财富的边际效用。因此,如果货币供给量增加,那么消费者就会用它来交易其他资产,这些资产的价格就会上升,直到对货币的需求和供给重新实现平衡。这一分析构成了货币主义分析通胀的基础。

货币主义的第一个正式版本出现于 1959 年。① 弗里德曼所提出的观点是,"如果将货币供给量的增长率出现峰谷值的时机,与货币收入水平出现峰谷值的时机进行比较……峰值大约会有 16 个月的延迟,而谷值会有 20 个月的延迟"。② 由此,弗里德曼得出结论:货币存量的波动是美国商业周期的主要原因。

弗里德曼和安娜·舒瓦茨的著作《美国的货币史》所提供的数据,支持了这些发现;可以推测,在严重的萧条时期,货币供给量的减少是与货币收入水平无关的因素引起的——那就是目光短浅的联邦储备政策。③ 由此就有了政策处方,"货币是关键"这个口号,成了货币主义的信条;货币主义反转了嵌入式自由主义世界观中的货币与收入的因果关系——嵌入式自由主义认为,收入水平能够决定产量水平。④ 弗里德曼在 1968 年当选美国经济学会主席时发表的演讲,则拓展了这些观点,从而放大了对嵌入式自由主义的批评。⑤

弗里德曼在这里的论点是,如果出现货币扩张,商品价格会上升,货币工资也会上升,但由于工资基本上是固定成本,实际工资会按比例下降。此时,雇主希望扩大产量,因此失业率会下降。这与标准的凯恩斯理论是一致的。差别在于,这样的改善不可能在较长时期内持续。嵌入式自由主义观念认为,失业是需求不足的结果;与此不同,弗里德曼假定,失业是自愿的。对于以下说法——"边际生产的效用与边际就业的负效用相平衡时,就业量达到稳定",凯恩斯认为是不正确的,而弗里德曼又肯定了这种说法。⑥

---

① Milton Friedman, "The Demand for Money: Some Theoretical and Empirical Results," *Journal of Political Economy* 67 (4) (1959).
② Michael Bleaney, *The Rise and Fall of Keynesian Macroeconomics* (London: Macmillan, 1985), p. 135.
③ Milton Friedman and Anna Shwartz, *A Monetary History of the United States 1867-1969* (Princeton: Princeton University Press, 1963).
④ Bleaney, *Rise and Fall*, p. 175.
⑤ Reprinted as Milton Friedman, "The Role of Monetary Policy," *American Economic Review* 58(1) March (1968).
⑥ John Maynard Keynes, *The General Theory of Employment, Interest and Money* (New York: Harcourt Brace and World, 1936), p. 6.

根据这种古典主义的再诠释,失业率短期内下跌是因为有更多的工人希望获得看上去更高的薪酬。当然,上升的是货币工资,而不是实际工资,新受雇的工人要么合力提高价格,使实际工资与货币工资水平相配适,要么就退出雇佣关系。弗里德曼的理论影响很大,因为它挑战了战后经济学理论所依赖的核心观念之一——菲利普斯曲线。① 弗里德曼的分析指出,菲利普斯曲线实际上提供给决策者的不是失业率和通胀之间稳定的此消彼长关系,而仅仅说明了劳动力的供给曲线。

"自然失业率"(natural rate of unemployment)这一观念对于弗里德曼批判嵌入式自由主义世界观中的因果分析至关重要。如上文所说,如果政府提供了财政刺激,工人会认为实际工资有所增长,随后发现事实并非如此。工人因而将退出雇佣关系,失业率会下跌到"自然率",而实际变量就长期而言不会发生变化。② 之所以如此,是因为国家只能在欺骗私有部门能动者的情况下,成功降低短期内的失业率。因此,一旦工人意识到实际工资并没有增长,就业率就会迅速下降;但重点在于,价格水平并不会下降,因为工人已经以目前的通胀水平来调整对未来的预期了。③

由于国家无法长期地降低失业率,如果国家未来还要尝试降低失业率的话,将只能在短期内再取得一次成功。然而此时,支配市场能动者的常规预期已经变化,以至于这些能动者是基于更高的通胀预期采取行动的。一旦劳动力市场的均衡在失业率短暂下降后重新回到自然失业率,预期将再次调整,通胀率将继续上升。随着国家在失业和通胀之间寻求权衡变得越来越不可靠,而通胀率则越来越高,从长远来看,国家将别无选择,只能放弃尝试控制市场结果。

弗里德曼的思想否定了嵌入式自由主义的核心观念。正如麦克·布利尼所指出的,在对经济的理解中,"关于缺乏有效需求的观念已经消

---

① A. W. Phillips. "The Relation between Unemployment and the Rate of Change of Money Wages in the United Kingdom, 1861—1957," *Economica* 25 (100) November (1958).
② 自然率的定义是与市场基本面一致的就业水平。
③ 这一假设基于一个预设,即能动者的预期是调整的,而不仅仅是对过去观测值加权函数的静态加总。见 Friedman, "The Role of Monetary Policy,"; Edmund S. Phelps, "Money Wage Dynamics and Labor-market Equilibrium," in Edmund S. Phelps, ed., *Microeconomic Foundations of Employment and Inflation Theory* (New York: W. W. Norton, 1970). 尽管弗里德曼1968年的演讲强调了调整性预期的作用,但是理性预期理论却指责这一概念是凯恩斯主义理论的基本缺陷。货币主义对这一概念的使用却似乎被无视了。

失了……我们又回到了完全古典主义的世界,在那里……充分就业会自动出现"①。然而,正如嵌入式自由主义背后的观念并非一成不变,而是不断补充的那样,货币主义理论的关键洞见——相信长期的自我均衡、适应性预期、政府的影响有害甚至武断——也被其他理论家采纳并加以扩充。这些补充理论包括理性预期理论、供给侧理论、公共选择理论。

理性预期论

货币主义从20世纪50年代起一直埋伏在侧翼,等待进攻嵌入式自由主义,只是由于五六十年代稳定的制度条件,一直缺乏机会。但是除了货币主义对通胀的批判,让嵌入式自由主义经济学观念失去正当性的还有一场被称为"微观基础批判"(microfoundations critique)的学术批判。这一批判认为,集合体行为(例如收入和投资)的原因解释必须基于可靠的个体行为的原因解释。更明确地说,可信的理论必须得到基于新古典经济学主要预设的模型的支持——个体是自利的、谋求利益最大化的,而市场是透明的。②

这一批评衍生出对支撑嵌入式自由主义观念的预设的攻击,因为这些预设将集合体视为独立的存在。③明尼阿波利斯联邦储备银行的前主席马克·H.威尔斯断言:"由于集体结果只是个体决策的综合,集体性的关系不应当作为独立的存在,但凯恩斯主义方法是将其作为独立存在的。"④将这些集合体视为实在,被视为一种错误,因为这将提供"对政策成功的武断的测量……而对个体福利则不置一词"⑤。一旦货币主义的

---

① Bleaney, *Rise and Fall*, p. 140. 布利尼在这里接着说:"但这不是论证出来的,只是一种预设。"当然,这种方法是有其哲学依据的,即理论的预设可以完全脱离现实,只要其预测正确即可。但是,这会引起预测究竟是否准确的问题。弗里德曼的原始论述,见 Milton Friedman, *Essays in Positive Economics* (Chicago: University of Chicago Press, 1953), pp. 17-53。

② 对"微观基础批判"重要性的出色讨论,见 Nick Bosanquet, *Economics: After the New Right* (The Hague: Kluwer-Nijhoff Publishing, 1982)。关于经济学中对微观基础的一般性讨论,见 Maarten C. W. Jansen, "What Is This Thing Called Microfoundations?" *History of Political Economy* 23 (4) (1991)。

③ 这个批评是很奇怪的,因为前面讲到,弗里德曼风格的预设可以没有现实性,这是新古典经济学的一大支柱。见 Friedman, "The Methodology of Economics"。

④ Mark H. Willes, "Rational Expectations as a Counterrevolution," in Daniel Bell and Irving Kristol, eds., *The Crisis in Economic Theory* (New York: Basic Books, 1981), p. 89, author's italics.

⑤ 同上。

挑战打开了概念之门,理性预期论就操起对嵌入式自由主义观念的批判,将他们的新洞见与货币主义相融合。其效果在初期是如此之成功,以至于嵌入式自由主义观念似乎被彻底打倒了。①

理性预期论不同意凯恩斯主义中关于预期作用的论述。这些模型通常将通胀预期作为过去均值的加权函数,通常是调整通胀水平后的价格水平的时间序列模型。这种观点的问题在于,它否认了人们可以根据其他变量的变化迅速调整他们的预期。②这种模型预设,"人们对经济体系没有任何了解,也没有察觉到(假设的)变量之间存在任何相关性"③。因此,理性预期论认为,凯恩斯模型中所描述的能动者,必须在某种意义上一直被"愚弄",干预才能发挥作用。

弗里德曼的格言说:"重要的只有意外"(only surprises matter),而这些新观念走得更远。理性预期论对微观基础的关注及其新古典主义的预设,都认为能动者不可能一直受愚弄,因为"如果像大部分经济学家认同的那样,经济能动者能作出最优选择,那么他们不可能是非理性的。非理性会增加不必要的成本——比有效利用可用的信息要更贵"④。基于这一观察,可以判断"经济能动者充分理解经济的真实结构——也就是主导着经济的计量模型的方程形式和系数大小,并充分利用这些信息来形成自己的预期"⑤。这一论断直接挑战了嵌入式自由主义中国家的角色,因为这一预设的必然推论是,政府并不会比街上的路人具有更多的信息。因此,如果干预政策只在意外情况下重要的话,那么其实意外是不可能存在的。理性的、作出最优选择的能动者会立即否决政府所提出的任何干预策略。

---

① 这一部分文献中重要的有 John Muth, "Rational Expectations and the Theory of Price Movements," *Econometrica* 29 (3) July (1961); Robert E. Lucas, Jr., "Expectations and the Neutrality of Money," *Journal of Economic Theory* 4 (2) April (1972); Thomas J. Sargent, "Rational Expectations, the Real Rate of Interest, and the Natural Rate of Unemployment," Brookings Papers on *Economic Activity* 2, (1973); Thomas J. Sargent and Neil Wallace, "Rational Expectations, the Optimal Monetary Instrument, and the Optimal Money Supply Rule," *Journal of Political Economy* 83 (2) April (1975).
② 威尔斯尖刻地指出:"适应性预期经济中所想象的经济能动者,即使华盛顿将货币供应量增加一倍、取消所得税、任命霍梅尼为最高法院法官,他们也会预期经济基本不发生变化。" Willes, "Rational Expectations," p. 86.
③ Bleaney, *Rise and Fall*, p. 142.
④ Willes, "Rational Expectations," p. 86.
⑤ Bleaney, *Rise and Fall*, p. 143.

这个结论引出了所谓的"政策无关论"。简单说,如果政府对特定行为作出承诺,比如充分就业,而且它过去就曾表达过这一偏好,那么实现这一目标的任何刺激都会被当前私有部门的能动者所否决。理解正确模型的能动者应该能够计算出工资和价格的名义幅度,从而抵消扩张性政策对实际变量的影响。如果政府试图做一些前所未有的事情——或者更普遍地说,一些预期之外的事情——那么情况将更加糟糕。正如约翰·N.史密思指出的那样:"往好了说,一个系统性的、活跃的政府无济于事;往坏了说,一项没有系统性的政策还能对经济周期产生一点实际影响。"[1] 这些关于国家有害的论断,直接违背了支撑嵌入式自由主义的观念;对理论和政策而言,其结果具有极大破坏力。政府干预不仅充其量是对时间和金钱的浪费,更可能是纯粹的危险。这种观点认为,就其本质而言,政府只能干扰经济的运作;政府行为本身就会引起经济衰退和萧条。[2] 经济本身不会,事实上也不可能,产生长期衰退。政府不是解决方案的一部分。政府才是问题所在。

这些观念不仅为国家所面对的危机提供了极其不同的诊断方式,而且还为摆脱棘手的政治僵局提供了一种有吸引力的解决方案。例如,如果政府政策引发了通胀,传统的货币理论会主张通缩,这不仅在选举上不受欢迎,而且社会成本很高。而理性预期论却提供了一条几乎零成本实现通缩的方法。如果接受了人有理性预期,那么国家需要做的事情——以及应当限定自己做的事情——就是颁布货币紧缩政策,并保证这一政策有公信力;那么能动者的预期将会迅速调整,并没有痛苦地产生通缩,而不需要付出原来预计的短期调整成本。这一政策配合货币主义理论所主张的、在保证公信力前提下缓慢增长货币供应量的政策,就可以确保经济稳定和预期的确定性,因为国家将不再试图愚弄私有部门经济能动者。一旦接受这种观念——20世纪七八十年代越来越多的政策制定者和大部分经济学者正是如此——那么,嵌入式自由主义观念所主张的,国家在经济中发挥积极的、稳定性作用,就显得完全多余了。

---

[1] John N. Smithin, *Macroeconomics after Thatcher and Reagan: The Conservative Policy Revolution in Retrospect* (Brookfield, VT: Edward Elgar, 1990), p. 18.

[2] 稍稍跳到后文,可以看出这一论述与弗里德曼对于大萧条的论述和公共选择理论对通胀的解释是一致的。

供给侧理论和公共选择理论

虽然通胀问题已经引发了商业阶层对嵌入式自由主义观念的信心危机,但真正让商业阶层集结起来形成"新十字军"的是税制。在新的经济学观念中,供给侧理论将通胀与税收联系了起来。① 供给侧的观念简单、有诱惑力,这一观念为另一个古典理论回魂,那就是萨伊定律——供给创造自己的需求,这一论断构成了分析的核心。供给侧理论预设,因为供给能创造需求,所以普遍性的需求不足是不可能出现的,因而市场必定天然地以均衡价格结算。因此,税率对个人关于就业、休息、投资等的决策的影响要超过其他因素。是故,"如果小幅增税能够对经济造成巨大影响,那么减税也可以相应产生巨大的正面效应"②。

供给侧理论的核心观念是,劳动供给曲线对价格变化极其敏感。如果让人们少交税,那么基于货币主义关于自愿失业的预设,劳动力供给会增加,不仅如此,投资和产出都会增加,从而形成良性循环。这样的政策明显会导致财政赤字不断增加,因为减税预示着财政收入下降。然而,供应方对这一担忧的回答是,因为收入、投资、产量都会增加,良性循环就可以提高储蓄,暂时的赤字就可以得到资金补充。事实上,阿瑟·拉弗(Arthur Laffer)甚至在著名的"拉弗曲线"中提出,这种激励效应是如此之大,以至于减税本身就会增加收入,并实现足以弥补赤字的纳税收入。③

供给侧理论变得如此重要,原因之一在于这一理论与货币主义和理性期望论主张相同的政策,并且还有一个额外的好处,即将减税合理化。按照"涓滴经济学"(trickle-down economics["涓滴"的含义是,对富人减

---

① 在这篇文献中,必须区分由经济记者和阿瑟·拉弗等"非传统"经济学家所鼓吹的供给侧理论,与主张以微观经济政策降低自然失业率的更为正统的学术论调的供给侧理论,如马丁·费尔德斯坦(Martin Feldstein)和迈克尔·博斯金(Michael Boskin)的工作。有人认为,前一种理论是"奇葩"(crank)的想法,与后一种思想没有什么关系。然而,正是拉弗等人的"民粹主义"和"减税"论调为代表的这种供给侧理论,对政策话语和实践产生了巨大的影响。这一成就更引人注目,因为尽管这些理论采纳了货币主义学说,但在很大程度上是正统经济学界所避而不谈的。见 Paul Krugman, *Peddling Prosperity: Economic Sense and Nonsense in the Age of Diminished* Expectations (New York: W. W. Norton and Company, 1994), pp. 82-103(《兜售繁荣》,中信出版社 2012 年)。"奇葩"这个词是克鲁格曼用的。
② 同上, p. 94。
③ 拉弗及拉弗曲线的讨论见第六章。

税带来的好处会向下渗透到其他阶层——译者注])的逻辑,对高收入纳税人的减税尤其具有合理性。这样一来,供给侧的观念将担忧通胀侵蚀金融资产与为这些资产的持有人减税相挂钩,正面阻截了嵌入式自由主义的观念,即再分配是好经济政策。因此,根据供给侧的观念,国家主导的再分配只会对经济不利,因为再分配对劳动力供给和投资有害。相反,供给侧理论认为,稳定的货币政策,加上对最富裕阶层的大幅减税,将产生更健康的经济。[1] 供给侧理论将重点从宏观转向微观,公共选择理论也是如此。

正如供给侧理论聚焦于微观经济学,预示了支撑嵌入式自由主义的再分配观念的结局,公共选择理论也从微观层面出发,批判了商业阶层的主要敌人:国家本身。

在嵌入式自由主义达到顶峰的过程中,公共选择理论也将其概念、模型、结论带进公共话语之中,例如"政治的商业周期"(political business cycle)和"寻租"等。公共选择理论认为,通胀并不是因为需求不足,也不是因为"货币意外"(monetary surprise[指货币政策公告引发利率期货价格变化——译者注])或精神"紊乱",也不像其他新观念认为的那样,是因为不适宜的微观经济刺激。相反,通胀是政府行为的有意后果,尤其是民主政府。[2] 根据公共选择理论,民主政府特别倾向于产生通胀。[3] 这是因为民主政府在选举中被要求向选民提供福祉(goods)。如果他们不提供这些福祉——例如,高水平的财富转移和高

---

[1] 一些代表性的供给侧作品,见 Robert L. Bartley, *The Seven Vat Years and How to Do It Again* (New York: Free Press, 1992); Paul Craig Roberts, *The Supply-Side Revolution: An Insider's Account of Policymaking in Washington* (Cambridge: Harvard University Press, 1984); Jude Wanninski, *The Way the World Works: How Economies Fail- and Succeed* (New York: Basic Books, 1978)。

[2] 我对这一学派的解释比传统上公认的要广泛一点。除了弗吉尼亚学派及其追随者的观点,我在这里也吸纳了成本推动的凯恩斯主义者,如尼古拉斯·卡尔多(Nicholas Kaldor)和塞缪尔·布里坦(Samuel Brittan)的观点。

[3] 这一文献的经典作品:William D. Nordhaus, "The Political Business Cycle," *Review of Economic Studies* 42 (2) April (1975); C. Duncan MacRae, "A Political Model of the Business Cycle," *Journal of Political Economy* 85 (2) April (1977); Assar Lindbeck, "Stabilization Policy in Open Economies with Endogenous Politicians," *American Economic Review* 66 (2) May (1976); Samuel Brittan, "The Economic Contradictions of Democracy," *British Journal of Political Science* 5, April (1975); James M. Buchanan and Richard E. Wagner, *Democracy in Deficit: The Political Legacy of Lord Keynes* (New York: Academic Press, 1977)。

就业率——那么政府就会被选下台。因此,预设政治家与市场行动者是类似的,并且努力将选票最大化的话,那么通胀就是政府为了选举周期与商业周期互相咬合的必然后果。

公共选择理论的观念认为,政府在想要连任时就开始高水平的财政开支,当选之后就通过财政紧缩来稳定经济,然后就重新开始通胀以愚弄经济能动者,使之相信"好时候"又来了,以将自己重新连任的机会最大化。可是,由于这类模型以货币主义的通胀理论为基础,国家不能简单地根据短期菲利普斯曲线中的几个点,以固定的方式在失业和通胀之间进行权衡。相反,一旦国家提振经济,就像弗里德曼说的那样,预期会相应调整,经济就会转向新的、更高的均衡通胀率。政府由于政治原因不能维持这一新的通胀率,因此就实施通缩政策,将失业率拉回到自然失业率。遗憾的是,这么做并不能解决通胀问题,因为预期已经调整到了新的、更高的通胀率上;随着新的选举又要到来,国家重新开始鼓励通胀,经济周期因而延续,这使得通胀继续增长,经济变得不稳定,这都是选举政治的后果。①

建构通胀性危机

有两个因素使这四套观念联合起来反对嵌入式自由主义的观念和制度。首先,这些观念都相信通胀对总体福利的威胁比失业更高。其次,这些观念都认为失业和通胀等现象是由于国家对经济进行干预造成的,而经济在自然状态下本来是自我平衡的。如果市场被视为天然自我平衡的,那么任何就业率水平都必须符合自然就业率。因此,除了"让市场保持透明",其他就业政策都可以不要。然而,通胀无法用这种自由放任的方案来解决,政府必须采取坚定的行动。

通胀在这种分析中被特别对待,因为通胀不仅被视为对现代工业经济稳定的最大威胁,而且从个人储蓄到社会本身,在某种意义上通胀都被视为具有彻底的破坏力。这种说法合乎常识,政治家们总是敏锐地意

---

① 公共选择理论家在70年代扩大了这些观点的范围,以研究政治家如何最大化选票,因而会优先考虑连任而不是总体福利。官僚们从他们的选民那里赚取"租",并且通常产生非最优的市场结果。公共选择理论的观点特别重要的地方,是关于放松管制的论点,以及将福利国家的增长与瑞典的缓慢增长论联系起来。我们将在后文中讨论这些内容。

识到，可感知的货币贬值可能会招致选举中的失败。① 然而，在 20 世纪 70 年代关于通胀的讨论中值得注意的是，通胀是如何成为头号公敌的，以及一种特定的、将通胀视为 70 年代主要"危机"的理论是如何占据主导性的。70 年代的通胀"危机"并不是不言自明的"事实"。相反，当时的情况是不确定性占据主导地位，"事实"需要一种理论。这种理论就是将货币主义、理性预期论、供给侧理论、公共选择理论诸观念加以综合的理论。

正如马修·沃森所指出的，每 10 年左右，经济学就会发展出一种新的通胀理论。② 每一种理论都是采取了适用一切时空的普遍理论的形式。但是，既然每个普遍理论都在大约 10 年的时间里被推翻，人们不得不质疑这个理论是不是真的普遍。如果通胀的原因及其诊断是变化的，那么一套理论作为放之四海皆准的原理来诊断所有通胀的看法就难以为继了。更重要的是，这种看法使我们看到，特定理论成为主导性的解读，正是因为他们将当下的不确定转化为超越历史的、适用于科学普遍性的事实。这些观念之下成为可能的通胀论述，不论就其对此前通胀的理解而言，还是就其所描述的世界而言，都是颇为激进的。③ 只有强调这些观念，而不是强调通胀这一事实本身，才能凸显出这些观念攻击嵌入式自由主义的重要性。要不是这些观念，仅仅是战时融资处理不当和意外的供给冲击的、并不严重的经济下滑，又如何能建构成一次这样的经济灾难？

那么，根据这些理论，通货膨胀的成本是什么？正如布莱恩·巴里所说："福利经济学的正统解读，以任何方式都很难将通货膨胀带来的福

---

① 英国前首相哈罗德·威尔逊（Harold Wilson）在 1964—1966 年期间出于选举的考虑，希望避免英镑贬值。贬值的实际经济效果是减轻国际收支的压力，并提高出口竞争力。然而，威尔逊担心人们会感到他在降低英镑的实际价值。因此，当威尔逊无法再阻止贬值时，他登上电视，不厌其烦地解释说："你口袋里的英镑明天会和今天一样值钱。"引用这个例子是为了说明，不论公众相信货币贬值是真实的、符合事实的、合乎逻辑的、不理性的，还是相反，不相信这些，政治家们都应该引起注意。这就是为什么定义通胀的含义和解释怎样构成"危机"对我们的讨论如此关键。

② Matthew Watson, "The Institutional Paradoxes of Monetary Orthodoxy: Reflections on the Political Economy of Central Bank Independence," *Review of International Political Economy* 9 (2) Summer (2002).

③ 在 60 年代，国际收支不平衡是通胀的假定来源。在 70 年代，技术过时、增长的社会限制、货币供应过剩、政府开支过大都成了罪魁祸首。到了 80 年代，劳动力市场的僵化是问题所在，而到了 90 年代，金融市场缺乏信用又成了最主要的原因。通货膨胀似乎实际上指很多东西。见 Watson, "Institutional Paradoxes," 各处。

利损失,从经常随意地归因于它的损失中区分出来。"①最近一项关于通胀的研究指出:"通胀——甚至通胀率高达每年20%的通胀——极难找到其成本。"②事实上,那些以研究通胀危险性著称的宏观经济学家,在试图找到这种成本时也不得不得出结论:"对于低于每年20%的通胀率……增长和通胀之间的关系没有统计学上的显著性。"③尽管如此,通胀带来真正的、可感知的经济成本的论点,乃是这些观念的集结号,并进而成为现代经济思想和实践的图腾。然而,这种理解远不是显而易见或无可争议的。

仍然如巴里所说,"通胀'几乎不对任何人有好处'这种说法是极不可能的。只要通胀完全是再分配性的,那么就会有赢家和输家……试图降低通胀所造成的实际工资和就业岗位的损失……必须与[通胀]所造成的福利损失相对照"④。另外,如果通胀持续升高,但没有达到恶性通胀的程度,通胀可以被纳入允许调整预期的指标框架中,既能帮助稳定核心利率,又能保持货币的实际价值。人们想到通胀的时候,他们的脑海中似乎就出现了恶性通胀的情况。但是,认为任何水平的通胀都会持续上涨成为恶性通胀,这是没有任何理论依据的。简言之,没有任何理由认为,通胀率是呈指数增长的,预设经济能动者具有理性期望时尤其如此。⑤

另一个经常被提到的反对意见是通胀对借方更有利,对贷方更不利。确实如此,这或许可以解释为什么人们如此害怕通胀。通胀起到了向债权人征收再分配税的作用。股价停滞,国债上涨,因为国债持有者要求涨价以对抗通胀的效应。由于通胀侵蚀了折旧津贴和股票收益率,投资受到打击。为了应对通胀,投资者从金融资产中转移出来,转而投

---

① Brian Barry, "Does Democracy Cause Inflation? Political Ideas of Some Economists?" in Leon N. Lindberg and Charles S. Maier, eds., *The Politics of Inflation and Economic Stagnation: Theoretical Approaches and International Case Studies* (Washington: Brookings Institution, 1985), p. 282.
② Jonathan Kirshner, "Inflation: Paper Dragon or Trojan Horse," *Review of International Political Economy* 6 (4) (1999), p. 613.
③ Robert Barro, "Inflation and Economic Growth," *Bank of England Quarterly Bulletin* 35 (2) (1995), p. 12.
④ Barry, "Political Ideas," p. 294.
⑤ 这是阿尔贝托·阿莱西纳将理性预期理论纳入商业周期论,重新论述这一理论的原因之一。见 Alberto Alesina, *Partisan Politics, Divided Government, and the Economy* (Cambridge: Cambridge University Press, 1995).

资房地产等实物资产,因为在这些资产中,需要偿还的债务会随着时间的推移而减少。简而言之,通货膨胀是针对特定阶级的税。那些贷出钱的人备受煎熬,而那些有债务的人,相对而言则意气风发。鉴于控制通胀的好处(恢复债务的价值)是具体的,而控制通胀的代价(失业和经济衰退)是分散的,企业(特别是金融部门)对通胀的反应或许最好被理解为投资者阶层的反抗——反抗其所认为的嵌入式自由主义的长期后果。[1] 考虑到这一点,支持这些关于通胀的新观念的人所描绘的灾难场景,就有了更深的意义。

例如,公共选择理论家詹姆斯·M.布坎南和理查德·E.瓦格纳认为:"通胀摧毁预期,产生不确定性;通胀能加剧不公正的感受,产生疏离感。通胀所引发的那些行为,说明通胀缩短了人们对时间的感受。'及时行乐吧!'……成了理性的反应……昨天所做的计划在今天看来愚不可及。"[2] 类似地,弗里德曼指出,在通胀条件下,"审慎的行为变成了鲁莽,而'鲁莽'行为变成了'审慎'。社会两极分化;一群人与另一群人相斗争,政治不安定性上升。任何政府的治理能力都会在这一时期下降,而迫使其采取强有力措施的压力会上升"[3]。

将通胀建构为覆盖各领域的社会危机,这一社会危机只有以这些新观念的方式才是可以解释和解决的;这些观念完美地符合我们在第二章中的观点,即发展和应用对一个特定危机的主导性解读,是降低不确定性和促进制度改革的前提。通胀确实是一个问题,但是将维持通胀视为

---

[1] 支持这一观点,请看 Adam Posen, "Why Central Bank Independence Does Not Cause Low Inflation: There Is No Institutional Fix for Politics," in Richard O'Brien, ed., *Finance and the International Economy*, Vol 7 (New York: Oxford University Press, 1993); Idem., "Declarations Are Not Enough: Financial Sector Sources of Central Bank Independence," *National Bureau of Economic Research Macroeconomics Annual* (10) (1995).

[2] Buchanan and Wagner, Democracy in Deficit, quoted in Barry, "Political Ideas," p. 284.

[3] Milton Friedman, "Inflation and Unemployment: The New Dimensions of Politics," in Milton Friedman, *Monetarist Economics* (London: Institute of Economic Affairs, 1991), p. 105. 考虑到经合组织前八名经济体的年平均通胀率为8.8%,这种对70年代的世界末日的看法似乎相当夸张。正如巴里所指出的:"学院经济学家如此轻易地接受这种诊断,反映了实证经济学的一种倾向,即把社会领域划分为两部分:一个是演绎方法可以奏效的部分,另一个是……可以不受控制地进行投机的部分。"巴里继续说:"如果人们要在社会文化的变迁与通胀之间坚持某种联系,那可能要把因果箭头反过来,即通胀起到了保护作用,不适宜的需求所产生的影响由于通胀而模糊了。"Barry, "Political Ideas," pp. 285, 288.

某种"邪恶"并认为其"有百害无一利",这明显是为了激发反通胀行动的价值判断。通胀并非确定的经验实在,而是经过加工的社会性事实,是对人们正在接受何种通胀的准确的(或毋宁说,模糊的)理解。① 从这一层面而言,控制通胀的定义本质上说是一种政治。公众对通胀的反应,无非是公众对任何危机的条件反射式的反应。正如我们在嵌入式自由主义的建构过程中看到的那样,任何危机都必须被诊断、被应用、被辩论,直至从制度上被解决。这正是这些观念拥有权力的原因——这是改变看待世界方式的权力,定义应当看什么的权力,由此建构与这些观念相一致的新传统的权力。

给予这些论断以科学地位,使得这些论述价值中立并因而富于权威性。② 很多说法以前是单纯的保守主义论述——比如哈耶克认为政府强度直接决定奴役程度——现在由这些新观念赋予了社会科学的资格,而这种资格又强化了这些观念的威望和权力。③ 正如保罗·克鲁格曼所说:"……货币主义的主张,一个重要的部分是它似乎肯定了保守主义的偏见,那就是政府的活跃是一件坏事。毫无疑问,许多保守派思想家通常厌恶货币主义的粗糙及其散发的知识上的不诚实气息,但却因为它符合自己的政治哲学而不自觉地忽略了它的缺陷。同样,许多思想家会反感理性预期论下的商业周期理论的近乎愚蠢的不切实际,但由于其强大的保守主义影响,他们倾向于忽略其缺陷。"④

然而,对经济学观念转变政治的效果,这种看法可能仍然过于乐观。正如第二章所说,这些观念并不是将既有利益勾连起来。嵌入式自由主义和新自由主义的观念,都不仅仅是为既有利益提供正当性。相反,他

---

① 特别是民意调查考察公众所感知的通胀时,对于通胀到底是什么总是有许多的困惑,这完全不能支持理性的存在,或哪怕是某种含糊的一致性预期的存在。见 Ben Bernanke, Thomas Laubach, Frederic Mishkin, and Adam Posen, *Inflation Targeting: Lessons from the International Experience* (Princeton: Princeton University Press, 1999), p. 17.
② 弗里德曼认为:"意识形态战争已经在这些议题中肆虐,然而经济理论中发生的剧烈变化并不是由不同的政治信仰或目标造成的。它完全是由事件的力量引起的。"然而,他也坦率地承认:"我自己的政策立场无疑受制于价值判断和科学判断之间的联系。当然,我所赞成的货币政策……与我尽可能地限制政府的偏好是尽可能一致的。"Milton Friedman, "Inflation and Unemployment," p. 110.
③ 见 Friedrich A. Hayek, *The Road to Serfdom* (London: Macmillan, 1944)作为本论题的经典陈述以及 Albert O. Hirschman, *The Rhetoric of Reaction* (Princeton: Princeton University Press, 1993)作为经典反驳。
④ Krugman, *Peddling Prosperity*, pp. 52-53.

们在相当一部分人口中创造出利益,这些利益经过宣扬形成制度,其效应可以在更大时空内延续下去。①建立嵌入式自由主义的观念和打破嵌入式自由主义的观念都想要完成这件事。我们接下来要考察这在美国和瑞典分别是如何实现的。

---

① 只要想想当下独立央行的趋势,就足以证明这些观念正在不断成为制度。

第六章
让美国的自由主义脱嵌

强筋健骨：美国商业阶层的再动员

上一章论述了20世纪60年代末70年代初的政策和实践，这些政策和实践在美国商业阶层之间制造了一种新的不确定感。通胀压力、监管措施、不怀好意的税法、全面失灵的政策，共同使商业阶层相信，他们已经在自己设计的经济管理体制中陷入重围。在"国会、消费者、蓝领们雪崩般的批评中……高管们越来越意识到，在联邦层面他们需要以更高超的技巧进行谈判"①。为了促进这一点，美国商业阶层既强化了一些既有的商业制度，也发展了自我保护的新制度。

例如，1972年，全国制造商协会将总部迁至华盛顿特区，并立即调整其传统的教条式的反改革立场，进行游说和法律研究，并与美国商会展开更密切的合作。②美国商会在70年代全面复兴，旗下会员企业从1972年的约6万家，发展到1982年的25.7万家。由于会员数量翻了

---

① Kim McQuaid, "The Roundtable: Getting Results in Washington," *Harvard Business Review* 59 (3) May-June (1981), p. 115; Idem., "Big Business and Government Policy in Post New Deal America," *Antitrust Law and Economics Review* (2) 4 (1979); Sar A. Levitan and Martha R. Cooper, *Business Lobbies: The Public Good and the Bottom Line* (Baltimore: John Hopkins University Press, 1984), pp. 34-40.
② 全国制造商协会的主要目标之一就是通过该协会的一个分支机构——无工会环境理事会（Council for a Union Free Environment）——进行研究和发展舆论，该组织委托研究，并积极在雇主中为推动"开放车间"（open-shop）而活动。

两番,加上会费是与企业收入成正比的浮动标准,美国商会每年的预算达到了 8000 万美元。① 美国商会进行了内部改革,将活动集中到三个主要领域。首先,美国商会发动了一场大规模的公共关系运动,以改变公众对商业阶层的负面印象。其次,公益律所在职业安全与健康署和环境保护局建立之后提起了集体诉讼,为作出应对,美国商会成立了全国商会诉讼中心(National Chamber Litigation Center),以回击社会活动家和各州新的监管机构提起的诉讼。② 最后,美国商会改变了自己专注于国会游说的做法,几乎将注意力完全集中于基层鼓动。③

这一时期出现了一个新的重要商业组织——由商业委员会(Business Council)改组而来的"商业圆桌会议"(Business Roundtable)。④ 20 世纪 70 年代中期,商业圆桌会议在很大程度上接过了商业委员会的衣钵,成为最重要的商业游说机构。⑤ 尽管商业圆桌会议的行政预算不多,但这并不说明该组织资源有限。正如马克·格林和安德鲁·布施鲍姆所言:"1978 年'商业圆桌会议'的成员公司控制了 1.263 万亿美元的资产,创造了 1.265 万亿美元的收入;他们的总收入

---

① 数据来自 Levitan and Cooper, *Business Lobbies*, p. 19。托马斯·伯恩·埃兹尔给出的数字是,美国商会在 1983 年有 21.5 万会员,预算是 6500 万美元。见 Thomas Byrne Edsall, *The New Politics of Inequality* (New York: W. W. Norton and Company, 1984), p. 123。

② Levitan and Cooper, *Business Lobbies*, p. 21。

③ 1974 年的国会改革从各委员会现任主席和资深参议员手中夺走了权力;利用这一契机,美国商会开始更关注基层动员;其假设是,由于现在国会的权力更加分散,在选区一级的直接影响力能够取得更高的回报。到 1980 年,美国商会已经在各选区内建立了 2700 余个国会行动委员会(Congressional Action Committees)。这些制度重建是如此成功,以至于"在一个星期内,[美国商会]可以就某项法案对每个议员所在选区的影响进行研究,并通过其地方分支机构及时就有关问题组织起'草根运动',以影响投票结果"。见 Michael Pertschuk, *The Revolt against Regulation* (Berkeley: University of California Press, 1982), pp. 70-71。

④ 60 年代,商业咨议会改组为商业委员会,最终又为商业圆桌会议所取代。但经济发展委员会却没有发生过这样的改组。经济发展委员会的重要性在 1968 年之后减弱了,因为它被认为在劳工问题上太软弱,而且民主党色彩太浓烈。一旦观念形成的中心开始从那些与国家有紧密联系的组织,转移到国家之外的组织,经济发展委员会就被边缘化了。此外,经济发展委员会作出过正式承诺,不进行游说,而只是进行实质性的研究,较之其他更积极进取的组织,该委员会在制度上将自己置于不利地位。见 Cathie Jo Martin, "Business and the New Economic Activism: The Growth of Corporate Lobbies in the Sixties," *Polity* 28 (1) Fall (1994)。

⑤ 1979 年预算总计 240 万美元。Mark Green and Andrew Buschbaum, *The Corporate Lobbies: Political Profiles of the Business Roundtable and the Chamber of Commerce* (New York: Public Citizen, 1980), p. 68。

相当于美国国民生产总值(GNP)的一半。如果'商业圆桌会议'是一个国家,其国民生产总值将仅次于美国。"[1]由于有这样的资源,"圆桌会议"中一个公司在政治广告和公共关系上的支出,就可以让包括国家在内的所有其他行动者自惭形秽。事实上,戴维·沃格尔估计,1978年之前,"圆桌会议"的会员企业"为调动他们的[政治]资源每年花费8.5亿至9亿美元"。[2]

然而,能真正拥有这一庞大资源的前提,是有一个如何使用这些资源的策略,这本身就取决于商业阶层最开始时为什么认为自己受到了攻击。为了回答这个问题,商业阶层的"结论是,[它]变得不受欢迎的原因是,公众接受了一种对其经济和社会表现的扭曲的看法。具体而言,负责生产观念的机构——媒体和大学——由其批评者所控制。因此,商业阶层必须学会如何在观念的市场上进行更有力的竞争"[3]。

企业占领民主

1971年,国会颁布了《改革竞选财务法》(Campaign Finance Reform Act)。该法案试图通过限制企业、工会和私人捐款,提高选举筹资过程的透明度。然而,也有例外情况。企业和工会有权分别向股东和工会成员告知其倾向;此外,对于为登记和投票所做动员相关的费用,允许为其提供便利。然而,最重要的例外条款是允许"为公司或劳工组织用于政治目的而设立的、单独的、专门的基金募集捐款"——即建立"政治行动委员会"(political action committee)。[4]

这些例外条款背后的逻辑,是将商业阶层和劳工阶层放在一个公平的竞争环境中。然而,太阳石油公司(Sun Oil)[美国最大的独立炼油公司,1998年更名为Sunoco——译者注]挑战了第三种例外情况,这种做

---

[1] Green and Buschbaum, *The Corporate Lobbies*, p. 68.
[2] David Vogel, quoted in Kim McQuaid, *Uneasy Partners: Big Business in American Politics 1945—1990* (Baltimore: Johns Hopkins University Press, 1994), p. 154.
[3] David Vogel, *Fluctuating Fortunes: The Political Power of Business in America* (New York: Basic Books, 1989), p. 214.
[4] Dan Clawson, Alan Neustadtl, and Denise Scott, *Money Talks: Corporate PACs and Political Influence* (New York: Basic Books, 1992), p. 30. 另见 Theodore J. Eismeier and Philip H. Pollock III, *Business, Money, and the Rise of Corporate PACs in American Elections* (New York: Quorum Books, 1988).

法至少在短期内使竞争环境大大有利于商业阶层。太阳石油公司认为，该法并不禁止商业阶层和劳工阶层从任何人那里为该基金募集资金，而不仅仅是股东或工会成员；该法也不限制一个公司所能建立的政治行动委员会的数量。因此，尽管该法将个人向政治行动委员会的捐款限定在5000美元，但由于政治行动委员会的数量可以指数级增加，因此该法实际上取消了对公司捐款的任何限制。[1] 1975年，联邦选举委员会(Federal Election Commission)在所谓的"太阳公司诉政治行动委员会"(SUNPAC)裁决中维持了这一诠释，事实上向商业阶层颁发了无限政治献金的许可证。

1974年，企业建立的"政治行动委员会"一共有89个。这些政治行动委员会共为1974年的各类竞选活动募集了440万美元，民主党和共和党的比例基本持平。到1976年，企业政治行动委员会增加到了433个，到1980年，企业政治行动委员会在一个总统选举周期内花费了超过1920万美元。[2] 不过，最重要的还不是资金规模的扩大，而是资金分配方式的变化。

从1978年开始，为了响应威廉·西蒙(William Simon)和罗纳德·里根(Ronald Reagan)等亲市场人士的批评，企业政治行动委员会开始将资源从在任官员转向明确主张自由市场的在野候选人。[3] 民主党在1978年9月时还能拿到当时政治行动委员会超过一半的经费。而仅仅一个月后，在西蒙、里根和其他人的干预下，民主党的在任官员只得到了政治行动委员会资金的29%，而民主党的不在任候选人更是只得到了不足1.5%。[4] 商业阶层学着作为一个阶级来花钱，关于政治行动委员会的监管则强化了这种阶级内[原文为"阶级间"(interclass)，疑误——译者注]的协调。

由于每个政治行动委员会都有5000美元的限制，商业阶层没有执着于有利于个别企业的微小改变，而是越来越多地作为一个集团来投入

---

[1] 见 Clawson et al., *Money Talks*, p. 32; Vogel, *Fluctuating Fortunes*, pp. 119-123。

[2] 数据来自 from Clawson et al., *Money Talks*, p. 33; Vogel, *Fluctuating Fortunes*, p. 207; William C. Berman, *America's Right Turn: From Nixon to Clinton* (Baltimore: Johns Hopkins University Press, 1998), p. 70。

[3] 西蒙以"启示录"般的论调，认定商业阶层已经在讨好民主党、仅仅谋求短期道路和政治利益的过程中，"背叛了自由企业体制"。里根认为，贿赂现政府，无异于求得"饕餮把自己留在最后吃"。这两个论点都引自 Clawson et al., *Money Talks*, p. 129。

[4] Vogel, *Fluctuating Fortunes*, p. 209; Clawson et al., *Money Talks*, p. 143。

资金。① 为了实现这一目标，商业阶层建立了起到交流所作用的特别政治行动委员会，旨在最大限度地提高企业的影响力；实现这一目标的机构是经过改革的全国制造商协会、美国商会、商业圆桌会议。例如，全国制造商协会的"商业政治行动委员会"获得了新的使命，成为政治行动委员会的协调机构。同时，美国商会的政治行动委员会——全国商会政治联盟(National Chamber Alliance for Politics)，以及涵盖最广的政治行动委员会——全国商业政治行动委员会联盟(National Association of Business Political Action Committee)，在资金投入、支持候选人、行动方向、信息等方面进行跨行业协同。② 总而言之，在这一时期，商业阶层调动并花费了巨大的资源，以在立法机构中凑齐一副好牌。

在这些新组织拥有基础设施和充足资源，足以阻击简单的立法攻势。然而，这场关于企业在现代美国生活中的角色和功能的辩论中，如果商业阶层想要获胜，就必须重塑这场辩论所使用的话语。三个商业基金会在这方面起到了关键性作用，它们既提供了资金，又在大学和媒体中建立了制度性联系，以发展和运用替代性的经济观念。史密斯·理查森基金会(Smith Richardson Foundation)、斯凯夫基金(Scaife Funds)、奥林基金会(Olin Foundation)是在知识上反击嵌入式自由主义的主要推动者。这些基金全部或部分地资助了大量政策研究所和智库，这些研究所和智库都明确地以发展支持自由市场、反对嵌入式自由主义的观念为目标。

为观念注资

这些基金会注资支持的智库内部存在分工关系。有些机构致力于提高对竞争性资本主义的总体认可度。这里面比较重要的机构包括传统基金会(Heritage Foundation)，美国企业研究所(American Enterprise Institute)，胡佛战争、革命与和平研究所(Hoover Institute on War, Revolution and Peace)，美国商业研究中心(Center for the

---

① 关于政治机会结构(political opportunity structures)的变化如何促进商业阶层的集体行动，见 Dan, Alan Neustadtl, and James Bearden, "The Logic of Business Unity," *American Sociological Review* 51（2）（1986）; Micheal Useem, *The Inner Circle: Large Corporations and the Rise of Business Political Activity in the U.S. and the U.K.* (New York: Oxford University Press, 1984).

② Vogel, *Fluctuating Fortunes*, p. 208.

Study of American Business)。另一些机构则就具体项目接受商业阶层的委托,向商业阶层提供专业咨询意见,以解释为什么既有制度和观念是不合适的,其中比较重要的是国家经济研究局(National Bureau of American Business)。

传统基金会成立于1973年,通过约瑟夫·库尔斯(Joseph Coors)、理查德·梅隆·斯凯夫(Richard Mellon Scaife)和尼克松的前财长、奥林基金会主席西蒙等的捐资,当年预算接近100万美元。1981年,传统基金会的预算达到了每年710万美元。① 传统基金会源自尼克松政府中保守势力的不满。尼克松政府中的保守派有一个共识,他们"为充满恶意的联邦官员和自由派智库网络所包围"。② 成立传统基金会就是为了反抗这股潮流,在一切公共政策议题上迅速成为一个主要的观念生产者。③

成立于1919年的胡佛研究所也得到了同一批赞助者(西蒙、斯凯夫、库尔斯)的支持。胡佛研究所每年的运营资金有840万美元,超过四成来自商业基金会,占大头的是斯凯夫、奥林与史密斯·理查森等的基金,这些基金在1979—1982年间一共捐赠了489万美元。④ 胡佛研究所在诊断和分析福利政策的问题与负面效应方面非常出色。具体而言,胡佛研究所的经济学家马丁·安德森指出,不但福利制度是对经济的纯粹浪费,而且只要将福利制度中的资金转交给私有部门,由此产生的经济增长将足以消除这些福利制度所试图消除的贫困。因此,他们认为福利制度不鼓励承担风险,并制造了产生依赖的恶性循环,从而让人们一直处于贫困状态。⑤

美国企业研究所成立于1943年,20世纪70年代早期几乎名存实亡。不过,该组织在1980年时已经重获新生,其预算从1970年的87.9万美元一举上升到1040万美元。奥林、斯凯夫、史密斯·理查森同样为

---

① 数据来自 Edsall, *The New Politics of Inequality*, pp. 17-18。
② James Allen Smith, *The Idea Brokers: Think Tanks and the Rise of the New Policy Elite* (New York: Free Press, 1991), p. 196.
③ 传统基金会专门为国会提供政策"背景"和"公报",并开始在国会之外积极地推销这些观念。见 Berman, *America's Right Turn*, pp. 67-68。
④ Edsall, *The New Politics of Inequality*, pp. 117-118.
⑤ Martin Anderson, *Welfare: The Political Economy of Welfare Reform in the United States* (Stanford: Stanford University Press, 1978), esp. pp. 43-58. 这一论述形成了查尔斯·穆雷出版于1981年关于社会福利的畅销书的核心观点。见 Charles A. Murray, *Losing Ground: American Social Policy 1950—1980* (New York: Basic Books, 1984)。

此作出了贡献,同时还有皮尤慈善信托基金(Pew Charitable Trust)和其他企业捐赠。① 充裕的资金使得美国企业研究所得以成为通俗保守经济学和其他更具有政策导向性的保守经济学的大本营。赫伯特·斯坦、阿瑟·伯恩斯、保罗·麦克拉肯以及一批其他保守派经济学家在美国企业研究所的援助之下,或在此安营扎寨,或进行政策研究。该研究所出版了一系列著作、论文、政策分析,使自身成为20世纪70年代末主流政策的主要批评者。尤其是,美国企业研究所动员对联邦政府开支进行财政约束,他们特别注重对媒体进行宣传,尤其是对著名作者和国会的研究人员。②

美国商业研究中心虽然规模小于其他机构,但在知识层面上为回应监管问题作出了重要贡献。美国商业研究中心的首席经济学家默里·魏登鲍姆后来成为里根政府经济顾问委员会的成员,他发表了一系列极富影响力的专著,挑战监管逻辑。魏登鲍姆认为,监管的总社会成本要高于没有监管。像公共选择理论所认为的那样,监管措施催生了庞大的、自我延续的联邦官僚系统,除此之外,还使企业在非生产性活动中损失了千百万美元,这些活动不仅直接从企业的收益中攫取金钱,还造成了生产率的下降。③

不过,正如托马斯·埃德索尔在讨论这些亲商业阶层的新兴智库时所指出的:"在将政策推向右翼方面,最有影响力的也许是马丁·费尔德斯坦。"④费尔德斯坦是国家经济研究局的主席;1983年,该机构预算中的45%以上都来自《财富》500强企业。费尔德斯坦为70年代末的供给侧减税措施提供了严肃的知识性论证。他论证供给侧减税的效果与稍

---

① Edsall, *The New Politics of Inequality*, p. 120; Berman, *America's Right Turn*, p. 67; Vogel, *Fluctuating Fortunes*, p. 224.
② 实际上,美国企业研究所在这一时期花了全部运营预算的36%进行营销。1978—1986年任该机构负责人的小威廉·巴鲁迪(William Baroody, Jr.)写道:"我们投注于产品的注意力与投注于内容的注意力相当……我们为学者雇用影子写手,写出专栏文章,投给101家运营的报纸——每两周三篇。"见David M. Ricci, *The Transformation of American Politics: Think Tanks and the Rise of the New Policy Elite* (New Haven: Yale University Press, 1993), p. 171。
③ 魏登鲍姆估计,1979年,政府监管在除去收益之后的净成本是1027亿美元。见Murray Weidenbaum, U. S. Congress, Joint Economic Committee, Subcommittee on Economic Growth and Stabilization. The Cost of Government Regulation. *Hearings*. April 1978 (Washington: Government Printing Office, 1978) (Y4. Ec7: C82/4)。
④ Edsall, *The New Politics of Inequality*, p. 219.

晚的阿瑟·拉弗和保罗·克雷格·罗伯茨不同。费尔德斯坦关注的是在通胀环境下,生产力增长与资本回报率之间的关系。

费尔德斯坦认为,通胀降低了投资的回报,事实上是对投资征税。费尔德斯坦的计量经济学表明,由于通胀,投资的实际有效税率比名义税率高出多达40%。因此,与其尝试以影响预期来遏制通胀(就像货币主义很快尝试的那样),恢复增长所需要的是与通胀做个了结,通过削减等量的税收来消除通胀对税收的影响。① 费尔德斯坦将同样的框架应用于资本收益,他估计仅在1973年,通胀就使美国投资者的资本收益减少了5亿美元。② 因此,战胜通胀、恢复增长、提高生产率的最佳政策就是增加投资,而增加投资的方法是减税。③

费尔德斯坦也对福利问题的讨论作出了贡献,他特别强调了失业补偿和社会保障税的不正当激励作用。④费尔德斯坦认为,失业补偿实际上是对收入征税,这是工人本来可以赚取的收入。因此,这种做法造成了工作的无用性,为克服这一问题,必须对照目前偿付的福利水平,同等地提高工资。⑤ 由此,虽然通胀被认为会增加名义工资,但福利却被认

---

① 见 Martin Feldstein, *Inflation, Tax Rules and Capital Formation* (Chicago: University of Chicago Press, 1983); Idem., "Incidence of a Capital Income Tax in a Growing Economy with a Variable Savings Rate," *Review of Economic Studies* 41 (2) (1974); Idem., "Inflation and Supply Side Economics," *Wall Street Journal*, May 20 (1980). 关于费尔德斯坦流行的效力,见 Ann Crittenden, "Feldstein: The Bull in a Data Shop," *New York Times Magazine*, May 20, 1979; Soma Golden, "Superstar of the New Economists," *New York Times Magazine*, March 23, 1980。

② Martin Feldstein and Joel Slemrod, "Inflation and the Excess Taxation of Capital Gains on Corporate Stock," *NBER Working Paper Series* (234), February 1987.

③ 费尔德斯坦的论点与胡佛研究所的经济学家迈克尔·博斯金的研究相似,并得到了博斯金的支持。博斯金重新提出了税务体系会抑制储蓄和经济增长的经典论点。见 Michael Boskin, "Taxation, Savings and the Rate of Interest," *Journal of Political Economy* 86 (2) April (1978). 另见 Michael Boskin and Jerry Green, "Taxation and Capital Formation: Missing Elements in the President's Tax Plan," in Rudolph Penner, ed., *Tax Policies in the 1979 Budget* (Washington: American Enterprise Institute, 1978), pp. 47-54.

④ 见 Martin Feldstein, "Unemployment Compensation: Adverse Incentives and Distributional Anomalies," *National Tax Journal* 27 (2) June (1974).

⑤ 费尔德斯坦的理论与这一时期的其他观念相一致,将失业视为自愿行为。

为人为地增加了实际工资,从而降低了生产率。①

斯凯夫和奥林除了资助这些主要"面向精英"的智库,还出于功利考虑向大众传播这些新观念,尤其是费尔德斯坦和弗里德曼的作品。例如,斯凯夫基金会向宾夕法尼亚州的 WQLN 电视台投资了 65 万美元,将米尔顿·弗里德曼的《自由选择》一书制作成电视节目。② 这些基金会还资助了类似《公益》(Public Interest)这样的新保守派刊物,以求将这些观念传播到华盛顿决策圈之外。③奥林基金会的主席西蒙说,要想影响民意环境,商业阶层必须用资金交换"著作、著作和更多的著作"。这样做的目标是为"那些理解政治自由和经济自由之间关系的学者、社会科学家、作家、记者提供急需的经费"。④商业阶层通过资助"正确"理解这一关系的学者或机构,得以应用新观念削弱嵌入式自由主义制度的正当性。

推动减税的美国资本形成委员会(American Council for Capital Formation),其逻辑与费尔德斯坦类似。美国资本形成委员会致力于影响国会对税收问题的看法。⑤ 该委员会关于税收的观点简单明了:坚决反对凯恩斯主义。凯恩斯主义模型认为,收入水平决定产出水平,从而决定投资需求。该委员会受到费尔德斯坦在国家经济研究局的研究的强烈影响,认为恰恰相反,产出水平决定收入水平,从而最终决定投资的供给水平。因此,投资增长的主要障碍是抑制投资的税率以及不正当的激励措施。高税率降低储蓄,从而减少了投资,造成资本短缺,资本短缺又反过来降低生产率,最终拖累增长。

总之,根据国家经济研究局和资本形成委员会的看法,既然国家所

---

① 类似地,费尔德斯坦认为,社会保障税对于资本形成而言是净流失,因为这种税是现收现付(pay-as-you-go)的。因此,它们是储蓄—投资流的净损失。另外,社会保障将非最优的私人储蓄的风险社会化,事实上鼓励了个人降低储蓄,进一步加剧了资本短缺。Martin Feldstein, "National Saving in the United States," in Eli Shapiro and William White, *Capital for Productivity and Jobs* (Englewood Cliffs, NJ: Prentice Hall, 1977).
② 这一套电视节目在 1978—1979 年期间在美国和英国的公共电视台反复播放。见 Milton Friedman and Rose Friedman, *Free to Choose: A Personal Statement* (New York: Harcourt Brace Jovanovich, 1980).
③ 1977—1982 年期间,斯凯夫基金会为《国家利益》(*National Interests*)的出版社提供了 38 万美元。见 Thomas Ferguson and Joel Rogers, *Right Turn: The Decline of the Democrats and the Future of American Politics* (New York: Hill and Wang, 1986), p. 88。
④ Simon, quoted in Ferguson and Rogers, *Right Turn*, pp. 86-87.
⑤ 资本形成委员会的负责人是西蒙在财政部的副手查尔斯·沃克尔。

面临的问题是增长受阻,那么问题的答案很简单:减轻税负。一旦税收降低,资本将更为充足,将会有更多对工厂和设备的投资。①这将反过来提高生产率和促进增长,从而治愈滞胀问题。② 尽管这些论断令人怀疑,但资本形成委员会依然成功地在 20 世纪 70 年代末让资本短缺的观点主宰了国会。商业阶层获得这一机会有三个契机:1978 年可能会通过另一项改革性税法的威胁、在房产税问题上越来越多的基层不满和民众动员、当时(还相对温和)的经济通胀状态。

挑战嵌入式自由主义

建立资本形成危机

1976 年的总统竞选中,还是候选人的吉米·卡特(Jimmy Carter)评论说,美国税法是"全人类的耻辱";他说,在国家困难的时候,不能容忍诸如将"三轮马提尼的商务午餐"变成退税开支[指将奢侈的商务午餐算作商业开支而获得退税的做法,泛指类似的不合理退税规定——译者注]的补贴。③ 这些言论推动了新一轮税收改革。1978 年 1 月,卡特公布了他的税制改革措施。这些改革建议削减中产阶级的税收,并取消"三轮马提尼午餐"。然而,为了安抚商业阶层,卡特也颁布了一项削减企业税的规定,并将投资税收优惠政策永久化,国会自 1962 年以来一直在这项政策上反反复复。

尽管总统的计划中本来就包括税制改革,但真正将税制改革放回国会议事日程的是加利福尼亚州愈演愈烈的抗税运动,以及其他地区反对

---

① 这只是把赛伊定律重新说了一遍。有充足理由来质疑这种储蓄自动转化为投资的观点。具体而言,尽管储蓄和投资必须在积累中相等,这只是一种会计上的装饰,而不是对事实的陈述,这是因为不确定投资者对流动性的偏好与利率相结合,就会打破这种空想的自动连接。

② 戴维·I.迈泽尔曼(David I. Meiselman)在美国国会的证词可能是对资产形成委员会最为清晰的表述。Joint Economic Committee, Subcommittee on Economic Growth and Stabilization. The Role of Federal Tax Policy in Stimulating Capital Formation and Growth. Hearings, *July* 1977 (Washington: Government Printing Office, 1977) (Y4. Ec7: Ti9/n). 关于 ACCF 的总体情况,见 Robert Kuttner, The Revolt of the Haves: *Tax Rebellions and Hard Times* (New York: Simon and Schuster, 1980), pp. 250-271.

③ 在 1976 年的竞选中,卡特反复引用一个商人的例子,据说他吃了 338 顿这样的午餐,共计花费纳税人 1 万美元。有多种引源,其中一种是 Vogel, *Fluctuating Fortunes*, p. 174.

房产税的运动。简单而言,由于20世纪60年代以来房产估值技术发生了变化,并且也是为了遏制基层的腐败现象,加州规定房产将自动并强制性地接受定期重新估值。不幸的是,由于70年代通胀严重,房产价格也水涨船高,加州住房持有人面临着两倍甚至三倍的房产税。结果,由于国家没有降低税率,政府盈余不断增加,而房屋持有人则需要支付急速增长的房产税。为此,通过霍华德·贾维斯(Howard Jarvis)等税制社会活动家的基层动员,加州为"第13号倡议"(Proposition 13)进行公投。这项税制改革动议威胁到了州政府的税基。"第13号倡议"不仅获得通过,而且给其他各州以灵感;很快,各种形式的减税诉求发展成了一场全国性的运动。正如俄勒冈州的一位议员所说:第13号倡议"是加州的上膛手枪里射出的子弹……但子弹还在飞向最终的靶子——巨大的联邦政府开支"[①]。

美国资本形成委员会利用了公众对税收的一般性敌意和商业阶层对卡特所提建议的特殊敌意,试图将资本利得税问题描述为全国范围内如火如荼的普遍"反政府"运动的一部分。为了反驳卡特的建议,资本形成委员会的领导人查尔斯·沃克尔(Charls Walker)聘请了"商业圆桌会议"的伙伴沃尔特·里斯顿(Walter Wriston)领导[里斯顿于1967—1984年担任花旗集团总裁,卡特时期担任大通曼哈顿银行总裁的是戴维·洛克菲勒,此处作者的失误——译者注]的大通曼哈顿银行的子公司——大通经济公司(Chase Econometrics)——来估计增加资本利得税对增长的影响。同时,也是在资本形成委员会的支持下,安全产业协会(Security Industries Association)雇用数据资源公司(Data Resources Incorporated)来计算削减资本利得税对经济增长和生产率的积极影响。这两项研究都声称,削减资本利得税对经济增长的刺激作用要大于减税本身的价值;而任何进一步的加税都会降低净收入,并进一步压制经济增长和投资。[②] 利用这些研究,资本形成委员会将民众对税收的不安收为己用,将减税作为自己的主张。

---

① 一位不具名的俄勒冈州议员,quoted in Godfrey Hodgson, *The World Turned Right Side Up: A History of Conservative Ascendance in America* (New York: Houghton Mifflin, 1996), p. 205. 另见 Kuttner, *The Revolt of the Haves*, esp. pp. 17-107, 273-351.

② Data Resources Incorporated, "Tax Policy, Investment and Economic Growth," *Securities Industry Association*, March (1978); Chase Econometrics, "The Economic Effects of Cutting Capital Gains Taxes," *Chase Manhattan Bank*, April (1978).

资本形成委员会拉拢了众议员威廉·斯泰格尔（William Steiger），以推动削减资本利得税的立法。① 商业阶层为这些提案而团结起来，为通过立法而广泛地游说国会。1978年8月，众议院通过了斯泰格尔的法案，该法案将资本利得税削减了25%，将资本利得税从"税率最低的税种"这一类别中剔除，并将股票和房地产价值指数化。② 然而，这个法案只是商业阶层改变税制改革优先级的一系列动作的开端。资本形成委员会和商业圆桌会议的布道热情超越了国会山的范围，各种形式的减税运动成了全国范围内最普遍、受众最广的政治运动。

传播供给侧的观念

在资本形成委员会改写资本利得税的同时，众议员杰克·坎普（Jack Kemp）正在改写税法的其他方面。坎普的第一项重要法案是1974年的《储蓄与投资法》（Savings and Investment Act）。该法案提出，将企业资产折旧的冲销比例从20%提高到40%，并将投资税的抵免比例提高到15%并使之固定在这一水平。1975年，该法案被众议院否决，于是坎普聘请罗伯茨为他的经济参谋。罗伯茨又找来经济学家、商业圆桌会议的顾问诺尔曼·图雷（Norman Ture）共事。图雷利用商业圆桌会议提供的经费，构建了一个基于供给侧理论预设的经济计量模型。③ "罗伯茨-图雷模型"认为，如果1974年《储蓄与投资法》中的减税措施得以实施，财税收入将增加52亿美元。④ 罗伯茨等为坎普工作的人利用图雷和其他人的研究，改变了国会辩论的方向。供给侧的支持者以参议院财政委员会（Senate Finance Committee）和国会预算办公室（Congressional Budget Office）为论坛，积极传播他们的观念，就像30年代消费不足论的支持者利用国民经济临时委员会的听证会来传播他们

---

① 正如曾担任斯泰格尔助理的马克·布鲁姆菲尔德（Mark Bloomfield）当时评论的那样："资本形成委员会是斯泰格尔的无形雇员。"Mark Bloomfield, quoted in Kuttner, *Revolt of the Haves*, p. 244.
② 同上，p. 247.
③ Paul Craig Roberts, *The Supply Side Revolution: An Insiders Account of Policymaking in Washington* (Cambridge: Harvard University Press, 1984), p. 31.
④ 罗伯茨所纳入自己模型中，而坎普又独立提出的，是所谓拉弗效应——不过是在以拉弗名字命名之前。但是，坎普是否在拉弗借《华尔街日报》而声名大噪之前就已经发现了拉弗效应，并非这里的重点。这里的重点是两项运动，一是在国会以内，一是在金融媒体之中，通过传播供给侧观念而相互支持。见 Bruce R. Bartlett, *Reaganomics: Supply Side Economics in Action* (Westport, CT: Arlington House Publishers, 1981), p. 127.

的观念一样。① 特别是,在 1978 年关于税收和经济政策的国会听证会上,罗伯茨沉重地打击了国会预算办公室的凯恩斯主义论点。

罗伯茨在这些听证会中说,按照国会预算办公室的计量经济学研究,如果削减企业的税率,国民生产总值会下降,这与"罗伯茨-图雷模型"的结论正好相反。国会预算办公室主任艾丽斯·里夫林(Alice Rivlin)为其观点进行了辩护,反驳了减税会刺激储蓄或投资的说法。② 罗伯茨以更具攻击性的方式回击,他提出减税的激励作用非常大,即使国家财政收入的下跌幅度较大,引发短期内的消费下降,新的投资和经济增长也很快会对此作出弥补。

罗伯茨说服了国会预算办公室所使用模型的作者之一——大通计量经济学(Chase Econometrics)的迈克尔·埃文斯(Michael Evans)。埃文斯在国会作证称,国会预算办公室对税收和国内生产总值的预设是错误的,这让罗伯茨的观点显得很有力;而也正是大通计量经济学,刚刚为资本形成委员会建立了一个供给侧模型。埃文斯在参议院预算委员会作证说,国会预算办公室所用的模型是"糟糕的经济学","国会预算办公室的模型中没有提到[供给侧的影响]"。③ 尽管里夫林抱怨说罗伯茨和埃文斯属于"一个不应该得到听众的极右翼集团",但对国会预算办公室模型的批评,使罗伯茨可以肆无忌惮,无视里夫林等对供给侧关于经济激励和增收主张的有效性所作的批评。④ 这次失败极大地提高了供给侧观点在国会的可信度。⑤

值得记住的一点是,当这一切发生时,经济学界本身对供给侧理论不屑一顾,基本不予理睬。我们看到在 20 世纪 30 年代,学院派经济学

---

① 对于供给侧学派与国会预算办公室中更正统经济学家(例如艾丽斯·里夫林)之间的争论,特别值得参考 Roberts, *The Supply Side Revolution*, pp. 34-69。
② Roberts, *The Supply Side Revolution*, pp. 34-36; Bartlett, *Reaganomics*, pp. 85-90.
③ 见 Michael Evans, U. S. Congress, Senate. Committee on the Budget. Second Concurrent Resolution on the Budget, FY 79, July. *Hearings* (Washington: Government Printing Office, 1978)(Y4. B85/2:C74/979-2).
④ Rivlin, quoted in Bartlett, *Reaganomics*, p. 92.
⑤ 见 Roberts, *The Supply Side Revolution*, pp. 42-44, 53-57; David Meiselman and Paul Craig Roberts, "The Political Economy of the Congressional Budget Office," in Karl Brunner and Allan Meltzer, eds., *Three Aspects of Policy Making: Knowledge, Data and Institutions* (New York: North-Holland Publishing, 1979); Juan Cameron, "The Economic Modelers Vie for Washington's Ear," *Fortune*, November 20, 1978, pp. 102-105。

家坚定地拒绝承认价格管制论和消费不足论等流行的经济观念在经济学上的重要性,而在 70 年代,他们拒绝承认供给侧理论在政治上的重要性。① 正如罗伯茨所言:"关于经济模式的斗争持续如此之久、过程如此之艰难,是因为除了经济学的声誉,还有更多的利害关系。真正的问题是政治权力。供给侧的减税能削弱政治之于私营部门的权力。"②

事实证明,该理论最重要的资本是它很简单。"资本形成"阵营中的供给侧理论,基础是激励效应和生产率的提高,而"拉弗—坎普—罗伯茨"的版本只是很简单地说,降低税率可以增加收入。正如休·赫克洛和理查德·彭纳所观察到的:"就治疗经济疾病而言,供给侧理论的作用跟笑气差不多。"③ 然而,要巩固这些成就,把它们"铆"成一套连贯的替代性经济观念,就需要综合这些不同要素。费尔德斯坦在税收和经济激励方面的工作、资本形成委员会关于资本利得税的观念、坎普和罗伯茨在所得税方面的论点,需要一个支点,围绕这个支点,他们可以被论述为一个单一的、连贯的方案。这种综合由于两个因素而实现了:替代性经济学观念的存在、金融媒体的政治力量。

拉弗式的综合?

对于这些不同的观念,《华尔街日报》既是有力的整合者,也是主要的宣传者。《华尔街日报》整合罗伯茨、坎普、资本形成委员会并加以应用的方式就是拉弗曲线。拉弗曲线认为,目前的税收制度下,不仅税率越高,产生的收入越少,而且曲线实际上是后弯的(backward bending);较低的税率会产生更大的收入。早在 1974 年,《华尔街日报》的著名作者裘德·万宁斯基(Jude Wanninski)就开始在该刊物上普及拉弗的观点。④ 万宁斯基似乎直到 1977 年才遇到坎普,他向坎普谈了拉弗和其他供给侧理论的支持者(如罗伯特·蒙代尔[Robert Mundell])的观

---

① 事实上,据说保罗·萨缪尔森曾于 1978 年发表过题为"嘲笑拉弗"(Laughing at Laffer)的讲话。虽然专业经济学家在嘲笑,但是这些观念还是写进了政策。
② Roberts, *The Supply Side Revolution*, p. 53, 着重号是我加的。
③ Hugh Heclo and Richard Penner, "Fiscal and Political Strategy in the Reagan Administration," in Fred Greenstein, ed., *The Reagan Presidency: An Early Assessment* (Baltimore: Johns Hopkins University Press, 1983) p. 27.
④ 万宁斯基撰写的关于供给侧理论的文章最初发表于 1974 年 11 月 11 日的《华尔街日报》。

念。① 坎普立即看到了他的观念与万宁斯基、拉弗们的观念之间的关系,而万宁斯基也对坎普报以最有力的支持。②

拉弗曲线将用于攻击嵌入式自由主义制度的不同观点统合了起来。例如,不论是从货币主义的角度(减税限制货币供应量的增长,从而降低通胀),还是资本形成的角度(任何减税都有正向激励作用)出发的人,尽管着眼点差异很大,但都可以利用后弯的收入曲线这一简单的理论。不光是万宁斯基的文章,整个《华尔街日报》都成了"保守派和新保守派知识分子以及在野政策制定者所组成的圈子所作评论的……某种公告板。但在经济问题上,[罗伯特·]巴特利(Robert Bartley)撰写的社论发挥了其最重要的作用,即宣传和普及那些基于正统经济学的人看来仍然很极端的理论"③。

除了《华尔街日报》,欧文·克里斯托尔(Irving Kristol)的《公益》开始积极地支持供给侧理论。甚至弗里德曼在《新闻周刊》的专栏也开始给予供给侧经济学很正面的回应,不过主要将其作为一种限制政府开支、降低通胀的手段。④与此同时,正如戴维·韦恩·帕森斯所说,类似乔治·吉尔德(George Gilder)这样的作者,他们的研究受到商业基金会的支持,主要在商业智库工作,在《哈泼斯》(*Harper's*)和《读者文摘》等杂志上发表了大量文章,将供给侧理论推而广之。⑤最后,这些都发生在20世纪70年代末通胀与抗税运动的背景之下。这些因素又结合了越战和"水门事件"之后对政府的普遍反感,这样供给侧理论更容易为人接受。学术界对通胀的担忧、商业阶层激烈的游说、部分国会议员对供给侧理论的支持、媒体的宣传鼓动、抗税运动,这些因素合在一起迎来了对

---

① 关于蒙代尔与供给侧理论的关系,见 Paul Krugman, *Peddling Prosperity: Sense and Nonsense in the Age of Diminished Expectations* (New York: W. W. Norton and Company, 1994)(中译版《兜售繁荣》,中信出版社 2010 年版), pp. 86-89。

② 供给侧理论通过《华尔街日报》和其他媒体日益流行,关于这一过程,见 Bartlett, *Reaganomics*, p. 127; David Wayne Parsons, *The Power of the Financial Press* (London: Edward Elgar, 1989), pp. 161-164; William Greider, *The Education of David Stockman and Other Americans* (New York: E. P. Dutton Inc., 1981), pp. 96-101。

③ Dan Morgan, *Washington Post*, February 15, 1981, quoted in Parsons, *The Power of the Financial Press*, pp. 160-161. 关于万宁斯基、巴特利和拉弗之间的关系,见 Hodgson, *The World Turned Right Side Up*, pp. 194-198, 208-210。

④ 《公益》代表性的文章,可见 "The Mundell-Laffer Hypothesis: A New View of the World Economy," *The Public Interest* (39) Winter (1975)。

⑤ 见 Parsons, *The Power of the Financial Press*, pp. 163-166。

70年代的政治乱局和经济不确定性的保守主义反击,共同扛起了"供给侧革命"的大旗。这场运动所给出的方案,要是从经济学上细究,说得客气也是"值得商榷",但这些观念确实成功地诊断了不确定性、指明了因果关系、通过重新申述利益鼓励新形式的集体行动、倡导以不同于嵌入性自由主义的替代性制度方案化解危机。①

动摇嵌入式自由主义

国家的失败

此时发生的情况与瑞典惊人地相似,来自学术界和立法机构的挑战与国家的失败相结合,进一步动摇了嵌入式自由主义制度。这种失败主要是在意识形态方面。尽管国会内外正发生着激烈的观念之争,但卡特政府几乎没有回应这些思想挑战,反而事实上进一步推动了这些挑战。卡特自称中间派,而且利用了人民对政府的普遍反感。尽管卡特如此自我标榜,但他实际上是以古典自由主义的方式执政的。其基本原因有两个方面。首先,在1976年的初选中,州长杰里·布朗(Jerry Brown)斥责福特总统制造赤字,并支持制定宪法修正案以平衡预算。为了胜过布朗,卡特采纳了"赤字引发通胀"的观点;赢下初选之后,卡特多次在赤字问题上抨击福特,指出赤字规模"比肯尼迪和约翰逊时代的总和还大",以此证明这是"我们历史上最糟糕的财政管理"②。从选举的角度说,抨击福特造成巨额赤字对卡特颇有助益。可是,卡特上台之后仍然坚持这一观念,尽管国会预算办公室和经济顾问委员会没有发现任何重要的计量经济学或其他证据,可以支持赤字确实导致了通胀;面对从劳动法改

---

① 《纽约时报》和《华盛顿邮报》中对于供给侧理论的批评者(例如霍巴特·罗恩[Hobart Rowen]),以及学院派经济学家中的反对者(例如萨缪尔森),长于批评,但短于提出替代性观念,或为既有观念作辩护。很大程度上,这是一个实实在在的但又并非必然的智识性失败。凯恩斯主义者将凯恩斯主义简化为"工资具有黏性"的观点,因此在新古典主义综合中,难以解释经济情况。他们知道这并非因为资本短缺——看一眼利率所有人都会知道——但是他们不能有效提出一个清晰的反对意见。另外,卡特坚持"赤字引起通胀",又进一步削弱了凯恩斯主义者的回旋余地。因此,万宁斯基等人能够占领观念的高地,既是精心安排的结果,也是自然而然的结果。

② The Presidential Campaign of 1976, Volume 1, Part 2, *Jimmy Carter* (Washington: Government Printing Office, 1978), pp. 749, 755, quoted in James D. Savage, *Balanced Budgets and American Politics* (Ithaca: Cornell University Press, 1986), p. 198.

革到外交政策的许多领域出现政策失灵,这种坚持变得越来越强硬。①

由于民主党以这种方式理解当时的通胀以及不稳定性和不确定性的总体原因,他们的政策选择变得越来越有限。卡特在1976年竞选期间的主要经济顾问托马斯·兰斯(Thomas Lance)建议卡特不要恢复任何强制性的工资和价格准则,因为这将打击商业信心。② 因此,卡特试图通过自愿性手段来控制通胀。1977年4月,卡特公布了一系列自愿性的工资和价格目标,后来的事实证明这些目标对通胀没有造成影响。1978年1月,消费者价格指数(CPI)的年复合率达到了9.9%,到4月,这个数值飙升到了16.8%。自愿主义再次被证明是毫无价值的,而立法机构则无能为力。在一次又一次的政策失败中,商业阶层挟持了卡特的税收改革计划;同时,卡特所希望拯救的制度自身所秉持的经济学观念,也已经为商业阶层和金融媒体所重塑。由于政策反应既混乱又无效,金融市场如自由落体般下落,卡特无奈之下只能不情愿地请出保罗·沃尔克来领导美联储,以安抚市场。供给侧理论已经征服了国会。现在,货币主义将要主导美联储。

货币主义、美联储、华尔街

约翰·肯尼斯·加尔布雷思曾评论道:"所谓稳健财政,往往反映了尊贵的富人们的需要。"③沃尔克希望能提高利率,以通过传统的信贷紧缩和通货紧缩手段降低通胀预期。由于当时大众和国会对经济的态度都在变化,沃尔克跳上了货币主义的顺风车,开始强调货币政策需要"公信力"。由于货币主义差不多就是翻版的量化理论,其政策处方也非常简单。如果价格上升而产出滞后,那么其原因就是货币的供给扩张。因

---

① 此外,卡特真诚地相信,赤字确实造成了通胀,并且平衡现金预算是国家所能执行的最审慎的财政管理手段。正如卡特本人指出的那样:"我继承了历史上最严重的赤字——超过660亿美元——制止不断上升的联邦开支对我个人而言非常重要,联邦开支将不断提高利率,而利率是通胀和失业的根源。"James Carter, *Keeping the Faith: Memoirs of a President* (New York: Bantam Books, 1982), quoted in Savage, Balanced Budgets, p. 315, fn. 92.

② Hobart Rowen, *Self-inflicted Wounds: From LBJ's Guns and Butter to Reagan's Voodoo Economics* (New York: Times Books, 1994), p. 169.

③ John Kenneth Galbraith, *Money: Whence It Came and Where It Went* (New York: Houghton Mifflin and Company, 1975), quoted in William Greider, *Secrets of the Temple: How the Federal Reserve Runs the Country* (New York: Simon and Schuster, 1987), p. 56.

此,只要减少货币供应量,就能降低总体的价格水平。①

沃尔克之所以能提出这一政策,是因为在美联储转向货币主义之前的1978年,国会强制要求美联储发表、公布并坚持货币目标制度——这是事实上的货币主义的本质特征。② 1979年8月16日,沃尔克将贴现率提高到10.5%,进而在9月18日进一步提高到11.7%。1979年9月28日,沃尔克正式将美联储的政策调整为锚定货币供应量的体制,而不考虑利率的变化。③

不过,沃尔克与丹尼斯·希利(Dennis Healy[英国工党政治家,20世纪70年代任财政大臣——译者注])不同,并非一个"不情愿的货币主义者"。沃尔克和美联储公开市场委员会对货币主义的接受程度远不止皮毛。在联邦储备系统内,圣路易斯联储银行(St. Louis Fed)在沃尔克掌舵之前很久就已经"把自己变成了货币主义的前哨游击队"。④圣路易斯联储银行运用自己开发的货币主义计量经济模型,与华盛顿的美联储所用的凯恩斯主义模型针锋相对。这产生了很大的影响。由于持续的通货膨胀和政策失误增加了市场的不确定性,市场本身也越来越坚持对危机的货币主义解释,假以时日,美联储的管理委员会也将如此。⑤

沃尔克跳上了货币主义者的顺风车,他提出,如果美联储大刀阔斧地改革其锚定体制,那么如理性预期理论所预测的那样,将M1(流通中的纸币和硬币)作为目标的新政策制度将更为透明,公信力也将因而得以提升。由此,因为可以清楚地监控货币供应量的增加,投资者对于通胀的担忧将减弱。经济能动者会下调他们的预期,使之与建议目标保持一致,这一翘首以盼的结果将在一段不痛不痒的通缩之后实现。⑥这些观念的机会很快就到来了。

石油输出国组织又启动了一轮价格上涨,再次提供了这个机会。石油输出国组织先将油价提高了14.5%,又在1979年底提高了25%。这

---

① 沃尔克掩盖了这项政策会造成利率上升的事实,但这种影响是间接的。这项政策通过限制货币供给,有效地限制了信贷,利率成为限制信贷的工具。
② 在这一问题上,国会的民主党一致地想搭共和党人的顺风车,因为它让批评通胀提升的矛头从国会转向了美联储。
③ 数据来自 from the Federal Reserve Economic Database located at http://www.stls.fred.org.
④ Greider, *Secrets of the Temple*, p. 97.
⑤ 同上,p. 98.
⑥ 同上,p. 110-111.

两次涨价把通胀率推高到了16.8%。这给了美联储实践货币主义的机会。货币供应量从1980年2月的月度复合增长率12.8%收缩到3月的−17.2%,而联邦基金利率在1980年3月上升到18%,自1979年10月以来增长了50%。① 在这种情况下,金融市场遭受了严重的损失,非常需要稳定性和公信力。因此,正如第二章所说,金融市场寻求一种新的常规来管理预期。

推动金融市场向货币主义转型的另一个原因是嵌入于"新"古典经济学本身的一个悖论。约翰·穆斯在最初创立理性选择理论时指出,对于经济能动者而言,政府政策不断地出其不意会造成毫无必要的昂贵成本,因为理论已经预设了这些能动者的脑海中有着关于经济运行的精确模型。有鉴于此,这些能动者可以有效率地使用信息,由此有效地在政府采取行动之前就做好准备。但事实上,经济能动者既不能在脑海中形成这样的模型,也无法预先对国家的行动做出准备,在这一时期尤其如此。②经济能动者拥有的只有多重相互矛盾的不同观念,都试图定义和解释当前的危机。其中一种论述特别投金融市场之所好,那就是货币主义,重要原因是其简单性,以及将货币置于中心地位,能够引起金融圈的共鸣。

货币主义成了主导金融市场和美联储的新常规,因为金融市场和卡特一样相信,债务货币化和赤字增加造成了通货膨胀。③ 由于他们对通胀原因有着共同的信念,华尔街希望美联储将明确的货币供应量目标作为宏观管理的主要杠杆,因为(只有作为目标的)货币供应量才能显示控制通胀的认真程度。这一制度将成为金融市场在政策中极力寻求的"公信力"的基准。因此,金融市场将货币供应目标制度视为经济表现的唯一基准;在市场看来,美联储就是最重要的政府机构。卡尔·汉密尔顿(Carl Hamilton)和达格·罗兰德(Dag Rolander)曾描述过,"认知锁定"(cognitive locking)将问题固定为某种"问题论述"(problem description),使得解决

---

① 同上,p. 724,table 2.
② 关于这些观念的谱系,见 John Muth, "Rational Expectations and the Theory of Price Movements,"*Econometrica* 29 (3) July (1961); Robert E. Lucas, Jr. , "Expectations and the Neutrality of Money,"*Journal of Economic Theory* 4 (2) April (1972), and Chapter 5.
③ 对于股市为什么害怕通胀,一个简洁的讨论可以参见 Gerald Epstein, "Domestic Stagflation and Monetary Policy: The Federal Reserve and the Hidden Election," in Thomas Ferguson and Joel Rogers, eds. , *The Hidden Election: Politics and Economics in the* 1980 *Presidential Campaign* (New York: Pantheon Books, 1981), p. 150.

方案仅有一种可能。① 与瑞典的情况（下文即将讲到）惊人相似，这一时期美国债券市场的行为也是上述理论的完美例子。因此，对于美联储和金融市场而言，货币主义的新常规都是自我实现的预言。

金融市场的运作基于未来预期收益率。国家越是希望维持或扩大赤字，金融市场——特别是债券市场——对国家的议价能力就越强。而在通胀时期，国家必须支付通胀溢价，以补偿发行的债券，这只能增加整体的债务负担。在货币主义理论中，这种政策将不可避免地加剧通胀。如果像市场所相信的那样，货币主义是正确的，那么货币供应量的增长速度应该与赤字扩大呈正相关，因而也与未来的通胀率呈正相关。根据货币主义的观点，通胀水平提高的唯一原因是国家增发货币。因此，如果市场认为，目前增加的货币供应量等于未来的通胀，那么，无论出于什么原因，只要货币供应量增长，就反而会引发通胀溢价的需求，这将表现为更高的长期债券利率，从而使利率高于必要水平。以货币主义来定义危机这一行为本身，创造了一种自我实现的动力。

这种"认知锁定"有两方面影响。首先，坚持货币主义基准，强化了美联储提高信贷紧缩的短期目标。然而，认知锁定也产生了另一影响：一旦通货紧缩开始，它就几乎不可能停止，这正是因为市场的认知已经被货币主义的市场情绪锁定了。美联储可能想放松货币供给，下调利率，以缓解失业压力，但这样做会向金融市场发出信号：由于货币供应量将会增加，通胀也将随之而来。货币供应量增加预示着债权人的未来预期收益进一步贬值，因此需要新一轮通胀溢价来维持债权人手中债务工具的价值。这反过来又要求美联储更加坚定地控制货币供应量，从而使通货紧缩加剧，超过修正通货膨胀所需的程度。

因为货币主义可以通过这种新常规协同预期，从而自我实现，因此重要的是市场要相信货币主义是真的。如果市场相信货币主义，那么货币供应量目标和实际货币供应量增长之间的关联性就会更紧密，市场对通胀溢价的要求就会减少。美联储由于坚持这种关联性，被货币供应量目标所绑架。因此，从 1979 年到 1985 年，国家、美联储和金融市场都被套入了通货紧缩的循环中，而这种循环之所以存在，仅仅是因为市场认

---

① Carl Hamilton and Dag Rolander, *Att leda Sverige in I Krisen: moral och politik I negdgangstid* (Stockholm: Norstedts Förlag, 1993). 金融市场行为的论述来自 Greider, *Secrets of the Temple*, 各处。

为它是存在的。① 正如财政部副部长安东尼·所罗门当时所指出的："尽管有[1980年的]创伤……我们以货币总量为目标……的货币主义观点没有根本动摇。市场仍然感觉……如果我们坚持这种货币目标政策，这一政策就很可能奏效，而且确实也没有其他选择。"②因此，货币主义成为美联储和市场的主导性常规。正是美联储——这一金融业最大利益的保护人和诠释者——强加了这些变化。只要市场将M1-B(调整后的M1)的变动视为未来收益率的关键指标，那么美联储所能做的就只有将M1-B的增长保持在非常低的水平。③

这些变化真正预示了嵌入式自由主义开始终结。通过将美联储的自主权与金融市场的信念相捆绑，这些变化使国家在经济管理中的作用不堪一击。④ 因此，经济政策的制定和执行从公众的民选代表转移到了未经选举的金融资本代表手中。⑤ "认知锁定"的结构性后果是，国会和国家可以整天立法，但只要美联储和金融市场仍然靠货币主义的羁绊相捆绑，他们只需紧握货币，就足以击退民主体制对经济政策方向的任何控制。

行政机构和立法机构将经济权力下放给美联储，这注定了嵌入式自由主义的命运。没有了观念作为支撑，如今又被剥夺了做事的机构和政策工具，嵌入式自由主义终于瓦解了。在商业阶层的动员和成功的意识形态竞争的共同作用下，支撑嵌入式自由主义制度的观念已经声誉扫地。在破坏了旧的制度秩序并使其失去正当性之后，商业阶层和"新"共和党合力，要原地建立一个新秩序。1980年夺取政权之后，他们有了实现这一切的机会。

---

① 凯恩斯关于市场常规的形塑作用的观念，这是一个特别好的例子。见John Maynard Keynes, *The General Theory of Employment, Interest and Money* (New York: Harcourt Brace and World, 1936), pp. 150-4。
② Anthony Solomon, quoted in Greider, *Secrets of the Temple*, p. 220，着重号是我加的。
③ 然而，这样做会让长期利率高于短期利率，从而加剧许多企业所面临的信贷紧缩问题。那些没有巨额折旧销账(depreciation write-offs)的企业开始以惊人的数量破产。
④ 这解释为什么经常听到这种说法：美联储在1982年中期"终结了货币主义实验"，堪称"只见树木，不见森林"的经典案例。事实上，金融市场追随M1-B，而不是将M1-B作为靶子，这种情况一直持续到1985年。但更重要的是国会退出与股市和美联储强势所体现的国家角色的制度性变化。
⑤ 讽刺的是，以这种方式解读危机，不可避免地将公众在价格稳定方面的普遍利益简化为政治家对通胀的个人愿望。而可能更接近事实的是，金融业在通货紧缩问题上的具体利益，被作为代表了公众作为一个整体的一般性利益。

向嵌入式自由主义进攻

经济恢复项目

卡特总统连任失败之后,里根的竞选团队成立了六个经济政策特别工作组,其目的有两个方面。首先,他们要提出一揽子经济改革方案,将最近占据主导地位的供给侧、新古典主义、货币主义的观念统合起来。其次,他们要在各自负责的领域中提出具体的政策倡议。①这六个经济政策特别工作组的成果是新政府的主要政策文件《美国的新起点:经济复苏计划》(简称《计划》)。② 该文件明确了构成"里根革命"的不同观念及各自的制度目标。

《计划》所勾勒的建议融合了公共选择和去管制理论、货币主义、供给侧理论,还有"大量的愿景性质的想法,代表了政府所认为的'理性预期'"③。该计划的主要内容如下:第一,要大幅削减联邦开支。第二,该计划将颁布1978年坎普-罗斯税法(Kemp-Roth Tax Act)的主要条款。第三,它将开始"一项雄心勃勃的政府监管改革,[将]减少政府强加的投资障碍"④。第四,该计划将以"可预测的、稳定的货币供应增长"来管理宏观经济。第五,该计划准备建立强大的国防体系。所有这些目标都要在1985年之前在预算平衡的前提下实现。

---

① Hodgson, *The World Turned Right Side Up*, p. 212. 这些任务小组的成员,有些是反抗嵌入式自由主义的知识运动中的佼佼者。福特总统的经济顾问委员会主任艾伦·格林斯潘是预算工作组组长。尼克松的"弗里德曼式的"经济顾问委员会主任麦克拉肯是通胀政策工作组组长。伯恩斯是国际货币政策工作组组长,而魏登鲍姆是监管政策工作组组长。财税政策工作组由查尔斯·沃克尔——资本形成委员会的主席——领导,他也是70年代削减企业税的主要幕后推手。除了沃克尔,财税政策工作组成员还有不少国会和新闻界的人士(如拉弗、罗伯茨、图雷)。其他重要的委员会成员还有花旗银行的里斯顿、众议员戴维·斯托克曼以及弗里德曼。

② *America's New Beginning: A Program for Economic Recovery*, White House, Office of the Press Secretary, Washington, February 18, 1981. 行政管理与预算局的斯托克曼对这一文件的影响极深,主要是他与他的支持者坎普在1980年12月合写的《避免共和党在经济上的敦刻尔克大撤退》一文。对于这一文件的讨论,见 David Stockman, *The Triumph of Politics: How the Reagan Revolution Failed* (New York: Harper and Row, 1986), pp. 71-73. 这一备忘录的文本及其重要性讨论,见 Greider, *The Education of David Stockman*, pp. 139-159, 87-91.

③ Alan S. Blinder, quoted in Hodgson, *The World Turned Right Side Up*, p. 252.

④ *America's New Beginning*, p. 2, 着重号是我加的。

这些政策所依据的观念是非常明确的。减少联邦开支的必要性,依据是供给侧的观念——"我们的经济问题,最重要的原因在于政府本身"——以及边际税负过高造成的不满。① 同时,诊断和应对通胀危机的观念混合了弗里德曼式的"适应性预期"和卢卡斯式的"理性预期"[小罗伯特·卢卡斯,美国经济学家,1995年获诺贝尔经济学奖——译者注]。具体来说,通胀问题的诊断是弗里德曼式的,但提出的治疗方法是卢卡斯式的。

第一,通胀被认为是由"通胀和失业之间没有长时间的制衡关系"这一事实造成的。② 第二,因为人们"相信通货膨胀会持续下去[,]他们以此为基础制定计划……使经济失去了灵活性"③。第三,"美国经济正经历持续高通胀的主要原因,是政府开支的无节制增长"。第四,这些因素因宽松的货币政策而变得更加复杂,由于"人们普遍预期宽松政策将继续下去,通胀已经嵌入经济中"。④ 因此,治疗危机的方法是控制货币供应量,削减联邦开支,并降低通胀预期。

这一解决方案的问题在于产生了政策的两难困境。削减开支和减少货币供给,与此同时试图提高军备开支,这将产生巨大的赤字,加剧通货紧缩。因此,政府在寻找一条平和地降低通胀预期的道路。正是在这一关头,理性预期理论——将其发扬光大的是明尼苏达联储银行的前主席马克·威尔斯和贝利尔·斯普林克尔(Beryl Sprinkel)、戴维·斯托克曼(David Stockman)等政府要员——与罗伯茨、坎普、拉弗等的供给侧观点为政府提供了一条走出僵局的道路。⑤

斯普林克尔和斯托克曼是政府中主张以"理性预期加供给侧的措施"解决这一政策两难的主要鼓吹者。正如威廉·格雷姆所解释的,供给侧道路预设"……有冲击力的措施……特别是承诺减少三年内的所得

---

① 同书,p. 4。
② 同上,p. 8。
③ 同上,p. 4。
④ 同上,pp. 10, 4。
⑤ 托马斯·弗格森(Thomas Ferguson)和乔尔·罗杰斯(Joel Rogers)认为,"预期效应"是美国企业研究所的威廉·菲尔纳(William Fellner)提出的。见 Ferguson and Rogers, *Right Turn*, p. 116。但菲尔纳只是这些观念的众多传播者之一。可参考圣路易斯储备银行行长威利斯的说明,"The Rational Expectations Revolution in Macroeconomics," in *The Public Interest*, July (1978); Idem., "The Future of Monetary Policy: The Rational Expectations Perspective," *Federal Reserve Bank of Minneapolis Quarterly Review*, 4 Spring (1980)。

税,再加上严格的货币控制,将向投资者发出信号:一个新时代正在来临……如果在高通胀的环境下,经济行为主要是基于对货币未来价值的预期,那么,迅速而具有冲击力的行动……可以扭转失序的金融市场中悲观的预设"。

斯托克曼认为,这之所以是可行的,是因为"整个计划是以……相信世界如何运作的信念为前提的"。因此,一旦获得公信力,"通胀溢价就会像晨雾一样融化"。① 格雷德提出了简洁的建议:"如果总统大胆地采取行动,就会改变围绕这些经济问题的心理氛围",从而带来平缓的通货紧缩。②

然而,仅仅降低通胀预期,并不足以恢复经济增长。这正是供给侧经济学的用武之地。正如《计划》中所详述的那样,首先,个人和企业的减税措施被结合起来,冲破通胀对投资造成的税收楔子[tax wedge,指税收前后的利润率差额,这里是泛指通胀造成的利润率损失——译者注],就像费尔德斯坦所论述的那样。其次,这些减税措施将刺激资本形成,促进企业活动,从而恢复稳定增长,正如资本形成委员会所主张的那样。③

为了将这些观念付诸行动,斯托克曼改变了行政管理与预算局[Office of Management and Budget,美国总统控制联邦财政预算的行政机关,斯托克曼于1981—1984年担任该局负责人——译者注]所使用的计量经济学模型背后的预设,从而使这些不同的观念能够权宜性地产生需要的结果。首先,该模型中关于投资对边际税率的敏感性的预设改变了。其次,斯托克曼基于他对理性预期论的偏好修改了模型,以说明由于预设了的新体制具有公信力,因此通货膨胀不会因赤字激增而上升。④这套计算方法的作用不是对经济现状进行诊断,而是维持以《计划》为代表的那套观念综合的凝聚力。供给侧理论加理性预期论的综合方案必须设法保存,否则整个方案无异于自找大萧条和税收大施舍。至

---

① Stockman, quoted in Greider, *The Education of David Stockman*, pp. 7-8,着重号是我加的。
② Greider, *The Education of David Stockman*, p. 89. 关于政府对这一观念的坚持,见 Isabell V. Sawhill and Charles F. Stone, "The Economy: The Key to Success," in John L. Palmer and Isabell V. Sawhill, eds., *The Reagan Record: An Assessment of America's Changing Domestic Priorities* (Washington: Urban Institute, 1984), p. 71.
③ *America's New Beginning*, pp. 15, 24.
④ Greider, *The Education of David Stockman*, pp. 15-19.

少,里根经济学的理论是这么认为的。①

1981 年《经济复苏法》

1981 年的《经济复苏法》(Economic Recovery Act)正是为了实现这些目标而设计的。《经济复苏法》在"坎普-罗斯税法"30%减税的基础上,新增加了针对商业阶层的减税措施。这一法案能够以这种形式出台,再次证明了有组织的商业阶层的力量。选举结束后,资本形成委员会的领导人沃克尔被任命为隶属白宫的过渡时期税务小组的负责人。然而,在担任这一职务的同时,沃克尔还建立了一个叫作卡尔顿集团的新商业组织,为进一步改革企业税进行游说,这也是即将出台的《经济复苏法》的一部分。卡尔顿集团由全国制造商协会、美国商会、资本形成委员会的成员组成。虽然各个组织所希望的税收减免措施有所不同,但沃克尔认识到,如果商业阶层希望利用当前的局面,就必须团结起来,共同倡导具有一致性的全面计划。②

1979 年初,卡尔顿集团开始在商业界游说,希望以"成本回收加速体制"(Accelerated Cost Recovery System)为基础建立一致性的税收建议。这一系统设计了一张加速折旧的时间表,建筑物可以在 10 年内核销,资本性设备在 5 年内核销,计算机和汽车之类的辅助性设备 3 年就可以核销——这就是所谓的"10∶5∶3"程式。卡尔顿集团甫一接受这一计划,沃克尔就尽职尽责地将"成本回收加速体制"的条款直接写进了

---

① 将这些观念变成行动很难说是容易的。如凯西·乔·马丁所说,《计划》背后的不同观念,深植于国家内部制度的种种微小差别之中。经济顾问委员会兼容传统保守主义经济学家和新的放松监管支持者。美联储由货币主义者支配,而财政部则是供给侧理论家的地盘。一方面,这意味着对于对立观念并没有"制度性拒斥"。见 Cathie J. Martin, *Shifting the Burden: The Struggle over Growth and Corporate Taxation* (Chicago: University of Chicago Press, 1991), p. 112. 斯托克曼为了将这些观念在实践中整合起来,将 1981 年《经济复苏法》和 1981 年的财政预算建立在创造性的计算方法基础之上。供给侧的一派希望展现"实际 GNP 的增长将达到 5%—6%……以表现减税提议所能达到的效果。而在另一边,货币主义者……希望 GNP 水平能够尽可能小……检验稳健的反通胀货币政策的试金石"。斯托克曼这样描述贬值经济预测的过程:拿出"我们的经济学鞋拔,把所有的预测数据'挤进去',直到能跟所有理论教条对上"。见 M. Stephen Weatherford and Lorraine M. McDonnell, "Ideology and Economic Policy," in Larry Berman, ed., *Looking Back on the Reagan Presidency* (Baltimore: Johns Hopkins University Press, 1990), p. 135.

② 对于卡尔顿集团和沃克尔在其中扮演的角色,见 Martin, *Shifting the Burden*, pp. 116-223; Vogel, *Fluctuating Fortunes*, p. 242; Edsall, *The New Politics*, p. 226.

1981年的税收法案中。①

共和党政府接受"成本回收加速体制"有三个原因。首先,共和党自20世纪70年代中期以来一直在商业阶层的要求下主张资本形成理论,而这一体制是其逻辑的延伸。因此,共和党很难对此说不。其次,里根个人将拉弗曲线视为新的"大一统理论",因此,他没有理由认为,据称适用于个人减税的激励效应不适用于企业减税。② 最后,对于税法中的"坎普-罗斯条款",政府需要商业阶层的支持。没有这种支持,共和党担心民主党会阻挠个人减税。由于民主党急于恢复1978—1980年期间失去的商业阶层的支持,共和党希望商业阶层能够有效说服民主党,对税收法案中的"坎普-罗斯条款"采取默认态度。共和党与商业阶层进行这一交易的筹码就是接受"成本回收加速体制"。

正如政府所预期的那样,民主党为了回应这些举动,提出了一个替代性的税收提案,以争取商业阶层的支持。民主党提出了一项税法草案,建议在一年内减税400亿美元,包括削减280亿美元的个人税和120亿美元的商业税。然而,民主党领导层并不愿意支持"成本回收加速体制"的相关条款。③ 正如凯西·乔·马丁所说,在1981年5月试图在两个法案之间达成妥协失败后,民主党与政府进行了一场竞标战。④ 民主党拓展了自己的提案,加入了对制造业和房地产的退税抵免,作为"成本回收加速体制"的对标条款。⑤ 政府为了回应民主党的动作,又在其草案中加入了新内容,对于企业中从事研究开发的人员,可以退还25%的税收。民主党接过了这一建议,把研发退税提高到了100%。⑥ 政府又在与民主党的赌局中加入了"安全港租赁"(safe harbor leasing)

---

① Edsall, *The New Politics*, p. 226, fn. 38.
② 霍奇森(Hodgson)引述了里根之所以希望削减个人所得税仍然以这种方式执行的另一个原因。霍奇森提出,根据安德森的说法,里根将"坎普-罗斯条款"放进税法中,是为了换取坎普本人不竞选总统。见 Hodgson, *The World Turned Right Side Up*, p. 210, fn. 44. Compare, Martin Anderson, *Revolution*, (San Diego: Harcourt Brace Jovanovich, 1988), p. 44.
③ Martin, *Shifting the Burden*, p. 121; Vogel, *Fluctuating Fortunes*, p. 243. 但是,众议院筹款委员会(Ways and Means Committee)和参议院融资委员会(Finance Committee)的民主党都开始建议用民主党的方案替代"成本回收加速体制"。
④ 民主党的竞标战,见 Martin, *Shifting the Burden*, pp. 123-131; Ferguson and Rogers, *Right Turn*, pp. 138-162; Stockman, *The Triumph of Politics*, pp. 260-261.
⑤ 政府缩减了"成本回收加速体制"的力度,将10∶5∶3调整为15∶10∶5∶3,建筑物的折旧期限延长为15年。
⑥ Martin, *Shifting the Burden*, p. 127.

这个筹码。这项税收条款允许公司买卖折旧津贴和投资税收抵免,这样,公共退税将为盈利和不盈利的公司提供交叉补贴[交叉补贴是指市场中一部分人为另一部分人提供补贴——译者注]。① 正如斯托克曼所说:"这是饕餮在进食。贪婪的程度、机会主义的程度,完全失去了控制。"②

这场竞标战的最终结果有四个方面。首先,如此回馈商业阶层,需要巨大的财务成本。根据非政府组织"为税务公正而战的公民们"(Citizens for Tax Justice)的计算,由于1981年的《经济复苏法》,在包括275家大企业的样本中,有129家在1981—1985年的各财年中,至少有一年不需支付任何税款。在这275家企业中,有50家在整个4年内都没有缴税或通过退税收回了税款;129家至少1年没有缴税的企业的实际有效税率为-9.6%。如果某家大企业申报税前利润665亿美元,可能反而能获得65亿美元的退税。③ 正如金·麦奎德所指出的,仅通用电气公司一家,就"从克莱斯勒和福特……购买信用额度,以此抹去了其1981年的大部分税款,最终获得了1.1亿美元的退税"④。在这场竞标战的整体影响之下,国家"在六年内损失了1540亿美元的联邦收入,在十年内更损失了近5000亿美元"⑤。在这种情况下,指望不大规模削减

---

① 安全港租赁"使得企业可以在没有利润、不支付任何联邦税收的情况下,计算他们交税后所获得的折旧和其他税收优惠。这些优惠以折抵未来联邦税额度的形式退还……高利润的企业[尽可能收买这些折抵额度]并用[这笔钱]逃脱联邦税的纳税义务"。McQuaid, *Uneasy Partners*, p. 169.
② Greider, *The Education of David Stockman*, p. 58.
③ "为税务公正而战的公民们","Corporate Taxpayers and Corporate Freeloaders," Washington, August (1985), cited in Ferguson and Rogers, *Right Turn*, p. 123.
④ McQuaid, *Uneasy Partners*, p. 169.
⑤ Edsall, *The New Politics*, p. 226, fn. 38.

预算还能避免出现巨额赤字,这是完全不现实的。[1]

其次,正如 M. 史蒂芬·韦瑟福德和洛兰·M. 麦克唐奈就《经济复苏法》的"坎普-罗斯条款"所说的那样,"减税对其累退性质毫不掩饰。从 1982 财年到 1985 财年,累计减税价值 3600 亿美元"[2]。与此同时,"由于社会保障工资税的增加已经列入日程,在 1980—1985 年之间,在收入较低的四成人的收入中,税收的实际比例上升,而在收入较高的六成人中,税收的实际比例则下降了"[3]。再次,《经济复苏法》将税率等级与通胀率挂钩。虽然这加剧了赤字问题,但它也意味着国家不可避免地要进一步削减预算。[4] 通过税率与通胀率挂钩,另一个潜在的财政来源(由于收入进入更高纳税等级造成的意外收入)实际上已经消失了。[5] 最后,必须指出的是,由于民主党也参与了这场竞标战,他们已经没有任何其他的经济观念可以用来表达反对意见,"非常有效地摧毁了他们曾经在知识层面上的公信力"[6]。

---

[1] 这里需要提一下 1982 年《税务平等和财务责任法》(Tax Equity and Fiscal Responsibility Act)。这部法案的通过有时被视为对商业阶层政治权利的反转,因为它标志着国会试图扭转上一届国会的竞标战所造成的伤害。例如,见 Martin, *Shifting the Burden*, pp. 135, 156-157。实际上,这部法案是一种战术后退。它的目标是阻止金融和产品市场崩溃。1982 年 2 月,在国内衰退、巨额减税、超高利率的合力之下,调整预测大约 986 亿美元的财政赤字实际达到了 1279 亿美元。尽管通胀率从 1981 年的 12% 下降到 1983 年的 4%,但 1982 年第四季度的失业率达到了 10.7%。国家不愿意放弃减税的原因很明显。如果没有减税预期带来的刺激效应,这一计划只会加剧通货紧缩。《经济复苏法》和《综合预算协调法》的综合作用肯定会加速财政赤字,而未来 5 年以每年 7% 的速度提高国防开支的愿望只会让赤字更严重。面对即将到来的危机,《税务平等和财务责任法》应运而生。该法主要条文包括五方面内容:废除"成本回收加速体制"、废除"安全港"、其余折旧优惠下调三分之一、削减兼并和收购的税务优势、强化企业最低税的规定。可是,该法所包含的所有改革加在一起,只是将基于 1981 年《经济复苏法》估计的 3230 亿美元的企业税总额提高了 572 亿美元。见 Michael Meeropol, *Surrender: How the Clinton Administration Completed the Reagan Revolution* (Ann Arbor: Michigan University Press, 1998), p. 106。因此,《税务平等和财务责任法》不仅仅是提高财税收入的实践,也是试图稳定市场预期的实践。

[2] Weatherford and McDonnell, "Ideology and Economic Policy," p. 131.

[3] Meeropol, *Surrender*, p. 80.

[4] 正如罗伯茨所指出的:"行政管理和预算局想要赤字,但不是用作货币政策的赤字……行政管理和预算局决定利用赤字将国会的注意力放在预算上。" Roberts, *The Supply Side Revolution*, p. 173.

[5] Berman, *America's Right Turn*, p. 94. 关于指标化逻辑,相似观点见 Paul Pierson, *Dismantling the Welfare State? Reagan, Thatcher and the Politics of Retrenchment* (Cambridge: Cambridge University Press, 1994), p. 153。

[6] Richard Rahn, quoted in Martin, *Shifting the Burden*, p. 132.

稳健财政的复归

攻击再分配的税收体制,破坏了嵌入式自由主义秩序的一翼,而削减预算则攻击了另一翼。正如韦瑟福德和麦克唐奈所说:"自胡佛以来,没有一位总统要求大幅削弱政府在再分配社会项目中的作用;但里根做到了。"[1]里根做到这一点的手段,是改变公众和国会对政府支出项目的正当性和必要性的观念。由于1981年的《经济复苏法》刚刚减免了6000亿—7000亿美元的税收,行政管理与预算局利用这种情况将注意力吸引到不断膨胀的赤字上。[2] 虽然这些政策造成了赤字,但这并不妨碍将赤字归咎于嵌入式自由主义制度。

不断膨胀的赤字使削减开支能借着稳健财政的名义暗度陈仓。根据1981年出台的《综合预算协调法》(Omnibus Budget Reconciliation Act),斯托克曼设立了在1981年联邦财政年度削减400亿美元预算的目标,并通过削减福利开支和提高福利资格(eligibility requirements),计划在1985年之前削减总计2000亿美元。[3] 在国会就《综合预算协调法》进行拉锯之后,最终从1982年财政年度削减了350亿美元预算,到1985年总共削减1400亿美元;尽管力度下降,但1981年的《综合预算协调法》仍然标识了美国分配政治在两个方面的重大变化。首先,从财政上说,这样的举措相当于在大萧条时期增加税收。因此,它加剧了既有的通货紧缩。其次,如果通过削减转移支付来减少赤字的净效果与加税相同,那么1981年《经济改革法案》中"坎普-罗斯条款"的累退性质就更为明显。

尽管这些政策实际上加剧了通货紧缩,里根还是在1982年的国情咨文中声明,他打算在未来几年内再削减630亿美元的社会项目开支。[4] 不考虑《经济复苏法》和《综合预算协调法》造成的变化,里根提出

---

[1] Weatherford and McDonnell, "Ideology and Economic Policy," p. 131.
[2] 1981—1982年期间,赤字从789亿美元上升到了1279亿美元。联邦总债务从9948亿美元上升到了11373亿美元。联邦基金利率从1980年第三季度9.8%的低点上升到1982年第二季度17.79%的高点。同一时期失业率从6.3%上升到了7.4%。数据来自Federal Reserve database at http://www.stls.frb.org/fred.data/business, 以及 Meeropol's economic database at http://mars.wnec.edu/~econ/surrender/w4.htm#new。
[3] 数据来自Greider, *The Education of David Stockman*, pp. 19-21; Berman, *America's Right Turn*, pp. 94-95; Meeropol, Surrender, pp. 86-87。
[4] 见里根1982年的国情咨文,Ronald Reagan, Public Papers 1, pp. 174-185。

的计划所减少的社会支出,实际构成了当时所预测的预算中社会支出的17.2%。[1] 在他的讲话中,里根瞄准了"新政"和"伟大社会"的庇护下创建的大量项目,并提出了两个行动方案:取消那些被认为"不必要"的项目,并将这些项目以整笔拨款(block grants)的形式交还给各州,为各州认为合适的福利方案提供资金。[2]

为了改变"必要"与"不必要"之间的边界,政府明确地将宏观经济学、劳动力市场和福利政策联系起来。1982年国情咨文和随后许多文件中都提及了削减这类政策,其逻辑在于,这些改革能够将联邦援助的重点"从贪婪的人转向有需要的人","有需要的人"的定义是"那些由于与他们无关的原因而很可能无法从事工作的不幸的人"。[3] 这种说法的直接后果,是再次强调失业和福利依赖都具有自愿本质。不工作的人中只有因为身体原因而无法工作的人才是有正当性的,而任何身体条件允许工作却没有工作的人,显然都是因为不愿意在现行工资条件下工作。[4] 一夜之间,嵌入式自由主义的核心观念——非自愿失业就被宣布无效。因此,国家就能够尝试关键嵌入式自由制度的改革了。

拆除嵌入式自由主义

重新监管劳工

伴随着供给侧的财税改革,商业阶层开始了一场协同行动,改变与有组织劳工之间的合作关系。首先,商业阶层开始策略性地使用"瓦格纳法"来对抗劳工。其次,也是最重要的是,商业阶层尝试裹胁劳工阶层的改革议程,从而进一步削弱充分就业作为国家核心政策目标的正当性,正如他们在卡特时期为减税所做的一样。意外的是,这为嵌入式自

---

[1] 根据下书表 6.1 的数据计算,D. Lee Bawden and John L. Palmer, "Social Policy: Challenging the Welfare State," in Palmer and Sawhill, eds., *The Reagan Record*, pp. 185-186。
[2] 后一方案被称为新联邦主义,各州明确拒绝了这种方案,因为很显然这是试图通过将责任传递给各州,降低政府开支的绝对水平。
[3] Reagan, Public Papers 1, pp. 174-185. 对于定义谁是"有需要的人",见 Robert B. Carlson and Kevin R. Hopkins, "Whose Responsibility Is Social Responsibility? The Reagan Rationale," *Public Welfare* 39 (4) Fall (1981)。
[4] 例如,前文提到的费尔德斯坦关于失业救济金限制劳动力供给的观点,被政府用来论证在经济衰退期间降低失业救济金的合理性。见 Meeropol, *Surrender*, pp. 91-92。

由主义制度创造了最后一个孤注一掷的机会。

1975年,罗伯特·海尔布罗纳(Robert L. Heilbroner)和约翰·肯尼思·加尔布雷思领导的一批民主党经济学家组成了"国家经济规划倡议委员会"(Initiative Committee of National Economic Planning)。该委员会主张"在白宫设立国家经济规划办公室……以制订详细的计划,帮助经济实现其长期目标"①。两位支持劳工的国会议员休伯特·汉弗莱(Hubert Humphrey)和奥古斯都·霍金斯(Augustus Hawkins)提出了一项法案,试图将这些观念付诸实践。② 根据立法草案,在任何失业率高于3%的时期,国家必须在18个月内将失业率降至这一水平以下。该法案还要求制定一个年度"充分就业和增长计划……如果财政和货币政策不足以实现这一目标,[国家将]充当最后的雇主"。③ 该法案最为激进的部分是终止美联储的自主权。它明确要求美联储"使其政策与国家所致力的充分就业目标保持一致,并要求美联储每年递交年度声明,概述其未来一年的政策将如何与充分就业目标保持一致"。④ 在商业阶层看来,"汉弗莱-霍金斯法案"是一套旧观念——长期停滞论的凯恩斯主义——正在回光返照,商业阶层认为这套观念早在20世纪40年代就被击败了。但毕竟,既然尼克松能在和平时期实施强制性工资和价格控制,那么民主党提出关于制订国家经济计划的观念,可能也没有那么离谱。

对于汉弗莱和霍金斯来说很不利的是,这项法案背后的观念与商业阶层、金融媒体、亲商业阶层的智库甚至国会所运用的新观念格格不入。特别是在大众经济学和学院经济学中,费尔德斯坦和弗里德曼将失业重新论述为自愿行为。与此同时,宏观经济不再被视为由中立的专家操控的、内在一致的系统,而被视为神圣不可侵犯的效用函数和理性预期的主导下,一群聪明而高效的个人所占据的地盘。在这个世界中,计划充

---

① Vogel, *Fluctuating Fortune*, p.143. 该委员会的建议被纳入修正后的"汉弗莱-霍金斯法案"(Humphrey-Hawkins Bills),修正法案被称为"汉弗莱-贾维茨法案"。然而,该法案本身未能获得支持,这些议案在1977年初又退回到(不妨称为)第三版"汉弗莱-霍金斯法案"。
② 这也并不是最后一次民主党在受到"赤字挑战"之后,接受了经济协调的诱惑。正如我们后文会讨论的那样,关于80年代的产业政策的争论或多或少代表了相同的进程。
③ Margaret Weir, *Politics and Jobs: The Boundaries of Employment Policy in the United States* (Princeton: Princeton University Press, 1992), p. 135.
④ 同上,p. 135。

其量是一种过时的概念,甚至是模糊而危险的概念。① 事实上,花旗银行的里斯顿——商业圆桌会议和资本形成委员会的主要成员——把这项法案称作"通往经济警察国家的第一步……将最终摧毁我们的个人自由和生产力"②。

商业阶层激烈地游说反对"汉弗莱-霍金斯法案",运用这些新观念明确地挑战其逻辑。结果,这一法案的最终版本受到参议员奥林·哈奇(Orin Hatch)和货币主义的影响,更甚于汉弗莱、霍金斯和凯恩斯主义。失业率的目标调整回了4%,并且在1983年之前达到即可,差不多还有5年之久的时间。草案初稿所提出的所有关于制订计划的机制和制度都被删除,国家作为最终雇主的条款也被删掉了。最重要的是,哈奇在这一法案中加入了一项修正,要求1983年之前将通胀率控制到3%以下。③ 不论是不是相信菲利普斯曲线的凯恩斯主义信徒,可能都难以理解这一修正的目的。如果法案暗示要达成3%的通胀率和4%的失业率之间的平衡,考虑到当时的实际失业率和通胀水平,只有一场令人痛心的经济衰退才能将通胀率降低到3%,而且只能以牺牲充分就业的目标为代价。充分就业,这一嵌入式自由主义的核心,这一商业阶层勉强接受的承诺,已经分崩离析了。其结果是,国家接受了失业是自愿的、失业率不比通胀率重要的观念,这意味着工会本质上不过是对贸易的限制而已。因此,与大萧条之前的国家行为相类似,劳工进一步被国家压制劳工的直接行动所"包围"。

这一时期国家与劳工的对抗,最有名的案例发生在1983年8月,里根总统取消了航空运输管制职员(controllers)工会全部11400名会员的资格,剥夺了这一工会的抗争权利。④ 然而,比之诸如打击上述工会这样广受关注的事件,全国劳资关系委员会中所发生的制度和程序变化的影响要深远得多。随着国家转向对抗性态度,这些微观制度层面的改革,比打击工会等公开行动更为劳工阶层施加了新的监管。

---

① 正如帕森斯所说:"在利用简单的常识性方案赢得舆论支持方面,停止印钞票(货币主义)和减税(供给侧理论)是无与伦比的。" Parsons, *The Power of the Financial Press*, p. 150. 另外,这项法案与"黑"手段相联系,与福利病之类一切负面词汇联系起来,从而沦为牺牲品,新兴商业阶层智库有效利用了这些负面词汇。见 Weir, *Politics and Jobs*, p. 140.
② Wriston, quoted in *Business Week*, July 23, 1976, p. 72.
③ Vogel, *Fluctuating Fortunes*, pp. 157-158.
④ 讽刺的是,航空运输管制职员工会在大选中支持里根。

根据法律规定,全国劳资关系委员会的成员来自商业阶层、劳工阶层和更广泛的公众;这一委员会传统上倾向于劳工。但在里根时期,这一切都改变了。里根任命的人员到1983年占到了委员会的多数。一旦获得多数,"在150天内,新的多数派……推翻了八个主要的先例……对保守派认为不妥的决定进行了修订,这些决定占到了20世纪70年代以来决定的四成"①。随着这一多数派的立场得到巩固,全国劳资关系委员会的调查范围和权限都显著缩小,"可接受的雇主行为"的定义则被放宽了。

到里根第一个任期行将结束的时候,全国劳资关系委员会作出了许多在数年前看来不可思议的规定。1984年3月22日,全国劳资关系委员会颁布政策,工人为了给另一位工人争取医疗援助而离开自己的工作场所,应该视为自愿结束雇佣状态。1984年6月7日,该委员会作出规定,雇主或雇主的代理人给参加工会活动的工人拍摄照片,"以此记住他们",不构成对相关工人的侵权。1984年6月13日,该委员会又规定,解雇被裁员的工会支持者是合法的,因为这违反了劳动合同,不论工人是否被告知这一点。更有甚者,全国劳资关系委员会还故意不强制执行劳资协议,试图以此系统性地弱化工会协议中的集体谈判条款:这一期间,该委员会积压的案件从1981年的400件上升到了1984年的1700件。②

这些法律和制度变化共同对政治行动者的劳工阶层产生了巨大影响。国家颠覆了全国劳资关系委员会,这是20世纪70年代以来劳工组织最先锋也最可靠的保护人;由此,国家有效地移除了劳工的基本制度保障,劳动力因此再一次"商品化"了。③ 威廉·C.伯尔曼指出,通过这些行动,"里根发出了信号……劳工组织将不再有进入政府庙堂的特权……他们的要求也不会得到……政府的考虑,政府只想把全国劳资委员

---

① 见 Terry Moe, "Interests, Institutions and Positive Theory: The Politics of the NLRB," *Studies in American Political Development*, Volume 2 (New Haven: Yale University Press, 1987)。

② 见 House Committee on Education and Labor, Subcommittee on Labor-Management Relations, The Failure of Labor Law - The Betrayal of American Workers, 98th Congress, Second Session, 1984, pp. 17-24, quoted in Ferguson and Rogers, *Right Turn*, p. 254。

③ 例如,仅仅在1983年这一年,单位劳动成本就下降了6%;1984年,涉及千人以上的停工事件只有1979年水平的27%。同一时期,由于罢工行动损失的工作日从1979年的20409000天下降到1987年的4481000天,差不多减少到了五分之一。数据来自 the Bureau of Labor Statistics time series dataset at http://stats.bls.gov/sahome.html。

会变成商业阶层的陪衬"①。

对商业阶层放松监管

一方面是劳工阶层被重新监管,另一方面则是对商业阶层的放松监管。② 如果从常识角度来理解里根政府的放松监管政策,最有代表性的总结是前经济顾问委员会成员威廉·A.尼斯卡宁:"里根改革政府放松监管的尝试……几乎完全失败。"③然而,这一观点忽视了重要的方面。如果以实际废除的机构数量来衡量,放松监管确实失败了。但是从这一角度看待放松监管是有问题的。要理解放松监管的范围,更好的方法是观察国家在阻止监管增长和限制监管机构有效性方面的成功。如果将里根政府的行动视为一种策略,目的是改变什么监管、什么应该监管的界限,而不是一种公开对抗的策略,那么可以说,这次在这一领域的成功远远超过了人们的普遍认识。

新政府的最初行动之一是颁布 12291 号行政命令,要求所有新递交的监管方案进行成本收益分析。④ 成本收益分析看起来是中立的,但实际上是一种有很强偏向性的标准,因为成本和收益只有在与其分配性后果的比较中才能得到有意义的测量,而成本收益计算往往忽视这些后果。有鉴于此,污染企业应该为其污染付出代价的道德主张是站不住脚的,因为这类成本收益计算中并没有给外在的规范性标准留出空间。⑤ 因此,采用成本效益分析法,自然地造成以市场替代正式监管体制,这也是 20 世纪 80 年代末监管政策发展的主要方向。

另一个非常有效的策略是在各机构任命新的人员,这些人的意识形态信念与该部门曾代表的立场完全相反。例如,詹姆斯·瓦特(James Watt)被任命为内政部部长,他此前曾领导洛基山脉各州法律基金会,这是一家倾向商业阶层的诉讼公司,专长是代表企业与环保局的监管作

---

① Berman, *America's Right Turn*, p. 98.
② 关于放松监管的政治,至少隐含了观念理论成分的一项经典论述,可见 Martha Derthick and Paul J. Quirk, *The Politics of Deregulation* (Washington: Brookings Institution Press, 1985)。
③ William A. Niskanen, *Reaganomics: An Insider's Account of the Policies and the People* (New York: Oxford University Press, 1988), p. 125; Anderson, *Revolution*, p. 117.
④ 这项命令是在时任副总统的乔治·布什领导的放松监管任务工作组与魏登鲍姆进行第一次会议之后一个月颁布的。
⑤ 试想,死刑从来不符合成本收益分析,但是因此而废除死刑却从来不会被作为一种认真的观点。

周旋。而这个环保局的局长则由科罗拉多州出身的议员安妮·戈萨奇(Anne Gorsuch)担任,她曾代表矿业利益集团进行竞选。职业安全与健康署(OSHA)的负责人由索恩·奥克特(Thorne Auchter)担任,他领导的建筑公司因违反职业安全与健康署的规定被通报过十多次。也许最重要的是,前钢铁业高管唐纳德·多斯顿(Donald P. Doston)被任命为全国劳资关系委员会的新一任长官。多斯顿则任命休·莱利(Hugh L. Riley)担任劳资关系委员会的律师。莱利曾是全国工作权利法律保护基金会(National Right to Work Legal Defense Foundation)的律师,这是一家几乎完全由商业利益资助的、反对工会的公益律师事务所。事实上,莱利在全国劳资关系委员会担任职务期间,仍继续为全国工作权利法律保护基金会工作。[1]

同样有效的策略是直接从有关机构抽走资金,或降低其等级,由此限制其效力。例如,1970—1980年期间,联邦监管机构的预算增加了400%。而在1981—1984年间,预算总额则下降了11%。这一期间,环保局的预算减少了35%,其受管制工业物品的接触标准则放宽了10—100倍。1981年,环保局的雇员有14075人。到1982年,雇员已下降到10392人。[2] 1981—1983年期间,环保局移交给司法部起诉的违法案件下降了84%,环保局签发的执法令数量下降了33%。食品和药品管理局在这一时期的预算同样被削减了30%以上,其执法令的签发数下降了88%。[3] 1981—1984年,《联邦公报》(Federal Register)中法规的绝对数量下降了25%;自1984年以来,联邦政府没有再授权或建立任何新的监管部门。商业阶层似乎在监管方面大大减轻了负担,而劳工则再次沦为一种投入要素。

遥远的桥? 社会保障的私有化

国家取得了这些胜利之后,接着就将目标放到了嵌入式自由主义硕

---

[1] 见 Edsall, *The New Politics of Inequality*, p. 229。
[2] Vogel, *Fluctuating Fortunes*, pp. 249-251.
[3] *The Democratic Factbook* (Washington: Democrats for the 8o's, 1984), pp. 289-299. 其他联邦机构的情况也是如此。例如,1981—1983年期间,消费者产品安全委员会(Consumer Product Safety Commission)的预算减少了38%,国家公路交通安全委员会(National Highway Traffic Safety Board)的预算减少了22%。在1981—1984年期间,职业安全与健康署颁布的命令减少了78%,违规的平均罚款额仅有6.5美元。Ferguson and Rogers, *Right Turn*, p. 134.

果仅存的制度——社会保障制度的"安全网"上。整个1982年,里根都在强调不会削弱社会保障制度。然而,事实证明这一制度根本不是不可侵犯的:国家在1982年初就盯上了社会保障体系,并提议将其取消。[①]正如里根的首席国内政策顾问马丁·安德森(Martin Anderson)所说:"'安全网'一词被用来……描述那些不会在第一轮预算变动中加以密切关注的社会福利改革……'安全网'这个词是一个只在有限时间段内有意义的政治代号。"因此,第一轮削弱从最初就只是更深层长期削弱的前奏。为了使这种改革成为可能,必须制造一场社会保障危机。

国家以经济下滑为口实,证明先前的承诺已变得不可控制。大体上,由于通缩导致的增长减缓和随之而来的税收缩减,消费者价格指数的增长速度已经超过了实际工资。因此,社会保障信托基金并不像正常时期那样处于盈余状态,而是预期会在中期未来出现赤字。老年遗属信托基金(Old Age Survivors trust fund)在1981年处于低位时,国会允许使用多种产权代理信托基金(title agency trust fund)进行交叉补贴,以确保整个体系的稳定。这是国家第一次将整个体系描述为处于危机之中。

为了应对这种建构出来的危机,行政管理和预算局在1982年5月提出了一项改革社会保障制度的计划。该计划包含三大要素:第一,将提前退休人员的退休金削减40%;第二,计划将残疾人补贴降低40%,并提高残疾认定标准;第三,调整整个社会保障体制的计算基准,计划到2000年将总支出缩减2000亿美元。[②]

国会认为,国家对保护社会保障体系作出过承诺,因此这一计划是严重违背承诺的。[③] 民主党人特别建议为社会保障改革设立一个两党共同参与的"社会保障制度改革委员会"(Commission for Social Security Reform)。政府接受了这一建议,任命格林斯潘为委员会主席。

---

① Martin Anderson, "The Objectives of the Reagan Administration's Social Welfare Policy," in D. Lee Bawden, ed., *The Social Contract Revisited: Aims and Outcomes of the President's Social Welfare Policy* (Washington: Urban Institute Press, 1984), p. 113.

② 见 Merton C. Bernstein and Joan Broadshug Bernstein, *Social Security: The System That Works* (New York: Basic Books, 1988), pp. 34-60。特别注意他们对于下列问题的讨论,即悲观假设之下一个次要的会计问题是如何在媒体上和国会中被翻译为一个巨大危机的。

③ Ferguson and Rogers, *Right Turn*, p. 127. 但是,这并不是说,国会中对这一行动没有任何支持。例如,参议院威廉·阿姆斯特朗(William Armstrong)是参议院融资委员会(Senate Finance Committee)的重要共和党人,他长期批评社会保障制度。

在改革听证会上，商业阶层的智库向媒体和委员会提出了许多建议，要逐步取消整个体制。胡佛研究院的经济学家迈克尔·博斯金（Michael Boskin）和国家经济研究局的主席费尔德斯坦都在听证会上作证，认为社会保险抑制了私人储蓄，私人保险可以而且应该取代目前人人可得的制度。①

然而，尽管之前已经有了许多其他有争议的改革，社会保障制度依然是一座"遥远的桥"[《遥远的桥》(*A Bridge Too Far*)是一部英国电影，讲述了二战期间同盟国军队在荷兰东部试图夺取阿纳姆大桥遭到失败的故事——译者注]。尽管社会保障制度改革委员会的报告强调，"全国委员会的成员认为，国会……不应该改变社会保障制度的基本结构"，该委员会的最终报告发表之后，国会的共和党议员仍然得以大大削弱了社会保障体制。② 国会出台的改革措施延迟了（并且在某些情况下削弱了）"生活成本调节"[见本书第三章——译者注]，提高了退休年龄，提高了自营职业者的所得税，提高了联邦保险税[FICA tax，FICA 是《联邦保险捐助法》(Federal Insurance Contributions Act) 的缩写，根据该法，雇员工资单中一部分收入直接划入社会保障基金和联邦医疗保险基金（Medicare）账户。联邦保险税是当代联邦政府主要财政来源之一——译者注]，并提高了社会保障中非缴费部分的适用条件。③ 总而言之，尽管没有任何全局性改革，但国会接受了费尔德斯坦和博斯金的观点——在经济衰退时期，维持消费只能阻碍市场调节和劳动力供给，国会也相应采取了行动。

然而，这些劳动力、产品或保险市场的变化，实际上没有起到阻止衰退的效果。经济继续陷入深度衰退；到 1983 年第三季度，有 3.1 万家企业破产了。到 1982 年底，失业率达到了 10.7%；实际工资增长率从 1973—1981 年的平均年增长率 8.3%，下跌到 1981—1983 年的每年

---

① 见 Bernstein and Bernstein, *Social Security*, p. 41。关于费尔德斯坦的论辩，见 Martin Feldstein, "Social Security, Induced Retirement and Aggregate Accumulation," *Journal of Political Economy* 82 (5) (1974)。

② Report of the National Commission on Social Security Reform, Government Printing Office: (Washington: January 1983), chapter 2, p. 2, quoted in Bernstein and Bernstein, *Social Security*, p. 49.

③ 同上，pp. 41-57，各处。

1.4%，实际工资补偿率几乎崩溃了。① 美联储和金融市场仍然陷于货币主义的束缚之中，这让衰退变得更为复杂。

货币主义的持续胜利

如前文所讨论的那样，由于金融市场相信赤字和通胀率是相关的，美联储就只能假装两者真的相关并以此为前提行动。当赤字上升时，根据货币主义，原因只能是债务的货币化或货币供应量的上升，因此美联储只能将利率保持在较高的水平。② 市场不断要求对货币进行更严格的限制，因为即使通胀率下降了，赤字仍然会因为消费萎缩和国防建设而继续增长。市场不仅没有因此认识到，将市场常规建立在货币主义通胀理论的基础之上会导致经济萧条，反而依然坚持要获得通胀溢价，这在当时的通胀水平下已经没必要了。市场被"认知锁定"进了货币主义，即使在紧缩政策不再必要时，依然要求经济紧缩。

由于这一市场常规的存在，美联储坚持认为，在放松货币政策之前，国会必须对赤字采取行动——这并不是因为赤字会引发通胀，而是因为市场相信赤字会引发通胀。③ 美联储在1983年底出人意料地放松了货币政策。但美联储放松货币政策不是因为意识到了货币主义所存在的问题。美联储之放弃货币主义——虽然是短暂地——是因为整个银行系统的稳定性处于危机之中。

债务危机与放松监管

1980年的《货币控制法》降低了银行的储备金要求，并废除了"Q条例"（Regulation Q）这一新政时期为利率设置上限的监管条例。这一做法促使储蓄与贷款机构（savings and loan，简称"储贷机构"）将自己的投资多元化，以保持其市场竞争力。1982年，参议院通过了"加恩-赫尔马

---

① 数据来源：the Bureau of Labor Statistics time series dataset at http://stats.bls.gov/sahome.html。

② 另外，美联储实际上也无法再控制货币供给了。放松金融监管使得市场上出现了各种新金融工具，美联储的控制是无效的。

③ 用社会学家伯格和卢克曼的名言来说："银行家认为是真实的情况，其结果将是真实的。"见 Peter L. Berger and Thomas Luckmann, *The Social Construction of Reality: A Treatise in the Sociology of Knowledge* (Garden City, New York: Anchor Books, 1966), pp.51-55. （中译本《现实的社会建构：知识社会学论纲》，北京大学出版社2019年版）。

因法案"(Garn-St. Germaine Act),进一步放松了对信贷市场的监管。这一法案放松了对储贷机构的控制,让它们进入市场竞争。新一轮金融放松监管的问题在于它是在最糟糕的时机出台的。根据美联储的政策,储贷机构贷入资本的利率以及由此向客户收取的利率是带有惩罚性的。① 因此,许多储贷机构和不少银行都因为既有交易的利率差风险过大,或投资风险过高的资产,而面临偿付危机。②

第二个导致国内银行系统不稳定的因素是国际债务危机。简单说,20世纪70年代石油输出国组织提高原油价格,产生了百十亿的"石油美元"。这些美元现金有去无回,造成美元和美元计价的资产贬值;为了解决这一问题,花旗银行的CEO兼商业圆桌会议的主席里斯顿建议通过给发展中国家提供贷款,来"回收"石油美元。③ 由于这些贷款是在通胀时期发放的,其实际有效利率往往是负值,因此发展中国家大量借款。

不幸的是,美联储的货币主义政策将里斯顿的方案变成了一个全球问题。美联储因坚持货币目标制而加剧了通货紧缩;美国经济收缩,通货紧缩又使这些债务国的出口收入大为下降。同时,美联储的货币主义体制一味要求提高利率,增加了这些国家的利息支出和总体债务负担。1982年5月,墨西哥小心翼翼地告诉世界自己无力偿还债务。美国政府匆匆提出了应对紧急情况的方案;沃尔克意识到了情况的严重性,最终放松了货币政策。从1980年第一季度到1982年第二季度,联邦基金利率平均为14.7%;而1983年,联邦基金利率下降到了9%的平均值。④ 只有全世界的银行系统都受到了威胁,美联储才终于肯放松货币政策,但即使如此,联邦基金利率仍然是10年前的大概2倍。

事后证明,这些事件交汇在一起,国家和商业阶层是颇为侥幸的。由于利率下降,以及货币收缩的效果不再能抵消赤字的刺激作用,经济及时地开始复苏了,正好能赶上1984年的选举,里根的竞选口号"美国的清晨"也确实颇为应景。⑤ 不幸的是,虽然失业率正在下降,经济正在恢复,但是赤字持续上升,1983年达到了2070亿美元。然而,就在这

---

① 与几年前相比,这种情况就特别显著,当时储贷机构及其客户获得的贷款实际利率有时为负。
② Meeropol, *Surrender*, pp. 188-192.
③ 实际上,里斯顿因为1977年关于这项政策的议论而有些恶名,当时他的这句话非常有名:"为什么不呢?政府从来不会破产。"
④ 联邦基金数据来自http://mars.wnec.edu/~ec0n/surrender/w2.html,作者自行计算。
⑤ 鉴于这次经济衰退的严重程度,经济复苏很迅猛似乎也并不奇怪。

时,市场上发生了意想不到的情况:人们似乎完全忘记了货币主义的常规。由于赤字不断提高,长期债券价格上涨,通胀率本应该随之提高。但匪夷所思的是,虽然长期债券价格确实上涨,货币主义的"铁律"却像晨雾一样消失了。①

这里似乎有两方面原因。首先,市场认为股票和债券的价格已经在经济萧条中一跌再跌,近乎甩卖。资金留在股票市场中,开启了80年代的长期牛市。其次,由于此次货币政策宽松实际上并没有造成通胀率快速提升,很多人认为货币主义已经起到了作用,因而不再需要了。② 可是,虽然市场好像暂时忘记了货币主义,美联储却并没有忘记。对通胀的恐惧已经在美联储内部根深蒂固;沃尔克担心通胀回归,继续在他之后的任期内坚持紧缩的货币政策。③从1983年12月开始,最优惠利率(prime rate)上调到了12.5%,并且维持这一水平长达15个月。

所有这些所释放的信号是美联储内部的重大观念变革。美联储自沃尔克以降都在等待通胀出现,然后采取行动压制之。1983年12月的政策转变所释放的信号则更具有革命性。这个信号就是"美联储的新路线,是在经济似乎'过度接近充分就业'时牺牲经济发展速度"④。"过度接近"充分就业,仅仅10年前,这还是一个罪恶的观念,现在却成了政策标准。如今美联储不再说价格过高,而是大大方方地说出失业率过低。鉴于利率维持在战后均值的2倍,而且1984年的失业率均值是7.4%,"美国的清晨"在这个国家的部分地区肯定是很阴冷的。

在这一情况下,人们期待反对派能发起反攻。但遗憾的是,由于民主党没有自己的替代性观念来对抗商业阶层的攻击,而且鉴于民主党人对赤字有着柯立芝式的厌恶,他们需要一个"大观念"来挑战商业阶层及其国家盟友的观念霸权。20世纪80年代早期,他们找到了名为"产业政策"的观念,最后成了一场灾难。

---

① 长期债务利率在1983年底时确实上升了,但是与美联储的反应并不成比例。见 Federal Reserve database 的数据,http://www.stls.frb.org/fred.data/monetary/。
② 这样说可能更准确:鉴于经济衰退的严重程度,即使爆炸性的经济增长也要经过一段时间后才能产生产能限制和引发通胀。
③ 格林斯潘与布什和比尔·克林顿初期的做法是一样的,事实上,如果比较1983年以来的期望通胀率和联邦基金利率,虽然通胀率下降,但1984—1985年期间联邦基金利率事实上是上升的。联邦基金和期望通胀率的数据见 http://mars.wnec.edu/~ec0n/surrender/w2.html。
④ Meeropol, *Surrender*, p.105.

民主党的意识形态失败

击败一个观念有赖于人们之间的团结。正如先前所说,卡特批评通胀造成赤字,使他有了击败福特的有力武器。但是,由于在通胀和赤字之间建立了联系,卡特有效地否定了作为美国嵌入式自由主义基础的补偿性的需求侧经济学观念。民主党人由于接受和支持赤字引发通胀,"放弃了他们长期捍卫的利益:使用联邦基金促进……充分就业的权利"[1]。正如詹姆斯·萨维奇所说,1980年时,"……为了短期政治利益,民主党抛弃了他们宏观经济学的核心,却没有拿出什么实质性的东西来替代它。民主党用一个非常值得怀疑的经济借口,放弃了赤字支出,从而也让他们相关的政治方案信誉扫地。从此民主党所做的预算,提高一美元赤字都是不正当的,原因是……这对经济不利"[2]。

因此,民主党需要一套替代性的经济学观念,可以重新夺回辩论的主动权。然而,他们所提出的方案既不同于坎普和拉弗所提出的供给侧观念,也不同于传统的嵌入性自由主义观念。

1979年,卡特建立了经济政策小组(Economic Policy Group),由财长威廉·G.米勒(William G. Miller)领导。经济政策小组探索着新的经济学进步观念,以捍卫嵌入式自由主义硕果仅存的部分;经济政策小组回到了20世纪30年代的观念,但不是艾克尔斯和柯里所主张的观念。经济政策小组回到了全国工业复兴法所秉持的协作主义(associationalist)观念。民主党可以说是转了一大圈。经济困难时,协作是难以抗拒的解决方案,这一次民主党发现了产业政策。经济政策小组的会议内容通过其顾问阿米太·爱兹安尼(Amitai Etzioni)所发表的文章而为媒体所知。[3] 爱兹安尼说,美国事实上正经历着去工业化,因为过去20年之间一直缺少具有连贯性的投资策略,导致工业衰退、增长滞缓。这一观念为《商业周刊》所接受;1980年6月,《商业周刊》发表了关于"美国再工业化"的专辑。[4]

---

[1] Berman, *America's Right Turn*, p. 47.
[2] Savage, *Balanced Budgets*, p. 195.
[3] Otis L. Graham, Jr., *Losing Time: The Industrial Policy Debate* (Cambridge: Harvard University Press, 1992), p. 42.
[4] Business Week, *The Reindustrialization of America*, June 30, 1980.

"再工业化"观念认为,美国正在全球市场中失去竞争力。其他国家正在同一市场中以更低的成本和更高的技术优势与美国展开竞争,而美国企业则正在失去竞争力。因此,为了能在竞争中站稳脚跟,国家必须将资源从夕阳产业引向代表明天的朝阳产业。如果国家希望从供给侧的角度影响投资,国家应当建立能够遴选出竞争赢家的制度,鼓励这些企业和产业发展,成为未来的龙头企业,而不是单纯靠减税。[1] 不幸的是,呼吁民主党回应供给侧经济学的最初尝试如泥牛入海,因为卡特政府正深陷第二次石油危机和伊朗人质危机不能自拔。

1982年,这些观念借着艾拉·马加齐纳(Ira Magaziner)和罗伯特·赖克(Robert Reich)的文章重新浮出水面。[2] 马加齐纳和赖克发展并应用了20世纪80年代可以被称为"第一次全球化"的论述。他们提出,在现代社会,静态的李嘉图式的比较优势已经让位于正确的政府政策所塑造的"竞争优势"。因此,自由放任不论在国内还是国际都已经是破产的策略了。在"新全球经济"中,必须有一种有效的"产业政策目标",能够发展"竞争赢家"。正如马加齐纳和赖克所说:"我们国家的实际收入要想增长,劳动力和资本必须更多地流入那些将更多价值赋予每个雇员的企业,并且我们必须占据着优于我们的竞争者的地位。"[3]

这些观念倒也不是没有重量级的学术加持。有一类与赖克相似的国际经济学主张在国内聚焦产业政策,所谓"战略贸易理论"(strategic trade theory),正在逐渐获得支持。[4] 战略贸易理论认为,特定产业形成

---

[1] 除了《商业周刊》中的文章,关于投资的干预策略和夕阳产业到朝阳产业的转变,还可以参看 Lester C. Thurow, *The Zero Sum Society: Distribution and the Politics of Economic Change* (New York: Basic Books, 1980)。

[2] Ira Magaziner and Robert Reich, *Minding America's Business* (New York: Vintage Books, 1982).

[3] 同上,p. 4 及其他各处。

[4] 关于战略贸易辩论的简洁总结,见 Paul Krugman, ed., *Strategic Trade Policy and the New International Economics* (Cambridge: Massachusetts Institute of Technology Press, 1983)。

了"外部规模经济",政府可以借以获得马加齐纳和赖克所说的比较优势。①国内工业政策与国际战略贸易理论的观念合在一起,似乎为民主党提供了可以替代商业阶层观念的供给侧理论。

赖克在1982—1983年继续发展着他的观念。他在同一逻辑之下创作了一本更为流行的著作《美国的未来边疆》(*The Next American Frontier*),连沃尔特·蒙代尔(Walter Mondale［卡特的副总统——译者注］)都读了这本书。蒙代尔显然基于他所读的书摘才说:"这是为民主党人而作的",并且他"要为赖特的新书打个广告,因为赖特为这代人所做的,正是凯恩斯为上一代人所做的"②。事实上,整个这一想法正在流行起来。1983年国会中,"至少有17个法案建议设立一系列国家发展委员会、竞争力委员会或诸如此类的机构"③。民主党比较具体地建议设立国家产业银行和竞争力委员会。④产业银行向企业提供贷款,推动降低成本和投资,而竞争力委员会则在更广泛的意义上推动竞争力提升。看上去,民主党终于找到了能解燃眉之急的"大观念"。

然而,还有另一个问题。因为这一"大观念"的前提是利润从劳工阶层转移到商业阶层,无法恢复美国的嵌入式自由主义。即使赢家是可以事先识别的(这个前提本身就是有问题的),那么产生战略利益的补贴也只能来自一个地方,那就是劳工的消费损失。因此,这些政策搞到最后,恰恰就是共和党所提供的政策:商业阶层的利益和劳工阶层的损失。共和党政策的优势在于,削减税收并不必然导致新的政府机构,共和党成功将其妖魔化的可怕的"大政府",正是产业政策的后果。

这一观念还有一个相对次要的问题,那就是缺乏内在一致性。如果一个观念的成功取决于它的合理性,那么20世纪70年代彻底改变经济政策决策的商业阶层观念就不应该产生那样的影响力。对于像斯托克曼这样的政治企业家来说,"削足适履"和"裁剪数据"要比展现观念的稳

---

① 大致而言,政府通过有信誉地将资源配置给特定部门,不仅可以在面对反对派时抢占先机,还可以阻止新的市场参与者,因而在许诺给相关部门的资源之外获得租金。另外,有人提出,"战略性国家"所获得租金还可以成倍增加,因为存在战略性国家的资源承诺,竞争者所面对的障碍会如此之大,以至于其他国家甚至不会在同一部门进行竞争。因此,履行这类策略的国家会为本国而非其他国家获得更多的租金。见James A. Brander, "Rationales for Strategic Trade and Industrial Policy," in Krugman, ed., *Strategic Trade Policy*, pp. 22-46。
② Mondale, quoted in Graham, *Losing Time*, p. 69.
③ 同上, p. 110。
④ Martin, *Shifting the Burden*, p. 166.

健性重要得多。① 不幸的是,民主党人坚持认为,一个观念不仅要在政治上有用,而且要正确。因此,1983年8月,堪萨斯州联邦储备银行在怀俄明州的杰克逊霍尔组织了一次会议,"民主党的经济学知识分子(尤其诸如保罗·克鲁格曼和劳伦斯·萨默斯[Lawrence Summers]等'青年土耳其人')聚在一起,抨击产业政策的观念"。② 在这次失败之后,民主党中的挑战者蒙代尔就在1984年的总统大选中撤回了关于战略贸易和工业政策的观点。蒙代尔后来回忆:"我越是考虑这一观点,越是倾听那几个人——赖克和其他人——我越是意识到他们只是在提倡大政府……所以我从这一立场上撤退了。"③

由于民主党缺乏替代商业阶层观念的新观念,他们在1984年的总统竞选中不遗余力地说服金融市场,他们最近开始追求财政稳健性,而共和党则继续制造着史上最大的赤字财政。这场出尔反尔的戏剧,高潮是蒙代尔将主要经济立场简化为在经济衰退期间提高税收,承诺在经济恢复之后重新削减财政。④ 乍看起来,好像是胡佛在代表民主党竞选。

这些行动暴露了民主党在知识方面的重大失败。民主党没有利用产业政策的观点(不管其实际价值几何)赢得辩论并夺回观念领域的高地,而是仍然沉迷于商业阶层及其在政府中的盟友所淘汰的观念。"大政府"被视为不容置疑的恶,而不论其具体内容。因此,任何提议只要沾上了"扩大政府规模"这一条,就会天然被否定。另外,民主党将所有经济问题归咎于赤字之后,等于放弃了自己全部的经济学传统,因而出现了一个奇怪的情况:民主党既很难支持一个与赤字和赤字规模无关的提案,也很难支持一个与之相关的提案。

民主党的新一代经济学家,沃尔特·海勒斯和保罗·萨缪尔森的晚辈们,没有像商业阶层及其政府盟友利用减税那样来利用产业政策的观念——用这一观念来赢得辩论、收割利益,然后再操心经济后果的事——这些经济学家完全没有这样做。韦瑟福德和麦克唐奈就里根的政策议程所说:"作为经济问题的解决方案而提出的政策……可能是罔

---

① 对于斯托克曼的评论,见 *The Education of David Stockman*,各处。
② 在这次会议上,萨默斯称赖克的提案是"经济学中的扁桃苷"[laetrile,亦名 amygdalin,20世纪50年代曾作为癌症治疗药物,后证实无效,是医学史上虚假药效的经典案例——译者注],见 Krugman, *Peddling Prosperity*, p. 255。
③ Mondale, quoted in Graham, *Losing Time*, p. 166.
④ See Greider, *Secrets of the Temple*, p. 610.

顾事实的、错误的，但是……很适合作为政治策略的一部分。"①民主党还没有学会商业阶层在 20 世纪 40 年代就已经学会了的事。经济观念的目的不仅仅在于诊断经济，而且还在于赢得政权。民主党人直到 1984 年还没有学会这一点，因此又输掉了两轮大选。

完成转型

民主党的稳健财政论

随着商业阶层成功地对劳工阶层重新实施监管，监管得到放松的商业阶层重新发明了国家的经济学观念，并宣示了"美国的清晨"，商业阶层的革命阶段宣告结束，对革命成果加以巩固的时期随之开始。② 讽刺的是，美联储虽然抛弃了货币目标，却还继续坚持货币主义原则，这最终导致乔治·布什连任失败。③ 简单来说，美联储感到过强的经济恢复加剧了通胀危险，因此在布什的整个任期内都坚持紧缩货币，致使经济增长大为减缓。1987 年修改后的"格拉姆-拉德曼-霍林斯货币控制法"（Gramm-Rudman-Hiollings Monetary Control Act）所达成的预算协议，试图限制赤字增长，让经济减缓的问题更为复杂。根据修改后的 1987 年预算协议，1990 年之前的预测新增赤字将比计划高出 800 亿美元。为了完成计划，布什不得不背弃他在 1988 年大选期间众所周知的承诺：他的政府将既不加税，也不创制新税。1990 年 6 月 26 日，老布什违背了这项承诺，这一做法的代价是共和党在国会中期选举中大败。④

老布什的意外失利为民主党的替代方案创造了可能。但是，民主党在过去 20 年中在观念层面大搞投降主义，因此提出来的替代方案很难对重建嵌入式自由主义有所裨益。在 1991 年的党内初选中，参议员保

---

① Weatherford and McDonnell, "Ideology and Economic Policy," p. 131.
② 有些观察者认为，费尔德斯坦、图雷、斯普林克尔在 1984 年离开，说明"这些顾问……影响力有限"。也许更好的理解是，他们已经实现了自己原本想做的事情，因为职责完成而离开。见 Weatherford and McDonnell, "Ideology and Economic Policy," p. 136.
③ 正如克什纳所说，虽然"货币主义的实践中心——控制货币供给——被抛弃了……货币主义哲学的基本教条——保守主义、货币政策的优先性以及最重要的，对通胀的厌恶——已经取得了胜利"。Jonathan Kirshner, "Inflation: Paper Dragon or Trojan Horse?" *Review of International Political Economy* 6 (4) (1999), p. 613.
④ Figures from Berman, *America's Right Turn*, p. 149.

罗·聪格思（Paul Tsongas）以供给侧理论为旗帜竞选，承诺要削减资本所得税，放松反垄断法，帮助美国在"新全球经济"中重获竞争力。与此同时，前加州州长杰里·布朗已经从"第13号倡议"的溃败中吸取了财税的教训，提出了13%的单一税率，作为其主要经济政策。比之这些候选人，克林顿关注的是提高医疗保险费、缩小美国企业规模以及美国经济缺乏活力的问题，相对而言似乎是有些激进的。但事实证明，克林顿的激进立场只是暂时的。

克林顿的竞选并没有像其他民主党人在整个20世纪80年代徒劳尝试的那样，聚焦于赤字问题。相反，竞选活动将主要焦点放在过去共和党政府攻击嵌入式自由主义所造成的经济后果上。在整个竞选过程中，里根政策在分配方面造成的后果这一话题，克林顿将其与为了在"新全球经济"中竞争而需要的投资和现代化相结合。①克林顿第一个任期的主要政策文件——《美国的改革愿景》（*A Vision of Change for America*）[以下简称《愿景》——译者注]——试图从商业阶层和共和党手中夺取观念的高地。该《愿景》明确地拒绝了涓滴经济学和供给侧理论中的减税主张；与蒙代尔和迈克尔·杜卡基斯（Michael Dukakis）在80年代的前几次竞选中的主张不同，该书主张扩大政府在经济中的角色。尽管《愿景》挑战了商业阶层和共和党的经济学观念，但还是作出了一些重要的妥协。

《愿景》承认，"在过去的十年，联邦政府的花销远远超出了其能力范围"。由于这种铺张浪费，"经济的预计增长将低于赤字的预计增长"，并且"除非能够启动一项可靠的降低赤字计划，否则赤字将是无法维持的"②。克林顿对这一问题的想法受到沃尔克在美联储的接班人——艾伦·格林斯潘——影响甚深。1992年12月，克林顿与这位美联储主席见了面，格林斯潘向克林顿强调降低赤字的重要性。格林斯潘在70年代是提出赤字引发通胀这一观念的主要学者之一，他的观念与美联储根深蒂固的货币主义是一致的；他提出，除非长期利率下跌，否则将不会有真正的经济增长，因为股市会要求通胀溢价。在这种情况之下，美联储

---

① 克林顿在竞选期间与其后不断重复的"全球化的挑战"说明了民主党人在意识形态上的作茧自缚。民主党放弃了国内财政管理，而后放弃了产业政策，全球化的论述确实是仅存的可用话语。

② *A Vision of Change for America*,（Washington: Office of Management and Budget, February 17, 1993）, p. 8.

将不得不对此进行回应,任何经济增长的苗头都会被更紧缩的货币政策所掐灭。考虑到这种种约束,降低赤字应当是第一步。①

克林顿虽然接受了这一观点,但并不准备仅仅关注降低赤字,因为这样做会忽视《愿景》所提出的其他政策目标,包括刺激经济和建立全民健康保障体系。②克林顿的计划强调以投资克服赤字。《愿景》认为:"克林顿政府的经济计划中至关重要的主题是在最广泛的意义上提高公共和私人投资……提高投资是克林顿计划全部三个要素——刺激、投资、降低赤字的目标。"③这些策略的顺序非常重要。计划的第一步不是降低赤字,而是财政刺激。一旦有了财政刺激,接下来就会有更大规模的人力资本投资,这将反过来降低赤字。

克林顿试图在实际财政开支中加入 163 亿美元的财政刺激,并增加 120 亿美元的投资税临时退税,确保经济恢复能保持在足够高的水准,能够对就业率和经济增长产生影响。乍一看似乎增长术正在卷土重来,但事实上,由于民主党继续执着于降低赤字,这一系列刺激方案的效果实际上受到了致命的削弱。

第一,财政开支不可能不增加赤字。克林顿本人也认可"赤字引发通胀"的逻辑,因此重新制造出了里根曾经面对的政策困境。谁能够既刺激增长,又降低赤字呢?这个问题在 1981 年无解,在 1993 年同样无解,跟各个政策选项之间如何排列没有关系。鉴于存在选项排列的问题,开支建议被精心包装成"长期投资的首付款",能够"快速见效,创造就业"。④ 问题在于,该计划中主张的 163 亿美元的财政开支,"拨款数额没有达到(1990 年)《预算执行法》中规定的综合可支配支出上限……[因此]财政开支并没有使赤字超过 1990 年预算协议所达成的额度"⑤。换句话说,刺激计划充其量只能说是恢复了之前放弃的财政开支,而不能说是真正的刺激。第二,计划中关于退税的部分只是 1962 年投资税抵免政策的翻版,对投资的实际效果是微不足道的。第三,《愿景》希望

---

① 这次与格林斯潘的见面见载于鲍勃·伍德沃德(Bob Woodward)对克林顿选举的论述。见 Bob Woodward, *The Agenda* (New York: Random House, 1994), pp. 69-71。另见 Meeropol, *Surrender*, p. 230。
② 美联储"赤字引发通胀"的观点对《愿景》的影响,见该书第 10 页;对医保和不平等的影响,见该书第 7 页和第 11 页。
③ *A Vision of Change*, p. 21.
④ 同上,p. 21。
⑤ 同上,p. 27。

以刺激政策创造就业,大部分建议围绕着通过提升教育水平,吸引流动的全球资本到美国来投资,这虽然是值得赞赏的,但也是很难实现的,算不上有时效性的就业增长策略。①有这些矛盾,即使经济刺激措施得以通过,对经济的影响也是非常有限的。

国会否决了经济刺激计划,刺激计划在多大程度上是受欢迎的,抑或说多大程度上被认为是必要的,答案到此已经颇为明确。1981年的情况再次上演,尽管方式上是相反的,政府向国会提交了两个法案,一个包含经济刺激计划,另一个是减少赤字的计划。② 1993年4月,前一项法案被否决,"就此,克林顿政府只剩下一个经济战略,那就是减少赤字"③。因此,"克林顿的经济顾问委员会使出浑身解数,要将减少赤字作为[政府的]经济计划的要素"④。然而,1994年经济顾问委员会的报告在这么做时,也清晰地展示了在过去的12年间民主党到底放弃了多大的一块意识形态阵地。

1994年的经济顾问委员会报告认为,削减赤字实际上是政府经济策略的核心,而不是经济刺激和投资,这违背了《愿景》中的目标。这一报告的核心是可靠的赤字削减策略对长期利率和经济增长所造成的影响,这与格林斯潘的观点是一致的。这一报告呼应了里根政府在《美国的新起点:经济复苏计划》中"满怀期待的想法"关于预期的讨论,认为提出"可靠策略"这一行动本身就可以降低利率。⑤另外,该报告希望优先降低赤字,美联储由此能够提高货币量的增长率,这就进一步屈服于那些使自由主义脱嵌的观念。过去,民主党的愿望是降低赤字能够提高需求、降低投资的边际效率,并由此创造就业。而1994年时,民主党的愿

---

① 任命赖克为劳动部长很能说明问题。似乎赖克的观点——世界经济是如此相互依赖,以至于资本流动性能够确保职业仅受技能稀缺性影响——在最高层很有共鸣。对于这一论点的一些批评,见 Robert Wade, "Globalization and Its Limits," in Suzanne Berger and Ronald Dore, eds., *National Diversity and Global Capitalism* (Ithaca: Cornell University Press, 1996), pp. 78-83.
② 1981年,里根向国会提交了两份法案,一项包含减税,另一项包含削减开支。1993年,克林顿向国会提交了两份法案,一份继续削减预算,另一份包括提高开支。
③ Meeropol, *Surrender*, p. 235.
④ 见 Meeropol, *Surrender*, p. 236; Council of Economic Advisors, Economic Report of the President (Washington: Government Printing Office, 1994), pp. 35-37.
⑤ 如报告所说:"由于克林顿计划有公信力,金融市场会预期这些后果……长期债务利率会因此立即下降。"Council of Economic Advisors, Economic Report of the President (1994), p. 35.

望则是不那么紧缩的政策会提高国民储蓄水平,促进投资上升并最终降低利率。①博斯金和费尔德斯坦应该为民主党这段时期学到的经济学感到骄傲。

尽管民主党在财政政策上作出了妥协,但抵抗的战线依然是存在的。克林顿最不愿意妥协的一个领域是"制定平衡预算的宪法修正案"这一观念。平衡预算修正案会彻底否定民主党的政策。要求在每个财年都平衡预算,会让赤字在整个80年代对政府开支的财政限制永久化,无异于为商业阶层从70年代早期以来的反抗运动加冕。如果这一修正案得以通过,那么政府真正会弱化到最低限度,任何类型的嵌入式自由主义都不可能复兴了。政府意识到了这一点,在1994—1995年连续击退了一系列财政平衡修正案的提议。②然而,这些胜利都是短命的。共和党在1994年的中期选举中大获全胜,40年来第一次控制了众议院,他们感到反击的时刻到来了。传统基金会的主席威廉·福伊尔纳(William Feulner)评论说:"罗纳德·里根不是连任了一次,而是连任了几百次。"③

共和党提出了一部《平衡预算法》草案。民主党否决了这一草案,但是接受了这一草案的原则,最后达成了一项妥协。1995年6月13日,克林顿接受了在2005年之前实现预算平衡的目标。共和党否决了这一目标,坚持在7年之内就应该实现预算平衡。但对于共和党来说,他们在意识形态上的一致性既是资产,也是负担,至少短期而言是这样。1995年11月,克林顿否决了一项维持决议,这导致联邦政府停摆了3个星期。共和党的这种做法不但没有巩固他们的立场,反而让公众觉得他们不够稳重。共和党在策略上的失误,加上1996年总统大选的共和党候选人罗伯特·多尔过于弱势,这让"跛脚鸭"克林顿得以连任。

但是连任之后干什么呢?克林顿连议程都没有,更别说计划了。民主党有限地提高了最低工资标准,增加了收入所得税退税额度,通过了"家庭原因休假法案"[此处应是指1993年通过的《家庭与医学原因休假

---

① 见 Meeropol, *Surrender*, p. 236; Council of Economic Advisors, Economic Report of the President (Washington: Government Printing Office, 1994), pp. 35-37。

② 1994年3月中旬,一项平衡预算的宪法修正案以271—153票没有能够在众议院获得通过,与宪法修正案所要求的三分之二多数只差12票。而稍早的1991年3月1日,相似的提案在参议院以63—37票未获通过,与三分之二多数相差仅仅4票。1995年,宪法修正案草案以一票之差再次未获通过。

③ William Feulner, quoted in Berman, *America's Right Turn*, p. 176.

法》(Family and Medical Leave Act, FMLA)——译者注],除此之外,民主党没有能够完成任何重要的改革性立法工作。[1]尽管《愿景》大量讨论了对人力资本的投资以及税务系统和收入分配中存在的不平等问题,但除了1993年预算将最高级别的所得税率提高到39.5%以降低赤字(何况这个税率水平与1979年的最高税率相比还差了30.5个百分点),民主党在其他方面无所作为。民主党已经不再掌握让民主党政策成为可能的观念。转向产业政策,随后又转向全球竞争力的修辞,对于夺回商业阶层和共和党还在不断扩张的观念阵地毫无裨益,哪怕1992年之后民主党总统执政也是如此。因此,1996年上台的新政府没有打算夺回任何已经失去的东西。迈克尔·米罗波尔(Michael Meeropol)说得很对,克林顿就是投降了。

克林顿就像预见到共和党之后会怎么攻击一样,在1996年的国情咨文中宣布,"大政府的时代已经结束了",他将在本届任期内履行1992年的竞选承诺,"结束我们所熟悉的那种福利制度"。1993年的最初承诺是基于提高技能、培训、整体积极的劳动力市场政策的概念——这是民主党供给侧理论的又一次尝试。到了1996年,"结束我们所熟悉的那种福利制度"的意思就完全是执行商业阶层和共和党在《与美国的契约》中所体现的观念了。[2] 1995年底,共和党向众议院提交了《个人责任法》(Personal Responsibility Act)。1996年初,克林顿以"太极端"为由否决了这项法案,然后表述,只要这项法案能恢复削减联邦医疗补助(Medicare)的部分,他可以签署修正后的法案。1996年7月31日,克林顿承诺将在8月签署修改后的《个人责任法》草案,后来也确实这样做了。该法案直接插入了20世纪30年代遗留下来的观念和制度的心脏。《受抚养儿童家庭援助法》(Aid for Families with Dependent Children)被废除,领取社会福利金被加上了5年的限制。总的来说,《个人责任法》估计将在未来5年内节省约550亿美元。[3] 克林顿的屈服还有一个讽刺之处,那就是赤字已经不再是一个问题。到1997年,赤字已经缩减

---

[1] 由于篇幅原因,这里没有涉及商业阶层绑架医保改革的问题。下列书目是对这一问题的出色论述,见 Theda Skocpol, *Boomerang: Clinton's Health Security Effort and the Turn against Government In U.S. Politics* (New York: W. W. Norton and Company, 1996).

[2] 见 United States Congress, House Committee on Ways and Means, Contract with America: Overview Hearings before the Committee on Ways and Means, House of Representatives, 104th Congress, First Session, January 5, 10, 11, and 12, 1995.

[3] Meeropol, *Surrender*, p. 249.

到仅仅219亿美元,而且还将进一步削减550亿美元。① 商业阶层的观念完全胜利了。

顺着这些改革,克林顿最终在平衡预算的问题上也屈服了。从1995年6月13日他接受在2005年之前实现平衡预算开始,矛盾简化为"以什么道路实现平衡预算是最现实的"②。共和党提出削减2300亿美元税收,并在未来7年之内削减4800亿美元财政开支。③ 政府只接受削减900亿税收,双方遂陷入僵局。双方最终达成妥协,1996年11月,新的财政平衡法令经由国会通过、总统签署,要在2002年实现预算平衡。这项法案"在未来五年间将联邦医疗补助储蓄金削减1550亿美元,并降低可支配支出的增长速度"④。克林顿在1998年国情咨文中赞扬了平衡预算协议的成功,并表示"将赤字的海洋变为黑字并不是奇迹……这是美国人民努力奋斗的成果,也是国会的两部富有远见的法案的成果,是1993年[针对削减赤字计划的]令人振奋的投票的成果,也是本届国会所通过的、两党共同达成的、历史性的预算协议的成果"⑤。

随着在观念上遭遇失败,1998年经济顾问委员会试图借助《与美国的契约》所取得的成功,挽回《愿景》在一切主要方面的可悲失败。民主党在意识形态上的投降主义又一次表现出来:1995—1998年的经济增长完全被归功于削减赤字政策的可靠表现。⑥《总统的经济报告》(*Economic Report of the President*)事实上给人这样的印象,那就是降低赤字是政府唯一的目标。⑦ 类似地,关于监管问题,《总统的经济报告》提出,"政府致力于降低政府的监管负担,确保新监管措施的收益能

---

① 见 the St. Louis Fed database at http://www.stls.frb.org/fred/data/business/fygfd。
② Meeropol, *Surrender*, pp. 249-250.
③ 这些目标是斯托克曼1981年想要削减的名义数据的10倍。
④ Monica Borkowski, "The 105th Congress: A Look Back at a Legislative Term," *New York Times*, October 18, 1998。
⑤ John M. Broder, "State of the Union: The Overview; Clinton, with Crisis Swirling, Puts Focus on Social Security in Upbeat State of the Union Talk," *New York Times*, January 28, 1998,着重号是我加的。
⑥ Council of Economic Advisors, Economic Report of the President (Washington: United States Government Printing Office, 1998), p. 22.
⑦ 不过,对经济长期增长更为简单和更精确的诠释,并不是这一策略公信力的效果,而是美联储为了在1992年大选之前帮助布什而采取的公开化的后果。1990年6月,为了抵御通胀,联邦基金利率达到了8.29%。1992年12月,联邦基金利率跌回3.45%。这一政策的宽松化实际上促进了经济增长,但对布什来说,将这一增长作为自己的功劳为时已晚,而对克林顿而言,这一时机又太早了。见 Meeropol, *Surrender*, p. 222。

够大于其成本"①。

以比较的视角而言,这种论述足以令人想起1981年的《经济恢复计划》。里根政府在1981年的《计划》中指出,监管措施"在潜在社会价值大于潜在成本之前不应执行"②。这些讲法几乎是一样的,这对于说明70年代以来发生的观念转型很有说服力,这些转型所带来的制度变化则更不用说了。最后,我们还可以观察到一个讽刺的事实:民主党靠击败商业阶层的观念建立了嵌入式自由主义,最后也正是民主党迷失了他们曾经捍卫的观念,才让共和党得以推翻了嵌入式自由主义。因此,对自由主义的脱嵌,首先是一场观念斗争,一场以民主党失利而告终的斗争。

---

① Council of Economic Advisors, Economic Report of the President (1998), p. 24.
② 此注原书遗失——译者注。

第七章
让瑞典的自由主义脱嵌

劳工的政治化

与美国的情况类似,瑞典的嵌入式自由主义制度也在20世纪60年代末产生了不确定性,并越来越受制于这种不确定性。瑞典之所以走到这一步,有三个国内因素:劳工激进主义的升级、商业阶层与劳工阶层关系由谈判解决转向法律解决、国家对经济的干预增加。对于瑞典商业阶层而言,这些因素的结合意味着明确否定支撑瑞典嵌入式自由主义的观念,并成了有组织的商业阶层重新成为政治行动者的利益一致点。理解制度变革的关键,仍然是商业阶层如何使用观念来打破瑞典的嵌入式自由主义制度,同样的观念我们已经在美国的制度秩序转变中看到了。

20世纪60年代末70年代初,瑞典发生了新一轮劳工抗争。1969年12月,位于勒维涅米(Leveäniemi)的国有铁矿发生罢工,并迅速蔓延到了附近基律纳(Kiruna)和芒贝格(Mamberget)的其他矿区。彼得·斯文森指出:"罢工的非官方性质和非法性质被广泛认为……否定了隶属于瑞典总工会的矿工工会,并且也否定了……对高级别劳资谈判要进行集中性的控制。"[1]在这次抗争之后的1970年,"野猫罢工"数量急剧上升,超过了250次。

在基律纳发生的争端中,罢工的矿工们的要求之一是与总工会工资

---

[1] Peter Swenson, *Fair Shares: Unions, Pay, and Politics in Sweden and West Germany* (Ithaca: Cornell University Press, 1989), p. 85.

协议之外的白领雇员获得同等待遇。对于执政的瑞典社民党来说,这样的要求是棘手的,因为这似乎意味着旨在加强团结的工资政策正在加剧工会成员内部的紧张关系。[①] 矿工要求与白领工人获得同等薪酬待遇,这意味着总工会不得不弱化团结工资的平等主义,那么这项政策作为理性化策略的效果也就打折扣了。不过,基律纳罢工不仅仅局限于薪酬问题也涉及了恶劣的工作环境、积极的劳动力市场政策所造成的社会后果,以及最重要的——工厂内的权力关系。休·赫克洛和亨里克·马德森指出:"基律纳罢工在一定程度上代表了争取更高薪酬的传统行动,但对工厂中威权模式所表现的不满是更为重要的。"[②]

车间的权力关系问题可以追溯到1968年,当时总工会正在就上一年的职业安全标准审查与瑞典雇主联合会进行谈判,有一个目标没有实现,即让工人在工厂中拥有更大的决策权。到1970年,基于对这些问题和基律纳罢工的关注,总工会敦促社民党进行立法,并提出"一系列立法建议,被称为'工作—生活民主化'(democratization of working-life),这些建议受到了当时议会的广泛支持"[③]。这些立法建议主要涉及三个主要领域:改善工作环境、对共同决策立法、设立工薪阶层基金。[④]

1949年颁布的《劳工保护法》在1973年进行了修订,谈判主导随之转变为立法主导。次年通过的《工作环境法》更为全面地调整了工厂权力关系。然而,就总工会而言,"只要瑞典雇主联合会及其成员还保持着

---

① Swenson, *Fair Shares*, p. 91. 关于平等化的工资政策引发了要求更大平等的需求这一悖论,相关研究见 Andrew Martin, "Wage Bargaining and Swedish Politics: The Political Implications of the End of Central Negotiations," Harvard University, Center for European Studies, Working Paper Series (36) (1991)。

② Hugh Heclo and Henrik Madsen, *Policy and Politics in Sweden: Principled Pragmatism* (Philadelphia: Temple University Press, 1987), p. 121. 另见 the 1971 LO congress report on these issues, Demokrati I foretagen (Stockholm: Landsorganisationen, 1971)。

③ Victor A. Pestoff, "Towards a New Swedish Model of Collective Bargaining and Politics," in Colin Crouch and Franz Traxler, eds., *Organized Industrial Relations in Europe: What Future?* (Aldershot: Avebury Press, 1991), p. 155.

④ 正如赫克洛和马德森所说:"工厂[改革]工作环境的方式所呈现的新特征是淡化雇主与雇员之间的协商传统,更多地依赖议会途径来取得成果。"Heclo and Madsen, *Policy and Politics*, p. 122. 约翰·史蒂芬斯(John D. Stephens)也类似地指出:"特别令雇主恼火的是总工会诉诸立法部门,而不是通过雇主联合会来达成协商性的妥协。"见 John D. Stephens, "Is Swedish Corporatism Dead: Thoughts on Its Supposed Demise in the Light of the Abortive 'Alliance for Growth' in 1998." Paper prepared for the Twelfth International Conference of Europeanists, Council for European Studies, March 30-April 1, 2000, p. 6。

他们在工厂内的无限制的权力,工作环境的改善就是不可能的"①。这些无限制的权利——所有权和剩余利润的处理权,以30年代的观念看来是不可侵犯的,现在又成了争论的话题。由于明显可以感到"工作—生活民主化"缺乏进展,国家又通过了《共同决策法》,敦促企业在生产决策中给予劳工一定管理权。这些工作和生活方面的提案合在一起,则构成了立法层面对商业阶层管理权的集体攻击;管理阶层毫不意外地予以抵抗。对商业阶层来说,只要现实中民主制不进入工厂内部,维格福什在20年代提出的口号"民主制不能止于工厂大门"就没什么问题;一旦总工会和社民党[原文为SAF(雇主联合会),疑为SAP(社民党)之误,从文意改——译者注]开始认真对待维格福什的口号,商业阶层就开始质疑这套制度的价值;从商业阶层的角度来看,这套制度之下分配越来越不公平了。②

瑞典总工会通过立法途径,在短期内取得了好于谈判的成果。但是,对劳工来说,立法所能取得的任何短期后果,都无法弥补商业阶层不合作的长期代价。当然,问题在于商业阶层不接受从嵌入式自由主义观念有机延伸出来的要求——劳工获得更好的职业保护、扩大协商权利、在分配利润方面有一定发言权等。相反,商业阶层认为这些要求是某种最后通牒,要他们默许"工厂大门之内的民主",这是企业所不愿意接受的要求。

因此,与美国发生的情况相似,在这段时间内,商业阶层越来越感到被劳工和国家所包围。正如理查德·H.亨宁所说:"70年代,每8个小时就会出台一部新的法律或法规,每26个小时就会出台某个针对企业的新规定。据说每隔10天就会出现一部限制商业生活自由的新法律。瑞典商业阶层喜欢如此描述20世纪70年代政治对商业企业的

---

① Victor A. Pestoff, "Joint Regulation, Meso Games and Political Exchange in Swedish Industrial Relations," in Bernd Marin, ed., *Governance and Generalized Exchange: Self Organizing Policy Networks in Action* (Boulder, CO: Westview Press, 1991), p. 330.
② 关于商业阶层如何回应总工会在立法部门的攻击,参看:Andrew Martin, "The Politics of Macroeconomic Policy and Wage Coordination in Sweden," in Torben Iversen, Jonas Pontusson, David Soskice, eds., *Unions, Employers and Central Banks: Macroeconomic Coordination and Institutional Change in Social Market Economies* (Cambridge: Cambridge University Press, 2000), pp. 232-264, esp. pp. 252-261。

影响。"①

然而,虽然工作与生活法案激起了商业阶层的敌意,但真正激起瑞典雇主联合会与劳工组织冲突的是1974年关于工薪阶层基金的提案——这也是总工会提出的解决"野猫罢工"及促进更大经济民主和投资的方案。

工薪阶层基金

瑞典总工会没有忽视瑞典的企业在1972—1973年景气时期所赚取的高利润。总工会不能接受这么高的利润,因为在景气时期,"团结工资"会对工资和利润分配产生不良影响。具体而言,由于生产率低的工人得到的薪酬和生产率高的工人一样,优势产业可以按照低于市场水平的工资雇用劳动力。虽然"雷恩-迈德纳"模式最初是为了促进对高生产率部门的调整,但随着工资被压缩到平均值,这一模式产生了降低高技能劳动力成本的副作用。因此,在利润激增的同时,优势部门的劳动力却无法实现其市场回报率,相当于以不对称的方式承担了团结工资的成本。一边是商业阶层开始觉得,既有的制度秩序不对称地对劳工有利;而另一边劳工阶层却在要求更大程度民主和控制权的过程中开始相信,嵌入式自由主义制度的分配正在不对称地偏向商业阶层。就这样,支撑着瑞典嵌入式自由主义的常规走向瓦解。国家为这一困境寻找着对策,最终接受了总工会的方案:工薪阶层基金。

正如斯文·斯坦莫所指出的:"工薪阶层基金最初被认为……是一种对经济进行社会化,并扭转经济权力流向私人手中的趋势的机制。"② 这个新策略的问题在于正面冲击了私有制的神圣性,而这是瑞典嵌入式自由主义的基本原则。工薪阶层基金的基本思路是"对公司征收20%的利润税……这项税收的收入将用于……买断瑞典的大部分主要资本利益",而这个基金是由瑞典总工会控制的,而不是由国家控制的。③ 这项基金提案的基础是迈德纳计划,"试图通过资本所有权方式,拉平财富

---

① Richard G. Henning, "Sweden: Political Interference with Business," in M. P. C. M. Van Schendelen and R. J. Jackson, eds., *The Politicization of Business in Western Europe* (London: Crook Helm, 1987), p. 29.
② Sven Steinmo, "Social Democracy vs. Socialism: Goal Adaptation in Social Democratic Sweden," *Politics and Society* 16 (4) Fall (1988), p. 431.
③ Steinmo, "Social Democracy," p. 431. See also Swenson, *Fair Shares*, p. 140.

结构中的差异,提升工人对经济的影响力。假以时日,所有权的社会权力将发生重大改变,从资本的私有持有者主导,转向由工人代表管理的资本集体所有制"[1]。因此,这一基金将"支持'团结工资'政策,抑制由于利润自我积累产生的财富和权力集中,并通过共同所有权强化工薪阶层的影响力"。[2]

即使提出了这样的建议,总工会也不认为这一基金冲击了商业阶层的权利。相反,总工会认为,这些基金是现有秩序的延伸。同样,与美国的情况类似,叙事中有一个资本形成的危机;但在瑞典的案例中,叙述者是劳工而不是商业阶层。总工会认为,当代嵌入式自由主义除了产生过剩利润,还有一个弱点,那就是会导致投资率的下降。总工会判断,基金可以补充资本形成,从而解决这个问题。因此,在总工会看来,这些基金并不构成对商业阶层的根本挑战,因为50年代初最初的"雷恩-迈德纳"提案,已经为信贷补贴形式实现集体化的资本形成留下了空间,而1959年的"ATP养老金改革"则强化了这种靠投资强化的原则。[3]此外,这一基金很难说代表了新观念;早在1961年的总工会大会上,工会就主张建立合理化基金,以加强总工会在指导甚至提供投资方面的作用。[4]

然而,总工会没有考虑到嵌入式自由主义体制的一个更普遍的问题:商业阶层和劳工关于投资应当取决于何种决定因素有着多种常规,如何最好地将这些不同常规固定下来?对于商业阶层而言,任何水平的留存利润都被视为投资;而对劳工阶层而言,超过某个政治规定水平的利润本质上应视为"过度利润",因此应当由政治控制,而非市场分配。这一争议的实质是国家与市场在投资政策中的适当角色,这是商业阶层和劳工阶层在工薪阶层基金问题上分歧的核心。按照嵌入式自由主义的逻辑,"将公共储蓄转化为企业投资,必须通过间接的贷款形式,这种形式不利于公众对企业投资决策的引导"[5]。换言之,管理和投资的权利必须保持在微观层面。工作—生活立法和工薪阶层基金向商业阶层表明,劳工和国家放弃了这种理解。[6]

---

[1] Heclo and Madsen, *Policy and Politics*, p. 269.
[2] Quoted in Swenson, *Fair Shares*, p. 167.
[3] 参见总工会1976年的报告,Kollektiv kapitalbildning Landsorganisationen, 1976。
[4] Heclo and Madsen, *Policy and Politics*, pp. 163-164.
[5] Jonas Pontusson, *The Limits of Social Democracy: Investment Politics in Sweden* (Itheca: Cornell University Press, 1992), p. 103.
[6] 见Martin, "The Politics of Macroeconomic Policy," p. 255。

20世纪70年代初,由于所有经合组织国家都出现了增长放缓的情况,商业阶层对这一问题的不满与日俱增。增长放缓的非期然后果是企业变得更为短视。由于布雷顿森林体系的崩溃以及伴随而生的不确定性,企业的债务管理结构发生变化,以适应更大的金融波动性。结果,企业谋求融资的做法发生了变化,由债务融资(受利率波动的影响)转变为发行股票。[1] 这种变化意味着提供信贷的主要责任不再由国家以廉价信贷实现,而是由更关心企业短期财务决算的股东来承担。在这一新的不确定背景下,工薪阶层基金可以帮助资本形成的观念,充其量是一种过时的观念,甚至可以说是国有化的政治伪装。

总之,社民党背上了一个政治包袱,雇主联合会怒不可遏,资产阶级政党获得了一个可以用来做动员的议题。雇主联合会的主席奥洛夫·利扬格伦如此总结商业阶层在工薪阶层基金问题上的看法:"工薪阶层基金的提议很残酷,会造成直接的社会化。另外,这一提案的提出方式是欺诈。我可以保证,雇主将会使用一切合法手段反对工薪阶层基金的计划。"[2]毫不意外,社民党在接下来的两次大选中连续输给了中右翼政党的联盟。

资产阶级国家的失败

1976—1981年期间的资产阶级政府虽然是44年来第一次上台执政,但却没有尝试根本改变瑞典的嵌入式自由主义制度,这颇为令人意外。资产阶级政党联盟除了不同意工薪阶层基金,没有就社民党的政策提出什么实质性的替代措施。事实上,由于这一时期经济下行,资产阶级政党联盟也将若干主要行业国有化,这让政府赤字指数上升。虽然这一时期经济下行很明显起到了限制资产阶级国家行动自由的作用,但是在这些特别的政策选择背后还是有强烈的观念性原因。

其中最重要的观念性原因是,"两代人以来,社民党……一直警告公众,如果资产阶级政府上台,社会承诺就会瓦解"[3]。鉴于这些意识形态

---

[1] 关于这一问题,参见:John Eatwell, "International Financial Liberation: The Impact on World Development," UNDP Office of Development Studies Discussion Papers Series (12) May (1997)。

[2] Olof Ljunggren, July 1, 1983, quoted in Jan-Erik Larsson and Jon-Henri Holmberg, *Vandpunkt* (Stockholm: Timbro Förlag, 1984), p. 6.

[3] Heclo and Madsen, *Policy and Politics*, p. 61.

限制,"资产阶级政党联盟在一次次危机中只能选择随机应变"。①正如总工会的首席经济学家佩尔·奥洛夫·埃丁(Per olof Edin)观察到的:"……44年来,第一次出现了一个资产阶级政府。每个保守派人士、政治家和雇主都说:'为什么我们的政府——资产阶级政府——不能用资产阶级的政策来统治?为什么它们必须是社会民主主义的政策?'来自自由党的总理乌尔斯滕(Ullsten)给出了答案:'我们是总工会的囚徒。'"②乌尔斯滕是正确的,但说得不够明确。最重要的是,1976—1982年的资产阶级政府是总工会的观念的囚徒。

为什么资产阶级政党联盟此时要接受嵌入式自由主义的统治观念而不试图打破,原因有好几层。首先,虽然总工会动员破坏性罢工的能力毋庸置疑,但资产阶级政府并没有因为这类罢工行动而退缩。正如我们将会看到的,雇主联合会不畏惧与总工会发生冲突,而且事实上,这段时间雇主联合会积极地寻求这种冲突。因此,资产阶级国家并没有因为害怕罢工行动而变得无能为力,因为这从一开始就不是它所能控制的。其次,任何反对总工会观念的尝试都发生在经济急剧衰退期间。因此,由于参与罢工会提高被裁员的可能性,总工会动员罢工行动的能力本身就下降了。最后,可能也是最重要的,在这一时期的选举竞选中,没有一个资产阶级政党真正提出过要彻底与传统社会民主主义政策作切割。

这种观念上的路径依赖,在资产阶级政党关于税收政策的观念中就可以体现出来。在1981年的竞选中,保守党(Moderata Samlingspartiet)提出"税收压力会造成隐性交易,因而会伤害整合社会的公民精神和团结"③。因此,"减轻税务负担……反而是保卫福利国家的方式"④。整个70年代和80年代初,保守党都在竞选中宣传,高税率的个人税不利于经济增长,原因并不是抑制积极性或拉弗曲线,而是因为高税率对商业阶层有利,对低薪阶层的打击最大。因此,税收系统变成了贫困的新源头。当保守党正面挑战这些观念时,他们被彻底打败了。而当保守党真的开始正面挑战这些观念时,他们就会在选举中完败。例如,1985年,

---

① 同上,p. 66.
② Per Olof Edin,与作者的访谈,Stockholm, June 6, 1997。
③ Daniel Tarschys, "Public Policy Innovation in a Zero-Growth Economy: A Scandinavian Perspective," *International Social Sciences Journal* (31) 4 (1987), p. 699.
④ 同上,p. 699. 也可参见:Erik Åsard and W. Lance Bennett, "Regulating the Marketplace of Ideas: Political Rhetoric in Swedish and American National Elections," *Political Studies* 43 (4) December (1995)。

保守党试图挑战既有的观念,采取新自由主义的措施,以撒切尔夫人一般的手段对福利国家予以打击。他们召开于1985年的论坛呼吁"以一次'系统改革',让市场经济替代社会民主主义秩序"。替代措施包括"降低税收压力、公共领域开放竞争、公有企业私有化"①。事实证明,这种直接的观念挑战是纯粹的选举中的赌博,保守党为此付出了很大代价,1985年选举中的份额没有恢复到1982年的水平。

总之,保守党能够推动税收改革的唯一方式,是以嵌入式自由主义的语言来包装自己的愿望;在这么做的过程中,他们其实是强化了这些语言,而不是挑战了它们。有鉴于前面说的三个因素,国家并没有因为总工会设置障碍的能力而束手无策。资产阶级政党重现了20世纪20年代社民党没有斯德哥尔摩学派的观念加持时的情况,他们之所以不能执行资产阶级的政策,完全是因为他们没有替代性的观念,以使他们在执政时能够真正掌权。

由于资产阶级国家推进资产阶级政策失败,商业阶层意识到,现有的制度秩序——特别是其依赖的观念——必须受到挑战和替换。商业阶层认为,不能再重蹈劳工立法攻击和1976—1982年资产阶级政府失败的覆辙,他们开始部署新的观念来改变辩论所使用的语言,从而直接攻击了瑞典嵌入式自由主义的体制。对于80年代末90年代初发生的制度变化和政策转变,只有在理解商业阶层的政治化和他们所参与的观念政治之后才能真正理解。

雇主联合会的协同行动是引导潮流反对嵌入式自由主义观念和政治的关键。尽管在20世纪五六十年代的大部分时候,雇主联合会是一个非政治性组织,但一旦劳工和国家开始侵蚀资产阶级权利,新一代雇主联合会的领导人——斯图尔·艾斯基尔松(Sture Eskillsson)、奥洛夫·利扬格伦、柯特·尼科林(Curt Nicolin)以及后来的乌尔夫·劳林(Ulf Laurin)——重振了雇主联合会的结构,争夺曾经完全由总工会和"雷恩-迈德纳"提案所控制的意识形态领域。简言之,"雇主联合会大胆闯入了资本主义的市场领域"②。

---

① Martin, "Wage Bargaining and Swedish Politics," pp. 94-95.
② Heclo and Madsen, *Policy and Politics*, p. 126.

强筋健骨:瑞典商业阶层的再动员

瑞典商业阶层的结构和资源

20世纪70年代末,瑞典商业阶层日益集中,这反映在雇主联合会组织结构的变化上。虽然雇主联合会中的小公司数量在80年代有所增加,但雇员超过500人的公司在总数中的比例仍然上升了,这反映了工业的整体趋势是集中。[1] 工业集中的政治意义在于,雇主联合会的投票权——因而也是对政策的发言权——与雇员的数量和工资总额成正比。因此,决策权集中在少数人手中,主要是那些非常大的企业。此外,雇主联合会的规则禁止成员企业在集体工资协议或罢工/停工政策方面采取独立行动。违背这一禁令将被收取高额罚款。这种等级制结构能够使雇主联合会精确地锁定其财政资源。

雇主联合会的资源足以让瑞典所有政党的资源之和相形见绌。从20世纪70年代末到1987年,雇主联合会的总收入——换言之也是其所掌握的资源——翻了一番。从1978年开始,会费每隔一年增加一次,到1987年,"雇主联合会的总收入达到……9.86亿克朗"[2]。雇主联合会1987年年度报表中详细披露了两个主要基金:保险基金(作为发生产业冲突的储备金)以及担保基金(为持久性产业冲突准备的储备金,也是对成员企业的纪律约束机制)。[3] 1987年,这两个基金的价值分别为54亿和42.59亿克朗。也就是说,按照1987年价格,瑞典商业阶层能够以超过15亿美元的资金,对任何具体的争端或问题施加影响。考虑到经济规模,这样的金融影响力,能够使世界上任何其他商业组织的资源都望尘莫及。

维克多·A.佩斯托夫的研究表明,雇主联合会将其财政资源用于

---

[1] 相关数据见 Victor A. Pestoff, "The Politics of Private Business, Cooperative and Public Enterprise in a Corporate Democracy—The Case of Sweden" Unpublished manuscript, University of Stockholm, Department of Business Administration (1991), pp. 25-27。
[2] 同上,p. 71. 从这个角度看,以1987年价格计算的雇主联合会会费达到1.55亿美元。
[3] 同上。

三个主要领域:为冲突提供补偿、行政管理、宣传造势。① 从20世纪70年代末开始,宣传造势的支出急剧增加,占雇主联合会支出的比重从15%跃升至25%,并在随后的10年中保持在这一水平。② 佩斯托夫认为,这一模式"代表了雇主联合会的重点从集体谈判转向政治影响……这与反对工薪阶层基金的斗争相呼应"③。根据佩斯托夫的估计,1982年,雇主联合会在工薪阶层基金这一个问题上的宣传费用就高达5500万—6000万克朗。相比之下,在1982年的议会选举中,全部5个主要的政党总共才花费了6900万克朗。到1988年,雇主联合会的年度支出已经上升到约2亿克朗。④ 这种组织结构加上它所掌握的巨额资金,为雇主联合会提供了改造瑞典嵌入式自由主义的重要资源。

为了实现这一目标,瑞典的商业阶层与美国同行一样,制定了一套双管齐下的策略来削弱制度并进行意识形态竞争。具体而言,商业阶层旨在通过颠覆法团主义的基础,来削弱经济治理制度。然而,正如第一章所详述的,对这种制度削弱的论述,只是描述现有秩序的不稳定,而不解释其替代方案的兴起。商业阶层将这种不合作的策略与一场长期的意识形态运动结合起来,这场运动旨在使瑞典嵌入式自由主义运动失去合法性并瓦解,以将新制度推上高潮。然而,雇主联合会花了相当时间才意识到,为了击败总工会,它必须击败总工会的观念,而不是在数量上压过总工会。因此,雇主联合会为瑞典自由主义的脱嵌所做的努力,以相当传统的方式开始了。

秀肌肉:大规模停工与其他劳动市场措施

在1976年《共同决策法》通过之后,雇主联合会宣布"萨尔特舍巴登协议"作废。很快,在1977年,"雇主联合会计划在两周内给22万名工薪雇员停职,但大规模的劳动市场冲突在最后时刻被制止了"⑤。抵抗停职的力量主要有两股。首先,在1977年,雇主联合会关于投票权和成员

---

① 尽管雇主联合会在其论述中没有对"宣传造势"进行详细说明,但"其他行政开支"可以用作一个替代性的测量。"其他行政开支包括其他项目中没有罗列的所有开支,包括临时性的政治运动、舆论形成、超组织(meta organizations)等政治活动。"Pestoff, "The Politics of Private Business," p. 75.

② 同上。

③ 同上,p. 76.

④ Pestoff, "Towards a New Swedish Model," p. 163.

⑤ 同上,p. 157.

企业独立行动的改革在1977年停职潮期间尚未完成，因此，许多企业（尤其是小企业）可以在停职潮期间搭便车而免于处罚。其次，1977年是这段时间经济下行的低点。在这样的不确定性环境里，很多企业都不愿意引起长期的劳动冲突，对于很多依赖国家补贴的大企业来说，这是特别重要的考量因素。在经济衰退之初，执政的社民党"为同意继续生产和储备商品的企业提供补贴"[①]。由于停工明显会耽误商品生产从而影响获得补贴，许多大企业并不愿意做这样的牺牲。在这个环境下，雇主联合会的许多成员企业认为积极煽动产业冲突的政策过于激进。因此，"为了应对这一困境，雇主联合会的主席柯特·尼科林认定，要想避开现有的集体议价机制，必须将其摧毁"[②]。

这项摧毁工作开始于1980年，雇主委员会拒绝了所谓的瑞典经济的"EFO模型"。这个模型被用于工资谈判，因为它能够根据未来的投资率预测经济体吸收工资上涨的能力，并与经济体的竞争水平相对比。[③] 雇主委员会主张，由于企业不愿意按先前的债务水平进行投资，因此"EFO模型"是多余的。虽然如前所述，可以认为这一做法只是布雷顿森林体系瓦解之后，更宏观的企业财务转型的一部分，但是也必须注意到，通过否定这一财务模式，总工会和社民党所提出的工薪阶层基金的基本逻辑被有力地否定了。同样地，随着推出建立在"EFO模型"之上的协议，"团结工资"和"雷恩-迈德纳"的逻辑以及劳动力的制度框架也同样多余了——看似中立的市场力量能够超越它们。[④]

同样在1980年，雇主联合会成功地实现了1977年没能实现的停职潮。当罢工开始出现苗头时，雇主联合会不顾成员企业的反对，以"雇主团结"的名义，对近300万工人实施了停职。当时，雇主联合会主席尼科

---

① Joachim Israel, "Swedish Socialism and Big Business," *Acta Sociologica* 21 (4) (1978), p.351. 这类补贴构成了储备商品价值的20%。
② Pestoff, "Towards a New Swedish Model," p. 157.
③ 这一理论是1968年三位分别代表雇主联合会、总工会、白领工会"瑞典职业雇员联合会"的经济学家提出的。
④ 关于这些论点，见 Pontusson, *The Limits of Social Democracy*; Martin, "Wage Bargaining".

林将这场冲突描述为"对未来的投资"。① 尽管从短期看,停职潮对雇主委员会来说代价高昂,但从长期看,这场冲突激发了雇主联合会的行动能力。正如佩尔·奥洛夫·埃丁在谈到雇主联合会的战略时指出:"他们之前[在停职问题上]输掉了,他们意识到自己无法击败总工会。那么他们能做什么呢?正确的做法不是让雇主联合会变得强大,而是让总工会变得脆弱。"②削弱总工会意味着削弱总工会的组成部分,1983年金属工人工会脱离总工会的集中化协议,就是对集体谈判制度的下一个打击。有些学者将这次脱离活动视为对工资上浮[wage drift,指通过加班或其他方式使实际支付的工资超过工资水平——译者注]的理性反应③,但是,这次脱离活动也完全符合20世纪80年代总工会活动背后的整体政治策略。④

1983年,在雇主联合会和总工会的年度协商会议之前,雇主联合会"宣布不再进行任何集中谈判……最终目标是将劳资协议限定在各个企业范围之内"⑤。金属工人工会的叛变,显然是因为该工会与工程业雇主联合会达成了一项新协议,在集中谈判时由雇主联合会提出、总工会接受的初始工资水平基础上,该工会可获得一笔额外薪酬。谈判期间担任金属工人工会领导人的李夫·布隆伯格(Lief Blomberg)是新近上任的,在业已分裂的工会中缺乏持续有力的支持者。在当时的环境下,他

---

① 引自:Victor A. Pestoff, "The Demise of Concerted Practices and the Negotiated Economy in Sweden," in Tiziano Treu, ed., *Participation in Public Policy Making: The Role of Trade Unions and Employers Associations* (New York: Walter de Gruyter, 1992), p. 238。这次罢工本身也是由雇主联合会造成的,雇主联合会的路线是"裁撤公共部门经费是一切工资提升的前提"。Pontusson, *The Limits of Social Democracy*, p. 110.
② 作者与佩尔·奥洛夫·埃丁的访谈,斯德哥尔摩,1997年6月6日。
③ 关于1983年金属工人由于工资上浮而脱离总工会,相关讨论参见:Andrew Martin, "Trade Unions in Sweden," in Peter Gourevitch, ed., *Unions and Economic Crisis: Britain, West Germany, and Sweden* (London: Allen &c Unwin, 1984); Swenson, *Fair Shares*, pp. 171, 227; Jonas Pontusson and Peter Swenson, "Labor Markets, Production Strategies, and Wage Bargaining Institutions: The Swedish Employer Offensive in Comparative Perspective,"*Comparative Political Studies* (29) 2 (1996).
④ See Stephens, "Is Swedish Corporatism Dead",各处。
⑤ Pestoff, "Joint Regulation," p. 327.

无法拒绝雇主的提议。① 因此，雇主联合会能够用分而治之的策略来削弱集体谈判体制。但是，这些体制并没有弱化到失去了正当性。真正要削弱这些体制的正当性，雇主联合会必须直接挑战现有制度背后的观念。而在这个问题上，雇主联合会又一次以传统方式行事了。

秀肌肉：否决工薪阶层基金

最初，挑战旧制度背后的观念的重要性，不如在劳动力市场进行对抗。这个行动方向中，有两个事件特别突出。首先，雇主联合会1977年宣布"萨尔特舍巴登协议"作废之后，同年就在新设置的年度会议中将支持市场的意向公开化。很显然，设置年度会议是为了回应小企业的怨言，即雇主联合会没有充分代表其利益。然而，既然雇主联合会中投票权与会费挂钩，而会费又是总工资水平决定的，因此这一会议很难说是个民主会议。事实上，这个会议也从来不打算成为一个民主会议。这一会议的主要功能是让媒体广泛报道，将公众的注意力引向雇主联合会所提出的支持市场的议程。自设立之初，年度会议就在履行这一职能——让媒体广泛报道，一年一度，年复一年。

6年之后的1983年，雇主联合会带领来自瑞典各地的10万名企业主在斯德哥尔摩集会，抗议工薪阶层基金。虽然这次集会号称自发行动，但实际上是在掩护下高度组织过的，组织机构是临时成立的，叫作"十月四日委员会"。雇主联合会的出版社和智库机构"廷布罗"（Timbro）在描述十月四日当天的集会时这样说："近十万人的集会，不经过细致的计划、周密的组织和准备工作是不可能实现的。谁承担了这一责任呢？"②这份报告随后指出，委员会由"24个人组成——包括重要的实业家，比如森林工业集团（MoDo）的马茨·卡尔格伦（Matts Carlgren）先生、伊莱克斯（Electrolux）公司的约斯塔·贝斯特德特

---

① 参看：*The Limits of Social Democracy*, pp. 171-172。这次脱离也有政治基础，雇主联合会自1977年以来一直试图争取机械部门的工会。参看：Martin, "The Politics of Macroeconomic Policy," pp. 255-256; Stephens, "Is Swedish Corporatism Dead," p. 5; interview by the author with LO chief economist Edin, Stockholm, June 6, 1997。1991年布隆伯格对雇主联合会的反应已经有所不同："[雇主联合会中]支持'瑞典模式'的人们为市场的代言人所取代……雇主联合会强调形成政治舆论，而不是为工资改革负责……将英美作为理想的新自由主义者……毫不在意工资差别和不平等正在以灾难性的速度上升这一事实。"Blomberg, quoted in Pestoff, "Towards a New Swedish Model," pp. 157-158.

② Larsson and Holmberg, *Vändpunkt*, p. 26.

(Gösta Bystdet)先生、PLM公司的乌尔夫·劳林先生,也包括中小企业的负责人。"①这一策略的其他方面包括对于工薪阶层基金成本与收益的"公共信息"条款,名为"给自己一个机会"和"通货膨胀"。70年代末和80年代的这些临时性的政治运动和攻击针对集中协议制度,很大程度上使得工薪阶层基金在1983年上升为法律时,仅仅剩下了装点门面的内容。虽然雇主联合会击退了工薪阶层基金的提议,但他们在观念斗争战线上的计划在1983年时才刚刚开始。尽管雇主联合会很大程度上是直接参与了发展了新观念,但他们同时也像美国商业阶层一样利用了许多智库,这些智库都是在雇主联合会或其旗下成员的赞助下运作的。

挑战嵌入式自由主义

商业阶层与新斯德哥尔摩学派

20世纪三四十年代,雇主联合会定期召集一个临时性机构,叫作"总裁俱乐部"(Club of Directors)。"总裁俱乐部"执行两项策略。一方面,由于"萨尔特舍巴登协议",也出于对未来社民党在政治议程上的主导地位的担心,这个俱乐部认为,商业阶层应当在政党方面采取非政治化的立场,并在战后时期始终保持与社民党积极合作的态度。但是,另一方面,就像第四章中所说的那样,在社民党谋求1948年连任的过程中,这个俱乐部的成员越来越担心经济计划死灰复燃,也越来越担心瑞典版的长期停滞论会成为可能的替代性经济策略。

雇主联合会与其他商业团体——例如瑞典银行家协会(Association of Swedish Bankers)——合作成立了私有工商业联合委员会(Joint Committee for Private Commerce and Industry,简称"工商联"),并且重新激活了一个濒死的机构——瑞典自由企业基金会(Swedish Free Enterprise Foundation,简称"自基会"),想要在1947年阻击长期停滞论的威胁。他们在1948年选举中击败国有化和经济计划的提案之后,这些机构回到了非政治化的立场上,成为经济改革的消极观察者,而不是积极参与者。然而,在70年代初的抗争中,这些组织又活跃起来,成为雇主联合会攻击嵌入式自由主义的组织工具。

---

① 同上。

正是借助这些组织,20世纪80年代雇主联合会的宣传活动得以在多个层面展开。最明显的宣传方式是组织临时委员会,就某一具体事务进行大众宣传,比如前面所说的"十月四日委员会"。但应当说,雇主联合会最有影响力的机制是正式的智库和出版机构。这里面有两家特别突出,都是由"工商联"和"自基会"直接赞助的:商学和政策学中心(Center for Business and Policy Studies,简称"商政中心")与廷布罗。对于理解瑞典嵌入式自由主义的转变而言,这两家机构的重要性怎么说都不为过。但是,"商政中心"之所以变得如此重要,还是因为瑞典学院派经济学家和公共舆论领袖在此之前就转变了观念,这与发生在美国的情况又是很相似的。

20世纪80年代初期,瑞典经济学的主要人物是阿萨尔·林德贝克。尽管林德贝克在1976年时因为工薪阶层基金的问题而离开了社民党,但是他在写作学术作品和更通俗的经济宣言时依然是坚定的凯恩斯主义者。[1]然而,80年代早期,林德贝克的作品开始吸收更多货币主义和理性预期理论的基本预设;尤其在这一时期,他的作品在分析性和政策性的结论方面都特别反对集体主义、支持商业阶层利益。埃丁在分析这一时期瑞典经济思想的转变时指出,"瑞典体制内几乎所有经济学家都面临着巨大的压力。70年代时,几乎所有瑞典经济学家都是凯恩斯主义者。最早转变的是阿萨尔·林德贝克,他非常重要,但他的转变并不彻底。而其他人[更年轻的经济学家]转变得非常彻底"[2]。随着林德贝克发生转变,瑞典的经济学也发生了大变革,曾经难以想象的事情很快变成了新的正统思想。[3]

在这种新自由主义的观念转变之下,瑞典的学院派经济学家们开始对瑞典的嵌入式自由主义制度进行全盘批判,为雇主联合会的新议程提供了力量。阿格尼塔·休格马克总结了瑞典围绕福利国家的学术话语的变化,追踪了亲市场的新自由主义观念在正式的政府报告和瑞典经济

---

[1] 例如,参见:Assar Lindbeck, *Inflation: Global, International and National Aspects* (Leuven: Universitaire Pers Leuven, 1980)。然而,另见 Idem., *The Political Economy of the New Left: An Outsider's View* (New York: New York University Press, 1977)。

[2] 作者与佩尔·奥洛夫·埃丁的访谈,斯德哥尔摩,1997年6月6日。

[3] 瑞典经济思想的转变和林德贝克在其中的角色,详见:Johan Lonroth, *Schamamerna: Om ekonomi som forgylid vergdag* (Stockholm: Bokforleget ARENA, 1993); Torsten Sverenius, *Vad hände med Sveriges ekonomi efter 1970? en debattbok* (Stockholm: Fakta info direkt, 2000)。

学家的主要的"辩论刊物"《经济争鸣》(Ekonomisk Debatt)中的演变过程。[1] 休格马克指出了这些新的经济学观念是如何在三个不连续的阶段中渗透到瑞典关于福利供给的辩论中的。

首先,"从这个阶段的一开始,人们就认为公共部门正在成为一个问题",经济学家要具有"以新古典主义理论的方式论述不同活动"的能力,才能为他们关于福利制度的观念争取到科学的可信度。[2]这些制度最初被视为关于发展的普遍性宏观经济学问题的一部分。然而,20世纪80年代,学院派经济学和通俗经济学的焦点都发生了变化,正如其他国家的经济学理论所经历的那样,公共选择理论成了分析福利国家的主要方法。这些观念已成为讨论的主要框架,辩论的焦点就从福利国家是否导致效率损失,转变为如何衡量这种损失,最终变为以有效的建议来消除这种损失。

关于经济的本质和国家在经济中的角色的学术观念发生了转变,正是在这一背景之下,隶属于雇主联合会的智库"商政中心"才变得重要。"商政中心"支持了批判瑞典模式体制的研究,并将这些新观念传播给一批精英且有影响力的公众。在20世纪80年代末90年代初,"商政中心"的做法在设置瑞典政策议程和制度发展方面非常具有影响力。

传播新观念

"自基会"在1948年成立"商政中心"时的考量,是以此抗衡总工会经济学家,对政府经济政策施加影响,不过到这时候,"商政中心"经过20年发展,已成了独立的商业研究机构。"商政中心"描述自己是"私有非营利组织,旨在推进对公共决策者有重大影响的经济和社会议题的研究"[3]。"商政中心"并不认为自己是美国企业研究所或传统基金会那个意义上的智库。事实上,它视自己为政治中立的机构,主要功能是说出

---

[1] Agneta Hugemark, *Den fängslande marknaden: Ekonomiska experter om välfärsstaten* (Lund: Arkif Förlag, 1992).
[2] 同上,p. 210。
[3] SNS: The Center for Business and Policy Studies (Stockholm: SNS, 1992), p. 1. 这类研究是由7个常驻研究小组执行的,他们研究的问题包括"公共部门""经济政策""政治体制"。"商政中心"还发布了一份影响深远的报告,本章后面部分将涉及。

关于瑞典经济和政治的科学真相。① 然而,"商政中心"的经济学出版物一直遵循着非常正统的新古典主义路线,强调任何形式的社会组织,只要不是以个体之间的市场交换为基础,都是没有效率的,因此国家的角色应当被限制在一定条件之内。

"商政中心"的首席经济学家汉斯·索德斯特罗姆的著作,对 20 世纪 80 年代末的社民党政府和 90 年代初的保守党政府影响最大。索德斯特罗姆提倡一种基于规范的(norm-based)、非自由裁量的宏观经济学,这种经济学将超越和摒弃传统的社会民主主义体制。② 自 70 年代末以来,索德斯特罗姆一直公开呼吁非干预策略的必要性。"商政中心"最初的观点是,充分就业"迎合"了工会的要求,这不可避免会造成通胀。后来,随着宏观经济思维的整体性转变,政府本身也被认为是通胀的直接原因。因此,"商政中心"主张坚持"规范政策"(normpolitik),这是一种降低预期的外部性政策,其核心是非适应性的固定汇率。③

"规范政策"就像一般性的公信力理论一样,认为政府的基本问题在于民主制度。"规范政策"与第五章所说的公共选择理论一样,提出非最优的、无效的政府开支模式会变得尾大不掉,因为政府不得不回应局部利益,而不是社会整体利益。瑞典问题的特殊性在于,由于嵌入式自由主义制度确保了就业率高于"自然水平",因此经济体内部会发生各种各样的分配偏差。这些偏差反过来导致经济增速减缓、通货膨胀加剧。国家要想克服这种病态局面,必须放弃操纵利率、汇率、预算——这三个宏观调控的主要工具——只为实现经济短期繁荣的做法。④ 相反,最好的政策是让央行保持独立,并确立可靠的通胀规范,也就是说,不论发生何种情况,政府都要将汇率和通胀控制在既定水平。这一政策的目的是强

---

① 科学的外衣对于"商政中心"而言非常重要,具体表现是"商政中心"有一个包括两名经济学家和三名历史学家的常任科学顾问委员会。索德斯特罗姆在 1997 年 6 月 5 日于斯德哥尔摩接受作者访谈时重申了这一点。
② 参见:Hans Tson Söderström, "Den nya skepticismen", *Ekonomisk Debatt* 2(1) (1978)。
③ 对于规范政策及其后果的出色讨论,参见:Carl Hamilton and Dag Rolander, *Att leda Sverige in I Krisen: moral och politik I negdgdngstid* (Stockholm: Norstedts Förlag, 1993), pp. 33-61。对于索德斯特罗姆本人的观点,见 Hans Tson Söderström, *Normer och ekonomisk politik* (Stockholm: SNS, 1996)。
④ 对于"商政中心"立场的典型例子,参见:Ingemar Hansson, Hans Tson Söderström, et al., *Vägen till ett stabilare Sverige* (Stockholm: SNS, 1985); Magnus Henrekson et al., "Disinflation, Integration and Growth: The Swedish Economy in 1992 and Beyond," *SNS Occasional Paper* 37, June (1992)。

化市场预期的公信力,即政府不会执行通胀政策。一旦公信力得以确立,理性行动者会下调自己的预期,而价格和工资也会随之下跌,通胀就可以平稳地得到控制。我们很快会在本章后面部分看到,"商政中心"支持这种"规范政策"的观念,在 20 世纪 80 年代后期对瑞典的经济政策有举足轻重的影响。

与此同时,"自基会"的另一个主要的观念制造机构——廷布罗,试图影响高品质的金融媒体,特别是《每日产业报》(*Dagens Industrie*)和《每日新闻报》(*Dagens Nyheter*)。廷布罗本身不进行研究,而只是作为"一个平台,一个论坛,我们是中介,信息的中介,介绍那些我们认为作出了有趣贡献的人,让他们能够发表自己的观点"①。廷布罗非常善于将公共选择论带入瑞典公共讨论,使之不再局限于高层决策者。

两个版本的公共选择论对批判福利国家起到了基础性作用,在瑞典被称为"体制失败"论。第一个版本主要来自阿萨尔·林德贝克和一些"商政中心"的经济学家,重点是"福利国家制度的回报长期而言是非线性的(滞后的)"这一假设。这一观点认为,长期而言,随着福利国家制度变得越来越全面和复杂,公共部门整体会增长,这一制度不再对经济有利,而会成为经济的负担。尽管这一学说试图对这一过程建立模型,并/或给出计量经济学的证据,但直至今日,这一论战依然可以说没有定论。②

就像前面说的那样,廷布罗很擅长让更广泛的公众和参与决策的精英来关注这一论战。廷布罗抓住了福利国家的增强与增长率明显下降同时发生的契机,运用公共选择论分析这一数据,提出国家的寻租活动与有效市场原则和分配存在内在冲突。正如廷布罗的总裁所评论的那样:"我认为廷布罗的主要贡献之一,是将公共选择论从学院派经济学家的封闭圈子带到了……更广泛的意见领袖群体之中。"③廷布罗从这个角度为瑞典问题发明了一个说法,叫"瑞典硬化症"(Suedo-Sclerosis),

---

① 作者与廷布罗主席林德(P. J. Anders Linder)的访谈,斯德哥尔摩,1997 年 6 月 13 日。
② 关于这一理论的总结,见沃尔特·科皮(Walter Korpi)和马格努斯·亨雷克送(Magnus Henrekson)的交流,"Economists, the Welfare State and Growth: The Case of Sweden," *Economic Journal* (106), November (1996).
③ 作者与廷布罗主席林德的访谈,斯德哥尔摩,1997 年 6 月 13 日。

这个说法很受公众认可。[1]

廷布罗和"商政中心"在扩大这些观念的受众方面有多成功,克莉斯蒂娜·博雷乌斯做了测量,她研究了廷布罗的主要目标——高品质媒体中,亲市场话语的转变。[2] 她发现,在保守的《瑞典日报》(Svenska Dagbablet)的专栏文章中,她称之为"新的自由主义"(new liberal)观念的比重在 1975—1989 年间从 30% 上升到 70%。同样,在 1971—1989 年期间,自由派日报《每日新闻报》中,这些观念的比重也从 15% 增加到 30%,尽管波动幅度更大。

虽然这些数字体现的是新观念对精英舆论的巨大影响,但我们必须记住,"商政中心"和廷布罗只是整个商业阶层所发动的更大攻击中的一部分。还是像廷布罗的总裁所指出的:"发生的事情不仅仅是廷布罗,真正重要的事情是雇主联合会本身强化了意见表达,并开始与普通公众沟通,因为他们有足够的财力来做这件事。"[3]总之,当我们将商业阶层政治化的重要性、它所掌握的资源、它所倡导的理念纳入考量时,瑞典嵌入式自由主义转型就会呈现出一幅相当不同的图景。

嵌入式自由主义复苏?

"第三条道路"

正如前文所说,这一时期的资产阶级统治打破了旧制度的两大基本

---

[1] 例如,参看:Ingemar Stahl and Kurt Wickman, *Suedo-Sclerosis: The Problems of the Swedish Economy* (Stockholm: Timbro, 1995)。实际上,沃尔特·科皮曾说:"瑞典经济学家大量地从美国经济学家那里借用观点,以此说服瑞典的政治决策者将'硬化症'诊断作为决策的基础。"Walter Korpi, "Euroscleosis and the Sclerosis of Objectivity: On the Role of Values among Economic Policy Experts," *Economic Journal* (106) November (1996), p. 1741.

[2] Kristina Boréus, "The Shift to the Right: Neo-Liberalism in Argumentation and Language in the Swedish Public Debate since 1969," *European Journal of Political Research* (31) (1997); Idem, *Högervåg: Nyliberalismen och Kampen om sprdket I svensk debatt 1969—1989* (Stockholm: Tidens förlag, 1994)。值得注意的是,尽管博雷乌斯的研究关注的是她所说的"新的自由主义",包含了严格而言并不属于经济学争论的道德因素,但她的研究依然出色地指出了精英层面的话语和意识形态转变。博雷乌斯的研究说明了在意识形态竞争中掌握概念的重要性。能否掌握意识形态的高地,往往取决于人们接受谁对"自由"之类概念的定义。

[3] 作者与廷布罗主席林德的访谈,斯德哥尔摩,1997 年 6 月 13 日。

观念：首先，政府应该管理市场环境，而不是回应工业界的关切；其次，在商业周期内，预算应当持续保持平衡。资产阶级政府这两大教条，这一时期的供给短缺使他们采取了大规模的国有化措施。因此，在1976—1979年间，政府在产业政策上的开支增加了4倍。① 这种极端的开支方式是由借贷融资来支撑的，1981年时，政府赤字上升到了GDP的13%，而公共开支规模则从GDP的52%上升到了65%。②

在这一业已不确定的环境中，资产阶级联盟的失败使得社民党决定，要在玛格丽特·撒切尔的通缩政策和弗朗索瓦·密特朗的通胀政策之间，找到"第三条道路"。对于社民党来说，解决方案靠的是提高GDP的增长；由于瑞典的贸易环境，增长必然会是出口导向的。另外，社民党接受了资产阶级政府的观点，即公共部门的赤字和债务水平必须降低，因为这些都会加剧通胀。③ 货币贬值的观念是"第三条道路"的核心，这一思路来自社民党内所谓的改革派，具体而言就是谢尔·奥洛夫·费尔德（Kjell Olof Feldt）、克拉斯·埃克伦（Klas Eklund）、英瓦尔·卡尔松（Ingvar Carlsson）。

"第三条道路"产生于1981年费尔德和卡尔松所撰写的"危机报告"，这份报告在社民党基层广为流传。这份报告指出，国家不应该依靠工薪阶层基金来提供公共投资，而应该更为紧缩并削减预算，以稳定经济、刺激私人投资。这些观点在1971年投给社民党报纸《工作情况》（Arbetet）的一封信中更为明确。这封信题为"良药苦口"（Here Is The Bitter Medicine），作者是埃克伦和一些亲社民党的年轻经济学家。这封信要求对瑞典的嵌入式自由主义制度作出彻底的修正。④

埃克伦等认为，要促进生产，必须牺牲消费；这样，就必须减缓工资增长，通过削减成本来提高国际市场份额。埃克伦等在论述这些观点

---

① OECD, *Economic Surveys*: *Sweden*, *1976—1982* (Paris: Organization for Economic Cooperation and Development, 1982). 关于1976年的危机及其后果，参见：Peter Walters, "Sweden's Public Sector Crisis before and after the 1982 Elections," *Government and Opposition Summer* 18 (1) (1983), p. 26. 事实上，这一时期自由党工业部部长尼尔斯·阿斯灵（Nils Asling）被称为"伤亡病房部长"，参见：Henning, "Sweden: Political Interference with Business," p. 23.

② Richard Scase, "Why Sweden Has Elected a Radical Government," *Parliamentary Affairs* March (1982), p. 45.

③ Neil Fraser, "Economic Policy in Sweden: Are There Lessons from the Swedish Model," *International Review of Applied Economics* 1 (2) (1987), p. 218。

④ "Härär hästkuren," *Arbetet*, February 18, 1981.

时,颇为坦率地承认,"这样的发展方式必然会提高利润,而劳工运动必须接受这一事实"[1]。这一政策所暗示的国民收入分配方式,意味着需求——尤其是进口需求——不得不受到削减,并转移到出口部门。因此,这是古典"挤压理论"的现代版,财政赤字和整个公共部门都被认为必须被缩减,以防止公共部门比能够产生收益的私有部门优先占有资源。在这些新观念的影响下,社民党谋求通过某种政策,促使国际贸易消费瑞典商品,从而提升需求;如此看来,货币贬值似乎是唯一的方法。因此,"第三条道路"的核心政策就是在1981年货币贬值10%的基础上再贬值16%。[2]

货币贬值在最初大获成功,但随即就遇到了问题。出口在1983年上升了10.7%,1985年上升了6.5%,但是1984—1985年间,投资却以平均每年16.2%的速度上升。1985年时,政府开支的增长已经完全被遏制了,赤字减少到占GDP的仅仅2%,而失业率降回到了2.9%。[3] 然而,社民党很快面临的问题并不在经济层面上。隐藏在"第三条道路"背后的政治再分配,将会加剧商业阶层和劳工阶层之间的张力,并且进一步动摇既有秩序。

新分配政治

正如彼得·沃尔特斯所言:"第三条道路与战略性再分配密切相关:利润水平长期上升,目的是为投资提供资金,代价则是工资没有相应上涨。这种从收入到资本的资源转移不能说是为了公平,只能说是经济上有必要性。"[4]因此,"第三条道路"构成了国家重新定义嵌入式自由主义的内容的尝试,即从"雷恩-迈德纳"体制所强调的效率与公平相结合,转向效率与价格稳定的新古典主义观点,以此作为国家的主要政策目标。

恰好在这一时期,如前文所述,在击败工薪阶层基金之后,雇主联合会正在尝试在工资确定问题上摆脱总工会,这样国家要求总工会接受新

---

[1] 同上。
[2] 最初的政策试图以一次性贬值提高竞争力,而后将瑞典克朗与德国马克相捆绑,保证通货膨胀不会蚕食已经获得的竞争优势。然而,在欧洲统一货币还没有出现时,德国联邦银行对这一提议非常犹豫,而总工会则拒绝这一提案潜在的通货紧缩。因此只好允许瑞典克朗浮动。
[3] 数据来自:Fraser, "Economic Policy in Sweden," p. 218.
[4] Peter Walters, "Distributing Decline: Swedish Social Democrats and the Crisis of the Welfare State," *Government and Opposition* 20 (3) Summer (1985), p. 362.

的再分配制度变得更为棘手。过去,总工会在工资方面的自主性神圣不可侵犯,好比商业阶层在所有权上的自主性一样。但现在,正像总工会挑战商业阶层对所有权的自主性,国家也开始对总工会在确定工资方面的自主性施加压力,这一举措不可避免地在国家和工会之间产生冲突。工资限制(主要归功于有效的政治压力)最初成功地避免了由货币贬值引发的输入性通胀,尽管工程行业工人拒不执行。然而在1984年,主要出口企业的高利润水平,以及不隶属总工会的白领工会的工资上浮,使总工会对国家的合作立场打了折扣。

尽管存在着这些紧张的政治关系,但"第三条道路"作为一种恢复经济的尝试,似乎成功得过了头。1985年,汇率贬值幅度已经明显过大,超过了目标。这使得经济容易受到输入性通胀的影响,从而压低了实际收入,加剧了劳工阶层的分配焦虑。在这种情况下,劳工阶层认为国家通过新的分配策略放弃了其平等和普遍主义的承诺,团结工资的负担和上涨的进口成本更沉重地落在工会身上,总工会认为再分配是零和博弈,而商业阶层正从中渔利;在这一背景下,工会本身也开始掉头反对"第三条道路"。[1]

到1985年,在工会的鼓动下,实际工资的增长速度达到年化12%。[2] 1982年货币贬值的竞争效应因此被削弱了,工业动乱也在增加。同时,创纪录的行业利润与要求限制工资的呼声交织在一起。到1986年,瑞典金属工人工会主席李夫·布隆伯格(他在1983年宣布脱离总工会的集中化协议)提出:"需要打击的是资本家,而不是工人",此时,GDP的增速已经下降到1.6%。[3] 由于增速下降,"第三条道路"没有像预期那般收获投资红利,可谓意料之中。

"第三条道路"在政治上的最终效果是将分配政治化,并进一步强调瑞典嵌入式自由主义的体制。然而,最终导致这些制度瓦解的不是经济

---

[1] 正如马丁所说:"从劳工阶层到商业阶层的再分配高于必要程度,这阻碍了提出利益诉求的组织之间达成协议……高于不得不如此的程度。" Andrew Martin, "Macroeconomic Policy, Politics and the Demise of Central Wage Negotiations in Sweden," paper prepared for the Peder Sather Symposium, Center for West European Studies, University of California, Berkeley, March 21, 1996, p. 10. 另见 Magnus Henrickson, "The Devaluation Strategy and Its Effects on the Structure of the Swedish Economy," *Research Report* 34 (Stockholm: Trade Union Institute for Economic Forecasting, 1990), table 1, p. 46.

[2] 数据来自《经济学人》,1985年3月9日,p. 117.

[3] 布隆伯格,引自《经济学人》,1986年2月1日,p. 58,数据来自同一期。

问题本身。相反,商业阶层在20世纪70年代末开始了长期的意识形态争论和削弱制度(institutional withdrawal)运动,这些运动聚焦于制度变迁的三个具体领域,以此实现这一功能:放松金融管制、税制改革、汇率政治。正如第一章所强调的,虽然"粗暴"的经济因素可能会削弱制度秩序,但观念在决定如何打破这种秩序以及如何塑造取代它的制度方面起着关键作用。

改革嵌入式自由主义

吹起泡沫的观念:自由市场与公平税制

瑞典货币政策想要支持嵌入式自由主义制度,因而在历史上主要手段是保持低利率,并通过控制信贷避免经济过热。然而,由于瑞典执行开放的出口导向经济,控制信贷和资本总归不是最优策略。此外,20世纪60年代末不断加重的外部不平衡,要求收紧对信贷市场的监管;同时,劳工阶层追求嵌入式自由主义的深化,这要求住房建设和其他社会支出具有更大的流动性。这些信贷市场管制的一个后果是,"银行的投资组合越来越集中于固定利息的政府债券和住房债券,而牺牲了对家庭和企业的常规贷款"。[①] 这种借贷模式催生了金融业的所谓"灰色市场",这些金融公司挖掘消费者借贷的潜在市场,但不受正规银行的监管。这个灰色市场在70年代末80年代初迅速增长;并且随着美国和其他地方呼吁放松管制的潮流,瑞典的金融利益集团开始鼓动放松对国内金融市场的管制,以利用这一潜在的需求。

对执政的社民党来说,放松管制有利有弊。弊端在于,放松管制之后货币政策将更难控制,因为国家调配信贷的能力被削弱了。而好处在于,财政赤字更容易通过融资解决。由于"第三条道路"在短期内需要大量成本,因此财政部对放松管制的冲动睁一只眼闭一只眼,而央行则热情地支持放松管制。国家开始发行国债券,以利用这种新的信贷状况,而私人金融企业则开始为经济体泵入越来越多的资金。

政府没有通过监管来消除这些不平衡,反而在1983年取消了关于

---

① Peter Englund, "Financial Deregulation in Sweden," European *Economic Review* 34 (1990), p. 385.

银行持有债券的限制,进一步增加了信贷市场的流动性。不久之后,对银行购买外国和国内股票的限制也取消了;1985年5月,瑞典央行(Riksbank)取消了利率管制。与1981年美国废除"Q条例"相类似,1985年11月发生了所谓的"十一月革命",瑞典央行废除了对贷款上限的限制。① 正如"Q条例"的废除引发了储蓄与贷款机构的崩溃,加剧了美国信贷系统的不稳定,瑞典信贷市场的放松管制也将产生类似的有害影响。

社民党的埃克伦当时是财政部内部放松管制的主要支持者之一,他把现有的制度称为"瑞士奶酪,洞比奶酪多"。② 鉴于灰色市场正在破坏旧监管体制的效率,最好的办法是诉诸格雷姆法则[Gresham's Law,即"劣币驱逐良币",作者此处反用——译者注],通过让市场决定信贷价值,"良币驱逐劣币"。③ 这种政策可能会造成暴利贷款和信贷泡沫,决策者希望通过"利率阶梯"(interest rate ladder,瑞典语:ranttetrappan)这一工具来避免这种情况,即随着中央银行交易量的增加,利率自动提高。不幸的是,事实证明"利率阶梯"是完全无效的政策工具。

正如托尔斯滕·斯文松所说,由于被压抑的信贷需求,银行和金融机构之间的状况变得类似于多人囚徒困境。理性的做法是先把钱贷出去,然后获得优质债。然而,由于缺乏对优质贷款的监管,银行的信用风险增加,因此用优质贷款来弥补劣质贷款就更为重要。④ "利率阶梯"要监管的是平缓上升的贷款额,而事实上是银行之间相互倾轧,想要尽可能快地把钱贷出去。在仍有外汇管制的封闭环境中,这创造了大量的信贷。由于存在外汇控制,资本无法离开国内市场以寻求更高回报,来偿付最初的贷款。结果,资产价格和商业地产价格急剧上升。⑤

繁荣的房地产市场可以带来巨大的投机利润。随着对贷款需求的增加,人们需要资产来为这些贷款作抵押,因此资产价格被抬高了。资

---

① 这一论述见于:Torsten Svensson, *November-revolutionen: Om rationalitet och makt I beslutet att avreglera kreditmarknaden Rapport till expertgruppen för studier I offentlig ekonomi* (Stockholm: SOU Finansdepartment, 1996).
② 作者对埃克伦的访谈,斯德哥尔摩,1997年6月16日。
③ 同上。
④ Dwight M. Jaffee, "The Swedish Real Estate Crisis," *SNS Occasional Paper* (59) November (1994), pp. 81-2.
⑤ 1990年,在投机周期的高潮,斯德哥尔摩的办公用地价格仅次于马德里。见 *Bank of International Settlements Annual Report* 1994 (Basle: Bank of International Settlements, 1994), p. 54, table 3.

产价格的上涨又使这些资产本身成为越来越紧俏的商品,对它们的需求因而进一步增加,这又提高了对贷款的需求。然而,那些新贷款是使用同一批抵押资产作担保的,因此,为了能与债务相当,资产价格不得不继续上升。正如德怀特·M.谢菲所说,在这种情况下,"由于投资者用当前的高资产增值率推算未来,因此他们对房地产贷款的实际利率的感受会进一步降低……[由此创造出]一个自我实现的累积性扩张"①。在这种环境下有可能出现这种情况:债务人以资产为抵押借款,用以支付当初购买这一资产的贷款。同时,实际利率的下降意味着银行资产的回报率在加速下降,因此银行也有必要增加贷款额度。②

实际利率和借贷成本下降的环境下,信贷需求可以自我实现,因为资产价格的上涨导致对借贷的更大需求,需求上升又进一步提高资产价格。结果,经典的投机泡沫形成了;在泡沫经济中,经济的短期表现似乎很好,1989年失业率降到了1.4%。③ 然而,经济繁荣之下,泡沫破灭即将来临。戳破泡沫的是税制改革和"规范政策"的副作用。

按照从美国和其他国家引进的税收新观念,"80年代末,瑞典的税收政策辩论开始走向新方向。更多的注意力被放在效率和激励上,而不再那么强调公平分配收入的目标"④。事实上,税制改革成了费尔德(时任社民党政府的财政部部长)的个人奋斗目标。费尔德认为,"我们的党纲指出,市场经济只有在某些条件下才能产生可接受的结果。这句话应该反过来说。只有在某些条件下,在某些市场上,经济计划才比市场方案更好"⑤。从1987年开始,费尔德主张削减顶部的边际税率。1988年宣布的减税计划,旨在取消中央政府的所得税,转而征收地方所得税;1989年,被誉为"世纪税改"的计划拉开序幕。这些改革将大多数纳税人的基础税率降至30%,并进一步降低顶部边际税率。在进行这些税收改革的同时,外汇管制也一并取消了。

---

① Jaffee, "The Swedish Real Estate Crisis," p. 78. 值得注意的是,谢菲的结论并不是放松管制本身是错误的,而是市场的经济基础引发了危机。鉴于这里指的是经济泡沫,我实在不知道这个语境下他的观点是什么意思。
② 同书,p. 83。
③ 这一部分的数据来自:Martin, "Macroeconomic Policy," p. 29。
④ Jan Sodersten, quoted in Sven Steinmo, *Taxation and Democracy: Swedish, British and American Approaches to Financing the Modern State* (New Haven: Yale University Press, 1993), p. 185.
⑤ Fledt, quoted in Steinmo, *Taxation and Democracy*, p. 186.

税制改革资金不足,而且是在人为造成的经济繁荣中实施的,再加上取消外汇管制,两者的综合效应是给信贷市场的繁荣火上浇油。但政府不得不面对的是——泡沫即将破灭。在这些资金不足的税收改革实施的同时,金融公司"关键集团"(Nykeln)"在房地产贷款出现重大亏损之后暂停支付……此后不久,银行本身也开始遭受重大损失"[①]。随着关键集团出现危机,银行试图收回他们的贷款,正如凯恩斯60年前所说,对个别银行家来说是理性的行为,对整个金融系统来说往往是集体自杀。

正如发放贷款具有囚徒困境的特点,收回贷款也是如此,因为每个银行都希望在其他银行之前收回其贷款。通过这种方式,信贷就开始紧缩。瑞典的银行通过收回贷款和提高利率,在一个非常危险的情况下开始了全面的通货紧缩。这导致"房地产价格和建筑活动的全面崩溃"[②]。繁荣之后的萧条已经到来。据估计,在1993年底,拯救这些金融机构的总成本将在740亿至1530亿克朗之间。[③]

然而,在1990年,泡沫即将破灭的前景还不明显,国家关注的是通货膨胀的危险,而不是通货紧缩。社民党计划为信贷繁荣降温,试图从国内生产总值中抽出2%的资金,以实现一般性的通货紧缩。此外,在1990年底,就在泡沫破灭前夕,社民党极为激进地将政策掉头,以对抗通胀(而不是充分就业,当时通胀率达到11.5%)作为首要政策重点。根据"商政中心"的规范政策论观念,社民党指示瑞典央行只关注维持欧洲货币单位(ECU)和瑞典克朗之间的平价,以此作为外部货币锚(external currency anchor)——换句话说,就是规范政策论。人们希望,这种做法可以促进政策公信力,并降低通胀预期。不幸的是,采用这一政策的时机差到极点。1990年8月,伊拉克入侵科威特,石油价格飙升,20世纪80年代末的市场乐观情绪消失,经济崩溃了。

这些变化的最终结果是使得有效真实利率和瑞典克朗的汇率大为提高。同时,由于税改减少了国家财政收入,政府赤字随着财政开支的

---

① Jaffee, "The Swedish Real Estate Crisis," p. 88.
② 同上书,p. 78。
③ 740亿瑞典克朗的数据来自 Jaffee, "The Swedish Real Estate Crisis," p. 89。1530亿瑞典克朗的数据来自 Tor Wennerberg, "Undermining the Welfare State in Sweden," *Z Magazine*, June 1995, located at http://www.lbbs.org/Zmag/articles/june95wennerberg.htm.

增加而提高。由于当时瑞典国内的通货紧缩,市场认为瑞典克朗与欧洲货币单位以这个程度挂钩是"不可思议"的,而不是具有公信力的。然而,由于废除了外汇控制且坚持规范政策,通过货币贬值来舒缓压力的做法被认为是无法执行的,货币投机者因而展开了一场捕食狂欢。货币从瑞典涌出,瑞典央行因而被迫在经济崩溃的高峰之中,将隔夜拆借汇率提升到500%之高,而将名义利率提高到17%。但是,这么高的利率与国内如火如荼的通货紧缩完全不相称。原本由投机、银行破产、顺周期通货紧缩(procyclical disinflation)和巧合性的历史时间引发的恶性紧缩,因为在这个时点接受了"商政中心"的观念,转变为大规模的经济崩溃。总工会的经济学家是瑞典仅有的一批从一开始就预言如此政策将导致如此结果的人。但是,在他们警告放松监管的危害时,没有人想听工会在说什么。没人觉得这些旧观念是有用的。①

继续削弱制度

与这些变化相伴随的是,雇主联合会对嵌入式自由主义的残余制度——代表制度——给予了最后一击。1990年1月,社民党政府的财政部部长费尔德邀请雇主联合会、总工会和白领工会"瑞典职业雇员联合会"的代表来到哈加宫(Haga Castle),讨论如何达成和运行一项新的集体谈判机制。尽管工会选择了合作,但"雇主联合会的委员会否决了会谈这个想法本身"。② 事实上,雇主联合会的主席乌尔夫·劳林在"哈加宫提案"提出之前就说:"瑞典模式积重难返,行将就木。雇主联合会在(1990年)2月2日所作的历史性决定,意味着我们将不再回头。"③ 费尔德对雇主联合会的拒绝参与作出了回应,他提出一揽子紧缩措施以应对危机,旨在将各方拢入协议。然而,雇主联合会依然拒绝合作,这件事本身又引发了政府危机,社民党的政治地位因而受到威胁。

雇主联合会随后将注意力转向依赖三方合作的代表制度。在瑞典的政策制定过程中,国家向不同利益集团征求意见,通过一套松散的程

---

① 支持放松管制的学院派经济学家要到此后很久才承认这一策略的问题所在。参看:Lars Calmfors, "Lessons from the Macroeconomic Experience of Sweden," *European journal of Political Economy* (9) (1993), esp. p. 50。

② Pestoff, "Towards a New Swedish Model," p. 157.

③ Ulf Laurin, quoted in *SAF-Tidningen*, February 16, 1990, p. 11, translated and quoted by Pestoff, "Towards a New Swedish Model," p. 160.

序将其纳入立法。从 1985 年开始,雇主联合会开始挑战这些制度安排,他们就商业阶层在这套法团主义制度中的角色公开质疑。1990 年,雇主委员会拒绝恢复集中化谈判,哈加宫危机之后一周,雇主委员会主席劳林"卸任了[雇主委员会]协商部主任一职"①。大约 6000 名企业代表被撤回,代表制度陷入瘫痪。②

在这个经济脆弱的时刻,雇主联合会非但不合作修复瑞典的嵌入式自由主义,反而提出了"在世纪之交将福利国家完全私有化的详细计划"③。雇主联合会的劳林当时这样说:"雇主联合会的工作重心已经转移到形成观念和意见。是观念改变了世界。[如果]雇主联合会能够……成功地传播明天的思想,那么它的作用将比以往任何时候都大。雇主联合会是改变体系的驱动力。"④事实上,仅仅两年后,劳林就得以这样说:"这几乎让我有点尴尬。雇主联合会在 1990 年通过的方案,提出了直到世纪之交的战略。[然而,]我们的大部分观念已经付诸实践了……因此,明年我们将阐明在这十年剩下的时间里还需要做什么。"⑤雇主联合会的计划包括倡导教育和医疗私有化。正如 20 世纪 80 年代美国民主党所做的那样,社民党通过倡导和实施减税和削减赤字,亲自破坏了自 1932 年以来保持该党执政地位的观念,以及支撑其证券的制度框架。由于国家否决了自己的观念,它改变了自己的基础性制度,使商业阶层受益,并使得社民党脱离了劳工阶层。

如果不是因为过去十年间持续批评嵌入式自由主义制度,雇主联合会不可能宣布集体主义走下神坛。这次攻势始于劳工阶层,兴于商业阶层,而成于国家。保守党领袖卡尔·比尔特(Carl Bildt)在胜选之夜说:"政治转变的风吹遍欧洲,终于抵达了瑞典。"⑥这一说法事实上是不对的。在商业阶层的帮助下,国家把旧秩序的制度运转到了报废的地步。不出所料,保守党在危机中途上升为资产阶级执政联盟中的多数党,20

---

① 同上。
② 史蒂芬斯提出,集体代表制度实际上被同一部门的个人代表所取代,这一观点强化了这里的结论。因此,并没有什么实际性的变化。见 Stephens, "Is Swedish Corporatism Dead," pp. 7-8。
③ Pestoff, "Towards a New Swedish Model," p. 153.
④ Laurin, quoted in *SAF-Tidningen*, February 16, 1990, translated by Martin, "The Politics of Macroeconomic Policy," p. 258. 另见 Henning, "Sweden: Political Interference with Business," pp. 30, 34。
⑤ Laurin, quoted in Pestoff, "Towards a New Swedish Model," p. 165.
⑥ *Financial Times*, November 8, 1990, p. 2.

世纪20年代以来这还是第一次。保守党甫一掌权,就借助雇主联合会的观念,将经济崩溃的责任归咎于瑞典的嵌入式自由主义制度,因此表明了进一步改革这些制度的必要性。

取代嵌入式自由主义

别无选择的政策

1991年11月,新上台的保守党政府关闭了住房部,同时推动住房部门私有化,也推动20世纪70年代资产阶级政府时期国有化的企业重新私有化。保守党宏观战略的核心,是将瑞典克朗正式与欧洲统一货币相挂钩,一如"商政中心"的观念所设想的那样。新政府也提议通过税收激励提升储蓄率,以之为规范政策的补充。据称,这将抑制国内需求,并减缓通胀。问题是,比尔特上台之际,通货膨胀已经不再成为问题,通货紧缩才是问题,保守党的政策只能让情况变得比原来更糟糕。

正如卡尔·汉密尔顿和达格·罗兰德所说,保守党认为通货膨胀是三件事的后果:工会、社会民主主义政府、公有部门。不幸的是,这些因素都与80年代末的通货膨胀无关。[①] 尽管如此,政府还是为自己设定了两项任务:第一,遵循"商政中心"的规范政策论观念,以此来处理头号经济威胁——通货膨胀;第二,公有部门严格服从非适应性货币政策的约束,以此打破嵌入式自由主义体制。

这种路径在保守党内催生了汉密尔顿和罗兰德所说的"认知锁定"(kogntivforankring)——就是使情况只适合于一种"问题描述"的方式。认知锁定的结果是"政府无法看到任何其他选项"。[②] 在1991年和1992年的环境中,这样的政策意味着"瑞典有一个承诺对抗通货膨胀的政府,但没有可供对抗的通货膨胀"[③]。他们的战略完全没有考虑到瑞典经济的通缩状态。"抗击通货膨胀"成了一个意识形态的口号——无论实际情况如何,都会被不断重复和应用。比尔特甚至附和撒切尔夫人的说法——"别无选择"——他也说自己提供的是"别无选择"的政策(den enda vägens politik)。保守党也接受了"商政中心"的观念,即危机的原

---

① 这一部分来自汉密尔顿和罗兰德对比尔特政府所作的分析,*Att leda Sverige*。
② Hamilton and Rolander, *Att leda Sverige*, p. 10.
③ 同上,pp. 12-13。

因不是放松管制、税制改革或规范政策。事实上,符合市场规律的政策必然是好政策。嵌入式自由主义制度,以及"福利国家的非线性特征"和非独立的中央银行,反而是罪魁祸首。因此,政策必须被设计为从体制中排除通胀风险,而通胀则产生并且只能产生于这些制度。

比尔特政府基于对当时的经济崩溃这样的诊断,认定"商政中心"的规范性政策依旧是唯一的出路。[①] 如前文所说,规范政策论意味着保证瑞典克朗价格固定的公信力,以此降低通胀预期。然而,维持公信力的体制对保守党还有一层吸引力:它使国家得以回避国内团体关于更高薪酬水平和利润转让率的要求,因为适应性政策被认为超出了政府职权。通过限制性货币政策对抗通货膨胀成为唯一出路。然而,将这些观念转化为实际政策,引起了相当严重的问题。

将瑞典克朗与欧洲统一货币绑定以提高币值稳定的公信力,这种做法由于货币投机而致使利率飙升,这与英国与欧洲汇率机制(European Exchange Rate Mechanism)的历史颇为相近。最终,汇率在11月19日被允许浮动,随即大幅下滑。前文已述,瑞典将瑞典克朗和欧洲统一货币相捆绑,既是为了提供稳定性,也是为了表达诚意,而规范政策论也要求它这么做。但是,1991年瑞典受到一波投机压力的冲击时,"瑞典似乎被锁入了绝望的循环。保卫瑞典克朗需要高利率。高利率反过来减缓了经济增长,加剧了财政赤字。削减预算来解决赤字问题,又进一步减缓了增长"[②]。

正如汉密尔顿和罗兰德所说,新政府对这种情况的政策应对方式,是教条式地坚持商业阶层的观念。政府不仅不通过适应通货紧缩来稳定经济,反而在秋天出台了如下一揽子危机应对措施:降低病假工资、减少住房补贴、提高税收水平,从而从经济体中拿走了大约400亿克朗。这完全是20世纪20年代的经典做法,这种做法对30年代的经济滑坡完全无效,对90年代的经济滑坡同样无效。然而,国家被商业阶层的观念"认知锁定"了,这使得任何其他结果都无法出现。

就像汉密尔顿和罗兰德说的那样,瑞典的特殊情况在于,"经济学家的同质化程度太高,以至于政府无法制定一项与经济学家的主流观念相

---

① 关于"商政中心"的规范政策及其对保守政府的影响,参看:同书,pp. 33-61。
② Graeme D. Eddie, "Sweden: Krona Crisis Stalls 'New Start,'" *World Today*, January (1993), p. 11. See also Geoffrey Garrett, Partisan *Politics in the Global Economy* (Cambridge: Cambridge University Press, 1998), p. 143.

抗衡的经济政策"①。正是这种学者和观念的同质性，伴随着商业阶层的政治化，将这些新观念推入了政治议程，最终造成了瑞典嵌入式自由主义的转型。瑞典的自由放任政策与其他地方一样，也是精心计划的。然而，制度转型的结果从来都不在计划之中。② 1992 年 11 月，比之社民党下台之初，瑞典工业产值下跌了 12%，尽管有劳动力市场政策支持，失业率还是从略高于 4%上升到将近 9%。③可是，经济衰退到了这个程度，用波·罗斯坦的话说，瑞典人民对自由市场经济学的忍耐是有限度的，至少对"一招鲜"的做法是如此。④有鉴于此，比尔特政府意识到，如果他们不想重蹈 1976—1981 年资产阶级实验失败的覆辙，就应该沿着另一条道路继续改革嵌入式自由主义，直至即使社民党重新执政也无力回天的程度为止。⑤这另一条道路，就是欧洲一体化。

转向欧洲

保守党试图取代嵌入式自由主义制度，但却被经济衰退所束缚，而经济衰退又为这些观念所催生和加剧。因此，瑞典加入欧盟的尝试可能最适合这样理解：这是商业阶层和保守党的尝试，为了通过国际趋同让欧盟的经济学观念和制度实现他们通过国内改革无法实现的目标。⑥击败总工会，只是斗争的一部分。工会处于守势之后，必须建立保证权力重新分配的制度。考虑一下比尔特政府对欧洲的政策，以及加入欧盟预计对国内税收和失业的制度和目标产生什么影响，就不难理解这一点。

---

① Hamilton and Rolander, *Att leda Sverige*, pp. 100-101.
② 拉斯·卡尔弗斯(Lars Calmfors)将这一时期作为一个整体，指出："瑞典选择了大部分其他西欧国家在 80 年代初就已经尝试过的那种通货紧缩。"正是保守党所采取的行动，尽管通货紧缩的时机是完全错误的。另外，即使在最好的环境下，这一策略也意味着劳动市场的调整一定程度上是即时发生的。而保守党恰恰赌的是这种对劳动市场反应的天真理解会在现实中实现，尽管其他"供给刺激"的欧洲经济体都说明，劳动力市场是无法轻易出清的。因此，卡尔弗斯所说的"实际工资对失业的反应有可能被高估了"，这种说法有些谨慎。保守党的"认知锁定"难以保证不出现这种情况。见 Calmfors, "Lessons from the Macroeconomic Experience of Sweden," pp. 53, 55, 57。
③ 数据来自：*The Economist*, November 28, 1992。这一数据包括参与劳动市场训练项目的人。
④ Bo Rothstein, "Explaining Swedish Corporatism: The Formative Moment," *Scandinavian Political Studies* 15 (3) (1992).
⑤ Hamilton and Rolander, *Att leda Sverige*, p. 115.
⑥ 关于欧洲货币一体化是旨在推动成员国家新自由主义实践的保守计划，见：Kathleen R. McNamara, *The Currency of Ideas: Monetary Politics and the European Union* (Ithaca: Cornell University Press, 1998)。

雷格姆·D. 艾迪指出:"在对欧共体委员会[欧盟和欧共体(此处指单数的 European Community,注意与成立更早的复数的 European Communities 作区分)同义,但欧共体名称的出现略早于欧盟——译者注]代表……的讲话中,比尔特将决定申请加入欧共体描述为一个决定性的、划时代的事件。比尔特用比上届政府更强烈的措辞向委员会保证,瑞典准备坚持《罗马条约》和《单一欧洲法案》的政治目标,准备且愿意执行可能即将在马斯特里赫特首脑会议上达成的关于经济、货币和政治联盟的任何决定。"[1]

比尔特同时评论说,加入欧盟"将或多或少不可避免"地导致减税。[2] 在这一点上,比尔特非常正确。为了实现《马斯特里赫特条约》所设想的货物、服务、人员的自由流动,瑞典将不得不对税收制度进行彻底的改革——不仅仅是个人的边际税率,而且是构成了瑞典嵌入式自由主义的整个税收、信贷和投资制度。总而言之,国际经济一体化推进了那些原本不可能实现的国内制度变革。

趋同改革的一个例子是失业政策。如第四章所述,在 20 世纪 90 年代初之前,瑞典所有政党都接受将充分就业作为国家的主要政策目标。尽管没有了这一层党派差别,但失业问题也从来没有从瑞典政治词典中消失,也从未离开公众的视野。事实上,社民党在 1991 年选举失利的主要原因就是低估了失业问题,并宣称通胀比失业更重要。[3] 史蒂文·麦克布赖德指出:"瑞典在资产阶级政府下推行充分就业政策,而[相比之下]英国在工党政府下则推出了高失业率政策,这个情况非常重要,因为他们的政策是一种霸权性共识塑造的,这种共识并不完全由他们所建立。"[4]由于存在充分就业的承诺,保守党很难回避这一政策目标而继续执政,除非他们能实质性地重构催生这一政策目标的制度。保守党如果希望改造这些制度,就必须破除充分就业的政策共识。可以想象,欧洲

---

[1] Eddie, "Sweden: Krona Crisis," p. 9.

[2] Paulette Kurzer, Business and Banking: Political Change and Economic Integration in Western Europe (Ithaca: Cornell University Press, 1993), p. 120.

[3] See Klas Amark, "Afterword: Swedish Social Democracy on a Historical Threshold," in Klaus Misgeld, Karl Molin, and Åmark, eds., Creating Social Democracy: A Century of the Social Democratic Labor Party in Sweden (University Park: Pennsylvania State University Press, 1992), pp. 429-445.

[4] Steven McBride, "The Comparative Politics of Unemployment: Swedish and British Responses to Economic Crisis," Comparative Politics 20 (3) April (1988), p. 318.

一体化可以为这种变革提供充分条件。

瑞典依然是开放的经济体,瑞典企业必须遵循国际价格信号。由于存在这种压力,一些分析人士推测:"当进出口总额超过国内生产总值时,国家经济措施或者不可能,或者无效,或者代价高昂。这时,依赖市场机制就是最可行的选择。"① 由于瑞典的开放完全达不到这个程度,很难说这种说法与瑞典有什么关系。1986 年,瑞典跨国企业在出口总额中的份额从 42% 上升到了 56%,而且这些跨国企业内部的集中化程度也有所提高,这本身无法解释为什么商业阶层急切地想要打破现有的国内体制。②

有一些观点认为,制度的剧烈变化完全是瑞典商业阶层结构转变造成的,或者是瑞典经济依赖出口的程度决定的;但是,这些观点错置了因果。关于第一点,商业阶层试图转变这些制度的尝试,要早于国家转向出口依赖以及瑞典企业国际化程度的日益上升。关于第二点,1992 年时,瑞典国内还在为是否加入欧盟争得面红耳赤,而出口已经崩溃了。瑞典贸易的"开放程度"——或反过来说,国家超脱于国际贸易流动的政策自主程度——降到了略高于 54%,这个水平与 1974—1976 年的水平相当。③ 但这恰恰是商业阶层最卖力地以全球化论点主张加入欧盟的时期。④ 因此,商业阶层对进入欧洲市场的愿望——虽然瑞典的商业阶层几乎从来都在欧洲市场之中——必须联系商业阶层与保守党的另一个共同目标来理解,那就是推翻瑞典的嵌入式自由主义制度。这两个目标几乎是完全互补的。加入欧盟能够推动废除任何对实现充分就业的承诺,因为履行承诺和加入欧盟这两件事,从技术和实践两方面都是无法两全的。

20 世纪 90 年代初,欧盟最吸引商业阶层和保守党之处是欧洲货币体系(European Monetary System)。⑤ 欧洲货币体系是以货币协同为前提、以互信为基础的体制,旨在保护成员国之间的平价关系(parity)。

---

① Paulette Kurzer, "Unemployment in Open Economies: The Impact of Trade, Finance and European Integration," *Comparative Political Studies* (24) 1 April (1991), p. 11.
② 数据来自:Martin, "Wage Bargaining and Swedish Politics," p. 97.
③ 精确数据(X + M)/CGDP (1975 55-87) (1992. 54.05),来自 Penn World Tables v. 5.6,以及国家经济研究局网站 http://www.nber.org/pwt.
④ 克林顿在 1992 年竞选时为了推动更积极的国家角色,也使用了同样的论述,尽管美国是实际上最不全球化的经济体。
⑤ 见 McNamara, *The Currency of Ideas*, 各处。

1991年，瑞典克朗与欧洲统一货币相捆绑，但事实上却又在欧洲货币体系之外，这意味着除了瑞典人自己，没有人会保护瑞典克朗，因此其公信力就下降了。然而，也有观点认为，如果瑞典能加入欧洲货币体系，那么其他国家也会愿意保护瑞典克朗，因此瑞典克朗就能保持强劲的公信力。①

况且，加入欧洲货币体系有助于实现另一个政策目标。正如保莉特·库尔策所正确指出的那样，加入欧洲货币体系，意味着对货币主权的实质放弃，也就是说，不再有搭便车式的货币贬值，也不再有稳定政策的其他方面。② 这对充分就业政策也产生了深刻的影响。正如托恩·诺特曼所强调的："将宏观经济政策与外部平衡相联系，意味着政治交换的法团主义逻辑……不再可行。"③加入欧洲货币体系之后，国家对充分就业政策——也即嵌入式自由主义的基本原则——的任何承诺都作废了。美国以国内渠道实现的，瑞典通过国际渠道也实现了。

以干预维持平价是昂贵的，因此各国有动力追求外部均衡，以避免进行持续的干预。但是，要实现均衡，必须通过"影响国内支出来实现，这通常又会抑制公共和消费支出"④。传统上说，这种压力可以在国内层面以利率调节或货币贬值的方式抵消。但是，这个策略在欧洲货币体系中不再适用，因为"信贷政策的目标是建立与德国马克之间的平价"⑤。这样，削减消费似乎就成了唯一的出路，而瑞典对于充分就业政策的承诺也将为欧洲货币体系所取代。

此外，《马斯特里赫特条约》中提出的趋同标准进一步规定，预算赤字和通胀率都必须受到严格控制，最好由独立的中央银行控制（瑞典也在20世纪90年代初建立了独立央行的控制）。在这样的环境下，不能对资本进行监管，因为这与《马斯特里赫特条约》中规定的基本流动自由相矛盾；也不能用税收政策来促进再分配，因为资本会直接退出。因此，

---

① 要注意这种说法是基于欧洲统一货币能够在全面的欧洲货币联盟接替它之前一直保持稳定。没人预见到"黑色星期三"的到来。[指1992年9月16日英国因无力维持英镑汇率下限而退出欧洲汇率体系——译者注]
② Kurzer, "Unemployment in Open Economies," 各处。
③ Ton Notermans, "Abdication from National Policy Autonomy: Why Has the Macroeconomic Policy Regime Become So Unfavorable to Labor," *Politics and Society* (21) 2 (1995), p. 134.
④ Kurzer, "Unemployment in Open Economies," p. 13.
⑤ 同上。

加入欧盟之后,不仅充分就业政策成了越权行为,而且事实上还会促成进一步的制度改革。正如总工会的一位主要经济学家所说:"在1993—1994年,我们成了欧盟成员国,并基本上采取了新自由主义策略,新自由主义是融入了欧盟制度之中的。它夺走了你所有对抗失业的有力手段。"[1]

然而,尽管加入了欧盟,瑞典发现这种由外因驱动的制度转型并没有实现。无论是比尔特还是社民党(社民党从1988年开始推动欧洲一体化,部分原因是费尔德认为这会对税率产生影响),都无法预料到欧洲货币体系的瓦解。保守党最初认为,欧洲一体化服从一套"三步走"战略。第一,通过规范政策来对抗通货膨胀。第二,控制公共部门,为非通胀的增长创造条件。第三,用一套政策将这些变化固定为外部性的约束环境,这套政策是:要求统一税制、约束财政开支、实施具有整体公信力的非干涉性宏观经济政策,防止政策回归为稳定性政策。然而对保守党来说,由于现有的通货紧缩状况,第一步战略是不适用的;第二步战略随着规范政治的失败而出局;第三步策略旨在回避货币投机,却又终于货币投机。人们可能会觉得,如果一套经济学观念之无法实现已经如此明显,这套观念将因此失去信誉。然而,沃尔克的货币主义实验已经说明,经验层面的失败并不足以令一种思想模式信誉扫地。1994年社民党重新上台后,瑞典继续采取同样的改革策略。

范式维持的技艺

社民党回归

社民党在1994年重新当选之后所采取的政策立场,体现了商业阶层观念的延续性。从字面上看,社民党在1994年9月重新当选之后,对国内制度重构的必要性采取了积极态度。然而,制度重构的表述方式与前一届政府完全不同,这种表述方式更多地要强化既有的制度秩序,而不是弱化之。但是,社民党执政的现实要更路径依赖。在1994年大选前夕,瑞典最大的跨国企业中,有五家企业因为担心社民党重新执政之后会回到稳定化政策上来,联合在报纸上发表了一篇文章。文章表示,

---

[1] 斯蒂芬斯访谈的不具名经济学家,引自:"Is Swedish Corporatism Dead," p. 10。

如果选举之后税收上涨,财政赤字无法保持稳定,他们将重新评估每年价值 500 亿瑞典克朗(大约 65 亿美元)的国内投资计划。[1] 对这些企业来说颇为不幸的是,这一公开威胁的主要后果似乎是提高了社民党的支持率,社民党在 1994 年 9 月凭借 45.4% 的选票重掌政权。社民党的回归"在瑞典被理解为……选民热切地决定要保护广覆性的福利制度,而这一制度在比尔特任期内受到了不断的攻击"[2]。然而,这只是事情的一方面。事实上,社民党执政之后遵循着一套两手策略,这个策略非常类似于英国的新工党:第一,尽可能降低预期,同时准备应对反击、适应商业阶层的偏好。[3] 第二,告诉公众福利国家是安全的,同时执行一项几乎跟保守党一样的改革计划。

这种两手策略,在社民党新政府执政之初的一次行动中就可见一斑。对于商业阶层极为公开的退出威胁,社民党的反应是将商业阶层重新整合进原来的合作体制之中,而这一体制已经遭到了商业阶层的单方面破坏;社民党建立了一个叫作"智者"的工业小组,小组成员正是那些威胁要搞投资罢工的企业。在第一次会议后的一份声明中,"智者"宣布,在未来五年内,最终将会有大约 500 亿瑞典克朗投资在瑞典国内。然而,他们并没有保证这些投资会实现;此外,由于商业阶层和保守党在这一声明之前进行了努力,"智者"也没有给出细节来解释实现投资的具体手段。因此,整个综合战略都有赖于商业阶层大发慈悲,所以有人认为这整件事都是为了改善商业阶层形象而采取的公关活动,以弥补商业阶层以资本罢工相威胁所造成的形象受损。[4]

同样,社民党对欧盟的态度看似也与保守党不同。在瑞典加入欧盟时,欧洲的政治架构已经发生了变化,可以想象这对社民党的传统目标有所助益。具体来说,20 世纪 90 年代中期,欧洲的"左"倾意味着欧盟委员会可能不那么关心取悦国际企业,并且更同情充分就业等目标。此外,《马斯特里赫特协议》决定的投票结构,给了小国超出比例的优势:芬

---

[1] 参看:*Svenska Dagablet*, September 24, 1994。
[2] 参看:*The Guardian*, October 1, 1994。
[3] 参看:Colin Hay, "Anticipating Accommodations, Accommodating Anticipations: The Appeasement of Capital in the 'Modernization' of the British Labour Party, 1987—1992,"以及马克·威克姆·琼斯(Mark Wickham Jones)就社会民主主义政党应当在何种程度上适应商业阶层的偏好的反驳,参见:"Social Democracy and Structural Dependency: The British Case. A Note on Hay," both *Politics and Society* 25 (2) June (1997)。
[4] 作者对雇主联合会官员的访谈(不具名评论),1997 年 6 月。

兰、丹麦、瑞典三国票数加起来超过德国。在这些变化之下,社民党表达了从内部重组马斯特里赫特架构的意愿,希望将降低失业率作为政策的首要任务,甚至可以通货膨胀为代价。在埃森(Essen)峰会上,卡尔松呼吁在基础设施投资、积极的劳动力市场政策、工人再培训方面采取行动;同时,社民党虽然同意留在欧盟之内,但宣布自己并不支持货币联盟。①

不支持的原因有两方面。首先是趋同标准的问题。直到那时候,瑞典仍然无法达到欧洲货币联盟的接纳标准。其次,瑞典央行一再强调,在趋同实现之前,需要纠正结构性失衡。鉴于这些因素,很可能会有人说,社民党事实上希望回到稳定化政策,并认定瑞典无意利用欧盟来重构国内制度。然而,这一结论过于乐观了。如前文所说,社民党的实际策略是继续执行保守党的政策和改革——也就是将强化市场的观念拓展到新的政策领域。

在劳动力市场政策方面,社民党向总工会承诺,在1994年重新执政后,政府将恢复20世纪70年代通过的、被保守党否定的劳动立法。然而,社民党虽然作了这些承诺,却也试图让总工会接受新的灵活工作制度,作为恢复这些法律的交换条件;这一制度是雇主联合会长期以来都想实现的,一旦实现会大大打击总工会。② 与此相似,欧盟成员资格仍然要确保国家的财政自律,这也是保守党一致希望做的。对于社民党来说,降低赤字、控制通胀、平衡预算——而不是充分就业和公平分配——成了1994年之后宏观经济政策的基石。议会已经讨论过养老金制度私有化的问题,这本是将中产阶级纳入嵌入式自由主义体制的公共产品。总之,社民党依然在观念上被困在新的经济学观念中,重建旧制度秩序因此机会渺茫。③ 由于经济已经走出了1992—1993年的低谷,而1994年的大选也明确说明公众并不希望更多的自由放任政策,因此这一问题依然存在:社民党为什么要接受这些政治承诺?与前面一样,是制度化的观念推进了政策的路径依赖。

---

① Reuters Money Report, *Bonds*, *Business Market*, November 18, 1994, p. 14.
② Rianne Mahon, "Death of a Model? Swedish Social Democracy at the Close of the Twentieth Century," unpublished paper, September 1998, pp. 24-26.
③ 社民党坚持这些新观念还有另一个原因。由于所有的主要政党都接受新的"商政中心"所提出的经济政策,没有任何政党有反对的动力,即使已经明显能看出这一政策是经济上的自杀行为。正如林德所说:"所有人都在一根稻草上。我们(保守党)与社民党订立了保卫瑞典克朗的协约……某种意义上说是所有人的错。"作者对林德(廷布罗主席)的访谈,斯德哥尔摩,1997年6月13日。

商业阶层观念的持续胜利

社民党之所以要采纳商业阶层的观念和保守主义的政策,原因并不是全球经济出现了新的(以及被夸大了的)特征。① 相反,汉密尔顿和罗兰德的观察更为贴切:由于瑞典经济学家的同质性,以及公共话语中经济学观点的同质性,似乎不论繁荣还是萧条时期,"瑞典的菜单上都只有一个选项"②。尽管20世纪90年代初发生了重大的灾难,但精英们支持"制度变革"的经济观点依然没有变化。对瑞典经济影响深远的"商政中心"调查就是罗伯特·韦德所说的"范式维持术"(the art of paradigm maintenance)的绝佳案例。③ 90年代"商政中心"的报告与前面所说的政策选择几乎完全吻合;这一报告能说明,为什么这些新观念在经验上失效之后,依然能够不断得到强化。

"商政中心"在1991年的报告,指出瑞典"正面临一次严重的成本危机",只有通过"基于规范的稳定化政策,对家庭、公司、组织实施明确、稳定、有公信力的规则",才能避免这种危机。④ 然而,三个关键的发展——信贷市场放松管制、加入欧盟、承诺价格的稳定性规范——都意味着"瑞典的适应性政策已经走到了终点,未来的政策必须更加欧洲化"⑤。

1991年报告的主旨是,瑞典经济的病灶在于公信力不足、公共部门过大、恢复增长的灵活性不足。⑥ 因此,报告认为,恢复增长的关键是"宣布反通胀的政策,无论后果如何——是破产、金融危机或是大量失

---

① 对于夸大的程度,参见:Colin Hay, "Globalization, Competitiveness and the Future of the Welfare State in Europe," paper prepared for presentation at the European Community Studies Association's International Conference, Madison, WI, May 31-June 2, 2001; Robert Wade, "Globalization and its Limits," in Suzanne Berger and Ronald Dore, eds., *National Diversity and Global Capitalism* (Ithaca: Cornell University Press, 1996), pp. 78-83。
② Hamilton and Rolander, *Att leda Sverige*, p. 103.
③ 韦德用这个概念表示维持一套信念的凝聚力、不受任何反对者不利信息侵扰的能力。参见:Robert Wade, "Japan, the World Bank, and the Art of Paradigm Maintenance: The East Asian Miracle in Political Perspective," *New Left Review* (217) May-June (1996).
④ SNS Economic Policy Group Annual Report 1991, "The Swedish Economy at the Turning Point," SNS *Occasional Paper* (26) May 1991, pp. 4-5.
⑤ 同上,p. 9。
⑥ 这一报告没有说明为什么劳动力市场政策活跃的国家特别需要额外的灵活性。

业——都要坚持贯彻"①。最后,报告认为,与汇率机制(Exchange Rate Mechanism)的联系可以加强价格稳定化规范的公信力。正如我们之前所看到的,这些建议基本上被保守党全部采纳为政府政策,并导致了30年代以来最严重的通货紧缩。②

"商政中心"1992年的报告撰写之际,经济滑坡的真实程度正渐渐明朗。但是,在"商政中心"看来,瑞典经济最近出现崩溃的原因是世界性的经济萧条,以及经历一次其他欧洲国家大约10年前经历过的通缩的"必要性"——具有惩罚性和矫正性——再就是瑞典公共部门太大。这项报告有两大主题:一是与欧洲其他国家相融合可以避免稳定化政策卷土重来,二是经济下滑的原因是公共部门太大。

"商政中心"的报告之所以觉得欧盟成员资格具有经济的限制性,除了前面说的原因,它还认为,"跨越国界的流动,限制了可征收的税收,也限制了可提供的福利"。因此,"当家庭决定居住地时,他们会选择包括税收制度和一整套社会福利在内的商品组合,但如果一国财税负担过高,又难免导致向外移民"③。这就是福利经济学的蒂布特模型(Tiebout model)——这个模型假设不存在外部性,充分流动的个体享有完全信息,所有求职者有充分需求——这个模型一般认为不适合作为政策指导。不过,这一模型却可让作者得出以下结论:"我们分析的要点……在于[欧洲]一体化进程推翻了支持大规模国家福利政策的论断。"④由于规范政策、放松管制、税制改革所带来的经济滑坡,瑞典支持全国性福利体系的声势超过20世纪30年代以来的任何时候,而恰恰在此时,"商政中心"又找出了1956年的福利理论,来论证福利国家的倒退。

1993年的报告强化了这些论点,对于当前的通胀可能正是应用"商政中心"观念的结果这种说法,报告并没有触及。1993年的报告提出,危机是"许多因素相互影响的结果"。然而,最重要的是,"危机根植于瑞典经济的'结构性和常规性问题'之中,这些问题是瑞典过去数十年之经

---

① SNS Economic Policy Group Annual Report 1991, p. 16. 着重号是我加的。
② 这一报告接着支持将"本质上属于私人领域"的服务(例如医疗和教育)私有化,结论是只有应用这些政策,与臃肿的福利国家相关的种种长期问题才能得以纠正,瑞典的经济增长才能恢复。但是,本质上属于私人领域的服务如何定义,依然是不确定的。
③ SNS Economic Policy Group Annual Report 1992, "Disinflation, Integration and Growth: The Swedish Economy 1992 and Beyond," SNS *Occasional Paper* (37) June 1991, p. 9.
④ 同上,p. 10。

济政策所招致的"①。具体来说,"商政中心"非但不将瑞典克朗危机视为规范政策的结果,反而认为经济崩溃的原因乃是对规范政策的执行不够充分彻底。②

这份报告认为,1992年11月19日废除了固定汇率体制,动摇了规范政策的公信力,全然无视"在瑞典克朗贬值以前,非适应性的政策……产生了积极效果。通胀和通胀预期[已经]下降了"③。但是,根据"商政中心"的数据,通胀下降是因为房地产泡沫的破裂。④规范政策是在通货紧缩开始之后才充分实行的,只能让情况更加糟糕。另外,1993年的报告完全不提放松金融监管对于经济滑坡的影响。事实上,经济滑坡被视作"对数十年来信贷市场监管的迟到的"惩罚。⑤ 因此,出路只有对私有部门进一步放松监管。⑥

前文谈到,1994年时有些人相当紧张,认为社民党重新执政,可能意味着回归旧政策。因此,1994年的"商政中心"报告重申,过去五年的不稳定完全归咎于福利国家和公共部门。⑦ 1994年的报告一开始就指出,由于瑞典的福利国家近年来已经膨胀(报告不承认这是进入20世纪90年代以来经济崩溃的后果),那么恢复增长的唯一途径,就是将资源从公共部门转移到私有部门,因为"有充分的证据表明,庞大的公共部门和缓慢的经济增长之间存在统计关联"⑧。

为了解释福利为什么使得经济放缓,"商政中心"从福利供给上的假设类似于"第22条军规"[美国作家约瑟夫·海勒的同名小说,"第22条

---

① SNS Economic Policy Group Annual Report 1993, "Sweden's Economic Crisis: Diagnosis and Cure," SNS *Occasional Paper* (43) February 1993, pp. 2-3.
② 波兰尼如此评论古典自由主义在自由主义实践似乎失败时的观点,与这里的观点惊人相似:"它局部的失败似乎强化了它的观点,因为它的辩护者可以说,任何困难的原因都是对其理论的不完全应用。" Karl Polanyi, *The Great Transformation: The Political and Economic Origins of Our Time* (Boston: Beacon Press, 1944), p. 143.
③ SNS Economic Policy Group Annual Report 1993, p. 8.
④ 同上,p. 9,图6。
⑤ 同上,p. 15。
⑥ 这一政策建议背后的逻辑是纯粹的理性预期。正如报告所言,鉴于"预测的难度、对经济政策措施效果认识不足以及政治决策过程中的……缺陷,我们很难通过适宜的经济政策干预来稳定经济。因此,最好的政策当然是让市场机制进行分配"。同上,p. 23。
⑦ 这是赫希曼所说的"无常论",善意行为的意外后果产生了不好的结果。Albeit O. Hirschman, *The Rhetoric of Reaction: Perversity, Futility, Jeopardy* (Harvard: Belknap Press, 1994).
⑧ SNS Economic Policy Group Annual Report 1994, "The Crisis of the Swedish Welfare State," SNS *Occasional Paper* (55) May 1994, p. 10. 也有充分的统计证据驳斥了这一命题。

军规"规定,疯子可免于参加战斗,但本人申请又证明其未疯——译者注]。这一假设可以追溯到马丁·费尔德斯坦、诺曼·图雷和裴德·万宁斯基的观点。"商政中心"认为,高水平社会保障会破坏激励机制,同时随着保障体系的扩大,支出也会增加;因此,支持这一负担所需的税收也会增加,从而扩大税基。税基扩大导致活动减少,这又造成生产的进一步放缓。激励机制破坏造成的经济放缓,使得更多人依赖社会保障金过活,进一步导致经济增长缓慢,从而形成恶性循环。① 报告的结论是:"福利国家的规模本身就抑制了经济增长。社会保障体系对充分就业构成了严重威胁。预算赤字的迅速增加,在个人层面和集体层面都破坏了经济安全。"② 因此,报告叙述了 20 世纪 90 年代初的危机,却从未涉及任何导致崩溃的实际原因。

1985 年,布鲁金斯学会的巴里·博斯沃思和艾丽斯·里夫林对瑞典经济进行了一项研究,认为"第三条道路"是成功的。③ 1995 年,"商政中心"与美国的国家经济研究局和芝加哥大学对瑞典经济展开了一项新研究。与"商政中心"年度调查相比,国家经济研究局和"商政中心"的联合研究采取了更为平衡的方法分析瑞典经济。不过,这项研究之所以重要,还是因为它就瑞典经济未来走向所提出的分析框架。④

国家经济研究局和"商政中心"的团队,从三个不同视角分析了 20 世纪 90 年代初期的经济危机。首先,他们重新论述了"商政中心"和廷布罗提出的福利国家的发展对经济发展的长期效应,也就是"体制失败—硬化症"的观点。他们在结尾处坦率地说:"要接受这一假设,我们必须有模型和支持性的证据……但我们目前还没有这样的模型。"⑤ 其次,研究讨论了前文所说的政策失败论中的一种,淡化了这种观点在观念层面的色彩,但对于这一观点的有效性没有作结论。最后,国家经济研究局作了假设,不论外部条件如何,改革可能都是痛苦的,经济崩溃或许"无法避免"。正如参与的研究者所说:"……我们不对这些(可能相互

---

① 同上,pp. 10-13。
② 同上,p. 31。
③ Barry Bosworth and Alice Rivlin, eds., *The Swedish Economy* (Washington: Brookings Institution, 1986).
④ Richard B. Freeman, Brigita Swedenborg, and Robert Topel, "Economic Troubles in Sweden's Welfare State - Introduction, Summary and Conclusions to the Project: The Welfare State in Transition," *SNS Occasional Paper* (69) January 1995.
⑤ 同上,p. 10。

重叠的)解释采取任何立场。评估瑞典经济为什么如此糟糕,虽然出于有些目的是至关重要的……但认识到危机改变了瑞典福利国家的基础,也许更为重要……90年代的问题并非要不要改革福利国家,而是如何改革。"①

这个结论的意思是经济崩溃的原因已经无关紧要了,这在观念层面上非常重要,这就无异于说,不论旧制度的秩序是如何被削弱的,其本身不再成为选项了。这里强调的是,旧秩序已经完全不可接受,因为国家已经在后经济崩溃的时代了。因此,意识形态的斗争告一段落,而指明经济问题是什么、如何解决的经济学观念,也尘埃落定。剩下的不过是细枝末节的争论。②

这些新经济学观点究竟渗透进社民党的决策过程到什么程度呢?从瑞典央行行长乌尔班·贝克斯特伦(Urban Bäckström)1997年5月发表的讲话中可见一斑。③ 贝克斯特伦在讲话开头部分指出,因为失业率很高,因此只能是工资形成(wage formation)的结果。所以,"过高的工资上升,会导致更容易发生通胀……而抗击通胀是央行的首要任务"。但是,低失业率本身并不是好事。只有在作为"对促进就业、降低失业有利的趋势,而有助于使低通胀制度的长期公信力更强"时,低失业率才是好事。失业实际上并不能降低工资,因为"失业率提高似乎无助于形成工资抑制"。这一情况"印证了经济学家所说的劳动力市场内部劳动力(insider)和外部劳动力(outsider)的理论"。这种分析认为,"运转不良的工资形成的缺点和其他经济问题都被掩盖了,而许多人误以为通胀和

---

① 同上,p. 11。这些作者指出:"税务体系、工资体制、奖金规则、产业监管(包括信贷市场)的变化都朝着提高经济效率的方向,但并没有阻止经济的下行。"同上,p. 24。作者们似乎从来没想到可能正是这些追求效率的政策导致了经济崩溃。

② 限于篇幅,我无法仔细谈论1997年"商政中心"的年度报告。简单说,这篇报告开头比较了坦桑尼亚和瑞典,原因是两者都是哈耶克所说的福利国家专制的受害者。比较的结论是瑞典不改革就会有经济灾难。其他结论包括:韩国增长得很快,其他国家经济停滞,这是因为韩国坚持自由市场原则;从财政角度来看,奥古斯托·皮诺切特在智利的粗暴独裁是有价值的。参看:SNS Annual Report 1997, "The Swedish Model under Stress: The View from the Stands"(Stockholm: SNS Forlag, 1997)pp. 16-21, 72-79, 124-125, respectively。

③ 这部分的所有引用都来自1997年5月22日贝克斯特伦在雇主联合会的讲话。尽管贝克斯特伦本人是自由主义者,而且瑞典央行是独立的,但他的评论仍然真诚地赞扬了政府政策。

过度扩张已经使瑞典不适用于经济法则了"①。

这一诊断之下,20世纪90年代的危机不再是政策受意识形态驱动所造成的结果,而是"无法再掩盖的"问题之后果,以至于"到了80年代,瑞典经济迫切需要改变"。尽管坚持这些观念造成了经济崩溃,但政府"通过努力巩固政府财政,保留并展示了其决心……保持紧缩的利率政策以追求价格稳定"。央行行长在结尾时指出:"瑞典央行的通胀目标显然得到了社会的普遍支持",并赞颂了金本位制的优点。

要注意这些说法中的每一个都体现了"商政中心"、商业阶层、保守党在过去15年里所提出的观点。工资增长导致了通货膨胀,而不是"雷恩-梅德纳"模式所认为的利润或供应冲击,也不能把责任推给信贷繁荣和税收改革资金不足。打击通货膨胀和保证价格稳定必须是国家最重要的政策目标,而实现这一目标的方式,应当是具有公信力的反通胀规范支撑下的固定汇率政策。尽管有这样的主张,但事实是这一政策几年前就导致了严重的通货紧缩,而此时已经不剩下什么通胀需要去对抗了。同样,高失业率的原因,并不是马斯特里赫特的自我强化的约束和欧洲央行的悲观货币主义[Sado-Monetarist,定义为对低利率和宽松货币的内在厌恶——译者注]造成了整个欧洲的需求不足。相反,工会要承担责任,尽管商业阶层故意削弱了总工会和中央谈判机构。同时,内部劳动力—外部劳动力模型只不过是重新提出了瑞典失业委员会在1927年已经驳斥了的经典论点,即工会干扰价格制定,从而提高失业率。② 最后,所有这一切的根源在于,相信瑞典可以避免在其他地方运作的经济"法则";尽管事实是,瑞典相比较于其他国家而言,在长达一代半人的时间里,这种无知一直在支持分配联盟及一套稳定化和支持性的经济制度。

---

① 在对社民党决策者进行的许多访谈中,我都注意到了这种认为瑞典不适用于其他地方的经济法则的观点,但雇主联合会的代言人从来不这么说。有趣的是,坚持这些经济法则使瑞典遭遇了几十年中最糟糕的经济表现。或许,无知是福?
② 其他将搜索成本和效率作为欧洲失业问题原因的滞后模型(hysteresis model[原文作"hysterisis",系笔误——译者注])都没有得到同样力度的推广,可能是因为这些模型意味着国家干预的解决方案。而内部劳动力—外部劳动力模型仅仅要求进一步地"放松监管",因此是更适合这些新经济学观念的论述。

结束转型?

瑞典的观察者很喜欢说瑞典目前处于"十字路口"。这种分析暗示,瑞典已经穿过了很多十字路口,正在康庄大道上越跑越快。但是,这种观点或许太决定论了。毕竟,没有哪一种前面提到过的理论,认为国家必须从纯粹尊重市场规律的制度秩序,转变为纯粹改革市场的制度秩序。事实上,学者们并不希望一面批评波兰尼为历史设置了终点,一面自己又为历史设置了另一个终点。对于在这些新观念基础上形成的联盟,其反抗的根源或许在于其狭小的社会基础。这些新观念不同于20世纪三四十年代产生的观念,并不通过包容的方式建立联盟,而是以排斥"人民之家"和保护性福利国家的方式建立联盟。因此,公共部门、工会、福利领取者们都零零散散地从成功市场参与者之中分离出来,变得边缘化了。

另外,这些新秩序建立在错误的前提之上。新秩序的支持者(例如简-埃里克·莱恩)认为:"20世纪80年代中,斯堪的纳维亚诸国发生了一场整体性的、向着市场价值的转向。利用公共部门解决社会问题,几乎得不到任何支持。"他的结论是:"北欧之光已经不再像曾经那般耀眼。人们已经判定,北欧经济正经历着越来越严重的制度硬化症。"[1]如果莱恩所言不虚,如果真的不再有人支持以公共部门手段解决社会问题,那么天平必然会从市场改革制度倒向遵循市场的制度。

至少从理论上说,民主制度之下,人民得到的是他们想要的。因此,如果是人民想要更少的干预或国家出资的保障体制,那么理性的、追求选票最大化的政党就会替他们实现这一点。但是,这一观念有两方面错误。首先,政党是在经济学观念之中、围绕着经济学观念进行竞争的,以某种经济学观念为背景的政治光谱,并不是一个外生的、给定的概念,而只是政治建构。[2] 如果菜单上仅有的选项就是"市场"或"不受管制的市场",那么即使人民看起来是支持这些政策的,他们也只是被迫在很有限的范围内选择而已。其次,这种遵循市场的观念可能很长时间内都没有

---

[1] Jan-Erik Lane, "The Twilight of the Scandinavian Model," *Political Studies* (61) (1992), pp. 318, 324.

[2] Mark Blyth, "Moving the Political Middle: Redefining the Boundaries of State Action," *Political Quarterly*, July (1997).

在瑞典实现成功的制度化。莱恩的观察——"80年代……斯堪的纳维亚诸国发生了一场整体性的、向着市场价值的转向"——是有问题的。① 瑞典的媒体往往支持这种看法。比方说,1991年的选举分析中,社民党输掉政权的一大原因是"选民意识形态发生了变化……从社会主义倒向了市场经济"②。不过,斯蒂芬·斯瓦尔福斯的研究驳斥了这种看法。

斯瓦尔福斯从民意调查中收集了数据,他的研究说明,尽管在特定问题上(比如儿童和老年人的看护问题),民众以市场方式解决问题的支持度确实上升了,但是这并不意味着民众对国家和地方政府的支持度下降了。事实上,支持私有经济提供服务,针对的完全是由家庭提供服务。对国家在这些方面所提供的服务,以及其他教育和社会工作问题,民众的支持度还是保持稳定的。况且,在某些问题上,支持国家提供服务与支持私有部门提供服务的支持率比值可达20∶1。或许对私有部门的支持度是翻了番,但4%翻个番也不能算什么重大提升。③ 斯瓦尔福斯发现,"在谁为福利政策买单的问题上,稳定性更强"④。斯瓦尔福斯因此得出结论:"在普通公民的态度层面,很难发现某些分析者所说的福利体制正当性下降的情况。瑞典福利国家目前的危机,并不是因为任何对目前福利政策制度的自下而上的反抗。"⑤

这一分析得出了一个有趣的结论,我在结论部分还会继续讨论。在瑞典,这些新兴的经济学观念可能成了政策制定的通用语言,但这仅仅

---

① Lane, "Twilight of the Scandinavian Model," pp. 318, 324.
② Mikael Gilljam and Soren Holmberg, eds., *Vdljarna infor 90-talet* (Stockholm: Norstedts, 1993), quoted in Stefan Svallfors, "The End of Class Politics? Structural Cleavages and Attitudes to Swedish Welfare Policies," *Ada Sociologica* (38) (1995), p. 54.
③ Svallfors, "The End of Class Politics?" p. 59, table 2.
④ 同上,表3。
⑤ 同上,p. 69。

是在精英层面。① 大众支持国家出资提供的公共产品一如昔日。因此，像社民党这种自称代表最大利益联盟的政党，发现自己被困在一套经济学观念之中，这套观念认为选民所支持的大部分政策都是不可能的，或至少是有害的。和美国的民主党一样，社民党既是嵌入式自由主义秩序的继承者，又是最有可能将其摧毁的政党。对于瑞典而言，最重要的问题是：大众对于这些新观念缺乏支持，这会阻碍这些观念的强化吗？抑或尽管如此，这些观念所支持的制度依然能够违拗多数意见而建立吗？

这一初步讨论说明，尽管第二次大转折在美国进行得非常顺利，但在瑞典可能确实会受到一些阻碍。尽管持续存在着对嵌入式自由主义体制的攻击，以及支撑这一体制的观念的否定，但 1998 年的选举结果表明，与斯瓦尔福斯的研究结果一致，新自由主义转型的程度受到了一定限制。从 1994 年到 1998 年，社民党继续推行保守政策，导致得票率大幅下降，从 1994 年的 45.4% 降至 1998 年的 36.5%。但是这一选举上的逆转也并不对保守党有利，因为保守党的得票率也急剧下降了，因而社民党得以与左翼政党联合执政。

总之，尽管社民党最近偏好紧缩政策和市场化方案，但该党受到公众要求"恢复"福利国家的意见所制约，承诺加大对医保和社会服务的投

---

① 换句话说，正如博雷乌斯的数据所展示的那样，在《瑞典日报》的读者群中，对市场经济学的支持可能是加倍了，但只有少部分瑞典人是《瑞典日报》的读者。但最重要的是，这些读者能够制定政策。80 年代末，精英中似乎已经鲜有人反对这些观念了。一个重要的例外是著名社会学家沃尔特·科皮的著作。整个 90 年代，科皮都在《每日新闻报》的辩论版和其他场合反对"商政中心"和廷布罗的"瑞典硬化症"的观点。1996 年，科皮获邀在《经济学期刊》(*Economic Journal*) 上发表一篇文章，集中阐述他的反对意见。科皮认为，"商政中心"和廷布罗的分析核心不是数据，而是数据背后的价值观。科皮认为："瑞典经济学家大量地从美国经济学家那里借用观点，以此说服瑞典的政治决策者将'硬化症'诊断作为决策的基础。" Walter Korpi, "Euroclerosis and the Sclerosis of Objectivity: On the Role of Values among Economic Policy Experts," *Economic Journal* (106) November (1996), p. 1741. 科皮指出，关于税收对经济激励的影响，相似的观点已经流传了 200 年，但经济增长仍然没有减弱。正如科皮所说："虽然干预市场过程的政治措施肯定有可能产生负激励的后果，但理论观点一代代地周而复始，而关于负效应的规模和负效应发生的条件，却没有什么新的经验证据以提升其准确性。"同前，p. 1742. 尽管科皮的观点言之成理，当时却受到了嘲笑和贬低。经济学家在后面一期的《经济学期刊》中回应了科皮的观点，编辑部撰写的引言如此说："需要指出的是，科皮是一位社会学和社会政策教授，并不是经济学家。" Huw Dixon, "Controversy: Economists, the Welfare State and Growth: The Case of Sweden," *Economic Journal* (106) November (1996), p. 1725. 这无疑是要剥夺科皮发表任何有意义观点的资格。正如科皮对这位作者所说："我天真地认为我需要做的就是将事实告诉他们，这样就可以了。"本书作者对科皮的访谈，斯德哥尔摩，1997 年 6 月 13 日。

入。正如《纽约时报》报道1998年瑞典选举时所指出的那样:"这次选举中重复最多的,不是其他选举中常见的带来某种变革,而是对恢复旧制度作出承诺。"①因此,或许,瑞典不会一条路走到黑,或许程度上都不会超过美国或其他国家。但是,对美国和瑞典的案例同时进行考虑,可以说明20世纪的第二次大转折已经到了何种程度,也说明观念的力量和组织化的商业阶层都对这些制度转折产生了多大的作用。我将在最后一章中详述这些问题。

---

① Warren Hoge, "Swedish Party Pledging Expanded Welfare Gains Slim Victory," *New York Times*, September 21, 1998.

第三篇

结 论

第八章
结　论

> "意识形态的终结"从来不可能发生：没有哪种社会秩序是一劳永逸地给定的。
>
> ——亚当·普热沃尔斯基：《资本主义与社会民主》（中国人民大学出版社2012年版，第163页）

本书的主旨，是说明不能从阶级安排、物质决定的同盟关系或其他社会既有结构来解释重大制度转变。相反，要理解制度演变，必须借助指导能动者回应确定性和危机的观念。我并不是说结构是无关紧要的，完全不是这个意思。但我想要说明，结构变化本身并不能创造出特定的政治形态。尽管结构赋予能动者以一定的利益，但这并不意味着结构是带着一份使用说明出现的。结论部分要从四个层面强调这些观点。

首先，本章检验了第二章中提出的五个关于观念的假设。这些假设，以及"制度变迁是特定的事件序列"这一更一般性的论点，得到了重新检验。在这一部分中，我利用合适的反事实逻辑来支持这些论断。其次，本章讨论了本研究与制度变迁的既有理论之间的关系。我特别探讨了对我的理论可能的批评，以及这类观念性解释的局限性。再次，我考察了第二次大转折是否不如第一次大转折来得剧烈，或者这些制度变迁是否回归了20世纪20年代的制度。最后，我重新讨论了卡尔·波兰尼的"双向运动"概念。我提出，如果将双向运动重新表述为奈特式不确定性之下的制度供给问题，那么双向运动这一概念实际上为分析者提供了理解资本主义社会中制度变迁的有力工具。可是，这一工具只有在分析者重新思考观念、利益、制度之间的关系时才是成立的。

检验关于观念的五个假设

假设一:经济危机期间,观念(而不是制度)起到了降低不确定性的作用。

在我们的两个案例中,观念(而不是制度)降低了不确定性的假设得到了有力的支持。两个案例表明,在这些经济危机的时刻,除非能动者对危机的原因持有某种观念,否则无法从制度上解决这些危机。在这种情况下,制度供给不可能仅仅是结构变化的结果,因为这些不确定的条件几乎不会明确地指向某种解决方案。毋庸置疑,这些经济体处于危机之中。但是,危机的本质是有疑问的。

20世纪30年代,美国政府试图通过全国复兴总署,以制度方式解决危机。全国复兴总署所基于的观念,是将大萧条诊断为工业卡特尔化的结果。基于这一诊断而提出的制度方案,是通过价格控制继续推进卡特尔化。尽管这类观念能够有效降低不确定性,但却没能成功地提供制度确定性。卡特尔化排斥了那些规模不够大、无法从这类制度中获益的小企业,而卡特尔化的代价——根据《工业复兴法》第七条第一款建立的劳工组织和增加的公共工程开支——让商业阶层认为,持续的不确定性可能没有持续的合作那么糟糕。全国复兴总署因此没有能够与商业阶层建立一个有效联盟,这反过来又削弱了支撑这些制度的观念。

从反事实的角度分析,如果不考虑支撑制度的观念,那么将全国复兴总署作为制度方案,对于降低不确定性没太大意义。如果不认为大萧条是大企业有能力无视需求设定价格造成的,那么认为自愿卡特尔化以及设定价格的做法能够产生稳定性的观念是毫无道理的。毕竟并不能从价格下降这个事实出发,通过某种公理推导出最佳的政策应对方式是卡特尔化。[1] 全国复兴总署的例子清晰地说明,制度最终所呈现的形

---

[1] 有些研究确实预设了这种关系是确凿无疑的,例子参见:Peter A. Gourevitch, *Politics in Hard Times: Comparative Responses to International Economic Crises* (Ithaca: Cornell University Press, 1986); Jeffry A. Frieden, "Sectoral Conflict and U. S. Foreign Economic Policy, 1914-1940," in G. John Ikenberry, David A. Lake, and Michael Mastanduno, eds., *The State and American Foreign Policy* (Ithaca: Cornell University Press, 1988), pp. 59-91. 对这些理论的批评,参见:David Plotke, *Building a New Political Order: Reshaping American Liberalism in the 1930's and 1940's* (Cambridge: Cambridge University Press, 1996), p. 90, fn. 44。

式,并非某种不证自明的危机的后果。相反,只有通过诊断危机和降低不确定性的观念,危机和危机的制度应对才有意义。

在瑞典的案例中,国家坚持古典自由主义观念,决定了调整外部条件应优先于任何干预政策。事实证明,这种观念无法降低不确定性。首先,作为价格机制主导的经济体,均衡条件的恢复是以其他地区的稳定为前提的,而其他地区的稳定是国家无法控制的。其次,进入20世纪20年代之后,随着通货紧缩的持续和失业情况的恶化,对自由放任论观念的支持也在减弱。在这种不确定的环境中,社民党和斯德哥尔摩学派提出了一些新观念,为经济危机提供了干预性的解决方案,这些新观念是创造出来的,而不是公理性质的。同样,这些新经济学观念之所以能见效,并不在于它们立即应用于实践,而在于它们如何降低不确定性,并将看似相悖的利益重塑为共同利益。

例如,不同于美国的消费不足论观念(强调工业劳动力是经济复苏的基础),社民党的政治观念强调包容所有部门。这导致社民党提出了一套经济学观念,积极谋求将商业阶层和农业集团与劳工群体联合在一起,将三者都视为经济复苏的有机部分。因此,正是因为国家有能力以特定方式论述危机,并将利益重塑为共同利益,降低不确定性和随后的制度建设才成为可能。社民党在20世纪20年代的执政经历,可以为观念降低不确定性的作用提供反事实的证据。以古典观念进行治理,意味着社民党在执政时,"政治上很弱势"。[1] 这种弱势不完全是选票的结果,因为社民党在20年代中四次成为联合政府的一员。这种弱势来自缺乏替代性观念去解释国家所面对的危机之原因,以及可能的解决方式。

基于这一分析,支持我的论点的反事实——如果20世纪20年代的社民党就有了30年代的观念,他们的执政方式将会有所不同——这可以成立吗?这一反事实是有证据的。失业委员会这一传播再通胀观念的核心机构,在20年代就已经存在了,但当时他们支持的是通货紧缩。因此,如果再通胀观念更早存在,推测社民党可以更早推动制度变迁是很合理的。简言之,既然危机无法呈现不证自明的解决方案,能动者如

---

[1] Villy Bergstrom, "Party Program and Economic Policy: The Social Democrats in Government," in Klaus Misgeld, Karl Molin, and Klas Åmark, eds., *Creating Social Democracy: A Century of the Social Democratic Labor Party in Sweden* (Pennsylvania: Penn State Press, 1992), p. 136.

何考虑危机的本质,这就不会是一个小问题。

假设二:随着不确定性降低,观念使得集体行动和建立联盟成为可能。

一旦观念降低了不确定性,与这些观念相一致的特定分配联盟就得以建立。这一假设支持了最近关于政治回报率正在上升的理论研究。这一变化不仅对降低不确定性有作用(如第二章所说),而且对促进集体行动的形成也有重要作用。正如保罗·皮尔森所说:"应该认识到,理解政治世界这件事本身就很容易受路径依赖的影响。"① 鉴于集体行动的前提是相互承认集体性的目的,通过观念来呈现集体性目的就成为成功集体行动的先决条件。因此,如果人们接受"关于政治的基本观点一旦确立……通常是难以撼动的",并且是路径依赖的,那么观念和集体行动就必须一起被理论化,正是这种观念所催生的知识性路径依赖,使集体行动成了可能。②

例如,在美国,国家与商业阶层结盟失败,消费不足论的观念逐渐变得显要,国家谋求与工业劳工阶层结盟,而排斥了农业劳工阶层。这种做法能够避免国会中的南方民主党否决议案,因此确实有政治上的道理,但这一联盟也有意识形态上的道理。在这些新观念的框架之内,大众消费被认为对于经济恢复至关重要,而农业劳工阶级被认为无益于大众消费。因此,创立制度的目的就在于支持工业劳工阶层的消费模式,并将农业劳工阶层从一切制度设置中排除出去。因此,对危机的诊断申明了谁是可能的盟友而谁不是。观念推动着建立同盟的政治朝着某些方向发展,而不是另外的一些方向。

与此相比,社民党的政治和经济观念都以包容性为要旨,使商业阶层、劳工阶层、农业集团的包容性联盟成为可能。根据社民党的论述,经济危机是需求失败的结果,对所有部门都产生了平等的影响;同时,社民党认为充分就业既是商业阶层所追求的价格稳定之前提,也是农业阶层所追求的充分需求之源泉;通过这种叙事,社民党能够建立与美国迥异的、更具弹性的同盟关系。社民党通过这些经济学观念,在分配上变得

---

① Paul Pierson, "Increasing Returns, Path Dependence, and the Study of Politics," *American Political Science Review* 94 (2) June (2000), p. 260. 另见 Andrew Polsky, "When Business Speaks: Political Entrepreneurship, Discourse and Mobilization in American Partisan Regimes," *Journal of Theoretical Politics* 12 (4) (2000)。

② 同上。

更具有包容性,就之后拓展联盟的可能性而言,也高于美国案例。

这些结论也能找到反事实的支撑。正如《农业调整法》的例子所展示的那样,排斥农业劳工阶层、包容工业劳工阶层的愿望,产生于价格控制论和当时刚刚出现的消费不足论的观念。相比之下,在瑞典,国家持有的消费不足论具有更大的包容性,将农业需求视为稳定性的重要来源,因而谋求将农业劳工阶层整合进新制度。因此,合理的反事实是,"如果启发了两个案例的观念都是不重要的,那么能动者假设性的物质利益或部门属性能否推导出不同的结盟形态呢?"同样,这种推导不太可能成立。如果不将不同计划的差别追溯到观念的差别,以及这些差别如何塑造了对于可结盟对象的想象,那么很难解释这些同盟及其所支持的制度为什么会采取这样而非那样的形式。总之,解释特定危机原因的观念的变化,使得建立特定同盟成为可能,而使建立其他类型同盟不可能。

观念对于建立同盟的作用,在嵌入式自由主义瓦解时期同样非常重要。但是,需要注意的是,这一时期,控制国家和影响制度变迁所必备的同盟,其本质已发生了显著变化。在美国,商业群体担心的问题——通胀、管制、企业税——基本不属于群众性同盟政治的范畴。由于这些问题的成本相当分散,这类问题很难吸引人们上街游行。[①]但是,20世纪70年代末,由于一些出乎意料的制度变迁既限制了建立同盟的范围,又集中了观念的效果,不论在美国还是瑞典,都没有必要再建立群众性的同盟了。

在美国,结盟政治变化的原因是20世纪70年代对竞选运动财务制度的改革,引起了一些非期然的副作用。正如第六章所说,1971年《竞选财务改革法》和1976年的"太阳公司诉政治行动委员会"裁决,实际上取消了对企业献金的一切限制。[②] 由于这些变化,美国政治体制失去了通过建立群众基础来实现变革的机会。通过大量资助亲商业阶层的候选人,商业阶层的观念在国会和行政部门中日益集中。个体的民众不再是政治的群众基础,而仅仅是寄送邮件的对象,20世纪30年代将群众带入政治联盟的必要性由此消失了。

---

① 1984年10月4日的斯德哥尔摩是一个例外,我们在第七章已对此作出论述。
② 见 Dan Clawson, Alan Neustadtl, and Denise Scott, *Money Talks: Corporate Pacs and Political Influence* (New York: Basic Books, 1992), p. 30; David Vogel, *Fluctuating Fortunes: The Political Power of Business in America* (New York: Basic Books, 1989), pp. 119-123。

类似的变化也发生在瑞典,但理由有所不同。尽管瑞典嵌入式自由主义的制度逻辑决定了决策集中在少数人手中,但民主的政治逻辑则通往其他方向。具体而言,"雷恩-迈德纳"模式在商业阶层、劳工阶层、国家三方之间建立了自我强化的契约,而瑞典议会则仅仅扮演看客的角色。中期经济决策由临时性的小团体来作出,例如所谓的"周四俱乐部"和"哈普森德"集团[哈普森德(Harpsund)系供瑞典首相使用的乡间别墅——译者注],在这些小团体中,三方代表谋于密室,彼此达成政策默契。①

尽管这种政治安排因其本质上反民主而备受争议,但这一统治模式延续了下来。② 事实上,自20世纪70年代以来,关于瑞典经济政策的所有重要决定,决策者实际上最多不超过五个人。工薪阶层基金的提案、1982年货币贬值、1987年信贷市场放松监管、1989年税制改革、1991年废除利率控制,无不如此。③ 由于决策如此之集中,这类观念所需要凝聚的联盟也小得多,集中在精英机构的几个成员身上。正如90年代的保守党政府所体现的那样,在瑞典这种等级森严的国家结构中,观念可以在很短时间内制度化。另外,这种制度最有可能产生路径依赖的"观念锁定",因为这些制度避免了决策的外部影响。

对于第二次大转变期间结盟政治如何在美国和瑞典变化的对比,为历史制度主义关于观念的论点作了有益的修正。在斯考切波和韦尔关于大萧条的政策应对的著名研究中,他们认为既有制度对新观念的开放/封闭程度是解释不同政策应对的关键因素。④ 也就是说,国家结构和

---

① 关于"周四俱乐部"和"哈普森德"集团,参见:Sven Steinmo, *Taxation and Democracy: Swedish, British and American Approaches to Financing the Modern State* (New Haven: Yale University Press, 1993), p. 126。
② 正如斯坦莫所说:"这些年来瑞典决策过程的技术官僚性质令有些人很不满。许多人开始质疑,大多数争议性议题实际上是由非选举产生的利益组织和技术官僚闭门决定的,这种民主政体的本质为何?"Steinmo, *Taxation and Democracy*, p. 126.
③ 本书作者1997年7月在斯德哥尔摩对社民党、总工会、雇主联合会主要人士的访谈中确认了这些决策是少数人作出的。
④ Theda Skocpol and Margaret Weir, "State Structures and the Possibilities for Keynesian Responses to the Depression in Sweden, Britain and the United States," in Peter B. Evans, Dietrich Rueschemeyer, Theda Skocpol, eds., *Bringing the State Back In* (Cambridge: Cambridge University Press, 1985), p. 109.

先前政策起到了对政策相关的观念进行筛选的作用。① 本书的分析让这种洞见变得更为具体,我提出特定类型的国家结构,可能比其他结构更容易为观念所捕获,更容易形成观念上的路径依赖。另外,这种差别是可以通过理论来解释的。

在美国案例这一侧,开放的政治体制中也会有关键的否决票。例如,重要的国会委员会、美联储等,都是应用观念的重要机构。如果特定的意识形态派别控制了某些关键机构,那么政治结构对于观念的开放性,可能反而会扩大这些观念在整个治理制度中的效应。正如民主党在减税问题上展开"竞标战"这一案例所说明的那样,观念的集中可能会造成加码博弈(tipping game)的态势,随着反对者的数量上升,拒斥这些新观念的成本也水涨船高。如此,尽管政治体制具有明显的开放性和流动性,但观念可能因此更为集中、效应更为扩大。而瑞典案例可以说明,更为简单的模式,即观念在高度等级化的体制下集中在少量人手中,可以放大观念的效果,进一步避免建立广泛的支持性同盟的必要性。

如果以政体对观念的开放程度为横轴,以观念的强度为纵轴,上述比较展现了一种"U"形关系。在这一分布中,瑞典和美国分别代表了特别封闭和特别开放的政体——分别是曲线两端的高点。同时,既不封闭又不非常等级化的国家则位于曲线的谷底。② 总而言之,尽管观念仍然是结成同盟的重要因素,但同盟的性质和观念对同盟的影响似乎会随着时间而变化。

假设三和假设四:观念是与现存制度进行斗争的武器,且能起到制度设计的蓝图作用。③

在两次大转折中,观念都起到了斗争武器和制度蓝图的作用。在美国1937年的经济衰退和随之而来的国民经济临时委员会听证会期间,消费不足论的观念被用以击溃商业阶层和财政部的稳健财政论观念。国家利用这些新观念,消弭商业阶层要求回归传统财政的正当性,并以消费不足论观点作为国家进一步干预经济的依据。这类观念之中有着

---

① 斯考切波和韦尔说:"我们必须探究的不是某些个体或理论思想的存在,而是主要的政府机构对于创新性观点的发展和利用,到底持开放还是封闭的态度。"Skocpol and Weir, "State Structures," p. 126.(译文选自《找回国家》,生活·读书·新知三联书店2009年版第167页)
② 这说明了为什么容易出现联合政府的政体(特别是南欧国家)似乎奇怪地没有受到其他地方意识形态发展的影响。这一洞见要感谢乔纳森·霍普金(Jonathan Hopkin)。
③ 我将武器和蓝图压缩到一个部分,以节约篇幅。

清晰的制度蓝图。在第二次世界大战期间,这些新观念即如1943年和1944年国家资源计划委员会报告所说,在新制度秩序认为私有投资不足以维持充分就业的情况下,指明了国家的更大角色。商业阶层意识到,他们需要用自己的观念击败这些观念;他们通过诸如经济发展委员会等组织,布局了限制战后嵌入式自由主义的替代性观念。在瑞典案例中,社民党在20年代的政策,说明没有自己的武器——也就是说,以古典观念来执政——严重限制了社民党挑战和改变既有制度的能力。只有在国家采纳了再通胀论的观念之后,社民党挑战既有秩序才得以成为可能。

在第二次大变革中,商业界也利用观念作为武器来推动制度变迁。货币主义、新古典宏观经济学、公共选择理论的观念被用以攻讦既有制度并消弭其正当性。美国国会内部用供给侧的税收观念论述资本形成危机,而行政管理和预算局则将供给侧观念与关于预期的论点相结合,承诺平缓通缩,并通过降低税率增加收入。在金融市场上,货币主义观念获得了主导地位,并建立了管理市场行为的新常规。

这些观念在经济学上的实际有效性——也就是,这些观念构成了有用的、严格的知识的程度——无关宏旨。这些观念造成变化的能力才是关键所在。在这一问题上,观念作为武器的重要性体现在美国民主党——嵌入式自由主义的继承人——完全没有部署任何观念,以保卫其政治遗产。民主党接受了商业阶层的观念,认定赤字引发通胀、税收抑制增长,他们发现自己手无寸铁,无以抗衡商业阶层和共和党带来的制度变迁。他们无法为自己最重要的成就作出清晰的辩护。

是20世纪70年代的美国论述资本形成危机的方式,为观念作为武器的重要性提供了进一步反事实支持。认为美国因为过度征税而出现资本形成危机,这种观点至少是值得推敲的。首先,留存收益在美国不是一个重要的投资来源,这也是股票市场存在的原因。其次,如果资本短缺,那么资本价格——粗略地说,就是利率——也会上升。然而,一旦将通货膨胀纳入考虑,这一时期的有效实际利率就会趋于零。因此,如果缺乏投资,那是因为商业阶层选择不投资,而不是联邦政府贪婪地消耗了全部可用资本。因此,只能建构出这么一个资本形成危机;而马丁·费尔德斯坦、迈克尔·博斯金、诺曼·图雷、保罗·克雷格·罗伯茨的观念就使之成了可能。

在瑞典,这些观念也被用来实现制度变迁,尽管侧重点有所不同,更多放在福利国家制度对经济增长的有害作用以及对宏观经济政策的公信力的认识上。在这一案例中,亲商业阶层的智库所提出和部署的观念,建基于著名学院派经济学家所提出的顺应市场的新观念,要求在瑞典实施"体制变革"。① 这些机构所发展和布局的观念,认定一切经济失调实际上都源自既有的嵌入式自由主义制度。基于这种诊断,既有的秩序不能不改革。

进入20世纪80年代后,"第三条道路"的货币贬值策略造成国内经济过热,执政的社民党根据新观念改革了税制和信贷市场制度。这些改革产生了糟糕的副作用,即在税收改革资金不足的情况下,产生了信贷泡沫。具有讽刺意味的是,在泡沫破裂的同时,保守党也当选了。保守党同样以顺应市场的观念为武器,试图从经济中挤出通胀,化解通胀危机,尽管经济体已经开始通缩了。总而言之,本研究的两个案例都为以下假设提供了充分的支持:观念既是挑战现有制度的武器,也是替代既有制度的蓝图。

假设五:在制度建立之后,观念使制度稳定成为可能。

基于约翰·梅纳德·凯恩斯对市场稳定性的理解,第二章提出,虽然观念降低了不确定性,并起到制度蓝图的作用,但从长远来看,真正产生市场稳定性的是基于这些蓝图所建立的制度。② 本研究的案例同样为这一假设提供了经验证据。在第一次大变革期间,通货紧缩削弱了既有制度,并动摇了支撑投资期望的常规。③ 在这些条件之下,提供新制度是重建市场稳定性的前提。

正如美国案例所说明的那样,20世纪30年代所建立的维持消费的制度,与40年代建立的消极稳定制度相结合,强化了商业阶层对有限衰退、稳定增长、劳工和平的预期。这种常规是相对稳定的,因此,只要经济在既定常规的范围内运转,这些结果就可以维持下去。但一旦20世纪60年代如美元过剩、监管、控制、政策失败等问题增加了商业阶层的不确定性,这些常规就会被打破。这种不确定性对预期产生负面影响,

---

① 体制变革文献的出色例子,参看:Assar Lindbeck et al., *Turning Sweden Around*, (Cambridge, MA: MIT Press, 1994)。
② 关于凯恩斯对常规的理解,参看:*The General Theory of Employment, Interest and Money* (London: Harcourt Brace and World, 1964), pp. 147-165。
③ 这是凯恩斯提出的控制流动性偏好的机制。参看:Keynes, *The General Theory*, pp. 170-174。

因而减慢了投资。① 要想重新建立稳定性，就不得不重建商业阶层的常规。而其中关键就在于攻击嵌入性自由主义制度，取消其正当性，并代之以新自由主义制度。这种制度会产生新的、遵循市场的常规，否定商业阶级斥之为危机祸根的国家行为。

瑞典案例中，同样可以看到常规的稳定化作用。20 世纪 20 年代，通缩会产生均衡条件这一常规越来越站不住脚。既有制度无法产生新的稳定化常规，而协调预期的新制度却由于缺乏替代性经济学观念而无法产生。直至国家接受了一种新的危机叙事并据此行事之后，将预期稳定化的新制度才得以建立。与此类似，70 年代经济下行期间，立法系统对商业阶层的攻击也动摇了既有的常规，改变了商业阶层对未来可能性的看法。为了应对这种不确定性，商业阶层利用新经济学观念来指责既有制度的垮塌，并谋求代之以新的、顺应市场规律的秩序。②

1976—1981 年期间和 1991—1994 年期间，瑞典由资产阶级政党执政，为这些假设提供了反事实的支撑。③ 在瑞典案例中，商业阶层试图改革国内制度的主要原因之一，是 1976—1981 年期间资产阶级政府没有执行遵循市场规律的政策。在解释这些政策失败时，商业阶层强调，资产阶级政府不能追求遵循市场规律的政策，不仅仅是因为工会能够以罢工的方式否决这些政策，更是因为这一时期的资产阶级政党本身就在观念上被锁入了既有秩序的观念之中，因此无法提供替代性观念，以解释当时的经济下滑，或提出除了提供"更多社会民主主义政策"还能做什么。1991 年保守党重新执政之后，他们也只能通过自己所秉持的观念来理解经济中正在发生的一切。在这一语境之下，相信国家作用应当仅

---

① 国家在 GDP 中的份额从 1964 年的 13% 上升到 14.5%，然后在 1966—1967 年上升到 15.2%。同时，私人投资在 GDP 中的份额从 1964 年的 23.8% 下降至 1967 年的 22.5%。这些数据展示了价格的增长是如何反映需求的增长的。这些价格上涨是由政府投资和消费借助赤字推动的，而不是反映了国内(私人)资本形成的增加和私有经济产能的扩张。数据根据美联储数据库(Federal Reserve Economic Database，FRED)计算——Federal Government Time Series, and the Penn World Tables 5.6, 见 http://www.stls.fred.org, and http://www.nber.org/penn。
② 这里的重点是，在两个案例中，制度是否下跌的原因，取决于商业阶层是否认为它们是原因。因此，一旦制度改革，不确定性就会下降，这与制度实际上是否造成了不确定性没有关系。
③ 美国金融市场对于 80 年代经济失调的货币主义理解，在快速紧缩的经济中导致了对 M1-B 的跟踪和惩罚性利率，这也可以作为这个案例中支持性的反事实证据。参见第六章对这一时期的讨论。

限于抑制通胀这一观念——这是保守党在通货紧缩期间所追求的目标——使得保守党提出了招致经济崩溃的政策。

因此,这两个案例中的反事实非常清晰。如果在20世纪70年代的自由党政策中没有总工会的观念,如果在90年代保守党的政策中没有商业阶层的观念,那么就无从理解这两届政府的政策应对。毕竟,为什么40年间的第一届资产阶级政府会在机会大好的情况下,不执行资产阶级政策呢?为什么保守党在经历更长时间的在野后第一次执政,非要在通货紧缩时期坚持抑制通胀的政策呢?对这些问题的解释,观念的"认知锁定"效应必然是重要的。

总之,不管是从正面来看,还是从反事实角度看,本书所分析的案例都为第二章中详述的五个假设提供了证据,也支撑了更为一般性的观点——制度变迁是以事件序列的形式发生的。① 实际上,最后一个支撑性的反事实也可以用以强化全部上述假设。如果假定商业阶层是理性行动者,那么不得不问,在这些案例中,为什么他们要在这么长时间内,花数百万美元、数千个小时试图改变这些观念?是否只能说,他们认为,这样做物有所值?也就是说,他们为什么要改变政策选择的条件,而不是仅仅击退立法部门一次又一次的攻击?说到底,如果他们自己不觉得观念重要,他们为什么要做这些事呢?②

比较物质决定论与观念理论对制度变迁的解释

经过本章对理论的检验,两个案例的对称性就很明显了。表面上看完全不同的自由资本主义形式,遵循着事实上非常相似的事件序列而变化。两个国家开始时都是遵循市场规律的体制,随后都变成了改革市场的体制,最后都再次转回遵循市场规律的体制。很显然,两个国家贴合

---

① 关于将制度变迁理解为离散事件的序列,参见:William H. Sewell, "Historical Events as Transformations of Structures: Inventing Revolution at the Bastille," *Theory and Society* 25(6) December (1996);同上,"A Theory of Structure-Duality, Agency, and Transformation," *American Journal of Sociology* 98(i)(1992); Paul Pierson, "Not Just What, But When: Timing and Sequence in Political Processes," *Studies in American Political Development*, 14 Spring (2000).

② 接受这一点取决于对解释的特定理解。人们可以争辩说,商业阶层可能确实做了这些事,但没有产生影响。相反,可以假设另一些因素产生了效应。然而,这种解释就暗示了历史是在自认为塑造了历史的能动者的"背后"形成的,同时也意味着商人群体在经济领域多少是理性的,但在政治领域是不理性的。我至少要说这些命题不太合宜。

这一理想类型的程度是有差异的。美国一直都是嵌入式自由主义最弱的国家,而瑞典的嵌入式自由主义制度根深蒂固,这意味着其朝着遵循市场秩序的转向不论范围多大,终究是不完整的。然而,只有在以事件序列的方式、带有时间性地加以检验时,这种惊人的对称性才得以明显呈现。只有如此,我们才得以理解两个似乎如此极端的发达资本主义经济何以经历如此相似的制度变革。事实上,这一比较提出了一个有趣的问题,即对于制度变迁的观念理论如何补充物质决定论的理论。最近,许多研究为这一方面的比较提供了有益帮助。

所谓"资本主义多样性"的文献脉络,考察了多种形式的资本主义如何延续,而没有趋同为某种资本主义的"最佳模式"。[1] 这一脉络严肃考察了国际经济因素,正确地反驳了全球化的金融和商品市场、阶级碎片化、新技术等因素会自然成为趋同动力的观点。[2] 反过来,这一脉络检验了不同国家的国内制度如何交织形成了各具特色的国内生产体制,消解了全球经济带来的压力。这一文献强调国际竞争依然是不均衡的,国内生产体制依然有越来越高的回报率,从而有益地纠正了20世纪90年代早期认为"全球化改变一切"的一系列研究。[3]

然而,这一脉络为本研究提出了一个重要问题。用"资本主义多样性"所使用的分析类别来说,本研究的观点是典型的国家协同性市场经济体(national coordinated market economy)——瑞典,与典型的自由市场经济体(liberal market economy)——美国,经历了基本相同的制度变迁,在时间上大抵相近,在结果上也大抵相近。因此,本研究所观察到的并非不同国家模式的延续性,而是这些模式基本相似的转变过程。那么,本研究所提出的方法与这类文献相比,共同点和不同点在哪里呢?

---

[1] 见 Herbert Kitschelt, Peter Lange, Gary Marks, John D. Stephens, eds., *Continuity and Change in Contemporary Capitalism* (Cambridge: Cambridge University Press, 2000); Torben Iversen, Jonas Pontusson, David Soskice, eds., *Unions, Employers and Central Banks: Macroeconomic Coordination and Institutional Change in Social Market Economies* (Cambridge: Cambridge University Press, 2000); J. Rogers Hollingsworth and Robert Boyer, *Contemporary Capitalism: The Embeddedness of Institutions* (Cambridge: Cambridge University Press, 1997); Suzanne Berger and Ronald Dore, eds., *National Diversity and Global Capitalism* (Ithaca: Cornell University Press, 1996)。我在本书中集中关注基斯切尔特等人的著作,主要是限于篇幅,并且考虑到分析层次的相似性。

[2] 特别参看:Kitschelt et al., *Continuity and Change*, pp. 427-460。

[3] 基茨凯尔特等的著作也指出,能动者对全球趋同压力的感受会随着制度特征而变化,但他们没有对这一看法进行深入分析。同上, pp. 440-441。

首先，这种差别很大程度上取决于一个方法论问题：起点的选择。"资本主义多样性"脉络把嵌入式自由主义秩序的高点作为所有国家的共同起点，然后从这一起点开始描绘各国的趋同和分化。而本研究将嵌入式自由主义出现之前的制度作为起点，那时候还没有国家协同性市场经济体。[①] 美国和瑞典在20世纪20年代基本都是自由市场经济体，而在三四十年代又都成了国家协同性市场经济体。此外，七八十年代斗争的要旨就在于将这些国家重新变回自由市场经济体。因此，"资本主义多样性"文献所描绘的没有趋同性的情况，在其所聚焦的时期是合理的；这不影响本研究提出两个国家在相同时间、从相同方向经历了类似的制度变革。这种对比是选择不同起点造成的假象。

"资本主义多样性"脉络的一些方面支持了本研究的发现。如基斯切尔特等所指出的那样："我们的预期是，在面对类似的挑战时，当相关的政策或机构与根深蒂固的其他机构的联系不那么紧密时，趋同就会变得更加可能……并较少受根植的信念所决定。"[②] 这其实也是本研究在案例中发现的情况。在一个密集的、持有强烈信念的制度网络中，强关系正是阻碍瑞典第二次大变革的因素。相比之下，由于美国的嵌入式自由主义制度既没有与其他制度密切捆绑，也没有得到根植的信念的保护，变革这一制度就容易得多。因此，这篇文献的许多方面都支持本研究的结果。然而，这两项研究也有根本性的不同，那就是制度变革的实际原因。观念理论所展现的优势就在于指明制度变革的原因。

在"资本主义多样性"脉络下，制度变革的直接原因是全球经济的外部性变化；由于这种变化的媒介是那些收益率正在提升的制度，因此国家之间的差异会保留下来。本研究则认为，制度变革的直接原因是国内能动者，而非国际变化。因此，"资本主义多样性"脉络所遵循的路径恰恰是我在第一章中所批判的。这种路径遵循着如下模式：制度均衡——中断（以既有制度为媒介，发生技术、金融、产品市场上的变化）——新的制度均衡。[③] 正如第一章中所说，这种模式由于两方面原因而存在缺陷。

第一个原因是时间上的先后关系并不必然等于因果关系。正如皮尔森所说："'资本主义多样性'的分析令人信服地展现了不同经济体所

[①] 可以说有一种，那就是德国式的协同性市场经济体，但国家协同市场经济体很显然是战后的发明。
[②] Kitschelt et al., *Continuity and Change*, p. 442.
[③] 参看下书所论述的模型，Kitschelt et al., *Continuity and Change*, p. 48, figure 15.3.

达成的不同均衡,但并没有说明均衡是如何形成的。"①这一理论没有说明这一产生机制,本质上依赖的是"后发事件"是"先发事件"的结果这一逻辑。这种方法缺乏解释制度起源的理论,因此依赖着外部性原因。第二,也是第一点的结果,这种论述中缺乏能动者。这就产生了对政治非常狭隘的理解,充其量只能算是中介变量而不是自变量。② 例如,基斯切尔特等发现,"很明显,国家协同市场经济体会趋向于行业协同市场经济体"③。本书的结论能够支持这一发现,80年代随着雇主联合会与总工会之间协议作废,瑞典的工资协商制度和代表制度也发生了变化。但是,在"资本主义多样性"文献对这些事件的论述中,这种变化是外部国际政治经济变量的变化造成的。这种理论将能动者简化为消极的承受者,仅仅是国际价格变化的制度化中介。随着价格变化,偏好也会随之变化,制度也会随之改革,这一发现至少要说是颇为自我强化的。这个理论即使考虑了政治,似乎也只是一个中介变量,以解释为什么趋同没有发生。

例如,"资本主义多样性"的文献共同列出了三个促进趋同性的变量:技术变化(引起生产重组)、市场竞争的激化(由于出现新的市场参与者)、金融越来越国际化。④ 这些都是国际层面的因素,而政治干预只是作用于这些国际因素的影响。正如基斯切尔特等所说,这类国际变化的结果是,"商业阶层更愿意也更能够挑战既有的国际关系基本框架,并按照自己的意愿重塑'阶级妥协'"。⑤ 但如果这么看,商业阶层的政治就仅仅是先前国际层面变化的后果。⑥ 本书的观点是,"资本主义多样性"文献,以及更广泛意义上的制度变化的结构理论,都在时间上混淆了政

---

① Pierson, "Increasing Returns," p. 264.
② 这一文献中有一个显而易见的例外,参见:Andrew Martin, "The Politics of Macroeconomic Policy and Wage Coordination in Sweden," in Torben Iversen, Jonas Pontusson, David Soskice, eds., *Unions, Employers and Central Banks: Macroeconomic Coordination and Institutional Change in Social Market Economies* (Cambridge: Cambridge University Press, 2000), pp. 232-264, esp. pp. 252-261。
③ Kitschelt et al., *Continuity and Change*, p. 444.
④ 同上,pp. 445-447。
⑤ 同书,pp. 446。
⑥ 正如基茨凯尔特之后所说,假定各经济体不可避免地向自由市场经济体趋同,"忽略了政治经济变化的政治。既有的生产体制多样性意味着,社会经济和政治权力在不同既得利益和潜在利益的行动者中,有着差异性的分布"。Kitschelt et al., *Continuity and Change*, p. 448。这一观察无疑是正确的,但是在这里,政治依然被视为中介变量,干扰着国际政治中的结构变化这一自变量。认为国际政治是由这些国际变化引起的,这种观念并不合理。

治原因和经济后果。具体而言,这类物质决定论要从四方面进行质疑。

第一,美国作为一个自由市场经济体,与它自己趋同是没有意义的。因此,如果美国发生了制度变化,那原因一定不是国际层面压力下的趋同,因为在美国所发生的制度变化,都发生在技术自由化、竞争自由化,特别是金融自由化成为重要原因性因素之前。第二,除了相当宽泛的收益增加模型,目前还没有令人满意的理论来解释技术如何影响制度。缺乏这样的理论,我们对技术的重要性无法进行证明或证伪。第三,正如个案分析所强调的,贸易竞争仅仅是20世纪90年代美国的问题之一;而且根据一些重要的评论家的看法,它充其量是次要的刺激因素。① 对瑞典来说,贸易开放度在80年代中期和90年代早期确实有所下降。② 因此,既然在制度变迁发生时竞争下降了,那么竞争的增加就不会是制度变迁的原因。第四,瑞典的金融自由化无疑对国内制度造成了压力。然而,在放松金融管制之前,商业阶层对这些制度的攻击整整持续了十年。放松监管得到了商业阶层能动者的支持和赞赏,他们一直都试图破坏现有秩序;而且,鉴于当时正在进行的信贷市场改革肯定会进一步推动这一目的,瑞典制度变革的原因似乎更多地在于国内政治而不是国际经济。尽管国际经济变量在很多方面都很重要,但如果这种理论对时机的解释不对,它们解释国内的制度变化就不能令人满意。在我们的两个案例中,商业阶层所作的瓦解旧制度和转变观念的政治决定,都在物质决定论所假设的物质基础变化之前,就使得他们的行动成了可能。③

因此,本书与资本主义多样性文献的不同,说明了观念是解释制度变迁的基本要素。正如第一章所说,外生性的"中断"并不会自动产生稳

---

① Paul Krugman, "Competitiveness: A Dangerous Obsession," *Foreign Affairs*, March/April (1994).
② 瑞典在1975年的开放度得分是55.87。尽管这一得分在"第三条道路"期间迅速(和短暂)地增长,但从1986年开始下跌,到1992年时只有54.05。因此,在贸易开放性和国内制度变化之间没有线性关系。数据根据国家经济研究局网站 Penn World Tables v. 5.6 计算,参见:http://www.nber.org/pwt。
③ 有人可能会说,这种论点本身也是将时间先后看作因果关系,因此并不比物质决定论高明。但这样的说法是不对的,因为我的论点是基于制度变迁理论,并不简单地基于时间性的事件序列中可观察的事实。而本书所讨论的物质决定论缺乏解释变化的外生性理论。

定的新均衡。① 相反,任何新的均衡都必须被定义、辩论、执行,这些都不是结构性条件变化所造成的直接后果。仅仅在物质性的国际因素中寻找制度变革的原因,可能会让分析者只见结构的树木,不见结构性的森林。严肃考虑观念的政治,并从事件序列的角度对其进行分析,会避免这些困难,并展示本研究所采用方法的优势。

制度变迁中的身份认同与不确定性

接下来,我们可以问一个可能只能出于推测的问题:为什么在两个案例中,用以攻击和瓦解嵌入式自由主义制度的观念,都恰恰是上一代人所遗弃的观念?一个可能的回答是,在危机期间,能动者不确定自己的利益所在,因而求助于能代表他们核心认同的行动清单(repertoires of action)。尽管查尔斯·蒂利讨论的是集体抗争的常备清单,但可能市场能动者也有集体信念的常备清单,在不确定的时期强化他们的认同。② 瑞典工薪阶层基金的失败,为这一过程提供了有益的例子。

第六章中讲到,最初版本的迈德纳提案向商业阶层提供一个相当不错的条件,一度取消了商业阶层必须用自己的利润购买公司股份的规定。从本质上说,国家以相当合理的条件允许商业阶层通过杠杆进行收购。但这并不是普通的市场交易。在推行这一政策的同时,国家事实上挑战了瑞典商业阶层作为资产阶级存在的权利,并质疑了商业阶层作为一个阶级的身份。在这种不确定的、无法预料的情况下,商业阶层作为一个阶级回应、并试图捍卫的是自己的身份,而不是自己的利益(这里的利益单纯地定义为利润最大化);他们的做法就是回到信念的清单中寻找答案。③ 具体而言,资本主义和资产阶级的身份认同,建基于关于竞争、个人主义、市场的神话。瑞典商业阶层在 20 世纪 70 年代受到挑战之时,在集体信念的清单中重新找到了 30 年代就已失去正当性的那些观念,用它们来自我保护。在感受到监管和政府干预大为提升之际,同

---

① 资本主义多样性的文献指出,1973—1982 年的冲击之后,"没有任何资本主义市场经济获得了稳定性",从而部分回避了这一问题。Kitschelt, et al., *Continuity and Change*, p. 460. 但如果事实就是如此,人们不得不感到困惑:在均衡实现之前,转折点究竟要转折多久?

② 参看:Charles Tilly, *Popular Contention in Great Britain*, 1758—1834 (Cambridge: Harvard University Press, 1995).

③ 我要感谢罗宾·瓦格希斯(Robin Varghese)最早向我指出了瑞典案例的这一层面。

一时期的美国资产阶级的情况可能也颇为类似。这个论点虽然是推测性的,但对于这个问题或许能提供一些洞见。

案例研究所提出的另一个重要问题,是两个时期的变革在多大程度上是由奈特式的不确定性构成的。回顾一下,我在第二章中提出,奈特式的不确定性是经济危机时期的特征。经济危机的特殊情况体现在,能动者无法实现对当前不确定性的原因依照概率排序。在这样的环境中,能动者无法利用"现成的"制度来解决危机,因为他们不知道哪些制度可以起到作用,甚至不知道在这种情况下他们的利益是什么。这类不确定性的存在,导致了嵌入式自由主义制度的建立,证据即在于这一时期的危机是通货紧缩的危机。

大体而言,通货紧缩会产生奈特式的不确定性。价格下降导致竞争加剧,竞争加剧则压低利润,从而又降低投资。增长放缓,失业率上升,反过来又导致需求下降,从而进一步加剧了既有的经济不景气。在这种情况下,任何市场能动者为保护自己而采取的行动,往往都是与所有其他能动者之间的零和博弈。这就是20世纪30年代的经济滑坡如何造成了奈特式的不确定性。为保护自己而采取的行动只会造成更大的不确定性,让整个局势恶化。因此,个人的利益变得越来越不确定,因为追逐利益的行为似乎适得其反。这种不确定性使集体行动变得更加困难,价格下降也因此每况愈下。用凯恩斯的话说,个体的理性行为最终是集体的灾难。

这也是为什么国家在这段时间发展为核心行动者。如果农业阶层、商业阶层、劳工阶层不清楚自己的利益究竟何在,那么只有国家能发展新观念,并就未来提出某种论述。但是,以这种方式解释奈特式不确定性如何产生,会引起新问题,那就是引起嵌入式自由主义衰落的不确定性也是奈特式的不确定性吗?毕竟,不只是商业阶层在推动制度变迁,国家也在这么做,而且20世纪70年代市场能动者所面临的情况是通货膨胀,而不是通货紧缩。但答案依然是肯定的,70年代的不确定性也是奈特式的不确定性,但需要附加一条警示:这种不确定性对各方的影响并不均匀,这就是为什么这一时期唱主角的是商业阶层,而不是国家。

通货膨胀和通货紧缩之间存在一条泾渭分明的界限:通货膨胀对商业阶层的影响尤其大。第五章中详细论述过,通胀是特别针对持有金融资产的阶层所征收的税。① 相比之下，不到 20% 的温和通胀似乎对增长没有什么影响，而且起到了将收入从持有资产的阶层再分配给负债阶层的作用。② 因此，尽管 70 年代经济乱局的原因是多方面的，而且对各方能动者而言都模糊不明，但这些因素对商业阶层的影响尤其大，再加上当时立法部门如火如荼的攻击，使商业阶层相信自己——而不是国家——必须解决这场危机。然而，承认这一点并不意味着第二次大变革要简化为商业阶层的物质利益。

首先，20 世纪 70 年代的危机原因与 30 年代一样，远不是确然清晰的，而是需要经过论述的。价格上涨的情况与价格下跌相似，也不能指向什么特定政策。因此，控制货币供给或通过减税以促进投资，似乎也并不是确然无疑的政策应对。然而，经济混乱对商业阶层的影响大于其他阶层这一点，确实降低了商业阶层集体行动的难度。但正如我们的理论所指出的那样，集体行动并不是自动出现的，而是依赖着将特殊利益表达为普遍利益的论述，这又说明了观念为什么重要。尽管商业阶层的观念似乎因为嵌入式自由主义的确定而失去了正当性，但商业阶层要使用这类遵循市场规律的观念是"现成"的，这使得商业阶层有巨大的动员优势。三四十年代的国家不得不发明自己的观念，而商业阶层能够利用这些现成观念——这些观念满足商业阶层将自己视为资产阶级的身份认同——将这些观念布局为危机的新论述，并为其集体行动创造方便。

如此使用观念，虽然也是工具性的，但还没有把观念简化为特定的物质利益。少数保守的商业阶层精英希望重建稳健财政的原则，将其作为国家主导性的经济意识形态；这一事实并不说明信念如何产生于其他能动者之中——包括劳工阶层和国家，而在这样的改革中，他们的合作（或至少是默许）是必要的。此外，由于这些观念远不是与眼前危机准确对应的理论，所以为什么商业阶层所要求的政策代表了普遍利益，这也是不清楚的。第五章中详细谈到，通货膨胀对某些部门的商业阶层来说

---

① 对于金融行业为什么害怕通胀，参见以下精彩的讨论：Adam Posen, "Central Bank Independence and Disinflationary Credibility," *Oxford Economic Papers* 50 (1998); Idem., "Declarations Are Not Enough," *NBER Macroeconomics Annual* (1995), pp. 253-273。

② Jonathan Kirshner, "Inflation: Paper Dragon or Trojan Horse?" *Review of International Political Economy* 6 (4) (1999)。

可能是不容置疑的"恶",但对其他所有人来说,这件事是需要人为建构的。[1] 这就是为什么商业阶层要动员如此广泛的资源,开展如此漫长的意识形态运动。正如 20 世纪 30 年代所发生的那样,必须重新阐述其他能动者的利益,以便与商业阶层的利益保持一致,而这种一致性既不是显而易见的,也不是结构决定的。这类观念有效地改变了两个国家中的精英舆论,这意味着——比如说——美国民主党不能再主张扩大政府开支,而瑞典社民党不能再主张规范政策。如果这类观念没有改变能动者对自身利益的感受,那么就无法解释嵌入式自由主义的继承者所做的政策选择。这意味着奈特式不确定性的存在——也就是能动者利益始终无法通过结构因素来确定的情况——对于嵌入式自由主义的兴起和衰落而言都是必要条件。

结构与观念解释的局限性

基于上述分析,利益必须内在地与观念相捆绑加以解释。但是,意识到这一点之后,物质简化论的危险就变成了观念本质论的危险,而这也是错误的。尽管许多结构性解释没有准确地将利益讲清楚,但走到另一个极端而否定自身利益的存在,这也是站不住脚的。确实,这本书通篇都强调,如果不借助阐述自身利益的观念,能动者就不能有其利益;尽管如此,这并不等于说,离开了阐述利益的观念,能动者就没有利益了。主体间性和工具性都毋庸置疑是存在的,但先验地判定"利益比观念重要"或者反过来"观念比利益重要",仍然将两者分割开来,这种分割是不成立的。所有能动者都有其利益。重点是,尽管这些利益可能是结构因素决定的,或者能够从逻辑上推导出来,但这绝不意味着利益是确定无疑的——尤其在奈特式不确定性的环境下更是如此——也不意味着利益一定能通过具有政治重要性的活动执行出来。这就解释了为什么通过事件序列来理解观念和利益之间的关系如此重要。观念是变迁的工具,但它们也是选择的条件。因此,正如皮尔森所问的那样:"不仅仅是'是什么'的问题,而且是'什么时候'的问题。"[2] 观念在什么时候、在什么条件下是有力量的?利益在什么时候、在什么条件下是确然无疑的?

---

[1] 例如,放松管制对劳工阶层而言没有明显的利益,除非劳工的利益被表述为消费者而不是生产者的利益。改变身份认同,并由此改变利益,并不需要有结构上的变化。这一观察要感谢亚当·谢恩盖特(Adam Sheingate)。

[2] Pierson,"Not Just What,But When",各处。

只有综合地在事件序列中考察观念、利益、制度三者之间的关系,才能作出这些区分,才能问出有意义的问题。

社会世界的条件主要适用于制度稳定和路径依赖的状态,而不是快速变化的情况。由于本书所聚焦的是制度大变革的时期,可能会造成观念的变革效应和物质利益的不确定状态都普遍存在的印象。但要以此作为普遍条件,可能会夸大本书所持观点。正如本书的假设五所说,在制度稳定时期,观念会强化预期,从而促进稳定性的形成。大部分时期适用的当是这一情况。只有在不确定性大量存在且制度失灵时,观念才对利益形成真正的变革效应。

因此,本书并不是说社会世界"是由观念构成的"(借用亚历山大·温特的用语),本书的观点是"世界是由观念所贯穿的"[见本书第 30 页注释④——译者注]。① 能动者的利益本身是社会建构的,可以通过意识形态竞争加以重新定义。观念渗透着物质性的各方面,决定了能动者对社会对象的取向。但这些都不意味着制度永远都"唾手可得"。因此,只有在观念借助不确定性的时机触及消费类别,并转变本已确定的利益时,决定"经济世界之运行"的主导性叙事才具有重要性。而这正是本书所考察的制度转变时期所发生的情况。

第二次大转变不如第一次大转变"大"吗?

本章结论除了要强调观念是重要的解释因素和原因性因素,还要解决最后两个问题。第一,第二次大转变是否和第一次一样大?第二,这些大转变是简单地回到了以前的制度状态,还是代表了一种更复杂的制度变革模式?一些理论家尝试着回答了第一个问题,他们认为,第二次制度变革的深度和广度并不是那么大。例如,皮尔森在 1994 年就罗纳德·里根和玛格丽特·撒切尔时期的制度变革写道:"这两个国家都没有明显地削减社会开支,也没有激烈地转向剩余化[residualization,大致意为只为符合特定条件的人提供社会保障——译者注]。"② 站在 90

---

① 这并不是说温特的观点是"世界是观念构成的",完全不是。参见:Alexander Wendt, *The Social Theory of International Politics* (Cambridge: Cambridge University Press 1998), esp. pp. 92-138.

② Paul Pierson, *Dismantling the Welfare State? Reagan, Thatcher, and the Politics of Retrenchment* (Cambridge: Cambridge University Press, 1994), p. 181.

年代中期看，当时比尔·克林顿当选总统，英国的约翰·梅杰等更偏向于中间派的保守派也当选，因此这样的观点似乎是合理的，如果将转变的绝对程度作为关键指标的话尤其如此。然而，这种观点可能是误导性的。如果考虑到税制变化、金融放松管制所造成的不太容易发现的影响，以及这些变化对不平等的日积月累的影响，那么毫无疑问，制度和分配模式的大转变确实已经发生了。对美国的这些变化作一个简单考察，即可证明这些观点。①

首先，美联储和金融市场的货币主义转向造成了1979—1981年经济衰退的加深，主要受益者是收入较高的人群。在紧缩货币和高利率政策下，那些很少或没有金融资产的人最容易受到信贷紧缩的影响。同时，那些从金融资产中获得收入的人，从这些资产中获得了越来越多的回报。②由于这样的制度变化，美国最富有的1%的家庭所持有的租金和红利总额的百分比从1980年的26%增加到1990年的30.5%。在同一时期，最富有的1%的家庭所实现的总资本收益的百分比从57.7%增加到68.5%。③ 到1992年，最富有的1%的家庭拥有所有房地产和非法人企业投资的52.4%，所有股票和金融证券的28.7%，以及所有债券的62.4%。④ 正如爱德华·沃尔夫（Edward N. Wolff）所说："在1945年至1976年期间，最富有的1%的人所拥有的有价净资产的份额下降了10个百分点，到1989年又上升了39%。"⑤

财富数据除了说明收入的变化，还反映了更极端的再分配状况。到1989年，"美国的财富集中状况达到了1929年以来的峰值。1983—

---

① 由于篇幅原因，这里略去了瑞典的数据。瑞典统计局进行的家庭收入调查（瑞典语：Hushdllens inkomster，HINK）的基本结论是，在过去20年间发生的税收、转移、资产方面的变化，最终结果是"在绝对和相对两方面提高了最富有家庭的财富，而提高了最贫穷家庭的债务"。另外，"财富不平等水平提升了……财富增加值（extended wealth）的基尼系数提高了大约10%"。参看：Lars Bager-Sjogren and N. Anders Klevmarken, "Inequality and Mobility of Wealth in Sweden 1983/84-1992/93." Unpublished manuscript, Department of Economics, Uppsala University, November 1998, pp. 9, 20。
② 此外，由于有效减免幅度更大，适用高税率的人可以比适用低税率的人扣除更多税款。
③ 数据来源：Michael Meeropol, *Surrender*: *How the Clinton Administration Completed the Reagan Revolution* (Ann Arbor: Michigan University Press 1998), p. 331, fn. 78, table N-17。
④ Edward N. Wolff, *Top Heavy*: *The Increasing Inequality of Wealth in America and What Can Be Done about It* (New York: New Press, 1996), pp. 62-63.
⑤ 同上，p. 10，着重号是我加的。

1989年期间,最富有的家庭中最富有的0.5%,其家庭总财富增长了55%"①。正如沃尔夫指出的那样:"简言之,最高的五分之一家庭掌握了超过四分之三的收入增长,以及几乎全部的财富增长。"②20世纪80年代初的税收和福利变化建立在商业阶层在70年代业已取得的变化之上,并且还加速了这一趋势。1981年的《经济复苏法》削减收入最低的五分之一人口的福利之后,为他们平均减了整整3美元的税。事实上,如果综合考虑《经济复苏法》和《税收平等与财政责任法》的效果,以及社会项目适用资格和资金的变化,那么收入不足三万美元的群体的税务负担其实加重了。相比之下,收入最高的五分之一人口平均获得了2429美元的减税,实际减税15%。③到1985年,收入低于三万美元的群体,其实际家庭收入比1972年低了12.5%;到1991年,收入分配中最低的五分之一家庭的实际平均收入比1977年的水平下降了5.3%。④ 由于这些变化,银行和金融业成为经济中利润率最高的部门。⑤ 同时,不断膨胀的联邦赤字进一步加剧了这些变化对收入的累退效应。⑥

总而言之,"每年有1200亿—1600亿美元被转移到美国最富有的5%的人手中[原文作"每年1200亿和1600亿美元"($120 and $160 billion per annum),意义不明,推测引文前漏掉了"between"一词——译

---

① Edward N. Wolff, "The Rich Get Increasingly Richer: Latest Data on Household Wealth during the 1980's," Unpublished Paper, the Economic Policy Institute, (1992), p. 1.
② Wolff, *Top Heavy*, p. 27.
③ Thomas Ferguson and Joel Rogers, *Right Turn: The Decline of the Democrats and the Future of American Politics* (New York: Hill and Wang 1986), p. 123.
④ *A Vision of Change for America*, (Washington: Office of Management and Budget), February 17, (1993), chart 2-10, p. 18.
⑤ "Profitability of Insured Commercial Banks in 1984," *Federal Reserve Bulletin*, November (1985); "Financial Developments in Bank Holding Companies in 1984," *Federal Reserve Bulletin*, December (1985). 这里的重点是紧缩货币对实际利率产生的影响。只要贷款利率高于通胀率,那么当通胀下降时,银行就以更高的利率持有债务,从高提高了贷款的利差和回报。这种情况下,债务人只能借出更多贷款,从而增加了债务和信贷挤压的阶级偏向。
⑥ 其原因与美联储和金融市场中重新出现的"挤出理论"的古典论调没什么关系。财政赤字之所以有累退效应,是因为获益于较高利率的金融机构也能从持有债券所需的通胀溢价中获利。由于财政赤字在80年代持续上升,持有联邦债务的回报率也水涨船高。因此,赤字远远不是对经济的净消耗,而是债券持有人的发财机会。不是国家要讨好投资者购买政府债券,而是对债券的需求从不动摇。在"赤字危机"期间,只要市场在通胀的掩护下获得高利率,美联储出售其所发行的债券从来没有困难。

者注]"。①正如威廉·格雷德(William Greider)所说:"……如果把美联储的高利率政策视为政府再分配收入的隐性计划,那么到1982年,其规模大约相当于政府所有其他收入转移计划的总和……分配给社会保障……社会福利和其他方面的资金流量达到了3740亿美元……[而]通过高利率重新分配给财富拥有者的收入则达到3660亿美元。"②

除了这些制度变化,美联储在1979年到1998年期间一直奉行事实上的"无目标的货币主义"(monetarism without targets),因此,第二次大变革似乎和第一次一样剧烈;不同的是受益者。③ 据报道,当时的美联储主席保罗·沃尔克接待了一个来自农业带[Farm Belt,一般指美国中西部地区的艾奥瓦、伊利诺伊、印第安纳等州——译者注]的州参议员代表团,他们抱怨了制度变化对分配的影响,沃尔克说:"你看,你们的选民不高兴,我的选民可没有不高兴。"④

观念与制度变迁:钟摆运动还是向前运动?

由于这些分配变化,第二次大转变不如第一次大转变那么影响深远,这一结论似乎站不住脚。尽管某些类型的嵌入式自由主义依然存在于一切发达资本主义国家,但这些制度所处的情境发生了激烈的变化。如果我们把这些国内层面的变化与同时发生的其他变化——旨在促进资本自由流动的国际变化、中央银行日益增强的独立性、市场之间越来越密切的相互渗透——结合起来考虑的话,似乎第二次大变革在许多方面与第一次大变革同样重要。然而,这绝不意味着简单回到稳健财政论和20世纪20年代的体制。事实上,这种制度上的"钟摆运动"是不可能实现的。

---

① William C. Berman, *America's Right Turn: From Nixon to Clinton* (Baltimore: Johns Hopkins University Press, 1998), p. 106.
② William Greider, *Secrets of the Temple: How the Federal Reserve Runs the Country* (New York: Simon and Schuster, 1987), p. 457.
③ 1993年,由于经济状况疲软,联邦基金利率平均只有3%。1995年7月5日,美联储将利率提高到6.21%,并将其维持在5.5%—6.5%,直到1998年10月28日利率才时隔三年半之后首次低于5%。此一举措的目的是防止经济复苏失控。同样,1992年8月到1994年2月之间,同样由于经济疲软,最优惠利率冻结在6%。1995年2月,失业率变得"过低",最优惠利率上涨到9%,并且在1998年9月之前没有低于过8.5%。数据来自圣路易斯联邦储备银行数据库,参见:http://www.stls.frb.org/fred/data/monetary/fyffr 和 http://www.stls.frb.org/fred/data/monetary/fypr。
④ Paul Volker, quoted in Greider, *Secrets of the Temple*, p. 676.

政治经济体不是一个制度可以逆转的封闭系统。相反,政治经济体是由在日常实践中学习和应用这些经验的能动者所组成的进化系统。因此,在这样的环境中,任何试图简单地"让时间倒流"的做法都是行不通的,因为构成这些系统的制度,为寄身于制度的能动者所不断修正。虽然大转变是可能实现的,但这些大转变的目标不断移动,推动这些目标的因素很少重复或重现。[①]虽然第二章认为,正是这种特征使得观念在推动制度变迁时特别重要,但这种特征也使得恢复灭绝的制度不再可能。尽管自由资本主义确实已经再次"脱嵌",但这并不意味着 20 世纪初的脱嵌市场已经卷土重来。制度可以变革,但不能恢复。

鉴于这样的结论,波兰尼所设想的双向运动值得重新思考。在本书中,我试图通过质疑制度变迁的结构性概念,并强调观念在大变革中的构成性作用,来重新思考双向运动的概念。基于这种理论重建,本书传递了非常简单的信息:只有考虑到能动者如何在不确定的演进秩序中思考自身的境遇,才能充分解释制度变革的实际路径。然而,这些观念并不能随意地论述能动者的利益。不应该视本研究为对自我利益的否定。如果能动者认为现有的制度秩序让别人比自己更受益,他们就会试图改变这种秩序。这就是"正常时期"的政治。然而,重要的是要认识到,当发生根本性变化的机会出现时——即深刻的不确定性的时刻——这种时期并没有为具有特定利益的能动者提供行动方案,以应对不言自明的危机。这些假设或基于这些假设的静态解释演变的模型无法解释能动者在这种时刻如何反应。只有检验能动者用以诊断周围世界不确定性、建构特定制度应对方案的观念,才能对此作出解释。

总之,本书试图说明,观念远不只是物质决定论解释的附属品,而应该被视为本身就具有解释力的原因性变量。虽然不应该因为急于强调观念的重要性,而低估了权力、金钱和自我利益,但也应该记住,这些物质资源和"结构性因素"只有在它们可以为特定目的而动员起来的时候才有力量。然而,无论是物质资源还是能动者的自立,都不能决定这些目的,也无法告诉能动者去建立何种未来。观念能做到这一点,这是它们之所以重要的最终原因。

[①] 政治学中尝试将这类过程理论化的著作很少,其中之一是 Robert Jervis, *Systems Effects: Complexity in Social and Political Life* (Princeton: Princeton University Press, 1997)。

This is a Simplified-Chinese translation edition of the following title published by Cambridge University Press:

Great Transformations: Economic Ideas and Institutional Change in the Twentieth Century
ISBN 9780521010528
© Mark Blyth 2002

This Simplified-Chinese translation edition for the People's Republic of China (excluding Hong Kong, Macau and Taiwan) is published by arrangement with the Press Syndicate of the University of Cambridge, Cambridge, United Kingdom.

© Cambridge University Press and Zhejiang University Press 2024

This Simplified-Chinese translation edition is authorized for sale in the People's Republic of China (excluding Hong Kong, Macau and Taiwan) only. Unauthorised export of this Simplified-Chinese translation edition is a violation of the Copyright Act. No part of this publication may be reproduced or distributed by any means, or stored in a database or retrieval system, without the prior written permission of Cambridge University Press and Zhejiang University Press.

Copies of this book sold without a Cambridge University Press sticker on the cover are unauthorized and illegal.

本书封面贴有 Cambridge University Press 防伪标签，无标签者不得销售。